Adalbert Bezzenberger

Beiträge zur Kunde der indogermanischen Sprachen

16. Band

Adalbert Bezzenberger

Beiträge zur Kunde der indogermanischen Sprachen
16. Band

ISBN/EAN: 9783744600194

Hergestellt in Europa, USA, Kanada, Australien, Japan

Cover: Foto ©ninafisch / pixelio.de

Weitere Bücher finden Sie auf **www.hansebooks.com**

Beiträge

zur kunde der

indogermanischen sprachen

herausgegeben

von

Dr. Adalbert Bezzenberger.

Sechzehnter band.

Göttingen,

Vandenhoeck und Ruprecht's verlag.

1890.

Inhalt.

Zur sprachform und fassung der griechischen epen.

Die frage nach der ursprünglichen gestalt der altgriechischen homerischen und hesiodischen epen ist für die sprachforschung, insbesondere für den sprachhistoriker fast nicht minder wichtig als für den philologen, und so möge mir gestattet sein, im anschlusse an frühere arbeiten noch einmal in diesen blättern auf den gegenstand zurückzukommen.

Der mittel zu dem angegebenen zwecke der wiederherstellung giebt es mehrere. Zunächst die höhere kritik. Diese sucht die ursprünglichen einheiten in den überlieferten dichtungsmassen wieder zu erkennen und herzustellen, indem sie zu bestimmen unternimmt, was sich durch inneren zusammenhang als werk eines und desselben dichtenden geistes erweist, und was dagegen erst später von fremder hand ein- und angefügt ist. Auf diesem wege sind schöne ergebnisse gewonnen, aber dieselben beruhen immer auf einer bestimmten voraussetzung, nämlich der, dass die schöpfungen der alten epiker den strengsten anforderungen der logik und aesthetik genüge thaten und demgemäss diesen stand halten.

Unter dieser voraussetzung zerfällt die Odyssee, wie Kirchhoff dargethan hat, in vier ursprünglich verschiedene epen: ein altes gedicht von Odysseus heimfahrt, welches sich um den Zorn Poseidons dreht, eine jüngere dichtung über denselben gegenstand, in der Kirke und Helios dieselben rollen spielen wie Kalypso und Poseidon im alten Nostos, die „Tisis“, welche als fortsetzung des alten Nostos gedacht ist, und endlich die „Telemachie“, welche sich ja überall deutlichst von ihrer umgebung abhebt. Die fünfte masse ist, von dem neu hinzugefügten schlusse abgesehen, blosser kitt, eine redaction jüngerer hand, welche die vier ursprünglich selbständigen dichtwerke wohl oder übel zu dem jetzt vorliegenden buche „Odyssee“ verschmolzen hat.

Wendet man die gleichen grundsätze auf die Ilias an, so erkennt man hier zwei ursprünglich ganz verschiedene gedichte, welche ebenfalls später zu einer recht unorganisch gebliebenen einheit zusammengeschweisst worden sind.

Der „zorn Achills" (Menis) gliedert sich ursprünglich in vier theile: 1. hader der helden und Thetis bitte, 2. niederlage der Achäer, 3. Patroklie, 4. Achills rache an den Troern und Hektor. Diese dichtung ist später systematisch erweitert um den helden Patroklos und Hektor eine ehrenvolle bestattung zu theil werden zu lassen, noch später um eine einlage „Poseidons hülfe" bereichert, welche den kern der bücher *N Ξ O* bildet. Dagegen liegt in *B* bis *H* ein ganz anderes gedicht vor, das nach seinem inhalte sich etwa als „Ilions geschick" (Oitos) bezeichnen lässt. Beide gedichte, die Menis in ihrer erweiterten und bereicherten gestalt und der Oitos sind dann später, so gut es anging, verschmolzen, und so ist, nachdem noch ganz äusserlich mehrere einlagen, wie die der Böotie, Presboia, Doloneia stattgefunden, die concordia discors der jetzigen Ilias entstanden.

Betrachtet man die hesiodischen gedichte unter gleichem gesichtspunkte, so erkennt man bald, dass die Theogonie vielfach mit jüngeren einlagen durchsetzt ist, dass dagegen die „Werke und Tage", von jüngeren zusätzen, wie die „Tage", abgesehen, aus drei ganz verschiedenen gedichten — die alten „Werke", Rügelied, 5 Weltalter — roh und äusserlich zusammengeschweisst sind.

So stellt sich die allmälige entstehung der unter Homers und Hesiods namen überlieferten epischen massen dar, wenn wir den massstab der logik und aesthetik an dieselben legen. Aber die berechtigung zu dieser kritik wird bestritten und damit die ergebnisse derselben verneint. Mit berufung auf die spätere epik, für welche der jetzige zustand der homerischen und hesiodischen gedichte massgebend war, glaubt man den urepikern jeden mangel an innerem zusammenhang zutrauen zu dürfen. Man könnte sich hierfür ja auch auf den epischen mischdialect berufen, wenn dieser wirklich uralt wäre, und mit einem scheine des rechts behaupten, dass menschen, welche den inneren widerspruch zwischen Ἀτρείδαο und Ἀτρείδεω nicht bemerkten, auch sonst die ärgsten widersprüche in ihrem kopfe friedlich neben einander beherbergen konnten. Mit

besserem rechte kann man sich auf die jedenfalls sehr alte
anwendung der episode berufen.

Es muss zugegeben werden, dass dieser einwurf nicht ganz
zu beseitigen ist. Selbst wenn die oben skizzirte auflösung der
epischen massen wirklich die alten, ächten einheiten wieder
herauslöst, so ist doch der umfang derselben im einzelnen, bis
auf den vers, nicht mit sicherheit durch die mittel der höheren
kritik zu bestimmen. Denn in der that ist nicht zu entscheiden,
in welchem umfange die urepik bereits die einfügung von epi-
soden zuliess, und ebenso wenig waren die ältesten dichter in
jeder hinsicht vollkommen, sie konnten also sehr wohl kleine
und grosse — wo ist da die grenze? — widersprüche und ge-
dankenlosigkeiten begehen: die kritik mag bei der aufdeckung
derselben noch so berechtigt sein, aber sie trifft nicht immer
den späteren einleger oder redactor, sondern kann auch den
dichter selbst treffen, denn es bleibt immer wahr: „interdum
bonus dormitat Homerus". So kann denn die höhere kritik
wohl im allgemeinen die alten einheiten andeuten, aber feste
umrisse vermag sie ihnen nicht zu geben; sie weist wohl auf
den weg zum ziele, aber zum ziele kann sie uns nicht führen.

Zur unterscheidung der älteren und jüngeren partien im
epos kann auch die untersuchung auf die originalität des inhalts und ausdrucks gute dienste leisten. Die jüngere epik
wird immer abhängiger und unselbständiger; schliesslich wird
die sprache fast zum blossen aus epischen phrasen zusammen-
gestoppelten cento, und es ist der schluss berechtigt „je origi-
naler, desto älter, je abhängiger, desto jünger". Aber auch
dieser satz gilt nur im allgemeinen, im ganzen und grossen,
wollen wir ihn auf den einzelnen fall, den einzelnen vers anwenden, so kann die regel leicht versagen, denn in einem gewissen umfange bedient sich schon die älteste epik der herge-
brachten phrase, für wiederkehrende dinge der wiederkehrenden
worte.

Hier und da können auch verstösse gegen die zeit und
deren sitte (anachronismen) für die späte abfassung irgend
einer stelle beweisend sein. Wenn z. b. Aias in der schlacht
bei den schiffen ein ναύμαχον ὅπλον ergreift, wenn der könig
Pheidon gelobt wird, dass er Odysseus unentgeltlich (ἀπριάτην)
beherbergt, wenn die freier vor Odysseus hause sich am stein-
spiel (πεσσοῖσι) ergötzen, so sind dadurch die entsprechenden

stellen genügend gekennzeichnet, aber solcher verstösse sind doch nur wenige, und ob hier jüngste einlagen kleinsten umfangs vorliegen, oder ob weitere umgebungen von der verurtheilung mit betroffen werden, ist ungewiss und bleibt zu untersuchen.

Zur unterscheidung des epos in ältere und jüngere massen dient auch die richtige auffassung der epischen sprache. Wie Dicäarch und Zopyros noch wussten, sollte die homerische dichtung eigentlich im äolischen dialekte gelesen werden, war also nach ihnen ursprünglich in diesem verfasst und erst später in eine quasi-Ias übertragen. Die übertragung war eine ganz äusserliche, wie die möglichkeit der rückübersetzung der älteren partien beweist; sie fand erst um 540 v. Chr. statt, wie ich aus ihrer einwirkung auf die dichterische sprache der jüngeren Ionier von 540 abwärts nachgewiesen habe. Durch diese einsicht in die entstehung des „epischen kunstdialects" zerlegt sich der gesammte epische nachlass in zwei grosse massen: was vor 540 abgefasst ist, lässt sich, weil ursprünglich äolisch gedichtet, in die Äolis zurück übersetzen, was nach 540 entstanden ist, widerstrebt dieser rückverwandlung, weil die verfasser dieser partien schon den durch die äusserliche ionisirung des alten epos entstandenen mischdialekt handhaben, ohne doch das in seiner entstehung gegebene mischungsprincip zu durchschauen.

Im einzelnen falle lässt uns freilich auch die einsicht in die entstehung der epischen sprache im stich, denn hier und da ist auch ein alter und ächter vers über das mass der knechtischen übertragung hinaus ionisirt worden: ich erinnere nur an den berühmten vers „ἔσσεται ἦμαρ, ὅτ' ἄν ποτ' ὀλώλῃ Ἴλιος ἱρή", der als geflügeltes wort diese gestalt erhielt, während er ursprünglich gelautet hat „ἔσται μάν, ὅτα κέν ποτ' ὀλώλῃ Fίλιος ἴρα".

Die bis jetzt gemusterten mittel genügen nicht um die alten epen mit sicherer hand, bis auf den einzelnen vers, wiederherzustellen. Es musste eine neue erkenntniss hinzu kommen in der entdeckung des princips der versabzählung. Dieses „beherrscht die gesammte ältere epik der Griechen, und zwar ist jedes der alten epen nach einem besonderen, nur ihm eigenen zahlensysteme aufgebaut". Den nachweis dieser versabzählung habe ich für die gedichte Hesiods in meinem Hesiod, für die homerischen epen ebenda im anhange s. 89 ff. gegeben, worauf hiermit verwiesen sei.

Besonders merkwürdig ist hierbei, dass einzelne schulen durchweg die gleiche grundzahl angewendet haben. So erweisen sich Tisis und Telemachie als der gleichen schule — der kretischen — angehörig durch die anwendung der gleichen grundzahl 10 × 11, während Hesiod und seine schule ihre dichtungen auf der zahl 18 aufbauen. Für Hesiods Theogonie und „Tage und Werke“, sowie für die aus der hesiodischen schule stammenden Eöen ist der nachweis hierfür bereits in meinem Hesiod gegeben, aber auch der Schild des Herakles und der hymnus auf den pythischen Apoll sind auf der gleichen grundzahl errichtet, wie ich im folgenden zu beweisen hoffe.

Die „Aspis“ ist eine richtige rhapsodie, ein $\dot{\varrho}\alpha\pi\tau\grave{o}\nu$ $\check{\varepsilon}\pi o\varsigma$, zusammengeflickt aus der Eöo „Alkmene“, welche bis v. 56 reicht und einem daran angeschlossenen abenteuer „wie Herakles den Kyknos schlug“, in welches die beschreibung von Herakles schild episodisch eingelegt ist.

Die abfassung der rhapsodie ist etwa um 600 v. Chr. anzusetzen, der verfasser war in Mittelgriechenland zu hause, wahrscheinlich ein Böoter. Die sprache des übel interpolirten gedichts war in den ächten partien die altepische mit einigen spuren jüngeren und localen ursprungs. Die ionismen sind nicht durch das metrum geschützt oder doch leicht zu beseitigen.

v. 15 $o\dot{v}$ $\gamma\acute{\alpha}\varrho$ $o\acute{\iota}$ $\tilde{\eta}\varepsilon\nu$ ($F o\iota$) ist schon von Hermann in $o\dot{v}\delta\acute{\varepsilon}$ $F o\iota$ $\tilde{\eta}\varepsilon\nu$ geändert.

29 für $\dot{\alpha}\varrho\tilde{\eta}\varsigma$ $\dot{\alpha}\lambda\kappa\tau\tilde{\eta}\varrho\alpha$ lies $\check{\alpha}\varrho\eta'$ d. i. $\check{\alpha}\varrho\eta o$ = ionisch $\check{\alpha}\varrho\varepsilon\omega$, alter genetiv des η-stammes.

104 $\tau\iota\mu\tilde{\alpha}\iota$: lies $\tau\varepsilon\acute{\iota}\varepsilon\iota$, oder, wenn der vf. sich des westgriechisch-dorischen $\tau\iota\mu\acute{\varepsilon}\omega$ bediente, $\tau\iota\mu\varepsilon\tilde{\iota}$.

168 $\chi\lambda o\nu\nu\tilde{\omega}\nu$ $\check{\varepsilon}\sigma\alpha\nu$ $\dot{\eta}\delta\grave{\varepsilon}$ $\lambda\varepsilon\acute{o}\nu\tau\omega\nu$. Streiche $\check{\varepsilon}\sigma\alpha\nu$ und lies $\chi\lambda o\nu\nu\acute{\alpha}\omega\nu$ $\dot{\eta}\delta\grave{\varepsilon}$ $\lambda\varepsilon\acute{o}\nu\tau\omega\nu$.

169 $\kappa o\tau\varepsilon\acute{o}\nu\tau\omega\nu$ ϑ' $\dot{\iota}\varepsilon\mu\acute{\varepsilon}\nu\omega\nu$ $\tau\varepsilon$ ($F\iota\varepsilon\mu\alpha\iota$); streiche ϑ'.

196 $\check{\varepsilon}\sigma\tau\alpha\sigma\alpha\nu$ $\dot{\iota}\varepsilon\mu\varepsilon\nu o\iota$: lies $\check{\varepsilon}\sigma\tau\alpha\nu$ „standen“ oder $\tilde{\eta}\sigma\tau\alpha\nu$ du. „waren“ wie v. 50.

211 $\nu\eta\chi o\mu\acute{\varepsilon}\nu o\iota\varsigma$ $\check{\iota}\kappa\varepsilon\lambda o\iota$ ($F\acute{\iota}\kappa\varepsilon\lambda o\varsigma$): lies $\nu\acute{\eta}\chi o\upsilon\sigma\iota$ $F\acute{\iota}\kappa\varepsilon\lambda o\iota$, vgl. $\nu\eta\chi\acute{\varepsilon}\mu\varepsilon\nu\alpha\iota$ bei Homer.

213 $\dot{\varepsilon}\pi'$ $\dot{\alpha}\kappa\tau\alpha\tilde{\iota}\varsigma$: lies $\dot{\varepsilon}\pi'$ $\dot{\alpha}\kappa\tau\tilde{\alpha}\iota$, das sich auch sonst empfiehlt.

345 προγένοντ' ἴκελοι, auch προσέγενϑ' ἴκελοι, offenbar corrupt, vielleicht ist πρόιεν oder προσέλαν zu lesen.

426 δεινὸν ὁρῶν: lies δειν' ὀρέων vgl. δεινὰ δ' ὑποδρα ἰδοῦσα v. 445.

430 ὄσσοις δεινόν, zwei hss. haben ὄσσοισι: lies ὄσσοισ' ἀδινόν „beständig" auch dem sinne nach besser.

432 ἔτλη ἐς ἄντα ἰδών: zur vermeidung des unepischen ἐς lies τλᾶ εἰς ἄντα, wenn man nicht ἔναντα vorzieht.

476 für τιμῶντες lies τείοντες.

An sonstigen correcturen erwähne ich noch:

3 Ἠλεκτρύωνος, 82 Ἠλεκτρύωνα, 16 Ἠλεκτρυώνης, 86 Ἠλεκτρυώνηι: es ist Ἀλέκτρων, Ἀλεκτρώνα zu schreiben, wie die messung und τὸ τέμενος τᾶς Ἀλεκτρώνας auf einer inschrift von Ialysos auf Rhodos, Dittenberger Sylloge n. 357, gleich-mässig verlangen.

91 τιμήσων ἀλιτήμενον Εὐρυσϑῆα. Wie Bentley erkannte, ist ἀλιτήμενον verlesen aus ΑΛΙΤΕΜΕΝΟΝ, womit ἀλιτέμηνον — ἠλιτόμηνον gemeint war, wie T 118 Eurystheus genannt wird; es ist daher Εὐρυσϑη' ἀλιτέμηνον wiederherzustellen. Das wort verbürgt die ursprüngliche abfassung und aufzeich-nung der Aspis im Α-dialekte.

v. 120 Ἀρείονα: lies Ἀρίονα. Auf münzen von Thelpusa (Arkadien) Ἐρίων. ἔριϝ in Ἐρίων ist die basis zu ἐρινύι, Ἐρινύς, vgl. lat. rivális, rivínus = ksl. rivĭnŭ „aemulus". Ἐρίϝων = Ἀρίων heisst demnach „streitross".

v. 240 ἧστο ἀνήρ. Zur vermeidung des hiats lies mit Bentley ἷζετ' (ἧζετ').

v. 353 Τρηχῖνα δέ τοι παρελαύνω: lies Τρηχῖνάδε (Τραχι-νάδε) „nach Trachis hin".

v. 472 für Κῆϋξ ϑάπτεν καὶ λαὸς ἀπείρων liest man wohl besser mit umstellung Κᾶϋξ καὶ λᾶος ϑάπτεν ἀπέρρων.

v. 474 Ἄνϑην Μυρμιδόνων τε πόλιν. v. 385 entspricht Ἄνϑειά τε ποιήεσσα, es ist daher 475 Ἄνϑιαν zu lesen, wie äolisch χρύσιος neben χρύσειος liegt.

v. 475 Ἄρνην ἠδ' Ἐλίκην. Der ortsname Ἐλίκη wird wie Ἐλικῶν zu ἐλίκη „salix" gehören, braucht also im anlaute kein digamma zu haben.

Sprachliche anzeichen für jüngere entstehung der rhapsodie sind in folgenden punkten zu erkennen:

Die εσ-stämme zeigen neben den offenen bereits contra-

hirte formen: 326 ϑαϱσίνουσα ἔπη (ϝέπη) πτερόεντα und 445
ἰδοῦσα ἔπη (ϝέπη) πτερόεντα; 334 = 460 σάκεος ὑπο δαιδαλέοιο und 71 τεύχεων; 58 ἐν τεμένει und 364 παντὶ μένει,
während 414 σάκει ἔμβαλε auch σάκε' ἔμβαλε gelesen werden
kann.

Die zusammenziehung von εϊ zu ει findet sich auch schon
in der Eöe, welche den ersten theil der rhapsodie bildet: v. 5
εἴδεϊ τε μεγέϑει τε.

Nach μένει ist auch der dativ αἰδοῖ 354 δυνάμι τε καὶ
αἰδοῖ behandelt.

v. 448 liest man Ἡρακλέα κτείναντα, 458 ἔσσυτ' ἐφ' Ἡρακλέα κρατερόφρονα. Die attische form Ἡρακλέᾱ (aus Ἡρακλῆα)
ist natürlich hier unmöglich, schon weil κλ position macht; es
ist zu schreiben Ἡρακλήν und dieses nicht als contrahirte
form aufzufassen, sondern als koseform auf η, entsprechend
den bekannten böotischen auf ει = η, also auf einer stufe mit
der kürzung von -κλεϝης zu -κλος in Πάτρο-κλος stehend.
v. 54 sind die beiden lesarten Ἰφικλῆα δορυσσόωι und Ἰφικλέα
λαοσσόωι überliefert; wahrscheinlich ist Ἰφικλήν λαοσσόωι zu
lesen.

Für Ἄρην 59. 333. 425. 457, immer vor vocal, könnte
auch Ἀρῆ' gelesen werden, doch werden wir in Ἄρην besser
den accusativ des alten η-stammes erkennen.

ἰδέ „und" in 19 Ταφίων ἰδὲ Τηλεβοάων und 185 Πετραῖον
ἰδ' Ἄσβολον kommt bei Homer ursprünglich nur in den kyprischen partieen vor, doch findet es sich auch in der Theogonie
887. Ob der gebrauch von ἰδέ in der Aspis aus Homer stammt,
oder ob das wort auch in Mittelhellas üblich war, wissen wir
nicht.

v. 90 σφέτερόν τε δόμον σφετέρους τε τοκῆας. Hier heisst
σφέτερος „sein". Wo war dieser gebrauch ursprünglich zu
hause? κϱάτος ἔπι σφετέρου findet sich auf einer thebanischen
inschrift des 4. jahrhunderts, welche Athenaeus 1, 19 p. C.
überliefert.

Entschieden auf localen einfluss weist der dativ ὄσσοισι
v. 145. 426, auch in ὄσσοισ' ἀδινόν v. 420 herzustellen statt
des überlieferten ὄσσοις δεινόν. ὄσσοισι ist ein sog. ätolischer
dativ; dieser war ursprünglich den Westgriechen, aber auch
den Eleern, welche von den Ätolern abstammten, und den
Böotern eigen. An letztere ist hier zu denken; der verfasser

der rhapsodie war höchst wahrscheinlich ein Böoter und zwar ein Thebaner. Daher z. b. die erwähnung von Arne, der thessalischen heimath der Böoter v. 381. 475, und des Stierposeidons, als des schutzgottes von Theben v. 105.

Die Aspis hat eine sehr üble interpolation erlitten. Glücklicherweise ist dieselbe leicht zu erkennen und damit zu beseitigen. Der interpolator bedient sich bereits des mischdialects, seine verse leiden daher an zahlreichen festen ionismen, verstössen gegen die altepische sprache; ferner ist er sehr unselbständig, nimmt ganze verse aus dem ältern epos; er begeht arge anachronismen und ist, wenn man auf den inhalt seiner verse sieht, ein ganz dürrer, nüchterner geselle, der sein dichterisches unvermögen durch abgeschmackte übertreibungen zu verdecken beflissen ist. Schon die ältere kritik hat die interpolationen fast sämmtlich richtig herausgefunden, es waren nur wenige weitere athetesen vorzunehmen.

v. 6 mit dem unheilbaren sprachfehler ϑνητοῖς τέκον (ϑνητοῖσι) kann fehlen, weil in den Eöen ja überhaupt nur von solchen frauen die rede war.

v. 24. Die erwähnung der Böoter neben den Kadmeern ist ein grober anachronismus, der dem sagenkundigen verfasser der Eöen nicht zuzutrauen ist.

v. 67—8 enthalten den schweren verstoss εὐχωλέων (für -άων), sind befremdlich im inhalt, und unselbständig gebildet. Die bemühungen der hgg., die verse durch allerlei erklärungskünste zu halten, sind verfehlt.

v. 75—6 „male ex Oper. 147 seq. hic intrusos esse intellexit Paley". Übrigens stammt v. 76 ursprünglich aus der Theogonie 152.

v. 108—114 und 122—138 stammen vom interpolator. Aus v. 95 ff., welche zweifellos ächt sind, geht hervor, dass der verfasser der Aspis sich Herakles bereits gerüstet dachte, was ja auch ganz der sachlage entspricht. Sprachlich verräth sich der einleger durch den schnitzer οὐδ᾽ Ἰφικλείδην 111 (Ϝιφικλῆς), sowie durch die öde prahlerei in v. 114. Die rüstung des helden 122—138 ist durch drei schwere verstösse gegen die sitte der heroischen zeit gekennzeichnet: die beinschienen des helden sind von ὀρείχαλκος, das schwert ist von eisen(!) und der helm von stahl (ἀδάμαντος). V. 122 ist mit 139 zu verschmelzen: ὡς εἰπὼν | σάκος εἷλε κτλ. Herakles stand, wie

Iolaos, wie Kyknos und Ares, völlig gerüstet im wagen, nur der schild lehnte zu seinen füssen; den nimmt er jetzt auf, und bei der gelegenheit giebt der dichter die beschreibung dieses schildes.

v. 151—3   „Die verse 151—3 sind eine matte effekthascherei, genau angesehen, nichts sagend" Lehrs.

v. 154—60 sind um nichts besser: 156—9 sind ohne weiteres aus der Ilias Σ 535—8 entnommen; die übrigen taugen nichts; v. 160 knirscht die auf dem schilde dargestellte Ker mit den zähnen!

. v. 161—7 sind nach 144 ff. gemacht; die zwölf schlangen sind die kinder des drachen, der 144—5 das herzstück des schildes bildet, τῶν v. 164 ist ein sprachfehler für τάων; natürlich müssen auch die zwölf schlangenhäupter mit den zähnen knirschen, wenn Herakles zum kampfe zieht.

v. 173 ist schon von Lehrs mit v. 175 zu einem verse zusammengezogen; v. 176—7 sind als gänzlich leer und abgeschmackt zu streichen.

v. 182 Theseus ist hier so gut wie in der Ilias Α 265 ein eindringling; die Athener haben im alten epos keine stelle; zur streichung von v. 183 sehe ich keinen grund vgl. v. 188.

v. 197—206. Hier sind nicht einzelne verse auszuscheiden, sondern das ganze als interpolation auszuwerfen; dafür sprechen auch die sprachlichen verstösse ἐν χειρὶ χρύσειην(!) 199 und μελπομένης ἔικυῖαι (ϝεϝικυῖαι) 206.

v. 217—9 enthalten fast die grösste albernheit, welche der interpolator sich geleistet hat: Perseus schwebt frei vor dem schilde, ohne an demselben irgend wie befestigt zu sein! Sprachlich ist die stelle verurtheilt durch οὐϑ' ἑκὰς αὐτοῦ 217 (ϝεκάς) und παλάμαις τεῦξε 219 (παλάμαισι).

Der abschnitt v. 228—313 ist bereits von Lehrs und anderen kritikern als späterer einschub erkannt und mit genügenden gründen erwiesen worden; ich beschränke mich daher darauf, die sprachlichen verstösse in dieser partie aufzuzählen, welche das urtheil bestätigen.

v. 229 hat Δαναΐδης eine ganz ungewöhnliche messung, 232 βαινουσέων (-άων), 236 χαρηνοῖς (am versschlusse), 237 αὐτέων (für αὐτάων), 243 βόων (für βόασον), 246 πυλέων dreisilbig, was auch nicht einmal ionisch, sondern gar nichts ist,

249 ἀραβεῖσαι, 251 πᾶσαι δ᾽ ἄρ᾽ ἵεντο (ϝίεμαι), 259 ἄρα ἤ γε (mit falschem hiat), 260 τῶν für τάων, ἣν πρεσβυτάτη (episch ist nur ἦεν und ἔεν), 262 ἐς ἀλλήλας (episch ist nur εἰς), 267 παρειῶν (könnte möglicherweise auf παρήιον bezogen werden), 272 ἐν ἀγλαΐαις τε χοροῖς τε (-αισι, -οισι), 275 αἰθομένων δαΐδων (für -άων), 276 δμωῶν für δμωιάων, 278 λιγυρῶν συρίγγων für λιγυράων, 288 ἤμων für ἤμαον, 292 ἐτρύγων für ἐτρύγαον, 293 ἐφόρειν, 295 ἀργυρέηισ᾽ ἑλίκεσσιν (ϝέλιξ), 302 λαγός acc. pl. hasen ist ganz unepisch für λαγωούς, 305 ἀέθλοις am versschlusse, 309 αὖτειν.

Die verurtheilung ist auch auf 314—24 auszudehnen. In der beschreibung des schildrandes findet sich der verstoss ἀμφὶ δ᾽ ἴτυν 214 (ϝίτυς), auch singen die schwäne, die auf dem Okeanos herumschwimmen; die verse 320—4 müssen fallen, nachdem wir erkannt haben, dass Herakles und Iolaos ursprünglich beide gerüstet auf dem wagen stehend gedacht wurden.

In 331 steckt der sprachfehler εὖτ᾽ ἄν. Derselbe schwindet, wenn wir 329 mit 331 verbinden:

Κύκνον τ᾽ ἐξεναρεῖν | γλυκερῆς τ᾽ αἰῶνος ἀμέρσαι

und hierauf dann 330 folgen lassen.

v. 338 f. besteigt Athene den wagen. Dies ist eine neuerung des interpolators nach E 837 f. Man sieht dies deutlich aus v. 340, wo Iolaos neben Athene stehend — also drei auf dem wagen — den pferden zuruft, während dies nach 341 f. Athene thut. Alles kommt in ordnung, wenn man 338 mit 341 verbindet:

Ὣς εἰποῦσ᾽ | ἵπποισιν ἐκέκλετο· τοὶ δ᾽ ὑπ᾽ ὁμοκλῆς κτλ.

vgl. hymn. in Cer. 88, gleichlautend bis auf εἰπών für εἰποῦσ᾽. Übrigens fehlt in dem einschub auch nicht der sprachfehler: νίκην ἀθανάτηις χέρσιν 339 (-αισι).

v. 347—8 sind überflüssig und mit dem sprachfehler ὀξεῖα für ὀξέα behaftet.

v. 351 ist unbedeutend, unnöthig und in δίζυος ἴδρις (ϝίδρις) sprachwidrig.

v. 373—9 sind bereits von älteren kritikern als jüngerer zusatz ausgeschieden. Sprachlich: ἀλλήλαις δέ 375, ὑπ᾽ αὐτέων (für αὐτάων) 377, κυλινδομένων 378 (für -άων).

In 384—411 sind unpassende gleichnisse gehäuft; da sie fast allgemein verurtheilt sind, füge ich nur die sprachlichen verstösse in dieser partie den sonstigen gründen für ihre unechtheit hinzu: $\vartheta\eta\varrho\epsilon\upsilon\tau\tilde{\eta}\iota\varsigma$, $\vartheta\acute{\eta}\gamma\epsilon\iota$ 388, $\kappa\upsilon\alpha\nu\acute{o}\pi\tau\epsilon\varrho o\varsigma$ $\mathring{\eta}\chi\acute{\epsilon}\tau\alpha$ 393 ($f\bar{\alpha}\chi o\varsigma$), $\mathring{\alpha}\lambda\lambda\acute{\eta}\lambda o\iota\varsigma$ $\kappa o\tau\acute{\epsilon}o\nu\tau\epsilon\varsigma$ 403, $\sigma\varphi'$ $\iota\alpha\chi\acute{\eta}$ ($f\iota\acute{\alpha}\chi\omega$) 404; der verstösse würden mehr sein, wenn die partie selbständiger wäre.

v. 415.   Der vers ist nach den beiden halbversen $o\mathring{\upsilon}\delta'$ $\mathring{\epsilon}\varrho\varrho\eta\xi\epsilon\nu$ $\chi\alpha\lambda\varkappa\acute{o}\nu$ *H* 259 und $\vartheta\epsilon o\tilde{\upsilon}$ δ' $\mathring{\eta}\varrho\acute{\upsilon}\varkappa\alpha\varkappa\epsilon$ $\delta\tilde{\omega}\varrho\alpha$ $\varPhi$ 594 gemacht; er bezieht sich auf die darstellung des interpolators, wonach der schild ein geschenk des Zeus war v. 318; der vers muss also nothwendig fallen.

v. 423 „versus pauperculus, post $\mathring{\omega}\varsigma$ $\mathring{\eta}\varrho\iota\pi\epsilon\nu$ sequitur $\mathring{\omega}\varsigma$ $\mathring{\epsilon}\varrho\iota\pi'$. Reliqua facile in promptu erant ex Homero" Wolf.

v. 436.   Überflüssig und mit dem sprachfehler δ' $\iota\acute{\alpha}\chi o\nu\tau\epsilon\varsigma$ ($f\iota\acute{\alpha}\chi\omega$) behaftet.

v. 449.   Der vers ist verkehrt, weil Ares gar nicht Athene, sondern Herakles entgegentritt; $\pi\alpha\tilde{\upsilon}\epsilon$ für das medium $\pi\alpha\acute{\upsilon}\epsilon o$ ist sprachwidrig.

v. 461 f.   Schon von älteren kritikern sind die verse 461 und 462 zu einem verse verbunden worden.

Nachdem so alle die stücke ausgeschieden sind, welche sich durch form und inhalt als jüngere zusätze verrathen, tritt sofort, ohne weitere nachhülfe, die alte schöne und klare anordnung des gedichts wieder mit voller deutlichkeit hervor. Die ächte Aspis zerfällt in fünf abschnitte, deren jeder aus 54 = 3 × 18 versen besteht. Den ersten abschnitt bildet die Eöe „Alkmene", an diese schloss der rhapsode vier gleichgemessene stücke, so zwar, dass die beschreibung des schildes die dritte stelle, die mitte des ganzen einnahm. Die innere gliederung der einzelnen theile veranschaulicht die hierunter gegebene wiederherstellung der Aspis nach den so eben entwickelten grundsätzen.

Ἀσπὶς Ἡρακλέους.

1. Alkmene (eine Eöe).

Ἢ οἴα προλίποισα δόμοις καὶ πάτριδα γαῖαν
ἤλυθεν εἰς Θήβαις πεδ' ἀρήϊον Ἀμφιτρύωνα
Ἀλκμήνα, θυγάτηρ λαοσσόω Ἀλέκτρωνος.
ἅ ρα γυναίκων φῦλον ἐκαίνυτο θηλυτεράων
Ϝείδει τε μεγέθει τε· νόον γέ μεν οὔ τις ἔριζε·   5
τᾶς καὶ ἀπὺ κρᾶθεν βλεφάρων τ' ἀπὺ κυανεόντων   7
τοῖον ἄητ', οἶόν τε πολυχρύσω Ἀφροδίτας·
ἅ δὲ καὶ ὡς κατὰ θῦμον ἔον τείεσκεν ἀκοίταν
9 ὡς οὔ πω τις ἔτεισε γυναίκων θηλυτεράων.   10

   ἠ μέν Ϝοι πάτερ' ἔσλον ἀπέκτανε Ϝῖφι δαμάσσαις
χωσάμενος περὶ βοῦσι· λίπων δ' ὅ γε πάτριδα γαῖαν
εἰς Θήβαις ἱκέτευσε φερεσσάκεας Καδμείοις.
ἔνθ' ὅ γε δώματ' ἔναιε σὺν αἰδοίαι παρακοίτι
νόσφιν ἄτερ φιλότατος ἐπιμμέρω, οὐδέ Ϝοι ἦεν   15
πρὶν λεχέων ἐπίβαιεν ἐϋσφύρω Ἀλεκτρώνας,
πρίν γε πόνον τείσαιτο κασιγνήτων μεγαθύμων
Ϝᾶς ἀλόχω, μαλέρωι δὲ καταφλέξαι πύρι κώμαις
18 ἀνδρῶν ἡρώων Ταφίων ἰδὲ Τηλεβοάων.

   Ὡς γάρ Ϝοι διέκειτο, θέοι δ' ἐπὶ μάρτυροι ἦσαν·   20
τῶν ὅ γ' ὀπίζετο μᾶνιν, ἐπείγετο δ' ὅττι τάχιστα
ἐκτέλεσαι μέγα Ϝέργον, ὅ Ϝοι Δίοθεν θέμις ἦεν.
τῶι δ' ἅμα Ϝιέμενοι πολέμοιο τε φυλόπιδός τε
Λόκροι τ' ἀγχίμαχοι καὶ Φώκηες μεγάθυμοι   25
ἔσποντ'· ἄρχε δὲ τοῖσιν ἐϋς πάϊς Ἀλκαίοιο,
κυδιάων λάοισι. πάτηρ δ' ἀνδρῶν τε θέων τε
ἄλλαν μῆτιν ὕφαινε πεδὰ φρέσιν, ὄφρα θέοισι
27 ἀνδρασί τ' ἀλφέσταισι ἄρη' ἄλκτηρα φυτεύσαι.

   ὦρτο δ' ἀπ' Ὀλλύμποιο δόλον φρέσι βυσσοδομεύων, 30
ἰμμέρρων φιλότατος ἐϋζώννοιο γύναικος
ἐννύχιος· τάχα δ' εἶξε Τυφαόνιον· τόθεν αὖτις
Φίκιον ἀκρότατον προσεβάσσετο μητίετα Ζεῦς.
ἔνθα κατεζόμενος φρέσι μήδετο θέσκελα Ϝέργα·
αὖται μὲν γὰρ νύκτι τανισφύρω Ἀλεκτρύωνας   35
εὖναι καὶ φιλότατι μίγη, ἐτέλεσσε δὲ Ϝέλδωρ,
αὖται δ' Ἀμφιτρύων λαόσσοος, ἄγλαος ἥρως,
36 ἐκτελέσαις μέγα Ϝέργον ἀπίκετο Ϝόνδε δόμονδε.

Οὐδ' ὅ γ' ἐπὶ δμῶας καὶ ποίμενας ἀγροιώταις
ὤρτ' ἴμεναι, πρὶν ϝᾶς ἀλόχω ἐπιβάμεναι εὐνᾶς·   40
τοῖος γὰρ κραδίαν πόθος ἄινιτο ποίμενα λάων.
ὡς δ' ὅτ' ἄνηρ ἄσπαστον ὑπὲκ προφύγηι κακότατα
νούσσω ὕπ' ἀργαλίας ἢ καὶ κρατέρω ὑπὸ δέσμω,
ὣς ρα τότ' Ἀμφιτρύων χάλεπον πόνον ἐκτολυπεύσαις
ἀσπασίως τε φίλως τε ἕον δόμον εἰσαπίκαννε.   45
παννύχιος δ' ἄρ ἔλεκτο σὺν αἰδοίαι παρακοίτι
45 τερπόμενος δώροισι πολυχρύσω Ἀφροδίτας.

ἃ δὲ θέωι δμάθεισα καὶ ἄννερι πόλλον ἀρίστω
Θήβαι ἐν ἑπταπύλωι διδυμάονε γέννατο παῖδε,   50
οὐκέτ' ὅμα φρονέοντε· κασιγνήτω γε μὲν ἤσταν·
τὸν μὲν χερρότερον, τὸν δ' αὖ μέγ' ἀμείνονα φῶτα,
δεῖνόν τε κράτερόν τε, βίαν Ἡρακλεεῖαν·
τὸν μὲν ὑποδμάθεισα κελαινέφεϊ Κρονίωνι,
αὐτὰρ ϝιφίκλην λαοσσόωι Ἀμφιτρύωνι·
κεχριμέναν γενεάν· τὸν μὲν βρότωι ἄνδρι μίγεισα,   55
54 τὸν δὲ Διὶ Κρονίωνι, θέων σαμάντορι πάντων.

2. Herakles und Violaos.

Ὅς καὶ Κύκνον ἔπεφνε, Ἀρητιάδαν μεγάθυμον.
ηὗρε γὰρ ἐν τεμένει ϝεκαταβόλω Ἀππόλλωνος
αὐτον καὶ πάτερα ϝόν, Ἄρην ἄατον πολέμοιο,
τεύχεσι λαμπομένοις σέλας ὣς πύρος αἰθομένοιο,   60
ἐστάοτ' ἐν δίφρωι· χθόνα δ' ἔκτυπον ἄκεες ἵπποι
νύσσοντες χάλαισι, κόνις δέ σφ' ἀμφεδεδάη
κοπτομένα πλέκτοισιν ὑπ' ἄρμασι καὶ πόσιν ἵππων.
ἄρματα δ' εὐποίητα καὶ ἄντυγες ἀμφαράβιζον,
9 ἵππων ϝιεμένων· κεχάρητο δὲ Κύκνος ἀμύμων,   65
ϝελπόμενος Διὸς υἷν ἀρήϊον ἀνίοχόν τε
χάλκωι δαιώσην καὶ ἀπὺ κλύτα τεύχεα δύσην.
πὰν δ' ἄλσος καὶ βῶμος Ἀπόλλωνος Παγασαίω   70
λάμπεν ὑπὸ δδείνοιο θέω τεύχεων τε καὶ αὕτω·
πῦρ δ' ὣς ὀφθάλμων ἀπελάμπετο· τίς δέ κε κήνωι
ἔτλα θνᾶτος ἔων κατενάντιον ὁρμάθημεν
πλὰν Ἡρακλέος καὶ κυδαλίμω ϝιολάω;
ὅς ρα τότ' ἀνίοχον προσέφα κράτερον ϝιόλαον·   77
18 „ἥρως ὦ ϝιόλαε, βρότων πόλυ φίλτατε πάντων,

ἤ τι μέγ᾽ ἀθθανάτοις μάκαρας, τοὶ Ὄλυμπον ἔχοισι,
ἄλιτεν Ἀμφιτρύων, ὅτ᾽ ἐϋστέφανον ποτὶ Θήβαν   80
ἦλθε λίπων Τίρυνθον, ἐϋκτίμενον πτολίεθρον,
κτένναις Ἀλέκτρωνα βόων ἕνεκ᾽ εὐρυμετώπων·
ἵκετο δ᾽ εἰς Κρείοντα καὶ Ἀνιόχαν τανύπεπλον,
οἵ ῥά μιν ἀσπάζοντο καὶ ἄρμενα πάντα παρῆχον,
ἃ δίκα ἐστ᾽ ἱκέταισι, τίον δ᾽ ἄρα κήροθι μᾶλλον.   85
ζῶε δ᾽ ἀγαλλόμενος σὺν ἐϋσφύρωι Ἀλεκτρώναι
27 ϝᾶι ἀλόχωι· τάχα δ᾽ ἄμμες ἐπιπλομένων ἐνιαύτων
γιννόμεθ᾽ οὔτε φύαν ἐναλίνκιοι οὔτε νόημα,
σός τε πάτηρ καὶ ἔγω· τῶ μὲν φρένας ἐξέλετο Ζεῦς,
ὃς προλίπων σφέτερόν τε δόμον σφετέροις τε τόκηας   90
ᾤχετο, τιμάσων Εὐρύσθῃ᾽ ἀλλιτέμηννον,
σχέτλιος· ἦ που πόλλα πεδιστοναχίζετ᾽ ὀπίσσω
ϝὰν ἄταν ἀχέων· ἃ δ᾽ οὐ παλινάγρετός ἐστι.
αὐτὰρ ἔμοι δαίμων χαλέποις ἐπετέλλετ᾽ ἀέθλοις.
ὦ φίλος, ἀλλὰ σὺ θᾶσσον ἔχ᾽ ἄνια σιγαλόεντα   95
36 ἵππων ὠκυπόδων· μέγα δὲ φρέσι θέρσος ἀέξων
ἴθυς ἔχην θόον ἄρμα καὶ ὠκυπόδων σθένος ἵππων,
μηδὲν ὑποδδείσαις κτύπον Ἄρρεος ἀνδροφόνοιο,
ὃς νῦν κεκλάγων περιμαίνεται ἱερὸν ἄλσος
Φοίβω Ἀπόλλωνος, ϝεκαταβελέταο ϝάνακτος·   100
ἦ μὰν καὶ κράτερός περ ἐὼν ἄεται πολέμοιο".
    τὸν δ᾽ αὖτε προσέϝειπε ἀμώμητος Ϝιόλαος·
„Ϝηθέϊ, ἦ μάλα δή τι πάτηρ ἄνδρων τε θέων τε
τιμῇ σὰν κεφάλαν καὶ ταύριος ἐννοσίγαιος,
45 ὃς Θήβας κράδεμνον ἔχει ϝρύεταί τε πόληα·   105
οἷον δὴ καὶ τόνδε βρότον κράτερόν τε μέγαν τε
σαῖς εἰς χέρρας ἄγοισι, ἵνα κλέος ἔσλον ἄρηαι".
    ὡς φάτο· μείδασε δὲ βία Ἡρακλεῖα,   115
θύμωι γαθήσαις· μάλα γὰρ νύ ϝοι ἄρμεν᾽ ἔϝειπε·
καί μιν ἀμειβόμενος ϝέπεα πτερόεντα προσαύδα·
„ἥρως ὦ Ϝιόλαε, διότροφες, οὐκέτι πήλω
ὑσμίννα τράχεια· σὺ δ᾽ ὡς πάρος ἦσθα δαΐφρων,
ὡς καὶ νῦν μέγαν ἵππον Ἀρίονα κυανοχαίταν   120
54 πάνται ὀναστροφάην καὶ ἀρήγεμεν ὥς κε δύνααι".

3. Herakles schild.

Ὡς ϝείπων σάκος ἧλε παναίολον, οὐδέ τις αὐτο   122. 139
οὔτ' ἔϝρηξε βάλων οὔτ' ἔϑλασε, ϑαῦμα ϝίδεσϑαι·   140
πᾶν μὲν γὰρ κύκλωι κιάνωι λεύκωι τ' ἐλέφαντι
ἀλέκτρωι τ' ὑπόλαμπες ἔεν χρύσωι τε φαέννωι·
λαμπόμενον, κιάνω δὲ διὰ πτύχες ἠλήλαντο.

   ἐν μέσσωι δὲ δράκοντος ἔεν φόβος οὔτι φάτειος,
ἔμπαλιν ὄσσοισι πὐρι λαμπομένοισι δεδόρκων·   145
τῶ καὶ ὀδόντων μὲν πλῆτο στόμα λεῦκα ϑεόντων,
9 δεινῶν, ἀπλάτων, ἐπὶ δὲ βλοσύροιο μετώπω
δεινὰ Ἔρις πεπότατο κορύσσοισα κλόνον ἀνδρῶν,
σχετλία, ἅ ρα νόον τε καὶ ἐκ φρένας αἴνυτο φώτων,
οἵ τινες ἀντιβίαν πόλεμον Διὸς υἷι φέροιεν.   150

   ἐν δὲ σύων ἀγέλαι χλουνάων ἠδὲ λεόντων   168
εἴς σφας δερκομένων, κοτεόντων ϝιεμένων τε.
τῶν καὶ ὁμιλλαδὸν στίχες ἧισαν· σὐδέ νυ τοί γε   170
οὐδάτεροι τρεέταν· φρίσσον γε μὲν αὔχενας ἄμφω.
ἤδη γάρ σφιν ἔκειτο μέγας λῖς, ἀμφὶ δὲ κάπροι
18 δοίοι τεϑνάοντες ὑπὸ βλοσύροισι λέοισι.   173/175
   Ἐν δ' ἔεν ὑσμίνα Λαπιθάων αἰχματάων   178
Καινέα τ' ἀμφὶ ϝάνακτα Δρύαντά τε Περρίθοόν τε
Ὁπλέα τ' Ἐξάδιόν τε Φάλαρόν τε Πρόλοχόν τε   180
Μόψον τ' Ἀμπυκίδαν Τιταράσιον, ὄζον Ἄρηος,
ἀργύριοι, χρύσεια περὶ χρόϊ τεύχε' ἔχοντες.   183
   Κένταυροι δ' ἀτέρωϑεν ἐνάντιοι ἀγερέϑοντο
ἀμφὶ μέγαν Πέτραιον ἰδ' Ἄσβολον οἰωνίσταν,   185
Ἄρκτον τ' Ὀρρέϊόν τε μελαγχαίταν τε Μίμαντα
27 καὶ δύο Πευκεΐδαις, Περιμήδεά τε Δρυαλόν τε
ἀργύριοι, χρύσιαις ἐλάταις ἐν χέρσιν ἔχοντες.
καί τε συναυίγδαν ὡς αἰ ζῷοί περ ἐόντες
ἔγχεσιν ἠδ' ἐλάταισ' αὐτόσχεδον ὠρίγναντο.   190
   ἐν δ' Ἄρεος βλοσύροιο ποδώκεες ἥστασαν ἵπποι
χρύσιοι, ἐν δὲ καὶ αὐτὸς ἐνάρσφορος ὄλλιος Ἄρης
αἰχμὰν ἐν χέρρεσσιν ἔχων, πρυλίεσσι κελεύων,
αἵματι φοινιχόεις, ὡς αἰ ζώοις ἐναρίζων,
δίφρωι ἐπεμβεβάως· παρὰ δὲ Δδεῖμός τε Φόβος τε   195
36 ἧσταν ϝιέμενοι πόλεμον καταδύμεναι ἀνδρῶν.

Ἐν δὲ λίμην εὔορμος ἀμαιμακέτοιο θαλάσσας   207
κυκλοτέρης ἐτέτυκτο πανέφθω κασσιτέροιο
κλυζομένωι ϝίκελος· πόλλοι γε μὲν ὂμ μέσον αὔτω
δέλφινες τᾶι καὶ τᾶι ἐθύννεον ἰχθυάοντες,   210
νάχοισι ϝίκελοι· δοῖοι δ' ὀναφυσιάοντες.
ἀργύριοι δέλφινες ἐφοίταον ἔλλοπας ἴχθυς·
τῶν δ' ὕπο χάλκειοι τρέον ἴχθυες· αὐτὰρ ἐπ' ἄκται
ἧζετ' ἄνηρ ἁλίευς δεδοκήμενος· ἦχε δὲ χέρσι
45 ἴχθυσιν ἀμφίβληστρον, ἀπυϝρίψοντι ϝεϝοίκων.   215

ἐν δ' ἔεν εὐυκόμω Δανάας τέκος, ἴππota Πέρσευς
χρύσιος· ἀμφὶ δὲ πόσσιν ἔχε πτερόεντα πέδιλλα.   220
ὄμμοισιν δὲ μιν ἀμφὶ μελάνδετον αὐορ ἔκειτο
χάλκιον ἐκ τελάμωνος· ὃ δ' ὥς τε νόημ' ἐπότατο.
πὰν δὲ μετάφρενον ἦχε κάρα δείνοιο πελώρω
Γόργοος· ἀμφὶ δέ μιν κίβισις θέε, θαῦμα ϝίδεσθαι,
ἀργυρία· θύσανοι δὲ κατ αορέοντο φάεννοι   225
χρύσειοι· δείνα δὲ περὶ κροτάφοισι ϝάνακτος
54 κεῖτ' Ἀϝιδος κυνία νύκτος ζόφον αἰνον ἔχοισα.

4. Wie Herakles den Kyknos erschlug.

Ἀγχίμολον δέ σφ' ἦλθε θέα γλαύκωπις Ἀθάνα   325
καί σφας θαρσύννοισα ϝέπη πτερόεντα προσαύδα·
„Χαίρετε, Λύγκηος γενέα πυλεκλεέτοιο·
νῦν δὴ Ζεὺς κρέτος ἴμμι δίδοι, μακάρεσσι ϝανάσσων
Κύκνον τ' ἐξανάρην γλυκέρας τ' αἴωνος ἄμερσαι.   329/31
ἄλλο δὲ σοί τι ϝέπος ϝερέω, μέγα φέρτατε λάων·
τὸν μέν ἔπειτ' αὔτω λίπεμεν καὶ τεύχεα τοῖο,
αὐτος δὲ βροτόλοιγον Ἄρην ἐπίοντα δοκεύσαις,
9 ἔνθα κε γυμνώθεντα σάκεος ὕπο δαιδαλέοιο
ὀφθάλμοισι ϝίδηις, ἔνθ' οὔταμεν ὀξεῖ χάλκωι·   335
ἄψ δ' ὀγχάσσασθαι· ἐπεὶ οὔ νύ τοι αἴσιμόν ἐστι
οὔτ' ἴπποις ἔλεμεν οὔτε κλύτα τεύχεα τοῖο".
ὣς ϝείποισ' ἴπποισιν ἐκέχλετο· τοὶ δ' ὑπ' ὀμόκλας 338/41
ῥίμφ' ἔφερον θόον ἄρμα κονίοντες πεδίοιο.
ἐν γὰρ σφιν μένος ἦκε θέα γλαύκωπις Ἀθάνα
αἴγιδ' ὀνασσείσαισα· περιστονάχιζε δὲ γαῖα.
τοὶ δ' ἄμυδις προσέλαν ϝίκελοι πύρι ἠὲ θυέλλαι   345
18 Κύκνος τ' ἰππόδαμος καὶ Ἄρης ἀκόρητος ἀϋτᾶς.

Τὸν πρότερος προσέϝειπε βία Ἡρακλεεῖα· 349
„Κύκνε πέπον, τί νυ νῶϊν ἐπίσχετον ὠκέας ἵπποις; 350
ἀλλὰ παρὲξ ἔχε δίφρον ἐΰξοον ἠδὲ κελεύϑω 352
ϝεῖχε παρὲξ ἴμεναι· Τραχινάδε τοι παρελαύνω
εἰς Κάϋκα ϝάνακτα· ὃ γὰρ δυνάμι τε καὶ αἴδοι
Τράχινος προβέβακε· σὺ δ' εὖ μάλα ϝοῖσϑα καὶ αὐτος· 355
τῶ γὰρ ὀπυίεις παῖδα Θεμιστονόαν κυάνωπιν.
ὦ πέπον, οὐ μὲν γάρ τοι Ἄρης ϑανάτοιο τελεύταν
27 ἀρκέσει, αἱ δὴ νῶϊ συνοισόμεϑα πτολεμίζην.
ἤδη μέν τί ϝέ φαμι καὶ ἄλλοτα περρᾶϑημεν
ἔγχεος ἀμμετέρω, ὅτ' ὑπὲρ Πύλω ἀμμαϑόεντος 360
ἄντιος ἔστα ἔμειο, μάχας ἄμοτον μενεαίνων.
τρὶς μὲν ἔμωι ὑπὸ δόρρι τύπεις ἠρείσατο γαίαι,
οὐταμένω σάκεος, τὸ δὲ τέτρατον ἤλασα μῆρον
πάντι μένει σπεύδων, διὰ δὲ μέγα σάρχος ἄραξα·
πράνης δ' ἐν κονίαισι χάμαι πέτεν ἔγχεος ὅρμαι. 365
ἔνϑα κε δὴ λώβατος ἔν ἀϑϑανάτοισιν ἐτύχϑη,
36 χέρσιν ὕπ' ἀμμετέραισι λίπων ἔναρα βροτόεντα".
Ὡς ἔφατ'· οὐδ' ἄρα Κύκνος ἐϋμμελίας ἐμενοίνα
τῶι ἐπιπειϑόμενος ἔχεμεν ϝερυσάρματας ἵπποις.
δὴ τότ' ἀπ' εὐπλεκέων δίφρων ϑόρον αἶψ' ἐπὶ γαῖαν 370
παῖς τε Διὸς μεγάλω καὶ Ἐνναλίοιο ϝάνακτος·
ἀνίοχοι δ' ἔμπλαν ἔλασαν καλλίτριχας ἵπποις·
παῖσα δὲ Μυρμιδόνων τε πόλις κλεέτα τ' Ἰάολχος, 380
Ἄρνα τ' ἠδ' Ἐλίκα Ἄνϑειά τε ποιάεσσα
φώναι ὑπ' ἀμφοτέρων μέγαλ' ὕιαχον· οἳ δ' ἀλαλάτωι
45 ϑεσπεσίωι σύνισαν· μέγα δ' ἔκτυπε μητίετα Ζεῦς.
ἔνϑ' ἤτοι Κύκνος μὲν ὑπερμένεος Διὸς υἱιν 413
κτεννέμεναι μεμάων σάκει ἔμβαλε χάλκιον ἔγχος· 414
Ἀμφιτρυωνιάδας δέ, βία Ἡρακλεεῖα, 416
μέσσαγυς κόρυϑός τε καὶ ἄσπιδος ἔγχεϊ μάκρωι
αὐχένα γυμνώϑεντα ϑόως ὑπένερϑα γενείω
ἤλασ' ἐπικρετέως, ἀπύ τ' ἄμφω χέρσε τένοντε
ἀνδρόφονος μελία· μέγα γὰρ σϑένος ἔμπετε φῶτος. 420
ἤριπε δ', ὡς ὅτα τις δρῦς ἤριπε, ἠ' ὅτα πέτρα
54 ἀλίβατος πλάγεισα Διὸς ψολόεντι κεραύνωι.

5. Herakles kampf mit Ares und schluss.

Τὸν μὲν ἔπειτ' ἤασσε Διὸς ταλακάρδιος υἱὸς,　424
αὐτὸς δὲ βροτόλοιγον Ἄρην ἐπίοντα δοκεύσαις,　425
δεῖι' ὀρέων ὅσσοισι, λέων ὡς σώματι κύρσαις,
ὅς τε μάλ' ἐνδικέως ϝρίννον κρατέροισ' ὀνύχεσσι
σχίσσαις ὅττι τάχιστα μελίφρονα θῦμον ἀπεύρα·
ἐμ μένεος δ' ἄρα τῶ γε κέλαινον πίμπλαται ἦτορ·
γλαυκιάων δ' ὄσσοισ' ἄδινον πλεύραις τε καὶ ὄμμοις　430
οὖραι μαστιάων πόσσι γλάφει, οὐδέ τις αὐτον
9 τλᾶ εἰσάντα ϝίδων σχέδον ἐλθέμεν οὐδὲ μάχεσθαι·
τοῖος ἄρ' Ἀμφιτρυωνιάδας, ἀκόρητος αὔτας,
ἄντιος ἔστα Ἄρηος, ἐνὶ φρέσι θέρσος ἀέξων
ἐσσυμένως· ὃ δέ ϝοι σχέδον ἤλυθεν ἀχνύμενος κῆρ.　435
　　ὡς δ' ὅτ' ἀπὸ μεγάλω πέτρα πρήωνος ὀρούσῃ,　437
μάκρα δ' ἐπιθρώισκοισα κυλίνδεται, ἃ δέ τε ϝάχαι
ἔρχεται ἐμμεμάϊα, πάγος δέ ϝοι ἀντεβόλησε
ὕψηλος· τῶι δὴ συνενίκεται, ἔνθα μιν ἴσχει·　440
τόσσαι ὃ μὲν ϝιάχαι βρισάρματος ὄλλιος Ἄρης
18 κεκλάγων ἐπόρουσε· ὃ δ' ἐμμαπέως ὑπέδεχτο.
　　Αὐτὰρ Ἀθαναία, κόρρα Διὸς αἰγιόχοιο,
ἀντία ἦλθεν Ἄρηος ἐρέμναν αἰγίδ' ἔχοισα·
δεῖνα δ' ὑποδρα ϝίδοισα ϝέπη πτερόεντα προσαύδα·　445
„Ἄρες, ἐπίσχε μένος κράτερον καὶ χέρρας ἀϝάπτοις,
οὐ γάρ τοι θέμις ἐστὶ ἀπὸ κλύτα τεύχεα δῦσαι
Ἡράκλην κτέννοντα, Διὸς θρασυκάρδιον υἱὸν".
　　ὡς ἔφατ'· ἀλλ' οὐ πεῖθ' Ἄρεος μεγαλήτορα θῦμον,　450
ἀλλὰ μέγα ϝιάχων φλόγι ϝείκελα τεύχεα πάλλων
27 καρπαλίμως ἐπόρουσε βίαι Ἡρακλεΐαι,
κακτάμεναι μεμάων· καί ῥ' ἔμβαλε χάλκιον ἔγχος,
σπέρχνον ἕω παῖδος κοτέων πέρι τεθνάοντος
ἐν σάκεϊ μεγάλωι· ἀπὸ δὲ γλαύκωπις Ἀθάνα　455
ἀμφοτέραισιν ὀρεξαμένα ἔσραπ' ἔγχεος ὁρμάν.
δρίμμυ δ' Ἄρην ἄχος ἦλε· ϝερυσσάμενος δ' ἄορ ὀξὺ
ἔσσυτ' ἐπ' Ἡράκλην κρατερόφρονα· τὸν δ' ἐπίοντα
Ἀμφιτρυωνιάδας, δεῖνας ἀκόρητος αὔτας,
μῆρον γυμνώθεντα σάκεος ὕπο δαιδαλίοιο　460
36 οὖτασ' ἐπικρετέως· ἐπὶ δὲ χθόνι κάββαλε μέσσαι.　461/462

Τῶι δὲ Φόβος καὶ Δεῖμος εὔτροχον ἅρμα καὶ ἵπποις
ἤλασαν αἶψ' ἔγγυς, καὶ ἀπὺ χϑόνος εὐρυοδείας
εἰς δίφρον ϑῆκαν πολυδαίδαλον· αἶψα δ' ἔπειτα   465
ἵπποις μαστιέταν· ἵκοντο δὲ μάκρον Ὄλυμπον.
υἷες δ' Ἀλκμήνας καὶ κυδάλιμος Ϝιόλαος
Κύκνον σκυλλεύσαντες ἀπ' ὤμμων τεύχεα κάλλα
νίσσοντ'· αἶψα δ' ἔπειτα πόλιν Τραχῖνος ἵκοντο
ἵπποισ' ὠκυπόδεσσι· ἀτὰρ γλαύκωπις Ἀϑάνα   470
45 ἐξίκετ' Ὄλλυμπόν τε μέγαν καὶ δώματα πάτρος.

  Κύκνον δ' αὖ Κᾱϋξ καὶ λᾱὸς ϑάπτεν ἀπέῤῥων,
οἵ ῥ' ἔγγυς ναῖον πόλιος κλεέτω βασίληος
Ἄνϑιαν Μυρμιδόνων τε πόλιν κλεέταν τ' Ἰάολκον
Ἄρναν τ' ἠδ' Ἑλίκαν· πόλλος δ' ἀγέῤῥετο λᾱός,
τείοντες Κάϋκα, φίλον μακάρεσσι ϑέοισι.   475
τῶ δὲ τάφον καὶ σᾶμ' ἄϝιδες ποίησεν Ἄναυρος,
ὄμβρωι χειμερίωι πλήϑων· τῶς γάρ μιν Ἀπόλλων
Λατοΐδας ἄνωξ', ὅτι ῥα κλεέταις ἑκατόμβαις
54 ὅς τις ἄγοι Πύϑοιδε βίαι σύλασκε δοκεύων.

Der hymnus auf den pythischen Apoll ist, wie oben IX
s. 195 dargethan worden, ursprünglich in einer von ionismen
ganz freien sprachform abgefasst. Sein inhalt weist deutlich
nach Mittelgriechenland, der verfasser war vermutlich ein
Böoter und gehörte dann der hesiodischen schule an. Doch
ist er in der diction zugleich vom homerischen epos in einer
weise abhängig, dass der versuch seiner sprache mittelgriechische
localfarbe zu geben, aufzugeben ist; er scheint sich des gewöhnlichen epischen dialects, wie er um 600 von den rhap-
soden gehandhabt wurde, bedient zu haben. Dagegen schliesst
sich der hymnus nicht bloss durch seinen inhalt, sondern auch
durch die darin angewandte versabzählung an die hesiodische
schule an.

  Die zahlmässige anordnung tritt nach vornahme weniger
athetesen und dem nachweise einiger lücken mit voller deutlichkeit hervor. Die verse 208—13 sind jetzt wohl einhellig
verurtheilt vgl. Gemoll Die hom. hymnen s. 152, und dürfen
als beseitigt gelten. Nicht minder berechtigt ist die athetose
von 231—8, welche in etwas unklarer weise von einem fest-
gebrauche zu Onchestos meldung thun, der mit dem inhalte

2*

des hymnus in keinem irgend wie ersichtlichen zusammenhange
steht. Sprachlich wird das urtheil durch die beiden verstösse
τέως μέν 55 (τᾶος) und ἐῶσιν 58 (für ἰάουσιν) lediglich bestätigt. Die anschliessenden verse 61—4 müssen ebenfalls
fallen, weil sie eine grobe unkenntniss böotischer örtlichkeit
verrathen, womit der verfasser des hymnus sonst sehr wohl
vertraut ist, auch stammt v. 241 aus einer hesiodischen dichtung vgl. Hesiod frg. CCI und CII (Flach). Die athetese von
v. 85 ist schon oben begründet; der vers enthält zwei schreck-
liche fehler in ἱερῶν ἀπὸ πηγέων.

Jetzt bedarf es nur noch der annahme von lücken hinter
v. 317, v. 402, v. 427 und v. 496, von je einem verse; diese
lücken sind sämmtlich von Hermann und anderen kritikern
erkannt und anerkannt und bedürfen daher keines nachweises.

Wenn man den so gereinigten text überblickt, so zerfällt
er, von der vorn verstümmelten einleitung abgesehen, in zwei
grosse gleichgemessene abschnitte.

Der erste abschnitt oder gesang beginnt mit Πῶς τ᾽ ἄρ 207
und reicht bis 387, er enthält nach obiger säuberung 162 =
9 × 18 verse und berichtet von der gründung des heiligthums
in Pytho. Die innere gliederung ist klar durchgeführt: auf
den gang des gottes nach Krisa kommen 54 = 3 × 18 verse,
18 auf die erbauung des tempels, in 72 = 4 × 18 versen
wird erzählt, wie Apoll die drachin schlug, und 18 verse bilden
den schluss.

Die gleiche verszahl enthält der zweite gesang, welcher
von der berufung der Kreter nach Pytho handelt. V. 387—
546 giebt 159 verse, dazu die drei oben angegebenen lücken
von je einem verse gerechnet, erhalten wir, wie für den ersten
gesang 162 = 9 × 18 verse. In 54 = 3 × 18 versen wird
die fahrt der Kreter nach Krisa erzählt, 72 = 4 × 18 verse
enthalten die berufung, die letzten 36 = 2 × 18 die einführung der Kreter in ihr amt und den schluss.

Es fragt sich nun noch, ob wir auch die ursprüngliche
verszahl der verstümmelten einleitung zu bestimmen vermögen.
Diese beginnt jetzt ganz abgerissen mit εἰσι δέ v. 182 und
reicht bis 206, enthält also 25 verse. Den ursprünglichen umfang der einleitung gewinnen wir durch die nachstehende erwägung.

Der hymnus auf den delischen Apoll, als dessen verfasser

der Homeride Kynaithos von Chios in durchaus glaubhafter
weise genannt wird, steht zu dem hymnus auf den Pythier in
enger beziehung, und mit hinblick hierauf ist der neueste
herausgeber der homerischen hymnen nicht so unbedingt zu
tadeln, dass er die seit Ruhnken fast allgemein angenommene
zerlegung des hymnus auf Apoll in die zwei hymnen auf den
Delier und Pythier wieder zu beseitigen versucht hat.   Freilich
kann von einem gemeinsamen verfasser nicht die rede sein.
Der dichter des pythischen hymnus dichtete um 600, jedenfalls
vor 582 v. Chr., im altepischen dialect, Kynaithos von Chios
lebte in der zweiten hälfte des sechsten jahrhunderts und bediente sich, wie oben a. a. o. nachgewiesen, bereits des um
540 entstandenen mischdialects.   Vielmehr benutzte Kynaithos
den älteren hymnus auf den pythischen Apoll als seine vorlage,
nach welcher er die anordnung seines gedichts in wesentlichen
stücken einrichtete.   Wie der Pythier im vorspiel in seiner erscheinung vor augen geführt wird, so bei ihm der Delier, und
die gleiche wendung πῶς τάρ σ᾽ ὑμνήσω dient ihm als übergang von der einleitung zum gedichte selbst.   Vor allem aber
nahm sich Kynaithos die zahlmässige anordnung des ältern
hymnus zum muster, und zwar so, dass er die zahl der vorlage
halbirte.   Dies lässt sich evident nachweisen, da der hymnus
auf den Delier nicht übel erhalten ist: wir brauchen bloss mit
Hermann hinter v. 81 eine lücke und zwar von zwei versen
anzunehmen.   Dann enthält das eigentliche gedicht von πῶς τάρ
v. 19 an genau 162 verse, also so viele als einer der beiden
gesänge des hymnus auf den Pythier.   Auch die innere glide-
rung ist der des musters ähnlich: die irrfahrt der göttin und
ihr pakt mit Delos wird in 72 = 4 × 18 versen dargestellt
(v. 19—89 mit der lücke), des gottes geburt berichten 54 =
3 × 18 verse, endlich die letzten 36 = 2 × 18 verse sind
der verherrlichung von Delos gewidmet.   Die einleitung des
hymnus enthält 18 verse; wenn auch hier halbirung der entsprechenden partie der vorlage stattgefunden hat, so bestand
also die einleitung zu dem hymnus auf den pythischen Apoll
ursprünglich aus 36 = 2 × 18 versen, und würden demnach
vorn 11 verse ausgefallen sein.   Der aufbau wäre demnach
2 × 18 A. 9 × 18 B. 9 × 18, der des jüngern hymnus auf
den Delier 18 und 9 × 18.

Sonach ist der nachweis geliefert, dass die gedichte Hesiods

und der hesiodischen schule sämmtlich auf der grundzahl 18
aufgebaut sind. Die Theogonie enthält ursprünglich drei gesänge zu je 144 = 8 × 18 versen, die üchten „Werke" zählten
ebenfalls 144 verse, das Rügelied und das gedicht von den fünf
weltaltern waren je 72 verse stark. Auch bei dem versuche,
das fünfte der hesiodischen gedichte, das spruchgedicht, dessen
trümmer in den „Erga" zerstreut umher liegen, wiederherzustellen, hat man die verszahl 18 zu grunde zu legen; sollte
sich der gedanke an ein „goldenes ABC" bestätigen, so sei
daran erinnert, dass das urälteste alphabet der hauchlosen
Äoler 18 buchstaben besessen haben muss.

Die hesiodische schule schloss sich an die kunstform des
meisters an: die einzige uns erhaltene Eöe enthält 54 = 3 × 18
verse, die rhapsodie „Schild des Herakles" schloss an diese vier
gleichgemessene abschnitte, sodass das ganze 5 × 54 (= 3
× 18) verse enthielt. Der hymnus auf den pythischen Apoll
endlich bestand aus 2 × 18 und 9 × 18 und 9 × 18 versen,
in summa 360, eine zahl, welche für eine licht- und jahres-
gottheit ganz besonders angemessen erscheint; durch halbirung
dieser zahl erhielt Kynaithos die anordnung seines hymnus:
18 + 9 × 18 = 180. Es scheint mir bezeichnend für die
eklektische weise der jüngeren ionischen epik zu sein, dass
Kynaithos, obgleich der hesiodischen schule innerlich fremd,
doch ein werk dieser schule für die innere und äussere anordnung seines hymnus zum muster nahm.

Aus dem beispiele des hymnus von Kynaithos erhellt, dass
das princip der versabzählung noch bei den jüngeren ionischen
epikern in übung war. Dasselbe lehrt uns die bearbeitung der
Theogonie und der „Werke" Hesiods. Wir unterscheiden unter
den interpolationen dieser beiden gedichte ganz deutlich zwei
schichten: die eine besteht aus ganz werthlosen jede zahl-
ordnung kreuzenden kleineren einschiebseln, die andere aus
grösseren partieen von gewissem werth und anspruch. Diese
letzteren dürfen wir wohl auf den Milesier Kerkops zurückführen: den oder die blossen verhunzer der gedichte wird man
wohl kaum je der nennung des namens gewürdigt haben. Diese
grösseren stücke bilden nun eine systematische zahlmässige erweiterung des alten bestandes, wie sich darthun lässt.

Im ersten buche der Theogonie bilden solche erweiterung
die folgenden stücke: die beiden prooemien, jedes, wie ich ge-

zeigt habe, ursprünglich 18 verse enthaltend, dazu die erträglichen verse 80—103, welche sich durch plausible athetesen auf 18 reduciren lassen, und endlich das Nereiden-verzeichniss 243—61, ebenfalls ursprünglich 18 verse stark: das wären 72 verse auf das erste buch von 144 versen.

In den rahmen des zweiten buches fällt die Styx-episode 385—403, genau 18 verse enthaltend, ferner der Hekate-hymnus 412—449, ursprünglich 36 verse stark, und eine erweiterung des Epimetheus-mythos etwa um 18 verse: das wären wieder 72 verse zu den 144 versen des zweiten buches.

Das dritte buch ist um die beschreibung der unterwelt erweitert, welche schon in vf. Hesiod auf den umfang von 72 versen zurückgeführt worden ist; also auch hier wieder 72 verse zu den 144 versen des ursprünglichen bestandes.

Wir dürfen demnach behaupten, dass der redactor — vermutlich Kerkops der Milesier — jedes der drei bücher der Theogonie systematisch um 72 verse, die hälfte seines bestandes erweitert, also 3×216 aus 3×144 gemacht hat.

Fast noch deutlicher ist die systematische zahlmässige vermehrung des alten bestandes in den „Werken". Hier sind drei grössere stücke hinzugefügt: ein kleiner bauernkalender, allgemeine anstands- und sittenregeln 707—59 und endlich die „Tage" 765—823. Der kalender enthielt, wie ich im Hesiod gezeigt habe, im anschlusse an das folgende stück von der schiffahrt gleichen umfangs von haus aus 48 verse. Die sittenregeln sind nur verbote: sie beginnen fast sämmtlich mit $\mu\eta\delta\acute{\epsilon}$. Streicht man 719—21 und 740—1, welche diesen anfang nicht haben, so beträgt die zahl der verse gerade 48. Dieselbe verszahl bleibt für die „Tage", wenn man die fast allgemein verurtheilten verse 776—9, 801, 809, 815-6 streicht und 794 mit 797 zu einem verse verbindet. Es ist also, offenbar beabsichtigt und systematisch, die ursprüngliche verszahl der „Werke" durch den zusatz von $3 \times 48 = 144$ genau auf das doppelte gebracht.

Im anschlusse an die obenstehende betrachtung der beiden hymnon auf Apoll mag hier noch die versabzählung in dem hymnus auf Aphrodite dargelegt werden. Dieser ist besonders gut erhalten und lässt sich, ein beweis seiner abfassung vor 540 v. Chr., mit leichtigkeit in den altepischen dialect umsetzen, wie oben a. a. o. dargethan worden ist, wobei jedoch

auf die kyprische localfärbung zu verzichten ist; für *ἦν δέ τις*
εἴρηται σε 282 lies *αἰ δέ κέ τις ἐρέῃ σε*. Die zahlmüssige
anordnung des hymnus tritt nach ausscheidung weniger verse
hervor: v. 98 mit dem sprachfehler *νυμφίων* ist ganz müssig,
v. 135 worin dialectwidriges *οις* statt *οισι* in *σοῖς τε* muss
fehlen, wenn man v. 135 und 136 zu einem verse *εἴ τοι ἀει-*
κελίη υἱὸς ἔσσομαι ἢὲ καὶ οὐκί zusammenzieht, wodurch denn
auch der verstoss gegen das digamma in *ἀλλ' εἰκυῖα* 136 ver-
schwindet. v. 173 ist überflüssig und stört die construction,
da *κάρη* doch offenbar nominativ ist wie hymn. Cer. 188, doch
könnte auch v. 176 fehlen. v. 246 mit dem unangenehmen
νηλειές für *νηλεές* ist sehr entbehrlich; v. 268 ist mit zwei
sprachfehlern *τεμένη* (für -εα) und *ἑ* als plural „sie" behaftet,
wozu durch conjectur noch ein dritter gefügt ist *ἠλιβάτοις* für
-*οισι*; endlich schliessen 275—6 und 277—8, wie einhellig anerkannt ist, einander aus, man hat sich also für eine der beiden
versionen zu entscheiden.

Nach aussonderung dieser sieben verse tritt die alte anordnung klar und deutlich hervor. Das gedicht besteht aus
einer einleitung 1—44 und der erzählung, welche wieder in
zwei abschnitte oder gesänge zerfällt. Der erste gesang reicht
von 45—168 und führt den bericht bis zur vereinigung der
liebenden, der zweite gesang 169—294 enthält der göttin
weisung und den schluss. Die einleitung besteht aus 44 = 4
× 11 versen, die beiden gesänge sind gleich lang, jeder umfasst 121 = 11 × 11 verse, welche wieder in sich schön ge-
gliedert sind. Die zahlen 4 und 11 sind die der Menis, welche
wie in vf. Hesiod gezeigt wurde, nach dem schema 4 × 11 ×
4 × 11 angelegt worden ist.

Auch im hymnus auf Hermes ist trotz seiner späten abfassung im mischdialecte und mancher entstellung die ursprüngliche zahlmässige anordnung nicht zu verkennen. Das
gedicht besteht aus sechs deutlich gesonderten abtheilungen:
A vorspiel und erfindung der leier v. 1—67, *B* der rinder-
diebstahl v. 68—181, *Γ* wie Apollon den dieb aufspürte
v. 182—292, *Δ* Hermes und Apollon vor Zeus richterstuhle
v. 293—402, *E* vertrag zwischen Hermes' und Apollon v.
403—512 und· endlich *Z* schluss v. 513—580. Im gegenwärtigen zustande entfallen also auf *A* 67, *B* 114, *Γ* 111,
Δ 110, *E* 110, *Z* 68 verse; es unterliegt wohl keinem zweifel,

dass die ursprüngliche anordnung war: *A* und *Z*, einleitung und schluss je 66 — 6 × 11, *B Γ Δ E* je 110 = 10 × 11 verse, nur der schluss scheint neu hinzugefügt zu sein. Die abschnittzahl 110, beruhend auf den grundzahlen 10 und 11, beherrscht, wie im anhange zu vf. Hesiod nachgewiesen, den gesammten aufbau der Tisis und Telemachie.

Der hymnus auf die Demeter — um bei dieser gelegenheit die grösseren homerischen hymnen sämmtlich abzuthun — ist, von den zerstörungen, welche die einzige handschrift erlitten, abgesehen in einem ganz erträglichen zustande auf uns gekommen; es sind nur wenige verse von jüngerer hand eingeschoben, die sich leicht erkennen und beseitigen lassen.

Ganz allgemein sind die verse 405, 425 und 478 verurtheilt, über welche ich desshalb kein wort verliere; v. 58, dem Gemoll durch die conjectur ταῦτα für δ' ὦκα überflüssiger weise aufzuhelfen versucht, ist jedenfalls ganz leer und müssig. Hinter v. 21 ist nicht alles in ordnung: Bücheler will bloss v. 26 streichen, aber man muss bis v. 27 wegschneiden, weil die ganze partie auf dem missverständnisse beruht, als hätte niemand auskunft geben können, weil ausser Hekate und Helios niemand den schrei der entführten gehört habe. Vielmehr wollte niemand zeugniss geben aus furcht vor Hades, wie ja v. 44 f. ausdrücklich gesagt wird τῆι δ' οὔτις ἐτήτυμα μυθήσασθαι ἤθελεν; gehört hatten alle wesen den schrei, von dem es v. 38 heisst ἤχησαν δ' ὀρέων κορυφαὶ καὶ βένθεα πόντου | φωνῆι ὑπ' ἀθανάτηι. Nach diesen erwägungen müssen nothwendig v. 21—27 gestrichen werden, so jedoch, dass man v. 21 und 27 zu dem verse:

κούρη κεκλομένη πατέρα Κρονίδην· ὃ δὲ νόσφιν

verbindet.

Sonach bestand die dichtung ursprünglich aus 486 versen. Einleitung und schluss sind nicht besonders entwickelt; das ganze besteht aus zwei gleichlangen gesängen zu je 243 versen. Der erste gesang reicht bis v. 250 und enthält in drei abschnitten 1) die erzählung, wie Hades die Persephone raubte und Demeter die tochter suchte (80 verse) 1—87, 2) wie Keleos töchter Demeter als amme anwarben (81 verse) 88—168, 3) die göttin als amme in Keleos hause (82 verse) 169—250.

Der zweite gesang zerfällt in vier abschnitte: 1) „Aus

Keleos hause in den tempel" (60 verse) 251—310, 2) Perse-
phones erlösung (60 verse) 311—370, 3) wiedervereinigung von
mutter und tochter (62 verse) 371—431 und endlich 4) ver-
söhnung und schluss (61 verse) 435—496. Es ist also in den
beiden gesängen des Demeterhymnus die gleiche gesammtzahl
der verse — 243 — im ersten gesange durch 3, im zweiten
durch 4 getheilt, so jedoch, dass im ersten gesange statt der
genauen dreitheilung in drei mal 81 verse die ungenaue thei-
lung in 80, 81, 82, und ebenso im zweiten eine kleine abweichung 60, 60, 62, 61 beliebt wurde. Diese leichte entfernung von mathematisch starrer anordnung ist vermutlich
beabsichtigt: auch in der baukunst liebten die Griechen kleine
abweichungen von der starren regel: ein merkwürdiges beispiel
sind die säulen des Parthenon.

Es kann keinem zweifel unterliegen, dass dem verfasser
des Demeterhymnus bei seiner anordnung 243 — 3 × 81 und
243 — 4 × 60/61 die anordnung des alten Nostos, des kern-
stückes der jetzigen Odyssee als vorlage gedient hat. Der alte
Nostos enthielt ursprünglich, wie in vf. Hesiod s. 104—114
ausführlich dargethan, 9 × 243 verse, d. h. er bestand aus
neun gesängen, deren jeder 243 (— 3 × 9 × 9) verse enthielt. Der erste gesang bestand, wie der erste gesang des
Demeter-hymnus aus 3 × 81 versen, oder vielmehr, auch hier
mit leichter abweichung von der mathematischen dreitheilung
aus 82, 81, 80 versen. Auf die viertheilung im zweiten buche
kam der verfasser des Demeterhymnus vermuthlich durch die
anordnung des ersten abschnitts im ersten buche des Nostos,
wo die 82 verse in 20 verse für die einleitung und 62 für den
götterrath zerlegt sind. So bietet die anordnung im hymnus
auf Demeter eine bestätigung für den aufbau des alten Nostos
über der zahl 9 × (3 × 9 × 9), zugleich aber lässt sich
ein datum für die abfassung unseres hymnus daraus gewinnen.
Durch die arbeit des Kynaithos, welcher 504 v. Chr. durch
verschmelzung des alten Nostos, der Tisis, der Telemachie und
eines jüngeren Nostos die jetzige Odyssee herstellte, wurde die
alte schöne anordnung des alten Nostos ganz unkenntlich gemacht. Wenn nun der dichter des Demeter-hymnus, wie wir
sahen, diese anordnung des alten Nostos bei seiner arbeit als
vorzeichnung benutzte, so muss er den Nostos noch in seiner
ächten, von Kynaithos noch nicht überarbeiteten gestalt vor

sich gehabt haben, seine dichtung muss also vor 504 v. Chr. verfasst sein. Da er aber ebenso gewiss sich bereits des ionisirten epischen mischdialects bediente, dieser aber erst um 540 eingeführt worden ist, so fällt die abfassung des hymnus auf Demeter zwischen 540 und 504 vor Chr., ein ansatz, mit dem auch alle sonstigen kriterien sehr wohl stimmen.

Schliesslich mögen hier noch einige bemerkungen platz finden, welche mir bei der durchsicht der homerischen hymnen aufgestossen sind.

Im hymnus auf den pythischen Apoll liest man v. 217 ἠδ' Ἐνιῆνας, ebenso in der Ilias B 749 τῶι δ' Ἐνιῆνες ἕποντο. Aber die leute hiessen Αἰνιᾶνες und nannten sich laut inschriften selbst so, vgl. Collitz sammlung 1429 ff. Neben Ἐνιῆνας haben einige hss. ἢ μαγνιῆνας, eine ἠδ' ἀγνιῆνας Gemoll s. 8. Letztere lesart wäre in alte majuskelschrift umgesetzt ΗΔΑΓΝΙΗΝΑΣ. Statt eines ι haben alle hss. ein γ in κρισαγῶν statt Κρισαίων in v. 446 unseres hymnus. Dieselbe verlesung des I als Γ vorausgesetzt, steckt in ἠδ' ἀγνιῆνας: ἠδ' Αἰνιῆνας und damit die richtige form des namens. Das zweite ι in Αἰνιᾶνες wurde im alten epos, um den namen versgerecht zu machen, nach äolischer weise als jot gesprochen, wie z. b. in Αἰγυπτίοισι; es wäre an der zeit, dass die scheussliche form Ἐνιῆνες, dessen ε für αι an byzantinische schreibung erinnert, in ihr nichts zurückkehrte.

v. 487 haben alle hss. βοείας. Schon Buttmann sah, dass die einzig richtige form βοῆας sei: βοῆας ist der accusativ zu dem dativ βοεῦσιν v. 407. Es stand in der urschrift BOEAΣ; die urausgabe der homerischen hymnen hatte also attische, nicht ionische schrift.

Das wird auch durch ὀργίονας bewiesen, wie alle hss. v. 389 bieten. Dies steht zunächst itacistisch für ὀργείονας, dieses ist durch lesefehler aus ΟΡΓΕΟΝΑΣ d. i. ὀργῆονας entstanden, ὀργῆονας ist die ältere form des ionischen ὀργέωνας = att. ὀργῶνας. Bei der rückübertragung in die altepische sprachform ist natürlich ὀργάονας zu schreiben. Zur entstehung der form ὀργίονας mag der anklang an ὄργια beigetragen haben.

Im hymnus auf den delischen Apoll bezieht sich das beiwort von Samos ὑδρηλή v. 41 auf die berühmte wasserleitung zu Samos, erbaut von Eupalinos, Naustrophos sohn aus Megara, worüber Herodot 3, 60 berichtet, vgl. Duncker Gesch. des alt. VI, 311.

v. 104 desselben hymnus liest man herkömmlicher weise nach einer conjectur von Barnes (ὅρμον) χρύσεον ἠλέκτροισιν ἑερμένον, die hss. bieten jedoch χρυσείοισι λίνοισι ἐεργμένον. Die überlieferung lässt sich retten, wenn man mit geringer änderung liest χρυσείοισ' ἐλίνοισιν ἐεργμένον „mit goldnen riugeln, windungen (ἐλίνοισιν) eingefasst". Das wort ἔλινος vermag ich freilich in der älteren epik nicht zu belegen.

Der schluss von v. 171 lautet in den hss. ὑποκρίνασθε ἀφήμως. Das letzte wort ist corrupt, die correctur εὐφήμως trifft nicht das richtige. Vielmehr stand da: σαφηνέως : ὑπο-κρίνασθε σαφηνέως „antwortet vernehmlich" wie Herodot σαφη-νέως λέγειν, ἐξαγγέλλειν gebraucht. Das ionische wort ist im munde des Chiers Kynaithos sehr passend.

Im hymnus auf Aphrodite macht der vers 52 ὥς τε θέας ἀνέμιξε καταθνητοῖς ἀνθρώποις schwierigkeit, denn der hymnus kennt die kürzere form des dativ pl. auf οῖς sonst noch nicht. ἀνέμιξε bieten alle hss., und diese lesart ist festzuhalten, die conjectur συνέμιξε (nach v. 50) abzuweisen. Wir gewinnen für den vers die alte, sprachrichtige form, wenn wir das gedicht ursprünglich in der altepischen Äolis geschrieben denken. Dann stand da: ΘΕΑΙΣΟΝΕΜΕΙΞΕΚΑΤΑΘΝΑΤΟΙΣΑΝΘΡΩΠΟΙΣ. Dies sollte gelesen werden: θέαισ' ὀνέμειξε καταθνάτοις ἀνθρώποις, so dass θέαισ' dativ, καταθνάτοις ἀνθρώποις accusative waren. Indem man aber bei der umformung in die Ias ΘΕΑΙΣ fälsch-lich für den äolischen accusativ θέαις nahm, ersetzte man es durch θεάς und nahm nun natürlich καταθνάτοις ἀνθρώποις als dative.

Zum schlusse sei aus dem hymnus auf Hermes noch ein wort hervorgehoben, welches anlass zu einer kühnen kose-namenbildung gegeben hat. V. 190 redet Apoll den alten weinbauer vor Onchestos an: Ὀγχηστοῖο βατοδρόπε ποιήεντος. In der späteren sage z. b. bei Ovid Metamorph. 2, 688 heisst dieser selbe wegen seiner schwatzhaftigkeit in stein verwandelte bauer Βάττος. Βάττος ist jedenfalls eine hübsche und kühne kürzung von βατο-δρόπος.

A. Fick.

On Professor Atkinson's Edition

of the

Passions and Homilies in the Lebar Brecc[1]).

The Lebar Brecc, or 'Speckled Book', is a fourteenth-century vellum MS., now consisting of 140 leaves of the largest folio, written for the most part in double columns, which contain in some cases more than 80 closely-written lines. It belongs to the library of the Royal Irish Academy, by which learned body a lithographic facsimile was published in 1876. With the exceptions of a fragmentary history of Philip and Alexander the Great, the story called *Mac Conglinne's Vision* (which reminds one sometimes of Rabelais, sometimes of the *Bataille de Karesme et de Charnage*[2])), two lyrical poems (in pp. 108[b] and 186[a]), and a copy of the old glossary attributed to Cormac, its contents are religious or ecclesiastical. The whole is in the Irish language, except two Latin hymns, a copy of the Lorica of Gildas, a sermo synodalis, some texts from a Latin translation (not always the Vulgate) of the Bible, and other portions of the homilies hereinafter mentioned. For the history of the Christian religion in Ireland it is of the utmost value, and it is a great repertory of the Old and the Middle-Irish languages. But for philological purposes it must be used with caution, for the scribes were ignorant and sometimes careless[3]); and we find in every column instances of that confusion of *ch* and *th*, of *gh* and *dh*, of *mh* and *bh*, which has prevailed from the fourteenth century to the present day, and which makes most Irish MSS. and printed books either snares or eyesores to the etymologist.

Two of the divisions of this codex consist of Passions and Homilies. The Passions are those of Christ, six of His Apostles, John the Baptist, Stephen, Longinus, the Seven Sleepers, St.

---

[1]) Reprinted, with many additions, from the Transactions of the Philological Society for 1889.   [2]) Histoire littéraire de la France, t. XXIII, pp. 230, 231.   [3]) e. g. *itcuatamar* 7[b], leg. *itcualamar; rorenach-sat* 191[b], leg. *rofhremaigset; Tairisim* 193[a], leg. *Tairisid; roglom larigdia* 162[b], leg. *roglórmairig dia; dorindetar* 246[a] 30, leg. *dorinde tár; suigiu-dud* 192[b], leg. *suidiugud; i n-Olifét*, 168[b] 2, leg. (with Rawl. B. 512, fo. 71[a] 2) *ocon coibleid.*

George, and Pope Marcellinus. The Homilies treat of the Epiphany, Circumcision, Transfiguration, and other events in Christ's life, of the incredulity of S. Thomas, of Pentecost, of Michael the Archangel, of the four saints most popular in Ireland — Martin of Tours, Patrick, Brigit and Columba, of charity, repentance, the ten commandments, the Lord's Prayer, fasting, the canonical hours, and other such matters. „It is nearly certain", says Professor Atkinson, „that the whole of the texts here printed are versions made directly from the Latin". This is quite certain in the case of most of the homilies, where each sentence of the Irish is preceded by the Latin original, which Prof. Atkinson, as a rule, omits from his texts. He thus, as M. Henri Gaidoz has remarked, „modifie la physionomie de l'original", and leads (unintentionally, of course) his readers to suppose that he has made his translation without assistance. The Latin appears to be the work of continental scholars, and hence we may account for the almost total absence from these documents of anything to throw light on the peculiar doctrines and practices of the Irish church, the manners, customs, laws, superstitions and folklore of the Irish people. The references in Professor Atkinson's texts (ll. 7515—7517) to the use of oil in (not before or after) baptism; to the mixed chalice (l. 6360); to an eternal purgatory (l. 4308); to future punishment by cold as well as by heat (l. 6397); to future reward by listening to the music of the birds in paradise (l. 6486), are about all that illustrate religious belief and usage. The catalogue of the performances of the two daughters of Herodias (ll. 889—892)[1]) throws some light on the amusements of the ancient Irish; and the lists of the penalties legally inflicted (ll. 4198—4201 and 7332)[2]), illustrate their criminal law. Phrases like *tulach comdala*, 'hill of meeting', l. 8255 (which the editor renders by „rendezvous"), are also

---

[1]) Ingen dib oc ambrán 7 oc luindiucc 7 oc fethcusib [leg. fetchusig] 7 ciúil exam*ail* archena .i. Neptis a hainm-side. In ingen aile im*morro* .i. Saluiss, fri clessaigecht 7 lemenda 7 fri hopairecht „one of the girls in chanting and in singing and diverse music besides i. e. Neptis was her name. The other girl, even Salviss, at juggling and leaps and at operation (in sensu obscoeno?)". [2]) Hanging (*crochad*) and killing (*marbad*), spoliation (*arcun*), forfeiture of goods (*breth a n-indmuis dib*), exile (*longas*), prison (*carcar*), the stocks (*cepp*), the pit (*cuthe*), and amputation of limbs (*tescad a m-ball*).

racy of the soil. As to Irish superstitions, one may perhaps quote ll. 7315—7318 as to casting lots, women's philters (*uptha ban*), auguries given by birds (*glór én*, the *gotha én* of the Irish Nennius, p. 124, the Latin *oscines*), visions, the moon's time, forbidden days, and prophecies by living men. The beliefs that when a king is righteous, 'earth and sea, field and wood, lakes and rivers will be fruitful' (l. 4285); that the first-born of an adulterer or adulteress will die prematurely (l. 7811); that for three days after its birth the lion's whelp is lifeless, and is brought to life by the breath and roar of its father[1]), appear to belong to Irish folk-lore. So does the notion of the dropping well (ll. 6365—6367), which never increases in rain nor diminishes in drought[2]); and I have been unable to find a foreign source for the following fine legend, which occurs as a commentary on the text *Diligite iustitiam qui iudicatis terram* (ll. 4129—4145):

„'Love ye justice', that is, deliver righteous judgments, O kings of the world! For Solomon greatly feared the Lord when he was judging the people and passing sentences upon them. For one day he was before the noble king David, his father, when David was judging the people. And he upbraided David for his tardiness and hesitation in deciding. Whereupon his father said to him: "Come *thou*, my son, to-day upon the throne, that *thou* mayst search into and clear up the questions and the causes of the folk more quickly than I do. For thou art shrewder and sharper of wit and understanding, as is said in the proverb: *The younger thorn is always the sharper*"[3]).

„Then went Solomon upon the throne, according to his father's order. And over his head there appeared to him the Hand of the Creator with a two-edged sword, threatening him with a sudden and awful death if he swerved, little or much, from the righteous judgment. And when Solomon saw that, he trembled greatly, and his blood turned to bone in him for fear of the one God. And then he entreated his father to beseech the Lord for him, and to grant him forgiveness for the vexation

---

[1]) Compare the Pseudo-Turpin, ed. Ciampi, p. 47, ed. Castets, p. 33, and Philippe de Thaun in Wright's Popular Treatises, p. 76.   [2]) Compare Fiacc's hymn, l. 29, where it is said of the well Slán: *nis-gaibed tart na lia* (nor drought nor flood used to affect it), and Pliny's account of the well Manduria, II. N. II. 103.   [3]) Compare *is luaithi mang ini mdthair* (the fawn is swifter than its dam), Cormac's Glossary, s. v. Mang. Other proverbs in Prof. Atkinson's book are *is uaisli in clú ina nt-ór* (glory is nobler than gold), 7686, and *boegal inecmais omain* (danger in absence of fear), 3010, a warning against over-confidence, which he should have laid to heart.

that he had caused him through want of knowledge. So then they both
besought the Lord that He would protect justice, and that they might
never pass an unrighteous judgment"[1]).

In the costly volume under notice Prof. Atkinson has
printed, with funds supplied by the British Government to the
Royal Irish Academy, the whole of these Passions and all the
Homilies except those on the Transfiguration and the four
saints, Martin, Patrick, Brigit and Colomb cille. He gives the
texts in the Roman character. He has added a translation
(sometimes paraphrastic, sometimes condensed, frequently erro-
neous) of the greater number of his texts[2]); and an elaborate
glossary concludes his work. In the following remarks I
shall first notice the texts, secondly, the translation, and thirdly,
the glossary.

I. The Texts.

The texts, so far as I have examined them, are reproduced
with reasonable accuracy from the codex[3]). But this codex
is, as I have hinted, not unfrequently corrupt, and the first
criticism I have to make is that, except in three instances,
Prof. Atkinson has not collated his texts with the versions con-
tained in other MSS. No editor of an Irish text can dispense
with this process. It is true that Prof. Atkinson appears to
have collated his Passion XXIX. (the Seven Sleepers) with
Egerton 91, fo. 32, his Passion XXVII. (Longinus) with
Egerton 136, p. 85, and the first portion of his Passion XIX.
(Christ) with the Irish gospel of Nicodemus in the Yellow
Book of Lecan. But these collations are far from complete,
and he has wholly neglected Laud 610, ff. 11ᵇ—14ᵃ, which
contains a copy of the Passion of Christ's Image (— Atkinson,
pp. 42—48), Rawl. B. 512, fo. 71ᵃ 2—75ᵇ 2, which has much
in common with his lines 2977—3399: the mss. in the Advo-
cates' Library, Edinburgh, nos. I, V, VII and XXV, in which
Prof. Mackinnon has found versions of six of Prof. A.'s Passions
and of two of his Homilies: and the fourteenth century Irish

---

[1]) See the Revue Celtique, II. 382, 383, where this legend was first
printed and translated.   [2]) He has not translated the homilies num-
bered IX., XIII., and XXXVII. He has omitted to translate much of
his homily VIII.   [3]) Homily XIII. on the Circumcision is incomplete.
Homily XVII., on the Transfiguration, is not given at all.

MS. in the Bibliothèque Nationale, which contains versions of no less than nine of Prof. Atkinson's texts — those, namely, marked respectively III., IV., VII., XVI., XIX., XXVI., XXIX., XXXVI., and XXXVII.

Secondly, although Prof. Atkinson has discarded the so-called Irish type for Roman, he has not availed himself of the power which this sensible act has given him, to mark, by the use of italics, his extensions of the numerous contractions in his texts. He prints, for instance (l. 2829), ro-grandaigaibair. But this is a vox nihili. Had he used italics, as he ought, he would have printed ro-*grandaigsibair*, and then even tiros in Irish would have seen that this was an editorial error for the ro-*grendaigsibair* ('ye have bearded' or 'challenged') of the manuscript [1]), 162ᵃ 45. A similar mistake is in l. 1630, where for the „iter*t* kal. Iuil" ('on the third [day before] the calends of July') of the MS. 172ᵇ 67, Prof. Atkinson gives us „itat kalaind Iúil", which is mere gibberish. So in l. 3302, where the Jews take Christ to Golgotha, the MS. 166ᵇ 8, has Dia mbatar tra oc imdecht iarna *sét*, 'when they were going along their way'; but for *sét*, Prof. A. prints 'sróigled', and translates 'after scourging Him', which would be *iarna shróigled*, with aspirated *s*. So, in l. 5396 (MS. 53ᵃ 1), Prof. A.'s 'fer na leirai-sin' should be fer na leirais*nésen* 'the author of the clear (or complete?) declaration'. And in l. 5643 (MS. 56ᵃ 10), his 'leth is aentudach ind aisneisen-se' should be leth [atóibi, .i.] is aentudach, ind ais*néis*-se, the scribe having substituted the gloss for the lemma, without much regard for syntax. To these five specimens may be added an error which is made „about 400 times" (p. 645). The MS. on each of these occasions has the abbreviation „dī" (*i. e.* Old-Ir. *didiu*, G. C. 349, 712—13, later *diu*). For this Prof. Atkinson always gives the vox nihili '*din*'. So the compendium dā (*i. e. dano*, G. C. 700), he prints at least six times as '*dan*'.

Thirdly, he often bisects compounds, *e. g. cet chesad* l. 34,

---

[1]) Examples of the verb *grennaigim* are *grennaigit in macrad eisium imtecht d'imbadha friu* (the boys challenge him to come and mutually duck them), Rev. Celt. V. 200: *gur' greannuig-sium, do-ghrendaighset*, Annals of Loch Cé, I. 270, 498: *robái ic grennugud na Troiandae co tístais asa cathraigh* (he was challenging the Trojans to come out of their city), H. 2. 17, p. 165ᵇ. Hence the adj. *grennaigthech* „defiant", LL. 224ᵃ.

34 Whitley Stokes

for *cétchésad*, and *fir dhuine* 5642, for *firdhuine*. We even
have *na truaig* 8315—16, for *n-atruaig*[1]), *da muscach* 3042,
for *damuscach*, *tair sin* 6462, for *tair[c]sin*, *do coisc* 4844, for
tochoisc, and *nach ascommáid* 5946, *nách ascommdid* 6047, for
nácha-s-commáid.

Fourthly, his use of the hyphen is generally needless and
often wrong. He prints, e. g. *ro-gab*, *and-sin*, *di-a n-id*, *talam-
chumscugud*. He might as well print in a Greek text *ἔ-λυσα*,
ἐν-ταῦϑα, *ὅσ-τις*, in a English *earth-quake*, in a French *le-quel*.
The editorial error *ro-torned* l. 410, for *ro-t-or[d]ned*, 'thou
hast been ordained', can deceive no one. But when Prof. A.
writes *di-mbuan*, *ialla-crann*, *mfl-tóg*, *tuais-cert* he suggests that
we here have compounds of *mbuan(!)*, *crann*, *tóg(!)* and *cert;*
and when he writes, as he does in countless cases, the articu-
lated prepositions *cos-in*, *fors-in*, *fors-na*, *iars-in*, *iars-in-ni*,
is-in, *is-na*, *las-in*, *res-in*, *tris-in*, *tars-in*, instead of *co-sin*, *forsin*, *for-sna*, etc. (or better *cosin*, *forsin*, *forsna*, etc.), he mis-
leads the tiro into the belief that the *s* in these compounds
belongs to the preposition, whereas it is part of the subse-
quent article. To print in an Italian text *all-o*, *coll-o*, *dall-o*,
dell-o, *nell-o*, *sull-o*, in an Old-French text *al-s*, *del-s*, would be
similar blunders.

II. The Translation.

I now proceed to consider Prof. Atkinson's translation of
the Passions and Homilies. He states (p. 276) that he has
not been anxious to give „a slavishly literal translation of the
Irish text", but that he has not „passed over any real diffi-
culty of which he was conscious". This one is bound to be-
lieve. But the limited extent of his consciousness will appear
from the following specimens. I shall first give the text, then
his version, and then a rendering which I fear he will de-
nounce as 'slavishly literal'. The numbers refer to the pages
and lines of Prof. Atkinson's book.

*oirchindig craibdecha na hAssia 7 cristaige urmoir in oirth-
oir uli*, 'faithful overseers of Asia and very many Christians of
all the East' (268, ll. 3, 4). Read: 'the pious principals of
Asia and the Christians of the chief part of all the East' —

---

[1]) In p. 968, l. 27, the(?) should be omitted after *n-atruaig*.

urmoir being the gen. sg. of the substantive *urmor*, not, as Prof. A. supposes, an adjective in the nom. pl. masc. agreeing with *cristaige*.

suidigis in delb hi froigid a leptha in conair bui aiged a leptha 'he placed the image on the wall near which was the head of his bed', 297, l. 22. The Irish is corrupt, but easily corrigible, even without reference to Laud 610. For *bui aiged a leptha* read *búi a aiged*, and then translate: 'he set the image on the wall (footboard) of his bed in the direction in which was his face', *i. e.* in front of him.

icon Ebraide ut 'with such and such a Jew' (280, l. 36). Read: 'with yonder Jew', *ut* for *út*.

aninde 'animosity' and 'savagery' (281, ll. 32, 36). Read in both places, 'senselessness', Old-Ir. *an-inne,* from *inne* 'sense', with the common negative prefix.

noco tanic digal . . . for Ierusalem 'till the time of the sacking of Jerusalem' (284, l. 11). Read: 'till vengeance (for Christ's blood) came upon Jerusalem'. So *tossach na dígla* 'the beginning of the siege' (284, l. 17). Read: 'the beginning of the vengeance'. In the glossary, p. 642, *dígal* (= Welsh *dial*) gen. *dígla,* is rightly rendered.

basgaire co-serb écnech etuailngech 'wringing their hands, and being filled with the bitterness of intolerable cursings' (290, ll. 11, 12). Here Prof. A. has mistaken the adverbial prefix *co* for the prep. *co-n* = cum, the adj. *serb* for the subst. *serbe,* and the adjective *écnech* for the substantive *écnach.* Translate simply: 'clapping of palms bitterly, violently, intolerably'.

in uaim slebi Sirapti 'on Mount Soracte' (290, l. 37). Read: 'in a cave of mount S.'

mdine bid 7 etaig 'abundance of food' (292, l. 9). Read: 'treasures of food and of raiment'.

romebaid lassar . . . dia gnuis 'a light flashed over the face' (297, l. 14). Read: 'a flame brake from his countenance', see p. 797, and note that *romebaid* is bad spelling for *rome-maid,* the act. perfect sg. 3 of *maidim.*

lecmit at ucht fessin hi cele breith bera 'we will leave it to thine own breast, with thyself to decide what sentence thou wilt pass' (297—8). Read: 'we leave hidden (lit. in con-

cealment) in thine own breast the judgment thou mayst deliver'.

sossad 'seat' (298, l. 7). Read: 'station'.

oc fúr m'anma dia breith i flaith Dé 'watching for my
soul to carry it into the kingdom of God' (304, l. 5). Read:
'preparing to carry my soul into God's kingdom'. Prof. A.
confounds *fúr* with *faire*, Old-Ir. *aire*, 'vigilia' cognate with
the *airne* .i. fuireachras oidhche 'a night's watching', of O'Clery,
the *areanos* ('watchers'?) of Ammianus Marcellinus, XXVIII. 3.

neméle 'remorse' (304, l. 13). Read: 'lamentation'.

Ba mor tra a dethitiu 7 a chair 'of great carefulness and
stern rebuke' (305, l. 4). Read: 'great, now, was his care and
his justice', *cair — coir*, sg. gen. *corach*, p. 598.

[s]ruthi 'more famous' (306, l. 34). Read: 'more vene-
rable', *sruithiu* (gl. antiquior), the comparative of *sruith*.

eccraibdige 'unbelief' (209, l. 23). Read: 'impiety'. The
corresponding adjective is also mistranslated: *coradu écraib-
dechu* (impious champions) being rendered (314, l. 33) by 'unbelieving tyrants'.

cepp dar a chosa 'fetters on his feet' (316, l. 28). Read:
'a block (or stocks) over his feet'; *cepp* being = Lat. *cippus*,
whence also Welsh *cyff*.

forcongair in rig roth mor do thabairt chuca 'the king
had prepared a great wheel' (317, l. 25). Read: 'the king
orders a great wheel to be brought to him'. In p. 721 the
tense is mistaken.

Ro-immid Georgi 'His re-appearance astonished the king
greatly' (318, l. 15). Read: 'George went about'. Here, as
Prof. A. himself has seen (p. 761), *ro-immid* is a misspelling
of *ro-immthig*.

*boi indorus na cathrach cen adnocul . . . co n-estais biasta
7 ethaite he* 'he (Stephen) lay . . . without burial at the gate
of the city so that beasts and birds devoured him' (326,
line 18).

Here are two mistakes. *Indorus* is here, not 'at the gate',
but a common nominal prep., meaning 'in front of', 'before'.
And *estais* is not, as Prof. A. supposes, in the indicative. The
very next words (*acht ni ros-corb ndch n-anmanna he*, etc.)
show that the protomartyr's body was not devoured, but mira-
culously preserved. Read: 'he was (left lying) *before* the

city (and) without burial, in order that beasts and birds *might* eat him'.

ail 'foundation' (330, l. 25). Read: 'rock'.

conanacar-su 'thou art able' (334, l. 5). Read: 'Thou hast been able', this verb being the orthotonic form of the redupl. pret. sg. 2 of *conicim*. The enclitic form, (ní) *coemnacair* (leg. *coemnacar*), 'thou hast not been able', occurs in the same line. The orth. form of the 3d sg. — *conanacair* — occurs in Rawl. B. 512, fo. 66ᵃ 2.

na lochranna for 'lasad isin loch 'light flashing on the lake' (337, l. 28). Read: 'the lights blazing *in* the lake', *i. e.* the lake in which St. Paul's head was lying. That light or fire is emitted by a saint's relics is a commonplace in Irish hagiology. Here it comes from a holy head.

oirchis dínn ria n-amsir ar ṅdamunta 'save us from damnation before our time' (347, l. 23). Read: 'spare us before the time of our damnation', *i. e.* 'don't torture us until we are damned'.

imluaidid i foendel he 'harass him with delirium' (347, l. 30). Read: 'Drive him about into wandering'. *foindel* (gl. peruagatio) Ml. 121ᵇ 8. So *imluadit·o demnaib* 'possessed by devils' (360, l. 8). Read: 'who were driven about by devils', and compare Prof. A.'s texts l. 2210 and Ml. 90⁴, 15, 135ᵇ, 9.

cech aincess olchena 'men sick of every evil' (356, l. 16). Read: 'every ailment besides'.

brisfemne delb 7 ídal Mairt iarsin 'we will break the idol forthwith' (356, l. 26). Read: 'we will break the image and idol of Mars thereafter'.

dolad 'curse' (364, l. 14) 'distress', p. 667. Read: 'charge' or 'impost'. The word occurs in the acc. sg. (*gan doladh*) in the Four Masters, A. D. 1681, and a by-form *dolaid* in the dat. pl. (*dolaidib, dolodib*) in the Book of Deir.

co ndomblas ae 'of the bitterness of gall' (368, l. 13). Read: 'with gall', lit. 'with bitterness of liver', *i. e.* the bile, the bitter fluid secreted in the glandular substance of the liver.

ernail 'account' (371, l. 23; 379, l. 16). *Ernail,* properly 'kind', 'species', here means 'version' or 'recension'.

atathar do crochad 'who is being crucified' (377, l. 9). Read: 'who is to be crucified'.

frinde anair 'westward' (381, l. 32). Read: 'to the east of us' or 'in front of us'.

riana facsin 'at the sight of them' (383, l. 28). Read: 'at sight of him', scil. the angel who appeared to the women at the holy sepulchre.

riched 'the kingdom of heaven' (388, l. 4). Read: 'heaven'.

ar mbidba a[r]ndis 'who is guilty before us both' (397, l. 30). Read: 'the enemy of us both', and see Zimmer in Kuhn's Zeitschrift, XXX. 43.

ro-driüchtatar 'they raged' (399, l. 25, and p. 590, col. 2, l. 17). Read: 'they cried out'.

in rt talmanda, airrig he fri laim in rig nemdai, rendered in p. 405, l. 8, by 'the earthly king is a viceroy *at the hands of* the Heavenly King'. In the glossary the idiomatic expression *fri láim* is rendered by „under the authority of". It means „as vicar (deputy, substitute, proxy) for". See the Tripartite Life, Rolls ed. p. 28, l. 13, the Annals of Loch Cé, I. 84, and the Four Masters, A. D. 1039.

córaidecht is rendered by 'arrogance' (405, l. 32), by 'violence' (409, l. 10), and by 'harshness' (609). It means 'wickedness'.

immarcraid (= imm-forcraid) 'abundance' (406, l. 8, and p. 758). It means 'overabundance', 'superfluity'.

erlathrigit (they) 'govern' (409, l. 24), (they) 'preside', p. 685. It means 'they dispose', 'arrange', 'set in order': cf. *erlathar* 'dispensatio', *lathar* (gl. dispositio) Ml. 42[b].

robris cath fathri for Demun 'he there fought a battle against the Devil' (426, l. 13). This common idiomatic phrase means 'He, Christ, thrice defeated the Devil in battle', literally, 'broke a battle thrice on the Devil', *i. e.* successfully resisted the Devil's three temptations.

Cirine 'Quirinus' (458, l. 21; p. 500, l. 10). Read: 'Hieronymus' or 'Jerome', and compare Ml. 103[d] 26, 124[d] 5.

ni dentar gait gan rún guite 'stealing without the intention of stealing is not stealing' (486, l. 16). The bull is due to the translator. The Irish literally rendered is: 'theft is not committed without a secret intention of thieving', or, in the language of Blackstone, there must be a vicious will as well as an unlawful act.

Many other mistranslations which I had noted I afterwards found silently corrected in the glossary, which no doubt was compiled with the instructive assistance of Windisch's Wörterbuch. Prof. Atkinson was naturally unwilling to publish a lengthy list of his peccadillos [1]). Fortunately for students of his book, the present writer has no such objection. Thus:

robidg 'shook', 279, l. 5; *na digla* 'of the siege', 284, l. 17; *romarbait* 'died', 289, l. 20; *socraide* 'more suitable', 290, l. 20; *mullóci* 'of a jug', 294, l. 7; *noairnaigfed* 'would have watched', 297, l. 30; *scoltis* 'burst' 301, l. 8; *timoireid* 'collects', 301, l. 29; *oc adnad* 'fanning', 305, l. 22; *lógmar* 'choice', 305, l. 28; *ánchara* 'confessor', 306, l. 30; *di truth* 'a few hours', 312, l. 27; *ni roerchoit dó* 'it availed just as little', 317, l. 17; *mairg* 'fie', 317, l. 29; *de* 'fire', 318, l. 25; *no adairtha* 'ye worship', 320, l. 3; *a malartnaig* 'thou curse', 322, l. 9; *ro-foidis* 'thou hast hurled', 322, l. 26; *ro-s-clochsat Iudaide* 'whom the Jews crucified', 326, l. 17; *fuasnad* 'angry feeling', 322, l. 21; 'violence', 353, l. 28; *nis facca he* 'he disappeared', 327, l. 10; *diannig* 'thou art hastening', 335, last line; *dil* 'doom', 346, l. 6; *firinde* 'life', 356, l. 5; *coferrda* 'fervently', 357, l. 31; *fetait* 'they know how', 362, l. 6; *dith* 'woe', 362, l. 12; *rocumdaiged* 'founded', 364, l. 5; *crochaire* 'malefactor', 368, l. 29; *mac merdrige* 'child of fornication', 396, l. 32; *oc tocbail na clochi* 'raising the stones', 371, l. 9; *buegal in ecmais omain* 'confidence in the absence of danger', 372, l. 21; *garrda* 'guard room', 381, l. 2; *amal bu lór leo* 'as was their wont', 381, l. 10; *sochaide* 'others', 382, l. 13; *alim* 'we implore', l. 11; *tornileir* 'are gathered', 387, l. 18; *crith* 'gnashing', 391, l. 11; *gresacht* 'inspiration', 392, l. 23; *oc fresgabail* 'taken up', 393, l. 31; *cáinchomrac* 'comfort', 394, l. 31; *c[r]onugud* 'calamity', 398, l. 2; *sostaib* 'citadel', 399, l. 23; 'borders' (399, l. 28); *coro fegur* 'that I may assign', 401, l. 21; *gillacht* 'childhood', 402, l. 6; *airitiu* 'respect', 403, l. 6; *toccraides* 'opposes', 403, l. 11; *mo thimna* 'my law', 403, l. 31; *forcetul* 'maxim', 404, l. 24; *co réthinach* 'peaceably', 405, l. 24; *trosethi* 'self-restraint', 408, l. 15; *foill* 'deceit', 408, l. 22; *airmitiu* 'acceptable', 411, l. 28; *remiss* 'lifetime', 411, l. 31; *cumsanad* 'relief', 412, l. 18; *aduathmara* 'desperate', 412, l. 26; *aduathmar* 'hideous', 412, l. 44; *etarfuarud* 'alleviation', 413, l. 3; *ramór rodireccra* 'loud, anguished', 413, l. 4; *imrim* 'entrance', 419, l. 32; *fuacarthaid* 'enforcer', 442, l. 14; *fochaide* 'inflictions', 452, l. 32; *cin tothacht 7 cin dethberius* 'without special validity and reference', 452, l. 13; *tuisselbthar* 'were shewn', 453, l. 15; *cosa saiget* 'with his arrow' (!!), 453, l. 17; *faith* 'king', 459, l. 35; *erladuigimm* 'I accept', 464, l. 17; *adba bunaid* 'permanent abode', 478, l. 27; *salchar* 'annoyance', 481, l. 23; *scristair ass* 'is sundered from', 483, l. 6; *a dhescad do thecht* 'to communicate contagion', 483, l. 16; *adbar* 'argument', 485, l. 6; *spreid* 'means', 485, l. 25; *buaidred* 'deterioration', 486, l. 22; *aithne* 'heading', 486, l. 30; *on ló* 'and therefore', 486, l. 32; *crich*

---

[1]) In p. 958 he says, „The translation is occasionally [!] corrected by the Glossary, *e. g.*" [he then gives six instances].

'portion', 488, 1. 28; *guirt* 'vegetables', 490, l. 5; *loimnech* 'onslaught',
490, l. 9; *is direch tuicther so* 'this is exemplified', 491, l. 10; *goiste*
'not', 492, l. 19; *longphort* 'fort', 494, l. 22; *crech* 'breach', 494, l. 27;
connagut 'we seek', 498, l. 28; *craibdech* 'believing', 502, l. 13; *coforbthe*
'spiritually', 502, l. 26; *coduthrachtach* 'cheerfully', 502, l. 32; *lecca lonna*
[leg. *lomma*] *loisctecha* 'mighty red-hot battle-stones', 507, l. 33; *ni thar-
raid* 'they had not caught', 508, l. 5; *oirfitiud* 'mockery of song', 508,
l. 29; *cuile* 'corner', 509, l. 31; 'nest', 511, 7; *il-brethach* 'full of pre-
judices', 510, l. 1; *dergud* 'neglect', 511, l. 11; *fetán* 'hiss', 511, l. 35;
sútrall 'candle', 511, l. 35; *lesugud* 'support', 512, l. 3; *aprisc* 'short-
lived', 513, l. 1; *tiugaib* 'stiff', 513, l. 12; *éxamail* 'abundant', 514, l. 1;
bantaiscthid 'treasure', 514, l. 12; *cen éliugud* 'unquestioning', 514, l. 14.

That any one capable of publishing such unlucky guess-
work should have undertaken a work like the present is an
event which could happen only in Ireland, where there is
plenty of self-confidence, but as regards Celtic philology, neither
accurate scholarship nor critical ability.

III. The Glossary.

The glossary consists of 435 pages, closely printed in double
columns, and must have cost much time and labour. The
author has, for example, counted the number of times that
the following words occur in his texts, though their meaning
and use are perfectly well known: *and* (there) 'occurring 460
times'. *din* (leg. did*iu*) 'occurring about 400 times'. *indíu*
(to-day) 'about 66 times'. *inní* (the thing) 'about 75 times'.
no, rectius *nó* (or) 'about 150 times'. *oen* (one) 'about 180 times'.
Such statistics may be desirable in the case of books like the Ve-
das, the Iliad, the Odyssey, or even the Divina Commedia. But
to compile and print them for a set of Middle - Irish homilies,
arbitrarily selected and in themselves nearly worthless, seems
(to speak frankly) a foolish waste of time, labour, and money.

The errors of this, as of other glossaries, are those of
omission, and those of commission. Of the former I have
noticed only seven instances, viz. *ail* 'rock' 1638 (where *in dail*
should be *ind ail*). *an-inde* (senselessness) 129, 133; *atruag* [1])
('very pitiful' — Welsh *athru*) 8315, where Prof. A. prints

---

[1]) Better *attruagh*, as in, Three Fragments, ed. O'Donovan, p. 46,
line 17: attracht a dord fiansa attruagh ar áird, go mbáttur uile ag
caoi 7 ag tuirsi. So guth atruagh, Lism. 2[b]. 2; and nom. pl. fem. sigthe
bana attruagha, ibid. 152[a]. 1.

na truaig for *n-atruaig*; *cnetaim*, pres. ind. act. sg. 3 *cnedaig* for *cnetaid* 'sigheth' 5925; *costa* 'footprinted' 6335, which he mistakes for a Latin word [1]); *don* in the nom. prep. *fordon*, 3296; *mosach* 'filthy', 8299; *stelle* 'of a star', 6983, 6985, which he mistakes for the gen. sg. of the Lat. *stella*. But the latter are numerous. Those that are likely to mislead [2]) may be classified as follows:

    a. Non-existing words.
    b. Oblique cases given as nominatives.
    c. Wrong insertions of marks of length.
    d. Wrong omissions of marks of length.
    e. Separations of the same word.
    f. Confusions of different words.
    g. Wrong meanings.
    h. Wrong etymologies.

I will now give specimens of each of these classes, and conclude by proposing etymologies of some of the words in Prof. A.'s glossary, which he has not traced to their sources.

a. Non-existing Words.

accad 'striving' (?). This occurs in l. 341: batar *icaccad ⁊ ic cosnam fri Siluestar* (they were fighting and contending with Silvester), where we should obviously read *ic caccad*. The phrase is alliterative. *Caccad* for *cocad* (gl. bellum) Ml. 103ᵈ 2, dat. hua *chogud* (gl. bello) 103ᵈ 5.

aichnim 'to commend'. A mere misspelling of *aithnim*, p. 535, the enclitic form of *aithenim* 'I commend'.

airmfhiugrad 'transfiguration'. 'No doubt *tairmfhiugrad*', says Prof. A. The context shows that it is an error for *remfhiugrad* 'prefiguring': cf. the pret. pass. sg. 3 *roremfhiugrad* 5106.

ambrán a scribe's mistake for *amrán* or *abhrán*, O'Don. Gr. 427.

ass 'shoe'. This is an editor's mistake for *assa*, a fem.

---

[1]) The *Apodonia* in Prof. A.'s texts, l. 6335, is — *Apodanea* a pedis ibi vestigio impresso, Ducange. [2]) Examples of errors which cannot mislead any one with the merest tincture of philology are in p. 521, s. v. *acall-*, where Prof. A. says that the enclitic form is from 'the root *ad-glad*', and in p. 892, where he says that *'ata'* is a 'root-form' used in the conjugation of 'taim'.

iá-stem, of which the nom. dual (*dl assa*) occurs in Prof. A.'s texts, l. 1971. The nom. sg. *assa* (gl. soccus) is in Sg. 22ᵇ 9.

athardacht 'alteration' (?). The nature of a man and that of an angel are the same, according to S. Augustine; but, says tho Irish homilist, *o dhapeccaid in duine dochóid se ina-thar-dacht ón aingel*, literally: 'when the human being has sinned he has gone into his (*in-a*) passing over (*tardacht* for *tartecht*) from tho angel'. Compare *conscera brichtu druad tardechta arbelaib Demuin*, LU. 120ᵇ 6.

atoibim (?) 'to drink'. Inferred from *atoibet*, a scribal error for *atibet* 'they quaff'. The s- pret. pl. 3 *atibset* occurs in the Franciscan Liber Hymnorum, p. 38.

atuaig 'from the North'. Misspelling of *atúaid* or *atúaith*.

d'aurthige s. v. bend-chapur. Read: *daurthige*, the gen. sg. of *daurthech, derthech*, or *durthech* 'oratory', a very common word in Middle-Irish.

biastaige 'beastly'. Misspelling of *biastaide*, LU. 31ᵃ 1.

boccót 'spot'. The word meant is *boccóit*, O'Reilly's *boccóid*, a stem in *i*. Hence *bocoidech* (gl. maculosus).

budio (s. v. *buide* 'yellow'). I do not know whether Prof. Atkinson quotes this word as being Irish or Latin. It is neither. It glosses *millenis*, in LB. 199ᵃ, and is an error of the scribe or facsimilist for *budib*, pl. dat. of Ir. *buide* = Lat. *budius*.

coimsig 'lord'. Misspelling of *coimsid* or *comsid*, as in LU. 40ᵃ 36; LL. 224ᵇ.

comáidem 'boasting', *comáidim* 'to boast'. Read *commái-dem, commdidim*. The double *m* appears twice in Prof. A.'s texts, ll. 5946, 6047.

coss-galarach 'foot-diseased'. The word meant is *cos-gal-rach*. There is no such word as '*galarach*'.

cristaige 'Christian', *cristaigecht* 'Christianity', should be *cristaide, cristaidecht*.

cuimbrig 'correptionem', cited under *cúibrech*, is a scribal error for *cuimbri*, the acc. sg. of *cuimbre* 'brevity'.

cumdaigiud*. The form *cúmdaigthe*, which Prof. A. supposes to be the gen. sg. of this fabrication, is the acc. sg. masc. of the pret. part. pass. of *cumtaigim*. The *cúmtaigthe*, which he also cites, is the nom. pl. fem. of the same participle.

dlbrachad* 'dart'. This monstrous word is inferred from

dibrachti, a scribal error for *díbracthi*, acc. pl. of *díbracud* 'a shooting'.

di-lúigim * 'to forgive'. The enclitic form of this verb is *dílgaim*, its non-enclitic (or 'orthotonic') form is *do-lúigim*. Prof. A.'s *diluigim* is neither one nor the other.

dlige 'way'. This is a scribal error for *dliged*, the reading of Laud 610, fo. 13, b. 1. („Is e sin *immorro* dliged 7 deimin follus tresa tainic inn imaigin noem-so", etc.).

dluide 'tearing, rending'. Bad spelling of *dluige*, the verbal noun of *dluigim* 'scindo'.

dobrónaig 'pitiful'. The passage in which '*dobrónaig*' occurs is: *in dearc .... torsig 7 cnedaig 7 dobrónaig don anfírinde*, corresponding with the Latin caritas .... inter iniquitates gemescens. The Irish is corrupt, but may be certainly corrected as follows ... *torsig[id] 7 cnetaid 7 dobrónaid don anfírindi* '(Charity) saddens and sighs and afflicts herself at unrighteousness'. See in O'Reilly's dictionary the verbs *tuirsighim* and *dobrónaim*, and in Windisch's Wörterbuch the verb *cnetaim*.

driúchtaim 'to murmur' (?). Fabricated from the *t*-pret. 3rd pl. *ro-dríúchtatar*, a syncopated form of *ro-do-r-iucartatar* 'clamaverunt'. Compare the Old-Irish noun *diucrae* 'clamor' = *de-od-gaire*.

-erlangair. This curious word, the first letter of which is the second element of a diphthong, has been inferred from *foroerlangair*, i. e. *for-foe-r-langair*, the redupl. pret. sg. 3 of *fulangim*, with the verbal prefix *for*.

ernaigim * 'to wait', inferred from *ernaigtis*, a misspelling of *ernaidtis*, secondary pres. pl. 3 of *ernaidim*, or *irnaidim* as Windisch gives it.

-ernaligthi inferred from *na patri secht-ernaligthi* 8011, as scribal error for *na patre secht-ernaigthe* 'of the seven-prayered paternoster'.

fethcuis * 'whistling, air-piping' (?). This Prof. A. infers from *fethcusib* l. 890, a scribal error for *fetchusig*, cf. *cuisigh*, acc. sg., Three Fragments, 46, *fetchuisigh*, dat. sg., ibid. 24. The nom. sg. is *fetchuisech*, where *fet* is = W. *chwyth*, urkelt. *svetto*.

fodbrachtaige 'consumptive person'. Bad spelling of *fobrachtaide*. Cognate with the *anfobracht*, *anbobracht* of Cormac's Glossary and the Ancient Laws, I. 124, 140, the *bracht* of the Lebar Lecain vocabulary.

fuigell 'remainder'. A misspelling of *fuidell*, as in LU. 114[a], 25. Hence *fuidlech*, Saltair na Rann, 7628.

genntlige, génntligecht should be *gentlide* (as in Wb. 5[b]), *gentlidecht*.

gésc 'branch'. The word meant is *gésca*. *gesca* LL. 240[b], pl. nom. *in gésci* (gl. rami) Wb. 5[b] 28. Windisch's Wörterbuch would have saved Prof. A. from this blunder.

glon-shnáthe 'model', should be *glósnáthe* 'linea', 'norma', see Sg. 3[b] 20, Ml. 35[d], 72[a] 8, 145[b] 5.

*grandaigim** should be *grennaigim*, as above pointed out.

ialla-crann 'sandal', should (if hyphens must be used) be *iall-acrann*, a compound of *iall* 'thong', and *acrann* 'shoe' Ml. 56[b] = W. *archen*. Ascoli, Gloss. pal. hib. p. XLIV.

iarbaige 'result' (?), a scribal error for *iardaige*, O.-Ir. *iartaige*.

iarnaige 'of iron'. Bad spelling of *iarnaide* 'ferrous', as correctly written five times in Prof. Atkinson's texts. The dat. pl. *iarnaidib* is in LU. 28[b].

*imgrindim** 'to persecute'. The word meant is *in-grindim*, better *ingrendim*, a common verb, cogn. with Lat. *ingredior*. The 'imgrindfes' of the LB. is a scribal error for *ingrindfes*.

inbanda (?) 'stream'. This is nothing but *in banna* 'the drop', 'the stream', Prof. A. mistaking the article for a prepositional prefix. So in his *ingalar* 'diseased' — leg. *i ngalar* 'in morbo' — he mistakes a preposition for a prefix.

ingreintig 'persecutor'. Bad spelling of *ingreintid*, or *ingraintid* Ml. 130[c] 4, the personal noun of *ingrendim* above mentioned.

intlidigthe 'schismatic' (?) is a scribal error for *indluigthe*, LB. 251, b. 9, cognate with *dluigim* and *dluigi*, supra.

*leirai**. This we have already seen to be a misreading of *léir-aisnésen* gen. sg. of *léir-aisnéis*.

malartnaig 'destroyer'. Bad spelling of *malartnaid*.

medontach 'mediator'. Inferred from the voc. sg. *medontaig*, bad spelling of *medóntaid*. Compare for the suffix *slmontaig*.

*mogaim** 'to slay', *mugud* 'slaying'. Bad spellings of *modaim, mudud*. Compare *mudaigid* LL. 240[a], *ros-mudaig* LB. 95, *ros-mudaigeis* Saltair na Rann, 1680, *mudugud* LU. 42[a], LB.

118ᵃ, *mudugod* Salt. na Rann 6712, 6984. The modern *dul a
mígha* cited by Prof. A. is the Old-Irish *dul im-mudu*.

muscach 'stream'. The word of which Prof. A.'s *muscach*
is a fragment is *damuscach* 'outpour', 'effusion', which occurs
twice in LB.: Dobert Gáteon tra in cnói n-olla forsin cloich
co matain ... conid ámlaid fos-fuair arabarach, 7 in damuscach usci oc tepersain esti (Gideon put the fleece of wool on
the stone till morning, and on the morrow he found it thus:
with the outpour of water dropping thereout), p. 126, l. 49;
and in p. 164ᵃ, rop e mét a shoethair sium narba déni tepersain fhola oltás in damuscach allais tanic triana chorp (such
was the greatness of His suffering that the dropping of blood
was not swifter than the outpour of sweat that came through
His body). Prof. A. bisects this word into *da muscach*. For
another bisection see *tarr* infra.

ochad [M] 'sighing', a scribal error for *ochbad* (pl. acc.
uchbada, LL. 239ᵃ), or *ochfad* (LU. 51ᵃ), or for *ochsad*, F.
Derived from *uch* 1. alas! 2. a sigh. Cognate with Gothic
aúhjôn lärmen.

ochlai 'den'. The word meant is *fochla*. In Prof. A.'s
„a ochlai" the *f* (inflected by the interjection *a*) is regularly
omitted.

ordnige 'ordained'. Bad spelling of *ordnide, ordnithe*, the
pret. part. pass. of *ordnim*, or of *ordnigthe*, the pret. part. pass.
of *ordnigim*.

othrach 'dung'. The word meant is *otrach*, a very common
vocable, of which *ochtrach* Ml. 129ᶜ 2 (pl. *octarche* Wb. 9ᵃ 7),
seems a doublet.

recrubar. The scribe's „dorecubar", LB. 163ᵃ, is mere
carelessness for *do frecrubar*, the pret. pl. 2 of *frecraim*, the
enclitic form of *frithgairim*.

*riadaim** 'to play round an object, of lightning'. The origin
of this novelty is the following passage (LB. 179ᵇ): Tanic tra
dellrad mor do nim annsin, co r'iad imon croich 'so then came
from heaven a great radiance and closed round the cross'.
Here *r'iad* is of course = *ro+iad* the pret. act. sg. 3 of *iadaim*.
Compare ro-iad nell dorcha im Chúangus, Trip. Life p.148, l. 11.
But Prof. A. actually says that '*riad*' is a secondary present
3 sg. 'for *riadad*' (?), and compares *rethim*! There is an Irish

riadaim, but not in Prof. A.'s texts. It means *ich fahre*, and is cognate with the Gaulish *réda* 'wagon', Ags. *ridan*, Nhd. *reiten*, and possibly (as Kluge suggests) Gr. ἔ-ριϑος bote, diener.

saith 'evil'. A scribal error for *saich*, Wb. 8ᶜ, 20; Ml. 36ᵈ, 11; LU. 17ᵃ, 23; LL. 64ᵇ 15; 115ᵇ 12; 280ᵇ 28, 39, 44.

simontaig 'simonist'. Bad spelling of *simóntaid*.

*sorchaidim** 'to enlighten'. Inferred from *shorcaides*, bad spelling of *sorchaiges*, rel. pres. sg. 3 of *sorchaigim* 'I enlighten'.

„*targus* 'will come'; s. fut. — subj. pres. 1 sg. 624, *bidsin, and-sin co targus-[s]a chucaib*". Here Prof. A. has mistaken the *s* of the personal suffix or 'nota augens' -*sa* (G. C. 324) for the ending of the *s*-future. The form in question is *targu-sa*, where *targu* is a Middle-Irish corruption of *targa*, a confusion of the absolute *rega* with the conjoined *do-reg*.

tarr F. 'end'. This is a good instance of Prof. Atkinson's method. The homilist (fo. 108*a*), describing Judas after he had betrayed Christ, says that he had no hope that God's mercy would be offered to him, *cen sailechtu trocaire Dé dia thairsin*, where *thairsin* is a sister-form of *thaircsin* (= *torcsin*, l. 521 of Prof. A.'s texts), dat. sg. of *taircsiu* 'to offer', Ancient Laws, I. p. 208, l. 21. Prof. A., not understanding this easy passage, bisects *thairsin*, adds an *r* to *thair*, then invents a feminine *tarr* with the meaning 'end', and, lastly, translates his *di-a thair-sin* by 'after that'.

*techailim** (?) 'to collect'. Inferred from the imperative sg. 2, *techail*, a scribal error for *tecmhall*, from *do-aith-comalnaim*.

téchtaige 'frozen'. Read *téchtaide* 'solidified'.

tenntige 'fiery', should be *tenntide* or, better, *tentide*.

teprenim 'to flow'. Inferred from the pret. *ro-theprenset*, a bad spelling of *ro-theprennset*. The non-enclitic (or 'orthotonic') form of this verb is *doéprennim* (with double *n*), — whence *doéprannat* (gl. afluant), Ml. 39ᵈ 2, — the enclitic is *teprennim*.

tercci 'want'. Bad spelling of *terce*.

testeman 'testimony'. Read: *testemin*, a loan from Lat. *testimonium*.

tustige 'parent'. Inferred from a nom. pl. *tustige* (misspelling of *tustidi*) and dat. pl. *tustigib* (for *tustidib*). Tho nom. sg. is *tuistid*, which occurs compounded in *tuistid-oircnid* (gl. parricida) Sg. 12ᵇ.

ubtad 'scaring'. Inferred from *d' ubtad*, mere scribal carelessness for *d' fubthad*. Tho homilist says (p. 238, l. 7070) that the Dovil, 'who holds the abbacy and kingship of this world', has been terrified and outraged by Christ's fulfilment, *d' [f]ubt[h]ad 7 do sharugud tria chomailliud Crist*. Here *fubthad* is the verbal noun of *fobothaim* (gl. consternor, aris), Sg. 146ᵇ, pret. pass. sg. 3 *ro-bubt[h]ad* LB. 235ᵃ. But Prof. Atkinson actually writes 'prob. connected with *auptha, uptha*', which is a corruption of *aipthi* (gen. veneficia) Wb. 20ᵇ 20.

b. Oblique Cases given as Nominatives.

actaib 'the Acts of tho Apostles'. The acc. pl. is *acta* (Rev. Celt. VIII. 367), and so is the nom. pl. See LB. 101, lower margin.

adbuid 'dwelling'. Dat. sg. of *adba*, LU. 40ᵃ, 38, and Corm.

airchill 'plundering', gen. sg. of *airchell*.

airthirche 'eastern'. Gen. sg. fem. of *airtherach*.

ambrite 'barren', nom. pl. of *ambrit*, or *ambreit* as it is written in Saltair na Rann 5372.

athi(?) 'avenging'. Dat. sg. of *athe* or *aithe*, which, in p. 534, Prof. A. misrenders by 'sharpness, sharp rebuke'.

buaili 'resort, den'. Dat. or acc. sg. of *buale*, LL. 225ᵇ, or *buaile* — Lat. bovile, or *bualium*, gloss ap. Mai cited by Nettleship, Contribb. to Lat. Lexicography, 396.

cinil l. 890 is given s. v. ceol as a nom. or dat. *plural*. In l. 890 it is a dat. sg., like *ceneiuil* (generi) and *sceuil* (nuntio), G. C.² 224.

clug 'bell'. Dat. sg. of *clog*, *cloc* M. — W. *cloch*, pl. *clych*.

congaine 'contrition'. Gen. sg. of *congan*. Prof. A. quotes the passage in which his *congaine* occurs as „tria c. cride". It is *tria rath congaine cride* (through grace of contrition of heart). Compare *cen chongain cridi*, Ml. 90ᵈ 10.

cuimbrechtaige 'captive'. A scribal error for *cuimrechtaidi*, acc. pl. of *cuimrechtaid*.

cuthi 'pit'. Gen. sg. of *cuthe* borrowed (like W. *pydew*) from Lat. *puteus*.

deathi 'slothfulness'. Dat. sg. of *dedthe*, a deriv. of *dedith* 'unkeen', 'sluggish' (= de + áith) LL. 54ᵃ, 12. Compare *áthe* 'swiftness' (*ar áthi ⁊ imetrummi*, LL. 266ᵃ). The Old-Irish *déid*, which Prof. A. compares, is ‒ Lat. *dēses*.

décsain 'looking'. Dat. or acc. sg. of *décsu*, Old-Ir. *décsiu*.

dloigi 'disintegration'. Dat. sg. of *dloige* ⸗ *dluigi*, F. the verbal noun of *dluigim* 'I rend, split'.

erissi 'heresy'. Gen. sg. of *eres*. Another gen. is *herais*, *eris*, *eiris*, Félire, April 23. The nom. sg. is given by O'Clery as *éiris* .i. *míchreideamh*, where the long *é* seems due to a volksetymologie (é-iris).

errig 'viceroy, ruler'. This is an oblique case of *errí* or *airrí*, used in Prof. A.'s corrupt texts as a nom. sg.

etarnaide 'snare'. Gen. sg. of *etarnaid* 'ambuscade'. O'Clery's *eadarnaidh* .i. *cealg*.

fírenchi 'righteousness'. Dat. or acc. sg. of *fírénche*, derived from *fírénach* (gl. justus).

forbaid(?) left untranslated. This is the dat. sg. of *forba* .i. fearann, O'Cl. Compare *darsin forbaid* (over the ground), LU. 117ᵇ. *asa [f]orbbaid*, LL. 222ᵃ, *da [f]órbaid*, LL. 239ᵇ.

geim 'gem'. Dat. or acc. sg. of *gemm* borrowed from Lat. *gemma*.

gill, only in *i ngill* 'in pledge'. Here *gill* is for *giull*, the dat. sg. of *gell* (gl. pignus) Ml. 27ᵃ, 6.

imthruim 'very heavy', dat. sg. fem. of *imthrom* or *immthromm*.

lesci 'laziness'. Should be *lesce*.

-loscthi 'heated' [rectius 'burnt']. Should be *loscthe* or *loiscthe*, the pret. part. pass. of *loiscim*.

lúthraigi [rectius *lúthraige*] 'bolt, bar'. Acc. pl. of *lúthrach*.

margrétai 'pearl'. Nom. pl. of *margaréit*, LB. 279ᵇ 71, from Lat. *margareta*. The dat. sg. *margreit* is found in LL. 237ᵇ, the dat. pl. *mdirgretaib* in LB. 209ᵇ. A strange nasalised form *margrent* occurs in LB. 138ᵇ, 6.

metrapoile * 'metropolis'. Gen. sg. of *metrapoil*.

miscen 'hatred'. A corruption of *miscsen*, gen. sg. of *miscais*.

monotóre 'money-changer'. Pl. n. of *monotóir* ‒ Lat. *monetárius*.

nit 'nest'. Gen. sg. and nom. pl. of *net* ‒ Welsh *nyth*, Lat. *nidus* from *nizdos.

pappe 'vine-leaf' (?). Nom. pl. of *papp* — *popp*, LU. 97ª, 3, where it means 'bunch', 'tuft'. Nom. sg. *bab* 'tuft, tassel' in the West Highlands.

penginde 'penny'. Nom. pl. of *pengind* — AS. *pending*.

-scoit. The compound *lín-scoit* 'linen sheet', from which this word is inferred, is in the dat. sg. The nom. is *lín-scot*, where *scot* (O'Reilly's *scod*) is borrowed from ON. *skaut* just as *fuindeog* 'window' is from ON. *vindauga*.

sollsi 'light'. Should be *sollse*, as in L1283 of Prof. A.'s texts.

speilp 'cloak' (rectius 'robe'). Acc. sg. of *spelp* from Lat. *peplum*.

stelli (better *stelle*, as in 6983, 6985) is the gen. sg. of *stell*, borrowed, like W. *ystwyll*, from Lat. *stella*: hence the name *Stellan* or *Stiallan*.

trill. Gen. sg. of *trell* 'a space of time'. So *hi cind trill fodai* 'at the end of a long while', LB. 221ᵇ, 30. The dat. sg. is common in the phrase *iar trill* (for *triull*), 'after a while'.

c. Wrong Insertions of Marks of Length.

cnéd 'wound'. Should be *cned*, cognate with Vedic √çnath durchstossen, durchbohren?

démun 'demon, devil'. Should be *dĕmun*, notwithstanding the diphthong of *daemon* (δαίμων), from which it is borrowed.

dlíged 'law'. Should be *dliged* — W. *dyled*, with which Goth. *dulgs* 'schuld' has often been compared.

dóimin 'deep'. In the oblique cases *dóimne*, *dóimnib* the *o* is long *by position* and for that reason is marked as such (so often in Old-Irish, G. C.² 26). But the *o* in *doimin* (— W. *dwfn*) is short by nature.

fédil 'constant', should be *fedil*. In *fédligit* etc. the *é* is long by position. Ignorance of this elementary fact has misled Prof. A.

íbim 'to drink', should be *ibim* — W. *yfaf*, Skr. *pibámi*.

lógaim 'to forgive, remit', should be *logaim*. In *lógthai-se* and *lógdar* (which misled Prof. A.) the *o* is long by position.

martír should be *martir* = martyr, gen. martyris.

míre 'fury, madness', should be *mire*, a deriv. of *mer* 'mad'.

orgán should be *organ*, though the mark of length is (by a scribal error) in the ms.

Prof. A.'s *clusál* 'enclosure', and *namá* 'enemy', are probably mere misprints for *clúsal* (from Lat. *clausula*), and *náma*.

d. Wrong Omissions of Marks of Length.

aigedchach 'hospitable', *aigidecht* 'hospitality', should be *áigedchach, áigidecht* (O.-Ir. *óig-*), where the *ái (ói)* is a diphthong.

ailim 'to implore', should be *áilim* or *áiliu*, perhaps from *ad-lió, √lip*, whence also λίπτομαι (Bezzenberger).

airem 'number', should be *áirim*, or *árim* as in l. 4427. This, like W. *eirif*, is from *ad + rim*. So *airmim* 'to count', and its participle *airmide*, should be *áirmim, áirmide*.

alaind 'beautiful', should be *dlaind*, which comes from *ad-laind*: cf. *laind* .i. solus no taitnemach, O'Dav. 102.

baidim 'to drown', etc., should be *báidim* 'I drown'. The verbal noun is rightly given as *bádud*, W. *boddi*.

banaim 'to grow white', should be *bánaim*, a denom. of *bán* — φᾶνος.

basugud 'putting to death' (*bás*), should be *básugud*.

bel 'lip, mouth', should be *bél*.

belra 'language', should be *bélre*.

blaith 'blithe'[!], should be *bláith*.

cainim 'to bewail', should be *cáinim*, where *ái* is a diphthong. Cognate are *accáine, écáine* 'lamentation', W. *cwyno, achwyno*, and perhaps Gr. κινυρός.

castel 'village', should be *castél*, as we see from O'Clery's *sunnchaistél* .i. caislen daingen, from the doublet *castíal*, the gen. sg. *caisteoil* in the Four Masters, A. D. 1595, and the gen. pl. ic córgud *chastíal*, LL. 236ᵃ. The Lat. *castellum*, from which these Irish words are borrowed, must have been pronounced *castéllum*.

cetamus 'in the first place', should be *cét-amus*, lit. 'first attack'.

cet-cruthaigim 'to create for the first time', should be *cét-cruthaigim*.

cetna 'first', 'same', should be *cétna*.

complet 'complines', should be *complét*, from the Low Latin *compléta*, officium ecclesiasticum quod caetera diurna officia *complet* et claudit, Ducange.

crich 'limit', should be *crích*.

cu 'dog', should be *cú* = Welsh *ci*.

de 'smoke', should be *dé*, gen. *diad*.

„deine 3336, see denum". This should be „déine 3336, see dognim", of which it is the pres. indic. act. sg. 2, enclitic form.

devoil 'small', devoile 'insignificance', should be deróil, deróile.

ditiu 'protection', should be dítiu, from *de-yem-tion-.

ec 'death', should be éc, ex enk cognate with nec-, νεχ-.

enirte 'weakness', should be énirte, where the negative prefix é is from ex.

escai 'moon', should be éscae, from *eid-kaio-, cognate with Lat. cidus, idus.

etradach 'lustful' should be étradach.

fathacda 'prophetic', should be fáthacda, a deriv. of fáith — Lat. vátes.

genar 'was born', should be génar.

gloir 'glory', — to which Prof. A. adds the mysterious words „[long ó usually with acc. in gen.]" — should be glóir.

legim 'to read', should be légaim, notwithstanding the short penult of Lat. lĕgo, from which it is borrowed.

leim 'leap', leimnech 'leaping', should be léim, léimnech.

len 'sorrow', gen. leoin, should be lén. The compound etar-lén 'exceeding sorrow' occurs in Saltair na Rann, 3762, where it rhymes with trén.

log 'reward', should be lóg or luag.

lor-gnim 'satisfaction', should be lórgním.

lothor 'ewer', should be lóthor, lóthur (Cod. Bed. Carl. 39ᵇ 4), or loathar, Sg. 67ᵇ 5 — λοετϱόν, λουτϱόν, or λῶτϱον.

me 'I', should be mé — Welsh mi, Lat. mé.

medonach, melltoir, should be medónach, melltóir.

metugud 'increasing', should be métugud, a deriv. of mét — W. maint.

mi- negative prefix, should be mí-. Prof. A. writes correctly mí-bés, mí-gním, mí-imbert, mí-imbrim, but in the same page mi-choimétaim and mi-dénam.

mirbulta 'marvellous', should be mírbulta, a derivative of mírbuil borrowed from Lat. mirabile.

morad, moraim, morfesiur, should be mórad, móraim, mór-fésiur.

no 'or' should be nó. √nu.

noemad, noemaim, noemda, noemdacht, all want a mark of length on the diphthong. So does noidendacht.

4 *

oclach 'youth', should be *óclach*, a compound of *óc, óac* —
W. *ieuanc* ═ (in form) Lat. *iuvencus*.

og-shlan 'wholly pure', should be *óg-shlán*.

oige 'guest', should be *óige* (where the *ói* is a diphthong).

osaic 'washing', should be *ósaic* 'footwashing', borrowed
from Lat. *obsequium* in the sense of service, Philipp. 2, 30.

plag-béim 'stripe, blow in punishment'. Read *plágbéim*, the
plág being from Lat. *plága*, and compare *plágbuille*, pl. dat. ó
phlagbullib, LL. 244[b].

purgatoir 'purgatory', should be *purgatóir*.

r-anic perf. sg. 3 of *ricim*, should be *ránic*, as the Skr.
ánañca should have taught Prof. Atkinson.

sailechtu 'hope', should be *sáilechtu*, where the *ái* is a
diphthong.

scribtha 'written' (pret. part. pass. of *scríbaim* ═ Lat.
scríbo), should be *scríbtha*.

sena 'denial', should be *séna*.

slanaigim, a denominative from *slán* 'salvus', should be
sldnaigim.

snathat 'needle'. Read, *snáthat : snáthath* (gl. acus) Sg.
107[b] 3.

so-chenel, so-chenelach, spreid. Read, *so-chenél, so-chenélach,
spréid*.

tutt should be *tútt*.

ur 'earth, mould'. Read, *úr* or *úir*.

ur 'fresh, green'. Read, *úr* ═ Welsh *ir*.

e. Separations of the same Word.

addi 'abode', p. 524, is the dat. sg. of *aite* 'house', p. 535.

athi, p. 552, is the dat. sg. of *aithe*, p. 534.

craithim 'to be shaken', p. 613, and *crothaim* 'to shake
(wag) heads', p. 617, are the same words wrongly explained.

degulta, which Prof. A. (p. 632) gives as the gen. sg. of
an imaginary *deglad**, is the gen. sg. (with metathesis of *l*) of
deliugud 'separation' (p. 633); and *ro deglad*, which he gives
(p. 632) as the *pass. sec. pres. 3 sg.* [!] of an imaginary *de-
glaim**, is the pret. pass. sg. 3 of *deligim* (p. 633) 'I separate'.

nech 'aliquid', p. 816, is declined in the sing. like an *o*-
stem. In the plural (as is the rule in Middle-Irish with neuter

nouns ending in -*ach* and -*ech* [1])) it passes over to the *s*-de-
clension, and we have, accordingly, *nechi* (for *neche*) in the
nom. and acc., *nechib* in the dat. These plural forms Prof.
Atkinson puts under *ní* 'thing', p. 822. A similar mistake is
made by Prof. Zimmer, in Kuhn's Zeitschrift, XXX. 456.

*salaigim** 'to defile', inferred from the imperative *salaig*
and the pret. *do shalaig*, regular forms of, and wrongly sepa-
rated from, *salchaim* 'I defile, befoul'.

To these one may add *écraibdech*, p. 678, and its derivative *éccraibdige*, p. 676; *imarcraid*, p. 758, and its derivative
immarcradach, p. 760; *íttu*, p. 774, and its derivative *ítadach*,
p. 773; *soscéla*, p. 883, and its derivative *suiscelach*, p. 887;
ámnus, p. 538, and its derivative *amainse* (from **amnaise*),
p. 537; *oige*, p. 836, and its derivatives *aigedchach*, *aigidecht*
p. 527.

f. Confusions of different Words.

adandad 'lighting up, stimulating', is confounded with *adnad*.
The former is from **ad-adannad*, the latter from **adannad*.

cele 'concealment' (= W. *celydd* 'a sheltered place'), is
placed under *céle* 'fellow, companion' (= W. *cilydd*). The
context is *acht lecmit at ucht fessin hi cele breith bera*, line
609. This Prof. A. renders (pp. 297—8) as follows: „But we
will leave it to thine own breast with thyself to decide what
sentence thou wilt pass". How he got 'with thyself' out of *hi
cele* is not apparent. The sentence obviously means: 'But we
leave hidden [lit. in concealment] in thine own breast (the)
judgment thou mayst deliver'.

docair, *doccair* 'uneasiness, trouble' is confounded with the
modern *dochar* 'misfortune'.

feib 'according to, just as' (— Goth. *svasve?*) is confounded
with *feib* or *feb* 'excellence'.

léir 'complete' (= W. *llwyr* 'totus, omnis, universus') is
placed under *léir* 'visible, conspicuous', of which I know no
cognate.

mín 'small, fine, gentle'. *Mín* (— Goth. *mins*, A.S. *min*)
is 'small', but *mín* (— Welsh *mwyn*) is 'smooth, fine, tender,
delicate, gentle'.

mínigim 'I explain', a denominative from *mín*, is con-

---

founded with *mínigim* 'I mince'. From the former come *mínigit* and *mínigther;* from the latter *ro-minaig* and *minigther*.

muchna 'gloomy', is confounded with *mucna* 'truculent', 'austere'. So *dúrda* 'hardened' is compared with *dorrdha* 'grim'.

g. Wrong Meanings.

adétig 'abominable, accursed'. The second meaning is wrong, and the first had better be 'execrable'.

ae 'liver, gall'. The second meaning is wrong: 'gall' is *domblas ae*, literally 'bitterness of liver'.

aidetchiugud 'cursing'. It means 'denying', and is cognate with *eitchim* (ex *aith-dechim*) 'I refuse', *etech* 'refusal'.

aidmilliud 'perturbation'. This word means 'destruction', as in LU. 87ᵃ, 28, and many other places.

aincess 'anguish'. It means 'ailment' (*an-íccess*).

ainmech 'reviling'. This is a derivative of *ainim* 'blemish', (W. *anaf*), and means 'blemished'.

aird 'end, quarter' [i. e. himmelsgegend]. The former meaning is wrong.

airius 'place of meeting'. It merely means 'a meeting', and is identical with the *[a]ires* .i. comdal, of the *Tochmarc Emire*: dobai hires (.i. comdal) les do Gallaib. luid dochum airisi de Gallaib timcell n-Alban andes. iris .i. cumdal, Egerton 92, fo. 24ᵃ 1; am ecen-sa tocht in herus inalta Feidilmthi, LL. 58ᵃ, 32. rogabhsam airius risna hocaib sin, Lism. 124ᵃ 2.

aithe 'sharpness, sharp rebuke'. It means, 1. ultio; 2. compensatio, pretium, foenus. See *aithe* (gl. talio) Wb. 14ᶜ, *aithe* .i. dígal, O'Cl., Ascoli, Glossarium Palaeo-hibernicum, XLVIII. Examples will be found in LL. 224ᵃ (*d' athi an-écora for Troiánu*), 244ᵃ (*aithi na gona sein*), and in the Ancient Laws, I. 218 (*d' aithe a indlighidh*).

anforbthi 'unspiritual' (?). It means 'imperfect, incomplete' (*anforbthe*), ἀτελείωτος.

angbaid 'wicked'. It means 'fierce', 'cruel', 'ruthless'. *Ba hangbaid trá inn imthuargain* LL. 242ᵇ. *Ba hangbaid ... in fégad*, LL. 244ᵃ. am feochair ⁊ am angbaid i cathaib ⁊ a n-irgalaib, Tochmarc Emire. in leoman n-angbaid (the fierce lion), LL. 223ᵃ, LB. 128ᵇ. Prof. A. seems to have confounded *angbaid* with *angaid* 'nequam', as I did in my edition of the Saltair na Rann, p. 126, col. 2.

athela 'to die'. This verb (rectius *athéla*) can only mean 'peries' or 'periet'.

athnugud 'rebuilding'. It means 'renewing'. W. *adneuyddu*.

atóibim 'to correspond, to be in harmony'. This verb properly means 'I adhere to' (from the prefix *ad* and *tóib* 'side': cf. the Low Lat. *accostare*, *acostare*, from *ad* and *costa*), and then 'I correspond with', 'I am connected with'.

bass [also *boss*] 'hand, palm'. The primary meaning is 'palm': cf. ἀ-γοστός (Ernault.)

blaith 'blithe'. This word (rectius *bláith*) means 'smooth, gentle'.

boc-shlat 'light switch'. It means 'goat-rod': cf. *con-shlatt* infra.

bratán [leg. *bratan*] 'fish'. It means 'salmon'.

bráth 'judgment-day'. It simply means 'judgment' or 'doom': W. *brawd*: 'judgment-day' is *lá* (or *laithe* or *dia*) *brátha*.

carrac 'stone'. It means 'crag', 'rock'. *carrcib* (gl. cautibus) Ml. 126ᵃ, 8.

cecha-n 'everything'. It means 'whatsoever'. The *cechue* cited by Prof. A. from l. 1255 is — *cech ae*.

cepp 'fetter'. It means 'block', 'stocks', and, like W. *cyff*, is borrowed from Lat. *cippus*.

cetach [leg. *cétach*] 'hundred'. I think it means 'consisting of a hundred', *na míle cétacha* 'the thousands consisting of hundreds'.

ciste 'treasure'. It means in Prof. A.'s texts 'chest', 'treasury', and is an *ia*-stem formed from Lat. *cista*, as *airse*, *ancoire*, *caindelbra*, *camra*, *lunga*, *sita* respectively from ἄρσις, *anchora*, *candelabrum*, *camera*, (navis) *longa*, *seta*.

clerech [leg. *clérech*] 'clergy'. It means 'cleric'.

cléthi 'ridge, keystone[!], chief'. The word intended is *cléthe* 'housetop'.

coblige 'cohabitation'. It means 'lying together', 'copulation'.

coemthechtaid 'attendant, servant'. The second meaning is wrong.

coep 'lump, ball' (?). It means 'clod, clot, lump, mass', but not 'ball'. The dat. pl. is written *caipaib* in LL. 4ᵇ, 18, *Iarsain tancatar Tuatha Dé ina caipaib ciach* (thereafter came the Tuatha Dé in their masses of mist[1])), where *cuipaib ciach*

---
[1] In Steinmeyer's Zeitschrift, XXXII. 318, note, Prof. Zimmer

córresponds with the *nélaib dorchaib* 'dark clouds', of the prose account, LL. 9ᵃ, 5.

coma 'terms, conditions'. It means 'a bribe', 'gift', 'subsidy'.

con-shlatt 'switch'. It means 'a dog-rod', cf. *boc-shlat* supra.

conuarcaib 'to raise'. This is the pret. act. sg. 3 of *conócbaim.*

craithim* 'to be shaken'. This verb, better spelt *croithim,* means 'I shake'. *crothaim* 'to shake (or wag) heads', is identical with the verb last mentioned.

deblén 'weakling, orphan'. The second meaning is wrong. Deblén [leg. Déblén] o ni[as]débilis, O'Dav. 75. The word is a diminutive either of a loan from Lat. *débilis,* or of a corruption of Ir. *dedbol = de-adbol.* See Glossarial Index to the Calendar of Oengus, p. CCXLV, and add *innan deidblenán* (gl. pupillorum) Ml. 127ᵇ 3.

di-chumaing 'intolerable'. The *di-* is here intensive. The word means 'violent, oppressive'.

dídin. Here *i n óin didin* is rendered by Good Friday. It means on any Friday, good or bad, literally 'on last fast', Wednesday being the first fast in each week.

doit* 'finger'. Read 'hand', and cf. *cusna doitib* (gl. cum manibus) Gildas' Lorica. Cognate seems *doe lame* (gl. lacertus), Sg. 68ᵃ 1, pl. gen. *inna ndoat* (gl. lacertorum) Aug. 92.

domattu 'want, greediness', *domma* 'need'. They mean 'poverty', and are the opposites of *sommatu* and *somma* 'wealth'.

duma 'cairn, mound'. *Duma* by itself never means 'cairn', i. e. a heap of stones. This is *duma cloch* 'a mound of stones'.

éccraibdige 'unbelief', *écraibdech* 'unbelieving'. The former word means 'impiety', the latter means 'impious'.

ecid 'he tells'. This is the enclitic form of the 3rd sg. *perfect* act. of the non-enclitic ('orthotonic') *adcuadim,* and means 'he (she, or it) told, related, declared'.

écomland 'anguish'. This is P. O'Connell's *eacomhlann* 'wrong, foul play, injustice'. Examples will be found in LL. 93ᵃ, 110ᵇ, 115ᵃ, 225ᵇ, and see Windisch's Wörterbuch, s. v. *écomlond.*

epil 'he died'. This is the enclitic form of the 3rd sg. *present* indic. act. of *atbelim,* and means 'perishes'.

---

translates this by "darauf kamen die Tuatha Dé Danand in ihren nebel-kappen". But the Ir. *caip, coep* has nothing to do (as he supposes) with the Mod. H. G. *kappe,* Mid. H. G. *tarnkappe.*

erchuitmed 'mitigation'. It means 'excuse'. See the Tripartite Life, Rolls ed. p. 184, l. 25.

esamain 'rash', notwithstanding the 'temerarius' of Ml. 27ᵈ 8, rather means 'fearless, intrepid'.

on choimdid (s. v. *etaide*) 'from the Law'. The words mean, of course, 'from the Lord'.

faen 'subject'. It means 'weak, feeble'. Now spelt *faon* or *faoin*.

fiarut, prep. with gen. 'throughout'. This is a noun compounded of *fiar* — W. *gòyr* 'oblique, sloping', and *fot* 'length', governed by the prep. *dar* or *for*. It always, I think, means 'athwart, across'. Thus: *itconnarcsa aen . . . dar fiarut na faigthi* 'I saw one (coming) across the green', LB. 213ᵇ, 59, *for fiarut na hAssia moiri uli* 'athwart the whole of Asia major', LB. 3ᵃ. In *a chroicend do iumochar fiarut na cathrach* 'to carry his skin across the city', LB. 177ᵃ, it has become a nominal preposition. A similar phrase is in LB. 215, l. 50: *cingis dar fiarlait na faichthi* 'he went athwart the green'.

findbuide 'beatitudines' s. v. *finfed*. This is perhaps a misprint, for *findbuide* is a gen. sg. meaning beatitudinis.

folmaiged [M] 'laying waste'. The passage in which this word occurs — *iarsin [ro]folmaiged leth na cathrach di* — is rendered by Prof. A. 'thereafter took place the devastation of half the city by it'. It means, of course, 'thereafter half the city was devastated by it'. Here the scribe or the facsimilist has omitted the prefix *ro* before the 3rd sg. pret. pass. of *folmaigim*. Prof. A. might, at all events, have known that *leth* was not a genitive sg.

forair 'plenty' (?). It means 'summit, top, end', cf. clethi 7 forair in forcetail LB. 66ᵇ and Book of Lismore fo. 35ᵃ 2. *forar* (gl. finis) Ml. 56ᵇ 46.

for-etar, for-fhetar 'I am able, was able (to do)'. The passage which Prof. A. cites — *ni móti foretatar (= for-fhetatar) som sin* — means 'not the more did they know that'. Thurneysen (Kuhn's Zeitschr. XXVII. 174, XXVIII. 151) explains *fetar* as from *vidsar*, an *s*-aorist. Windisch, however, regards it as resting on an old compound *vid + dhá*, comparable to Skr. formations like *vidâm cakára*. For the *t*, he compares *cretim* from *cred-dhámi.

for-órda '(golden), glorious'. This word, in the nom. pl.

masc., glosses 'summi', and is a formation from *ord* — Lat. *ordo*, like Eng. *extraordinary*. Another *forórda* 'gilded' is a formation from *ór* 'gold'. Compare W. *goreuro* 'to gild'.

for-niatta 'desperate, furious'. The adj. *niatta*, of which this is a compound, is derived from *niath*, the stem of *nia* 'champion'.

fortail, fortamail 'strong'. The former word means 'prevailing', 'predominant', cf. *ba fortail me for cach rét*, LU. 16[b], *ba fortail furthi*, LL. 230[a], pl. n. *combtar fortaili for cerddib súithe gentliuchta*, LL. 9[a].

fúr 'watching for, awaiting'. It means 'preparing', as O'Donovan rightly renders the word in a passage quoted by Prof. Atkinson. Hence *fúrad*, Saltair na Rann 5885.

galar 'disease'. This is the usual meaning in Irish, but in ll. 3360 and 4312 of Prof. A.'s texts *galar* means, as it does in Welsh, 'mourning, grief'. So in Laud 460, fo. 54[a]: *uch uch á De, is trom in galar beith inécmais inna fircharat* 'Alas, alas, O God, heavy is the grief to be away from the true friends!' So *ach* interiecht galair, H. 2. 16, col. 90.

gerraim 'to cut, snap at'. The second meaning is wrong.

goire 'healing' (?). It means 'pietas', 'pious tendance'.

iach-lind 'fish-pool'. It properly means 'salmon-pool', *iach* being the stem of *éo* — *esox*, W. *eog*. A nom. *iach* (ex *esoco-*) also occurs: *iach .i. bratan*, Leb. Lec. Vocab.

*ldnaicim** 'to lead'. It properly means 'I give'. The phrase *in sét ídnaices co* may be compared with the English 'the road that *gives* on'.

Is he immaircess in t-ere-si co spirtalda. Translated in p. 481 by 'The offence is thus made the weightier', in p. 760 by 'It is he to whom this burden is referable, is especially applicable'. Read: *is hé immarc[ur]ess* etc., 'it is he who carries the burden spiritually', and compare l. 7355, *ise sin in t-ere trom beress in animm leis a n-ichtar iffirn* 'that is the heavy burden which the soul bears with it into the bottom of hell'.

inchlanda 'brood' (?). It stands for *in-chlandta* 'implanted', and is the pret. part. pass. of *inchlandaim*, spelt *in-clannaim* in Windisch's Wörterbuch, corresponding with Lat. *implanto* as *díchlandaim* (W. *diblanu*) with *deplanto*.

itadach 'hungry'. This must be a clerical error for 'thirsty', for the cognate substantive *íttu* is rightly explained by 'thirst'.

lubair 'vow, prescribed duty'. This word merely means *labor*, from which Latin word it is borrowed.

máin 'treasure; abundance, riches'. The second meaning is wrong: *máin* for *móin*, cognate with Lat. *mūnus* from **moinos*.

neméle 'sorrow, remorse'. It means 'lamentation' or (as O'Curry rendered it) 'bemoaning'. A cognate adverb occurs in the *Cogad Gaedhel re Gallaibh*, p. 62, l. 4: co dub, domen-mnach, truag, *nemelech*, torsech, 'darkly, dispiritedly, wretchedly, lamentingly, sadly'.

nem-choimsi 'powerless' (?). But this would be *nem-choim-sech*, cf. *coimsech*, Saltair na Rann 6091, *comsig* LL. 223ᵇ. *Nem-choimse* seems the opposite of *cuimse* 'commodus', Wb. 14ᵃ, 22ᵃ, whence, perhaps, *coimsetu*, parsimonia.

oentuma 'marriageable'. In Prof. A.'s text this is an abstract noun, meaning 'celibacy', 'the state of being unmarried', from *óentaim* or *óintam* (gl. caelebs), Sg. 9ᵃ, 16ᵃ. So *oentuime*, Lism. 125ᵇ 1, *oentamha*, Lism. 124ᵃ 2.

oided 'killing, death'. This word means 'tragical death', but never 'killing'.

or 'top, side'. It means 'coast, edge'; *or* from **opro*, cognate with N.H.G. *ufer*.

orgánta 'organ-toned'. Rather 'horn-like', 'pipe-like', for *organ* (later *st-organ*, from its constant companion *stoc* 'trumpet'), meant 'horn' or 'pipe': see Ml. 116ᶜ, 8, and ὄργανον fistula, Ducange.

rig* 'arm'. It is only 'forearm'. *righ* .i. cubitus, H. 2.16, col. 91.

seg '(milk), sap' (?). This is a good specimen of *Verball-hornung*. For in his translation, p. 371, Prof. A. had rightly rendered *seg* = Skr. *sahas* by 'strength'. It is corruptly spelt *seadh* by O'Clery and his copyist O'Reilly.

siabrad, rendered 'quivering' in the translation (p. 508), is explained by 'magic blight' (?) in the glossary. I think it here means 'distortion'.

smút 'cloud'. It means 'smoke'. The host of demons *in a smútchéo*, Atk. l. 7237, 'as a mist of smoke'. *smúittcheó diadh ⁊ dethaighe* 'a dark cloud of vapour and smoke', Four Masters, A. D. 1600.

sorthig (?) 7919: „the sense", says Prof. A. (probably intending the context) „demands the meaning *grant, vouchsafe*". It is according to Dr. Kuno Meyer the imperat. sg. 2 of **sor-

thigim 'I make easy', a denominative from *soréid* compar. *soirthiu*. *Sorthig ra bar n-ernastaid fognam duit* (Atk. 1. 7919) 'make it easy for your spouse (the Church) to serve thee'.

sossad 'abode, seat, position'. The second meaning is wrong.

sruith 'sage, senior, elder'. The first meaning is wrong. Hence the collective *sruithred*, Saltair na Rann 6614, wrongly explained ibid. p.

sruthi 'majesty, dignity'. This word (rectius *sruthe*) means 'seniority', 'venerableness'.

sum, som 'self, selves'. This pronominal 'nota augens', rather means 'same', with which word it is cognate. Compare Goth. *sama* 'derselbe'. 'Self' in Irish is *féin, fésin, fodéin, fodésin*.

tartt 'thirst'. This is the usual meaning, but in the only place where *tart* occurs in Prof. A.'s texts it signifies 'drought'. So, in Fíacc's hymn, 1. 29, it is said of the well Slán: *nis-gaibed tart na lia* 'neither drought nor flood used to affect it'. So in the Book of Lismore, 146^b, 2: *loddán samhraidh inuair dogheibh se tart mór* 'a muddy pool in summer when great drought has affected it', and in the same MS. fo. 22^a, 2: *Bliadan tarta móir tháinic ann iarsin* '(it was) a year of great drought which came there after that'.

tortromad 'exceeding heaviness'. This word means 'over-burdening', 'cumbering', 'pestering', as in the homily on S. Martin, Revue Celtique, II. 393, and in LU. 79^a, 10.

tothlaigim 'to desire'. This, the enclitic form of *do-thluchim*, means 'I ask', 'I request'. Root *tluk* — Lith. √*tulk*, whence *tulkas* 'interpreter'.

tutt 'smoke'. It is a living word meaning 'stench', and should have been given as *tútt*.

dath gesi [leg. *gése*] 'the colour of a goose', s. v. *uan*. It means 'a swan's hue'. 'Goose' in Irish is *géd* = W. *gwydd*. 'Swan' is *géis*, gen. *gése*, cognate, but not synonymous, with *(h)anser*, χήν, *gans*.

urmor 'very many'. It means 'a chief part'. In 1. 3, *urmoir* is the gen. sg. of a substantive, not, as Prof. A. supposes, the nom. pl. of an adjective.

I may add to these instances of mistranslation one or two of nontranslation. Such is *dam dílend*, which expression Prof. Atkinson quotes s. vv. *dam* and *díle*, apparently without knowing

that it means 'a huge (or mighty) stag'. See Irische texte,
zweite serie, 2. heft, p. 182, for other instances of the gen. sg.
of *díliu* (— Lat. *diluvium*) being used as an augmentative. Such,
again, is the expression *co dú* which occurs eleven times in
Prof. A.'s texts. He rightly explains *dú* by 'place', but seems
(p. 591, col. 2) to think that the prep. *co* here means 'up to'.
But here *co* certainly means 'at'; and the phrase *co dú in*-debert
(ll. 2986, 4407, etc.) lit. 'at the place in which he said', cor-
responds with the Lat. *ubi dicit*, Trip. Life, Rolls ed. p. 64,
l. 13 [1]).

h. Wrong etymologies.

acarb [pronounced *agarbh*] 'bitter', „prob. — *ath-garb* with
admixture of Lat. *acerbus*". It is borrowed from the Lat.
acerbus, pronounced by British mouths *acervus*. So Ir. *carmh-
ogal*, *balbh*, from Lat. *carbunculus*, *balbus*, pronounced *carvun-
culus*, *balvus* by the Britons, from whom the Irish learnt these
words.

comus 'power' √*mid*. The root is *med*, seen most clearly
in Gr. μέδοντες. Hence also Ir. *coimmdiu* 'lord' = *com-mediot.

mebaid [rectius *memaid*] is said to be 'really a redup. perf.
from √*maid* to break forth'. The root is *mat* — Skr. *math*.

„*nem-opthach* 'non-refusing' (?). Cf. √*ob*-aim to refuse".
The verb *obaim*, *obbaim*, *opaim* 'I refuse', which Prof. A. thus
refers to a root *ob*, is the enclitic form of *ud-baim*, the root
of which is *bhā*, whence also Lat. *fāri*, Gr. φημί, etc.

raith in *do-raith* 'quickly, immediately' is conjectured to
be from '*ro-aith*'. Prof. Atkinson doubtless means *ro-díth* 'very
sharp'. But this would give *rdith*. The *raith* in *do-raith* seems
to belong to the root *ret* 'to run', whence *rethim* 'I run' and
its perfect *ro-raith*.

---

[1]) *co* seems to mean 'at' or 'as to' in the following instances: *iarsin
tic Eua asin tsruth: bai for tir co tirmugud* (thereafter Eve comes out of
the stream: she was on land a-drying) Saltair na Rann, 1685—86. *co
adrad rohuc do cach ardrig* (as to worship, he, Solomon, surpassed every
overking), ibid. 7089—40, and see ibid. 8671, 5555. In *a bith co a lécud
do Choinculaind* (that she was being left by Cúchulainn) LU. 49ª, we
have another example; and see LL. 106ᵇ, 30 (*co a folc*ud) and Rawl. B.
502, fo. 57ᵇ, 1 (*mor a chais co a lesmáthair*).

tarfaid 'showed', „perf. from do-ro-√*bad*". The root is *bhat*, whence also Lat. *fateor*.

tuais-cert 'North quarter'. The *s* belongs to the latter half of this compound, which is = *tuath+scert*, cf. *tuath-bil*. The *scert*, from **squerto-*, is — W. *sparth* in *do-sparth* 'division', Rhŷs, Rev. Celt. II. 333.

New Etymologies.

Having thus given specimens (*pauca de plurimis*) of the eight classes of errors in Prof. Atkinson's glossary, I have now to propose etymologies of some twenty-four of the words in that glossary, which he has not traced to their sources.

airecht 'assembly' = Welsh *areith*, now *araeth* 'speech'. So in Middle-High-German *spräche* 1. sprache 2. zusammenkunft zum zweck einer besprechung. The root seems *req*, whence also Old-Slav. *rekǫ* 'I speak' (Bezzenberger).

airgent (argeint?). From *argenteus*, Vulg. Matt. XXVI. 15.

arg M. 'coffer', from Lat. *arca*, with change of gender.

assa 'shoe', which Prof. A. miswrites *ass*, probably comes from **(p)axaia* cognate with Gr. *πάξ· ὑπόδημα εὐυπόδητον* (Hesych.), and Lat. *baxea*, a loan from a Gr. **παξια* or **παξεια.*

blede 'goblet', from A.S. *bledu*.

cocraid — *coclaid* 'weeds, tares', Cormac, s. v. *Rot*, from A.S. *coccel* 'darnel, tares'.

condall 'stalk, stubble', O.-Ir. *connall* (gl. stipulam) Sg. 66ᵇ, 22, from Lat. *cannula*.

for-burach 'excellent', identical in prefix, root and meaning with the *ὑπερφερής* of the LXX.

ls 'below', Welsh *is*, = Gr. *εἴσω* from *ἔνσω*. Thurneysen (Kuhn's Zeitschrift, XXX. 491) connects Latin *infrā*, *inferi*, *imus* from **ins-rā*, **ins-ri*, **ins-mo-s*.

lethar 'skin', Welsh *lledr*, N.H.G. *leder*, perhaps also Lat. *liber* 'inner bark', from **lifro*, **liϑro*.

luard 'heavy', from Old-Fr. *lourd* [1]) 'dumm, plump, unfläthig' (Schuchardt).

merce 'standard', from *merge* (pl. *mergeda*, Atk. 2627), O.

---

[1]) The dat. pl. *égmib luardaib*, Atk. l. 8305, may be compared with *guir tromm*, Atk. l. 771. *Luar* .i. borb, H. 3. 18, p. 636, seems a corruption of *luard*.

Norse *merki*. Perhaps, as Zimmer thinks, the Irish borrowed this word from the Norsemen.

mullóc 'the cover of a paten'. A derivative, like *mullach*, 'crown of the head', of *mull [1]) = A.S. *molda*, Skr. *múrdhan*.

prap in *co-prap* 'suddenly', *prapud*, seems from a British *brap — Goth. *brahv (brahvs?)*. If so, the Irish *la brafad súla* (or *fri prapad súla*, LB. 258[h]) would be a close parallel to the Goth. *in brahva augins*.

sab 'staff', = Goth. *stabs*, A.S. *stæf*, O.H.G. *stap*, gen. *stabes*, must be borrowed if Kluge is right in referring these Teutonic words to an Indogermanic root *stap*.

saich 'bad' (which Prof. A. misspells *saith*), is cognate with Ir. *sechbaid, sechfaid* 'error', and Lat. *sequior* 'worse'.

seg 'strength' (misspelt *seadh* by O'Clery) is — Skr. *sahas*, Goth. *sigis*, A.S. *sigor*. In Gaulish it probably is the first element of the name *Sego-máros*.

spelp 'robe', *speilp* (gl. coopertorium) occurs compounded with *imm* in *im-spelp*, Corm. Gl. s. v. Ranc. It is a loan from Lat. *peplum*, with the prothetic *s* which is found also in Mid. Ir. *s-préid* 'cattle', from *praeda* [2]), O.-Ir. *s-cipar* from *piper*.

stiúrad 'guiding, guidance', a deriv. of *stiúr*, borrowed from some Teutonic word like A.S. *steor*, O.H.G. *stiura*.

stuag '(arch) rainbow'. This is the Old-Irish *tuag* 'bow' with the prothetic *s* found also in *s-targa* LL. 265[a], from A.S. *targe* or O.N. *targa*. Windisch has connected *tuag* 'bow' with Skr. √*tuj*.

sul 'before', only used with verbs in the preterite, is for *sur* — *(ré-)siu-ro*.

terc 'scanty', from **tersquo-*, cognate with Lat. *tesqua* 'deserts', from *tersqua.

tír 'land', like Osc. *teerúm*, has lost initial *s*, and is cognate with στῆριγξ, στηρίζω.

———

Prof. Atkinson ends his preface by saying: „No one can be more conscious than myself of the imperfection of my work,

---

[1]) I have found it only in the compound (Fiacha) *Mull-lethan*.
[2]) The Old and Early Middle Irish form was *praed, préd*, dat. *préid*: cf. *leoman mór laiges for préid no for mart* 'a great lion that lies on a prey or on an ox', LB. 212[b]: acc. *praid*, Ann Ult. 820, 920: cf. also the verb *pretae* (gl. depredantium lit. qui depredant), Ml. 134[b], 10.

nor more desirous of having it corrected where it is wrong.
For all instructive criticism I shall be grateful, to any other
I am quite indifferent". Whether he will consider the present
criticism „instructive", I do not know. But it is at all events
well-meant, and the sixteen or seventeen scholars now living
who are competent to judge will certainly say that it is well-
founded.

Whitley Stokes.

Die casuslehre des Pâṇini verglichen mit dem gebrauch der casus im Pâli und in den Açoka-inschriften.

Dr. Bruno Liebich hat in dieser zeitschrift (bd. X,
s. 205 ff. u. XI, s. 273 ff.) mit einer sehr gewissenhaften untersuchung über den gebrauch der casus im Aitareya-Brâhmaṇa
einen dankenswerten anfang zu der lösung der energisch drän-
genden aufgabe gemacht, Pâṇini's stellung in der literatur
und damit indirekt die stellung des Sanskrit aus inneren gründen
zu bestimmen. Ich hoffe, dass Liebich bald die resultate seiner
weiteren untersuchungen in dieser richtung bekannt geben wird.
Inzwischen möchte ich im folgenden meinerseits einen kleinen
beitrag zu einer späteren beantwortung der angedeuteten frage
liefern.

Allerdings scheint die sprache der Brâhmaṇa's bisher
am meisten analogieen zu derjenigen zu bieten, welche Pâṇini
lehrt. Man würde aber zu weit gehen, wollte man den versuch
machen, beide idiome auch nur in betreff der syntax einfach
zu identificiren. Dass es nicht Pâṇini's absicht war, den
dialekt zu lehren, den die Brâhmaṇa's oder irgend ein einzelnes derselben bietet, scheint mir doch schon daraus hervorzugehen, dass er dieselben nur in ganz vereinzelten fällen erwähnt (entweder mittelst des wortes *brâhmaṇa* selbst, oder, in
den meisten fällen, in den begriff *chandas* mit eingeschlossen).
Denn nähme man an, dass Pâṇini in seiner ganzen grammatik nichts weiter lehren wollte als den dialekt der oder
gewisser Brâhmaṇa's, so wäre die erwähnung derselben in

einzelnen fällen nicht allein unnötig, sondern sogar unlogisch. Und sollen umgekehrt diese angaben aus jenen werken einen gegensatz bilden zu Pâṇini's sonstigen lehren, so sind eben diese nicht aus dem dialekt der Brâhmaṇa's geschöpft. —

Aus den Brâhmaṇa's allein ist also nicht alles heil zu erwarten. Man muss überhaupt die sämmtlichen alten werke der indischen literatur untersuchen. Ich lege im folgenden die resultate einer vorläufigen vergleichung von Pâṇini's casuslehre mit dem gebrauch der casus einiger Pâli-schriften und der Açoka-inschriften vor, die nicht den anspruch der vollständigkeit erheben, sondern nur den zweck haben, darzulegen, dass rücksichtnahme auf diese denkmäler durchaus wünschenswert, und zugleich darzulegen, dass die ansicht Senart's von der gesetzlosigkeit der casus-verwendung in den genannten inschriften zum grössten teil unbegründet ist.

Es möchte nun von vorn herein einigermassen absurd erscheinen, Pâṇini's regeln nachzuspüren in den literaturwerken eines dialekts, der sich auf den ersten blick als so sehr vom Sanskrit verschieden erkennen lässt. Aber einmal ist in der regel die syntax nicht so wandelbar als die lautlehre und die flexion, und dann zeigt eine sehr eigenartige erscheinung des Pâli eine so frappante ähnlichkeit mit einer ebenfalls sonderbaren regel des Pâṇini, dass ich mich schon ganz allein durch dies eine faktum, das sonst meines wissens noch für keinen anderen indischen literaturzweig hervorgehoben ist, zur nachstehenden untersuchung veranlasst gesehen haben würde.

Pâṇ. 3, 2, 112 lehrt nämlich, dass zur bezeichnung der hinter dem heute gelegenen vergangenheit das erste futurum gebraucht werde, wenn ein verbum des sicherinnerns dabei stehe (*abhijñâvacane lṛṭ*). Speijer, Syntax, s. 261 weiss hierfür keine beispiele aus der nicht-grammatischen literatur anzuführen und bezweifelt die richtige auffassung von Pâṇini's regel.

Nun findet sich aber im Pâli ein ganz verwandter gebrauch des futurums. Allerdings gerade nach verben des erinnerns ist es mir nicht aufgestossen, MahÂp. s. 79/80 z. b. steht gerade nach *abhijânâmi* das praesens, welches im Pâli das imperf. vertritt. Aber sonst erscheint überaus häufig das fut. auf -*issati* in fällen, in denen man ein praeteritum erwarten sollte. Kuhn erwähnt diesen gebrauch nicht. Edw. Müller giebt in seiner Páli-gramm. s. 118 einige beispiele aus dem Cariyápiṭaka, zweifelt indessen, meiner meinung nach grundlos, ob dieses wirkliche futura und nicht vielmehr aoriste mit primären endungen seien. Ich habe aus eigener lectüre noch folgende fälle notirt: mehrere beispiele Five Jât. s. 17/18, Milp. s. 13, z. 6 v. u.: *jânissati;* Mahâv. I, 15, 5: *mahiddhiko kho mahâsamaṇo mahânubhâvo, yatra hi nâma caṇḍassa nâgarâjassa .... tejasâ tejaṁ pariyâdiyissati* — da er bewältigt hat; ebenda I, 17, 2: *mahiddhiko kho mahâsamaṇo .., yatra hi nâma Sakko pi devânam indo upasaṁkamissati* etc.; Mahâp. s. 234: *santena vata bho pabbajitâ vihârena viharanti, yatra hi nâma saññí ... sakaṭasatâni .. n'eva dakkhiti na pana saddaṁ sossati;* Suttav. Pârâj. I, 5, 10: *yaṁ tvaṁ ..... na sakkhissasi ... brahmacariyaṁ carituṁ;* und ebenda: *tattha nâma tvaṁ âvuso bhagavatâ virâgâya dhamme desite sarâgâya cetessasi;* Sutt. Pâr. I, 5, 11: *yaṁ tvaṁ asaddhammaṁ ..... samâpajjissasi.* Fälle dieser art würden sich noch viel zahlreicher beibringen lassen. Eine andere reihe von beispielen gehört zwar im princip ebenfalls hierher, da in denselben gleichfalls das futurum verwandt wird, um vergangenes zu bezeichnen. Ich sondere sie aber davon, weil sie vielleicht mit einer anderen regel Pâṇini's in beziehung gebracht werden können, mit 3, 3, 144. Dieses sûtra lehrt, dass in verbindung mit einem pronomen interrogativum der potential oder das erste futurum gebraucht wird, wenn ein tadel ausgedrückt werden soll. Damit vergleiche man folgende sätze aus dem Pâli:

Sutt. Pâr. I, 5, 7: *âyasmato Sudinnassa pitâ anattamano ahosi, kathaṁ hi nâma putto Sudinno evaṁ vakkhatîti,* der vater des Sud. ärgerte sich, indem er dachte: wie konnte nur mein sohn S. so sprechen?; ebenda I, 5, 11: *kathaṁ hi nâma tvaṁ moghapurisa ... na sakkhissasi ... brahmacariyaṁ carituṁ,* wie konntest du nur unfähig sein, den heiligen wandel zu führen?; Cullav. I, 1, 2: *kathaṁ hi nâma Paṇḍukalohitakâ bhikkhû .... evaṁ vakkhanti;* Cullav. I, 9, 1: *kathaṁ hi nâma ... bâlo bhavissati, ... viharissati;* Cullav. I, 18, 5: *kathaṁ hi .. khuṁsessasi;* und viele andere fälle. Pâṇ. lehrt zwar gerade für sätze mit *kathaṁ* in der vorhergehenden regel einen anderen gebrauch und es liegt also nicht direkte gleichheit vor, aber wenigstens eine grosse ähnlichkeit, da sätze mit *kathaṁ* doch fragesätze sind und so auch mit unter 3, 3, 144

fallen. Zudem stimmt eine analoge stelle aus Yâska's Nir-
ukta mit dem gebrauch des Pâli, und nicht mit Pâṇ.'s
sûtra 143 überein, was vielleicht zur kritik Pâṇ.'s mit
zu verwenden sein wird: I, 5: *katham hi vyâkariṣyatîty*
aśûyâyâm. — Bei allen genannten beispielen aus dem Pâli kann
man zwar auch präsentisch übersetzen: wie kannst du nur etc.;
da sich aber diese fragen jedesmal auf eine vorher berichtete
thatsache beziehen, so ist die imperfectische übersetzung an-
gemessener.

Die analogie zu Pâṇ. 3, 3, 144, die wir so finden, setzt
vielleicht sogar diese regel Pâṇ.'s in eine neue beleuchtung
und giebt veranlassung, derselben eine grössere tragweite beizu-
messen. Jedenfalls haben wir sowohl in dieser, wie in der
vorher aufgeführten reihe von sätzen zum teil wahrscheinliche
und zum teil sichere fälle einer anwendung der futurform in
präteritalem sinne, die zwar nicht unter den bedingungen vor
sich geht, die Pâṇ. 3, 2, 112 lehrt, aber doch eine sehr verwandte erscheinung ist [1]).

Es ist also durchaus berechtigt, auch nach analogieen zu
anderen syntaktischen regeln Pâṇ.'s im Pâli zu suchen,
wenigstens so lange, als aus der brahmaṇischen literatur gerade
für solche auffälligen regeln Pâṇ.'s noch keine beispiele er-
bracht sind, und so lange, als man überhaupt noch nicht
weiss, was Sanskrit war. Möglicherweise ist es ja nur eine
abstraktion aus verschiedenen idiomen.

Hiuen-Thsang berichtet, dass Pâṇ. umhergereist sei, um
nachforschungen über die sprache anzustellen und sich zu
unterrichten. Und aus dessen eigenen regeln scheint hervorzugehen, dass er sprachliche eigentümlichkeiten sehr verschiedener gegenden berücksichtigte. Will man also das eigentliche
wesen der in der Aṣṭâdhyâyî gelehrten sprache kennen
lernen, so genügt es nicht, den auf den ersten blick verwandt-
testen dialekt, die sprache der Brâhmaṇa's, zur vergleichung

---

[1]) Dasselbe futurum findet sich auch in der Mâhârâṣṭrî. Jacobi,
Ausgew. erzähl. s. 23, z. 16: *sd ya Suṇanddbhihâṇd itthîrayaṇaṁ bha-
rissai.* Den gleichen gebrauch weist übrigens das Deutsche in der sprache
des niedrigen volkes auf. Er ist, wenn ich mich recht erinnere, in
Spielhagen's „Sturmflut“ zur charakterisirung der sprache eines dieners
hübsch verwertet worden.

heranzuziehen, sondern möglichst vielseitig sämmtliche dialekte zu verwerten.

Es wird sich so einmal ergeben, wieviel in der alten syntax verschiedener arischer idiome gemeinsam und also von geringem gewicht ist, um die besonderen localen oder literarischen quellen der regeln Pân.'s zu constatiren. Es werden sich weiter eigentümlichkeiten des einen dialektes vor dem anderen ergeben, deren erwähnung oder nichterwähnung bei Pân. ein vielleicht sogar geographisches näher- oder fernerstehen der sprache Pânini's documentiren, wenn er eine einheitliche grundsprache fixirte, oder die grenzen näher umschreiben, in denen er heterogene spracherscheinungen verschiedener dialekte verschmolz, falls es nicht seine absicht war, eine individuelle originalsprache zu lehren. Aus diesen erwägungen folgt auch, dass man sich auch bei betrachtung der scheinbar verwandtesten sprache, der der Brâhmaṇa's, nicht begnügen darf, für regeln des Pânini aus derselben bestätigungen zu erbringen, sondern dass auch die sprachlichen erscheinungen zu notiren sind, die in seiner grammatik nicht zur erwähnung kommen, die aber in den Brâhmaṇa's meiner überzeugung nach ebenso wohl vorhanden sind als in der sprache des Veda und im Pâli.

Es wird sich dann weiter daraus ein kriterium für die gründlichkeit und die universalität Pânini's ergeben. Denn eine erscheinung, die in allen diesen idiomen gleicherweise vertreten ist, wird auch mit ziemlicher wahrscheinlichkeit in der sprachquelle Pânini's vorhanden gewesen sein, und falls sie dann von Pânini nicht erwähnt wird, ist es sehr vermutlich eine blosse unterlassungssünde. Pânini hatte wahrscheinlich, obgleich seine grammatik für die kenntnis des Sanskrit von unschätzbarer wichtigkeit ist und das verständnis dieser sprache sich vor allem proportional mit dem tieferen eindringen in seine lehren vertiefen wird, seinerseits auch seine menschlichen schwächen. Verschiedenes, z. b. in der darstellung der composita, lässt mich vermuten, dass der gebrauch derselben in der that ein freierer war, als Pânini lehrt. Doch sind hierüber erst gründlichere nachforschungen nötig. Ich schliesse darum dieselben aus der nachfolgenden untersuchung noch aus. Ebenso lasse ich die tempuslehre bei seite, aus deren vergleichung für unsere zwecke zu wenig zu hoffen ist, — deshalb, weil im Pâli der gebrauch der tempora zu deutlich

degencrirt ist —, und begnüge mich hierfür mit der oben
stehenden erwähnung der analogie im gebrauch des futurums
zwischen Páli und Pánini, indem ich bemerke, dass eine
derartig sonderbare anwendung desselben im Páli mit seinen
sichtlich aus der ursprünglichen ordnung geratenen tempora
noch immer viel natürlicher ist als in der sonst durchsichtig
und schematisch geordneten sprache, die Pánini lehrt. — Ich
beschränke mich auf die vergleichung des casusgebrauchs, indem ich Liebich's durchaus gründliche darstellung der casuslehre des Pán. zu grunde lege und deren paragraphen citire.
Es ist nicht ausgeschlossen, dass regeln, für die ich aus meiner
lectüre der Páli-schriften bisher noch kein beispiel erbringen
kann, sich bei weiterer beobachtung noch bestätigen. In diesem
sinne ist es aufzufassen, wenn ich bemerke, dass für gewisse
regeln im Páli belege fehlen. Man wird sich ausserdem vor
augen halten müssen, dass manche regeln im Páli überhaupt
keine bestätigung finden können, weil dessen literaturwerke sich
in ganz anderen gedankenkreisen bewegen als die sind, in denen
der brahmane Pánini heimisch war.

Obgleich die continuirliche entwicklung des Páli nach
unserem bisherigen wissen durch kein so störendes moment
unterbrochen wurde, wie es in der geschichte des Sanskrit mit
Pánini's grammatik gegeben ist, nach deren entstehung es
mit der originalität der sprache vorüber war, obgleich also die
gefahr, in etwas späteren werken eine von heterogenen einflüssen geänderte sprache vorzufinden, hier nicht gleich gross
ist wie beim Sanskrit, so ist es doch auf jeden fall sicherer,
zur vergleichung möglichst alte werke heranzuziehen. Ich habe
darum meine beobachtungen für das eigentliche Páli auf den
Pâtimokkha, das Mahâparinibbânasutta, einen teil des
Suttavibhañga (cap. I des Pârâjika), des Mahâvagga
und Cullavagga beschränkt[1]) und werde aus anderen werken,
z. b. dem Milindapañho, nur nebenbei citiren. —

---

[1]) Pât. citire ich nach der ausg. von Dickson im Journ. of the roy.
as. soc., n. s. VIII, s. 62 ff., mit den capitel-zahlen. Nur die angaben
nach Child. richten sich nach dessen zählung; Mahâp. nach Childers'
ausg. in dems. Journ. n. s. VII, s. 49—80 und VIII, 219—261, einfach
mit den seitenzahlen, ohne ang. des bandes; Sutt., Mahâv. und Cullav. nach Oldenberg's ausg. des Vinayapitaka, mit den capitel-
zahlen; Milp. mit den seitenzahlen von Trenckner's ausg. Die Açoka-
inschriften kennzeichne ich einfach mit den namen der fundorte.

Folgendes sind die resultate meiner vergleichung mit der von Liebich dargestellten casuslehre Pâṇini's.
§ 1—4 als vorbemerkung gehören nicht hierher.

1. Accusativ.

§ 5 – 7. Der accus. des objects bei transitiven bedarf keiner exemplificirung. Ich erwähne nur einige fälle von transitiv gebrauchten verba, die es nach unserem gefühl nicht sind: Pât. VII, 78: *upassutiṁ tiṭṭheyya* = zu lauschen fortfährt. Sutt. Pâr. I, 1, 6: *pubbenivâsaṁ anussarâmi*. I, 8, 2: *mâtaraṁ sarâmi*. Açoka-inschr. von Girnar IV, 11: *vadhi* (acc.) *yujaṁtu* (= betreiben).

Es finden sich auch derartige fälle, in denen intransitiva durch anfügung einer präposition zu transitiva werden: Pât. IV, 8 u. 9: *bhikkhu ca dosaṁ patiṭṭhâti*, was zu bedeuten scheint: und der mönch beharrt bei seinem unrecht. Allerdings wird auch, wie eben erwähnt, schon das simplex transitiv gebraucht. — *Bhagavantaṁ anubaddhâ honti*. — Pât. VII, 28: *nâvaṁ abhirûheyya*. — Sutt. Pâr. I, 1, 7: *bhâranânuyogaṁ anuyuttâ*. Girnar X: *dhaṁmavutaṁ ca anuvidhîyatâṁ*. Inschr. von Delhi VIII, 7: *taṁ loke anûpaṭipaṁne, taṁ ca anuvidhîyaṁti*. Cfr. Speijer, § 43.

Auch fälle des inneren objectsaccusativs finden sich: Mahâp. s. 227: *nâgâpalokitaṁ Vesâliṁ apaloketvâ*, welcher satz auf diese weise einen doppelten objectsaccusativ aufweist. Ebda 241: *cetiyacârikaṁ âhiṇḍantâ*. 254: *ahatâni vatthâni nivatthâ*. Daneben aber 255: *rañño .... sariraṁ ahatena vatthena vethenti* etc. — Pât. III: *maraṇavaṇṇaṁ vâ saṁvaṇṇeyya*. Pât. IV, 13: *parivutthaparivâsena bhikkhunâ*. — Sutt. Pâr. I, 4: *janapadacârikaṁ pakkamanti*. I, 5, 1: *brahmacariyaṁ carituṁ*. Girnar VIII: *vihârayâtâṁ ñayâsu*. X: *dhaṁmasusrusaṁ susrusatâṁ*. Delhi VII: *dhaṁmânusathini anus(â)sâmi*. Delhi VIII, 3: *dhaṁmânupaṭipati anupaṭipajaṁtu*. Kh. XIII, 14: *navaṁ vijaya(ṁ) m(â) vijay(i)taviya(ṁ) manisu*. So ist auch zu erklären Rûpn. 4: *iya(ṁ) hi aṭhe vadhi vadhis(a)ti. vadhi* ist acc. des inneren objects, und man hat nicht nötig, eine feblerhafte doppelschreibung des *vadhi* von *vadhisati* anzunehmen, wie Senart thut. Speijer § 44.

Auch der acc. des zieles bei verben der bewegung

ist sehr häufig. Ich komme in § 12 darauf zurück. Für die passiv. construction habe ich bisher nur ein beispiel notirt, aus Mahâp. s. 229. Hier bleibt der acc. des zieles: *niṭṭhaṁ gantabbaṁ* (*niṭṭhaṁ* ist acc. fem.). Cfr. Speijer, § 41.

Aus einer combination von einem acc. des objects mit einem solchen des zieles geht der doppelte acc. bei verben des bringens etc. hervor (Speijer § 40, Rem.). So Sutt. Pâr. I, 2, 1: *patthapatthamūlakaṁ ârâmaṁ haritvâ*. Mahâp. 254: *dakkhiṇena dakkhiṇaṁ nagarassa haritvâ bâhirenâ bâhiraṁ* — auf dem südl. wego nach dem süden der stadt tragend, auf dem nach aussen führenden nach aussen. Pât. VII, 40: *mukhadvâraṁ âhâraṁ âhareyya*. Sutt. Pâr. I, 5, 6: *paṭhaviṁ opuñjâpetvâ* — auf die erde häufen lassend. Hierher gehört wohl auch der doppelte accus. von Pât. VII, 20: *yo .. bhikkhu .. sappâṇakaṁ udakaṁ tiṇaṁ vâ mattikaṁ vâ siñceyya* — welcher mönch wasser, das lebende wesen enthält, auf das gras oder auf die erde sprengt.

§ 8. Der doppelte objectsaccusativ der person und der sache (resp. in passiver construction nom. u. acc.), findet sich ebenso vielfach im Pâli:

Bei *pucch*, fragen, Pât. 1: *ahaṁ âyasmantaṁ itthaṁnâmaṁ puccheyyaṁ*, ohne sächliches object. Aber dann *ahaṁ âyasmatâ itthaṁnâmena vinayaṁ puṭṭho*.

Für *yâc*, bitten, habe ich nur ein beispiel für das sächl. object allein: Cullav. I, 12, 1: *nissayassa kammassa paṭippassaddhiṁ yâcâmi*.

Der doppelte acc. bei *viññâpeti* aus Pât. VI, 6 gehört zum accus. beim caus.

Der doppelte acc. bei verben des sagens ist sehr häufig: Pât. IV, 11: *mâ âyasmanto etaṁ bhikkhuṁ kiñci avacuttha*. In 12: *bhikkhûhi sahadhammikaṁ vuccamâno* könnte *sahadh.* schliesslich auch adv. sein.

12 auch: *mâ maṁ âyasmanto kiñci avacuttha kalyâṇaṁ vâ pâpakaṁ vâ*.

Sutt. Pâr. I, 2, 2, Mahâp. s. 50. 52. 58 etc.: *Bhagavantaṁ etad avoca*. Sutt. Pâr. I, 4: *Verañjaṁ brâhmaṇaṁ Bhagavâ etad avoca*. Cullav. I, 13, 5: *taṁ bhikkhuṁ etad avoca*.

Fälle, in denen eins beider objecte überhaupt nicht aus-

gedrückt ist, widersprechen nicht. So liegt der acc. der person
allein vor in folgenden beispielen:

Mahâp. s. 53: *bhikkhû âmantesi*. Sutt. Pâr. I, 2, 1
und I, 4: *Ânandaṁ âmantesi*. Dieses immer nur mit acc.
der pers., ohne den der sache. — Pât. IV, 10; VI, 10 und
VII, 68: *evaṁ assa vacanîyo*. Pât. IV, 10: *evañ ca so bhikkhu
bhikkhûhi vuccamâno*, und 11: *te bhikkhû bhikkhûhi evaṁ assu
vacanîyâ*.

Aus den Açoka-inschriften: Edict der königin von Alla-
habad: *mahâmâtâ vataviyâ*. Ebenso Sep. Ed. I, 1 von Dhauli
und Jaugada.

Acc. der person bei *vad*: Pât. VI, 10: *so ce dûto taṁ
bhikkhuṁ evaṁ vadeyya*. Sutt. Pâr. I, 1, 3: *yena maṁ pari-
yâyena ... vadeyya*. Bei *samanubhâs*: Pât. IV, 10: *so bhikkhu bhikkhûhi yâvatatiyaṁ samanubhâsitabbo*.

Daneben kommt acc. der person und instr. der
sache vor: Pât. IV, 3: *yo pana bhikkhu .... mâtugâmaṁ duṭṭhullâhi vâcâhi obhâseyya*, und Pât. V, 2:
mâtugâmaṁ duṭṭhullâhi vâcâhi obhâsituṁ. Ebenso wohl
auch Pât. IV, 12: *âyasmâ pi bhikkhû vadetu sahadham-
mena*, falls dieser instr. nicht adverbialer natur ist.

Pât. V, 1 u. 2: *taṁ enaṁ ... upâsikâ disvâ ...
vadeyya pârâjikena vâ* etc.

Ebenso scheinen die sätze Sutt. Pâr. I, 5, 7: *maṁ
.... bhajinivâdena samudâcarati* und Mahâp. 250:
*theratarena .. bhikkhunâ navakataro bhikkhu nômena vâ
.... samudâcaritabbo*, aufzufassen zu sein, denn *samudâcarati* bedoutet hier wohl geradezu „anreden". Eine
ähnliche constr. des causativs *sandasseti* mit acc. u.
instr. siehe § 9, β.

âroceti dagegen erscheint in allen beispielen, die
ich aus den genannten werken geschöpft habe, mit dat.
der person und acc. der sache: Mahâp. s. 63: *Bhagavato kâlaṁ ârocâpesuṁ*, und analog Sutt. Pâr. I, 4. Ebenso
Mahâp. s. 71 *ârocâpesi*. Mahâp. 245: *Kosinârakânaṁ
Mallânaṁ ârocehi*. Analog 246. 253. — 251: *sahâyako
.. sahâyakassa ârocetu*. Pât. VII, 8: *anupasampannassa
... dhammaṁ âroceyya*, und analog 9. Sutt. Pâr. I, 2, 1:
Bhagavato etaṁ atthaṁ ârocesi, und analog Cullav. I,
16, 1. Nach Hübschmann, Zur casuslehre, auch im

Avesta häufig der dat. des entfernteren objects bei verba des redens.

Wie weit Pân. diesen gebrauch sich erstrecken lässt, präcisiert er nicht. Uns kann es also auch genügen, im princip denselben im Pâli wieder zu finden, wenn auch zum teil in engeren, zum teil in weiteren grenzen, als Patañjali sie in seiner specialisirung der pâṇineischen regel aufstellt. Kâtyâyana's und Patañjali's zusätze werden hier und in der folge überhaupt, als unserem zwecke fern stehend, fast ganz berücksichtigt gelassen.

§ 9. Der agens des einfachen verbums tritt beim causativum in den acc.

α) bei verben der bewegung:

Mahâp. 255: *Bhagavato sariraṁ .... nagaraṁ pavesetvâ.* Sutt. Pâr. I, 9, 2: *vaccamaggaṁ aṅgajâtaṁ pavesentassa.* Analog Sutt. Pâr. I, 10, 4. — Mahâp. 254: *Bhagavato sariraṁ uccâressâma.* — Sutt. Pâr. I, 2, 2: *paṭhaviṁ pariratteyyaṁ. te taṭtha saṁkâmessâmi.* I, 5, 1: *pabbâjetu maṁ Bhagavâ.* I, 5, 11: *bhikkhusaṅghaṁ sannipâtâpetvâ.*

Hier scheint also der acc. eben so ausnahmslos zu stehen wie im Ait.-Br.

β) bei verben sentiendi: Pât. VI, 6: *yo pana bhikkhu aññâtakaṁ gahapatiṁ vâ gahapatâniṁ vâ civaraṁ viññâpeyya.* Dass *viññâpeti* hier die bedeutung „bitten“ hat, thut nichts zur sache. Es ist ein caus. von einem verb sentiendi.

Cullav. XII, 2, 7 u. ff.: *saṁghaṁ ñâpesi.* Sutt. Pâr. I, 4: *Verañjaṁ brâhmaṇaṁ dhammiyâ kathâya sandassetva* etc. (der instr. hier schlägt in die kategorie der abweichenden constructionen, die wir bei den verben des sagens fanden, und die auch Speijer § 47 notirt. Analog Sutt. Pâr. I, 5, 1).

Mahâp. 256: *purise ânâpesuṁ.* Pât. VI, 10: *so ce dûto taṁ veyyâvaccakaraṁ saññâpetvâ* etc., und *saññatto so mayâ. veyyâvaccakaro sâretabbo.*

Girnar III, 6 (und analog Dhauli): *parisâ pi yute ânapayisati gaṇanâyaṁ* etc. IV, 3: *vimânadasaṇâ ca ... aññâni ca divyâni rûpâni dasayitpâ janaṁ.* (Die andern versionen haben hier aber dativ. S. unten.)

Delhi VIII, 1: *te pi me ânapitâ.* Endlich Delhi IV, 18: *nâsaṁtaṁ vâ nijhapayitâ,* falls dieses wirklich von *dhyai* abzuleiten ist.

Wir finden hier also eine ganze anzahl von bestätigungen für Pâṇini's regel, während Liebich aus
dem Ait.-Br. nicht eine beibringen konnte.

Es finden sich dagegen im Ait.-Br. ausnahmen,
nämlich mehrmals die construction mit dem dativ statt
mit dem acc., beim caus. von *nivid.* Wir können es
daher auch dem Pâli nicht übel nehmen, wenn es einige
derartige constructionen mit dat. bietet: Sutt. Pâr. I,
8, 4: *aviññussa sâveti.* I, 2, 1: *tehi* .. *bhikkhûnaṁ pat-
thapatthamûlakaṁ paññattaṁ hoti,* wobei es nicht von
belang ist, dass *paññâpeti* hier die secundäre bedeutung
„anweisen“ hat. — Sutt. Pâr. I, 2, 1: *sâvakânaṁ
vâ sikkhâpadaṁ paññâpessâma.* I, 3, 2: *appaññattaṁ
sâvakânaṁ sikkhâpadaṁ.* I, 3, 3 analog, auch I, 5, 11.
Dhauli, Jaug. IV, 14, resp. 16 (und Kh. und K. analog):
dasayitu munisânaṁ, wo Girnar den acc. hat (s. oben).
Girnar VI, 4 (und analog in den übrigen versionen): *athe
me janasa paṭivedetha,* und 8: *paṭivedetay(v)aṁ me,* falls
me, wie wohl nicht anders anzunehmen, dat. ist.

Aber auch im Avesta wird *nivaêḍayẹmi* mit dativ
construirt. S. auch Hübschmann, Zur casuslehre (dat.
bei *vaêḍay + paiti*).

Drei arische idiome, darunter auch das dem Pâṇini scheinbar zunächst stehende, haben also eine erscheinung gemeinsam. Dieselbe ist also alt und gemeingut sämtlicher dialekte. **Pâṇini aber erwähnt sie
nicht. Ist er also durchaus gründlich und zuverlässig? Es scheint, nein.**

γ) bei verben des essens, geniessens: *taṁ bhikkhuṁ ...
bhojetvâ,* wofür ich indessen die quelle nicht notirt habe.

Im Ait. ohne beleg.

δ) bei verba declarandi:

Pât. VII, 4: *yo .. bhikkhu anupasampannaṁ ... dhammaṁ vâceyya.* Cullav. I, 11: *kalyâṇamitte ... uddisâpento* —
veranlassend zum lehren. Hierher gehört wohl auch caus. von
vand, Mahâp. 246: *Sace kho ahaṁ kosindrake Malle ekamekaṁ
Bhagavantaṁ vandâpessâmi.*

Der acc. bei *abhivâdeti* begrüssen, z. b. Sutt. Pâr.
I, 4: *Bhagavantaṁ abhivâdetvâ,* gehört wohl nicht hierher,

sondern ist einfacher acc. des objects, indem in diesem falle
das caus. vom simplex in der bedeutung nicht verschieden ist.
Also ebenso wie im Ait.-Br. genügend belegt.

s) bei intransitiven verben:

Mahâp. 254 u. 255: *sariraṁ jhâpessâma*. Pât. VIII, 2:
sâ bhikkhuni apasâdetabbâ. Sutt. Pâr. I, 3, 3: *taṁ brahmacariyaṁ ... ṭhapesuṁ.* Cullav. I, 16, 1: *na bhikkhû kha-
mâpenti.*

Girnar IV, 7: *vaḍhayisati ... dhaṁmacaraṇaṁ idaṁ.* XII,
4: *âtpapâsaṁḍa(ṁ) ca vaḍhayati.*

Dhauli IV, 16: *vaḍhayisati ceva ... lâjâ dhaṁmaca-
lanaṁ imaṁ.* Analog Girnar und Khâlsi.

Dhauli Sep. I, 23: *nikhâmayisati hedisaṁṁ eva vayaṁ.*
24: *no ca atikâmayisati tiṁni vasâni.*

Bestätigungen also ebenso genügend wie im
Ait.-Br.

§ 10. Bei den übrigen verben tritt der agens des einfachen verbs beim caus. in den instrum.

Pât. VI, 17: *yo .. bhikkhu ... bhikkhuniyâ eḷakalomâni
dhovâpeyya vâ rajâpeyya vâ vijaṭâpeyya vâ.* 26: *yo .. bhikkhu ... tantavâyehi civaraṁ vâyâpeyya.* Ebenso 27.

Einen beweis für die möglichkeit doppelter construction
bei *hṛ* und *kṛ* habe ich nicht gefunden.

Auch hier also zwar wenige, aber ausnahmslose
bestätigungen.

§ 10a. Die angaben des Mahâbh. werden ebensowenig
durch ein beispiel bestätigt als sie uns hier interessiren.

§ 11. Bei *hu* „opfern" soll nach Pâṇ. das obj. auch im
instr. stehen können, doch nur in den vedischen schriften
(*chandasi*). Diese regel ist interessant. Sie wird gegeben als
ausnahme von der allgemeinen regel, dass das obj. im acc.
stehe, aber auf das *chandas* beschränkt. Pâṇ. musste also hier
noch ein anderes idiom im auge haben, das die grundlage für
seine übrigen, nicht auf das *chandas* eingeschränkten angaben
in dem masse bildete, dass er es überhaupt nicht im gegensatz
zum *chandas* noch zu erwähnen nötig fand. Wie stellt sich
nun das Ait.-Br.? In ihm finden sich beide constructionen,
ein beweis, dass sein dialekt nicht identisch ist mit
dem, den Pâṇini allgemein da lehrt, wo er nicht eigenheiten anderer idiome ausdrücklich als gegensätze hervorhebt.

Im Páli kommt das verb *hu* — opfern naturgemäss wenig vor, und ich habe für die construction desselben mit obj. nur einen beleg notirt, aus den Açoka-inschriften. Girnar I, 2/3: *na kiṁci jívaṁ árabhitpá prajúhitayvaṁ*, also sicher nicht mit instr.

Hier steht also das Páli dem Skr., das Pâṇini lehrt, auf jeden fall nicht ferner, als die sprache des Ait.-Br.

§ 12. Bei verben der bewegung auf die frage „wohin?" der acc. oder dat., wenn von einer wirklichen körperlichen bewegung die rede ist.

Der acc.: Mahâp. s. 74: *Vesáliṁ .. pávisi.* 253: *Kusináraṁ pavisitvá.* Pât. VI, 27: *tantavdye* (acc. pl.) *upasaṅkamitvá.* VII, 18: ... *mañcaṁ vá piṭhaṁ vá sahasá abhiniśídeyya vá abhinipajjeyya vá.* 23: *bhikkhunÂpassayaṁ upasaṅkamitvá.* 27: *gâmantaraṁ.* 42: *gâmaṁ vá nigamaṁ vá piṇḍáya pavi-sissáma.* 49: *paccayo senaṁ gamanáya.* Sutt. Pâr. I, 2, 1: *Verañjaṁ rassdvásaṁ upagatá* und *Verañjaṁ piṇḍáya pavisitvá.* 2: *Uttarakuruṁ piṇḍáya gaccheyya* und *Uttarakuruṁ .. ga-manaṁ.* I, 4: *yena Bárâṇasi tad avasari,* eine phrase, die analog sehr oft vorkommt. I, 5, 1: *Vesáliṁ agamâsi. ana-gáriyaṁ pabbajeyyaṁ.* I, 5, 6: *gharaṁ gamissáma.* I, 10, 22: *Bhârukacchaṁ gacchanto;* und Mahâp. 233 sogar: *Ku-sináráya Pâvaṁ addhânamaggapaṭipanno hoti.*

Ein dativ des zieles ist mir (ausser den 2 von Pischel, diese Beitr. I, 111 ff., aus dem Dhamm. citirten) nicht aufgestossen. Im Ait.-Br. nach Liebich kein solcher.

Dagegen kommt der locativ bei verben der bewe-gung vor: Mahâp. s. 245: *Kusináráyaṁ pávisi.* Pât. VI, 10: *tattha sámaṁ vá gantabbaṁ dúto vá púhetabbo.* Ebenso bei verben des bringens: Sutt. Pâr. I, 9, 3: *bhikkhussa santike ánetvá.*

Für den anderen fall, dass nicht von einer körperlichen bewegung die rede ist (wo nur acc., nicht dat., stehen soll), führt die Kâç. das beispiel an: *manasá Pâṭaliputraṁ gacchati.* Ich glaube, Pâṇini meint vielmehr solche fälle, wo ein verb der bewegung mit dem acc. eines abstracts verbunden ist. Z. b. Pât. III: *uddesaṁ ágacchanti* — werden recitirt; VII, 46: *kulesu cárittaṁ ápajjeyya* — verkehr pflegt in familien.

Girnar VI, 11: *bhûtânaṁ ânaṁṇaṁ gacheyaṁ* = ich möchte meine verpflichtungen gegen die geschöpfe abtragen. Analog Dh. Jaug. Kh. Delhi V, 7: *ye paṭibhoguṁ no eti.* Dhauli Sep. 1, 17: *(â)naniyaṁ ehatha.* Ebenso Dhauli und Jaug. Sep. II, 9, resp. 13.

Auch für andere arische dialekte habe ich in diesem umschreibenden gebrauch nirgends den dativ eines solchen abstractums bei verben der bewegung notirt gefunden.

§ 13. Accusativ der ausdehnung in zeit und raum.

Dieser acc. ebenso häufig im Pâli wie im Ait.-Br. Acc. der zeit: Mahâp. 75: *kappaṁ vâ tiṭṭheyya kappâvasesaṁ vâ.* 58: *ye te ahesuṁ atitam addhânaṁ arahanto. ye te bhavissanti anâgatam addhânaṁ arahanto.* Häufig wiederkehrend: *pubbaṇhasamayaṁ niṙâsetvâ.* Pât. VII, 5 hat die idee der zeitdauer so sehr vorgewaltet, dass der acc. sogar neben *uttariṁ* gewahrt ist und dieses so ganz aus der construction herausfällt: *uttariṁ dirattatirattaṁ sahaseyyaṁ kappeyya.* Dieses heraustreten gewisser präpositionen etc. aus der construction begegnet uns übrigens im Pâli sehr oft, und ich werde im fortgange noch einzelne fälle hervorheben. — Pât. s. 64: *jivitaṁ* mein leben lang. Sutt. Pâr. I, 1, 3: *âyatiṁ* in zukunft. I, 3, 3: *dîgham addhânaṁ* lange zeit. Auffällig ist *ekaṁ samayaṁ* = einst, z. b. Mahâp. 52. 223, wo man vielleicht loc. erwarten würde. Vgl. indessen über zeitaccusative, die nicht eine dauer ausdrücken, auch Delbrück, Altind. syntax.

Inschr. von Rûpn. 1: *sâti(le)kâni aḍh(a)tiyâni vasa sumi-(ha)kâ (upâsa)ke.* Girnar VI, 13: *ciraṁ tiṣṭeya.* Dh. und Jaug. VI, 31, resp. 4: *savaṁ kâlaṁ* (analog in den anderen versionen). Die in den Açoka-edicten oft wiederkehrende phrase *atikâtaṁ aṁtaraṁ bahûni vâsasatâni* (z. b. Girnar IV) ist ebenso als acc. der zeitdauer aufzufassen: während der vergangenheit, viele jahrhunderte lang. Wie Bühler zu übersetzen: Eine lange periode, viele jahrhunderte sind verstrichen, während welcher etc., und vor den nachsatz *tatâ* zu ergänzen halte ich für unnötig.

Hier tritt indessen oft auch der loc. der zeitl. basis ein (ebenso aber auch im Ait.-Br.), wovon später.

Acc. des raumes: Mahâp. 245: *Kusinârâ ... ahosi purratthimena ca pacchimena ca dvâdasa yojanâni âyâmena uttarena ca dakkhiṇena ca satta yojanâni vitthârena.* Eigenartig ist Sutt. Pâr. I, 9, 1: *tayo magge methunaṁ dhammaṁ paṭiserantassa ápatti párájikassa* = wer auf 3 wegen den coitus geniesst.

In der passiven construction wird Pât. VII, 27 der acc. des weges zum nomin.: *salthagamaniyo hoti maggo* = der weg dient karawanen.

§ 14. Der instrumental bezeichnet bei angaben von zeit und raum die beendigung der handlung oder erreichung des zweckes innerhalb derselben oder desselben.

Instr. der zeit: MahÂp. 78: *ito tiṇṇaṁ mâsânaṁ accayena Tathâgato parinibbâyissati*. 74: *mamaṁ vâ accayena* = nach meinem hinscheiden. 246: *paṭhamen' eva yâmena Kusinârake Malle Bhagavantaṁ vandâpesi*. Pât. I: *iminâ pakkhena* = am ende dieser monatshälfte. Sutt. Pâr. I, 3, 2: *tesaṁ buddhânaṁ ... antaradhânena* = nach dem verschwinden; I, 5, 2: *maraṇena* = nach dem tode. Speijer § 78 Rem. 1 hebt hervor und erklärt aus der grundbedeutung des instr., der idee der begleitung, die verwendung des instr. auch als bezeichnung der zeit zu der etwas geschieht. Analog ist wohl Pât. VI, 10 *kâlena*, wahrscheinlich = zur rechten zeit. Sutt. Pâr. I, 5, 9: *tena khaṇena tena muhuttena;* 10, 22: *supinantena* = im traume. Girnar IV, 4: *yârise bahûhi vâsasatehi na bhûtapuve*. (Analog in den anderen vers.). Sahas. 2: *etena ca aṁtalena ... devâ ... munisâ misaṁdev(â) kaṭâ*. Vielleicht ist so auch der instr. *orena* zu erklären, den Childers einfach adverbial nennt in Pât. VI, 14: *orena ca channaṁ vassânaṁ* = innerhalb, vor ablauf von 6 jahren; VII, 57: *oren' aḍḍhamâsaṁ* = vor ablauf eines halben monats; und VI, 24 *orena* allein = vorher.

Auf diese weise nähert sich der instr. sogar der bedeutung, die Pâṇ. für den acc. festsetzt, der der dauer, so dass hier eine gewisse abweichung zu constatiren ist. Indess lassen die wenigen beispiele, die Liebich aus dem Ait.-Br. anführt, zweifel darüber, ob dort der instr. nicht auch ähnlich gebraucht ist. Auch im Ṛgv. kommt der instr. der zeiterstreckung vor. S. Delbrück, Altind. syntax s. 130.

Für einen so gebrauchten instr. einer raumbezeichnung habe ich ebensowenig ein beispiel notirt wie Liebich. Vielleicht ist in diesen fällen nur ein surrogat der zeitbezeichnung gemeint, da sich wegemasse auch als zeitmasse verwenden lassen. Denn der instr. des weges gehört nicht hierher, sondern zum instr. des mittels.

§ 15: Bezeichnung der zeitlichen oder räumlichen entfernung zweier punkte durch loc. oder abl.

Für diesen gebrauch des loc. habe ich nur eine einzige, und zwar nur annähernde entsprechung gefunden. Das *paṁcasu paṁcasu vâsesu* = alle 5 jahre von Girnar III, 2 (und analog Dhauli Sep. I, 21 und Jaug. I, 11) nämlich lässt sich vielleicht hier anführen, hängt aber anderseits wieder ganz nahe zusammen mit solchen ausdrücken wie *khaṇasi khaṇasi* von Dhauli Sep. II, 10, die doch nur gewöhnliche locative der zeit sind.

Auch präcis entsprechende fälle derartigen ablativgebrauchs kann ich nicht anführen. Sie sind aber im princip nicht verschieden von dem gewöhnlichen ablativ der räumlichen oder zeitlichen trennung, der z. b. belegt Mahâp. 61: *kâyassa bhedâ* = nach auflösung des körpers, oder 73: *sabbanimittânaṁ amanasikârâ ekaccânaṁ vedanânaṁ nirodhâ ... cetosamâdhiṁ upasampajja viharati*. Auch im Ait.-Br. sind diese fälle des loc. und abl. selten.

§§ 16—18 sind zu übergehen als blosse einleitung zu den folgenden angaben über präpositionen.

Mir sind im Pâli nur wenige fälle von anwendung der präpositionen aufgestossen. Zudem lässt sich oft nicht entscheiden, ob ein *karmapravacaniya* getrennt vorliegt oder mit dem folgenden worte zum avyayibbhâva verbunden ist.

§ 19: *anu* α) in folge von, vac. Doch führt Childers auch diese bedeutung an, nach Clough's Pâli Grammar.

β) längs, vac. Doch giebt Clough, A Compendious Pâli Grammar, ein dem der Kâç. ganz analoges beispiel: *nadiṁ anv avasitâ Bârâṇasi*.

Hierher gehören auch die zeitbestimmungen (die indess vielleicht als avyayibh. aufzufassen) mit *anu*. Sie spielen in das distributive verhältnis hinüber: Pât. VII, 73: *anv addhamâsaṁ*. Girnar I, 8: *anu divasaṁ*. Delhi V, 13: *anuposatha(ṁ)*. Jaug. Sep. I, 9: *anu tisaṁ*. Dhauli Sep. II, 10 (und analog Jaug.): *anu câtuṁmâsaṁ*.

γ) nachstehend, geringer als. vac. Clough giebt die bedeutung.

δ) nach — hin: Sutt. Pâr. I, 1, 3: *anabhâvaṁ gatá* = zu nichte geworden.

ε) gegen, in bezug auf. vac. Clough giebt es.

ζ) für. vac. Clough giebt es.

η) für. distributiv. vac. Cfr. aber β).

Hier steht also das Pâli zum teil hinter dem Ait.-Br. zurück, denn die angaben Clough's mögen wohl nur auf grammatikerabstractionen beruhen, die erst nach der Sanskritgrammatik gebildet sind.

Anderseits findet sich hier aber auch eine bestätigung (für δ), die im Ait.-Br. fehlt. Das nichterwähnen der temporalen bedeutung von *anu* seitens Pâṇiṇi's, die Liebich darauf zurückführt, dass Pâṇ. dieselbe nicht mehr anzuerkennen scheine, scheint mir vielmehr einer der umstände zu sein, die darauf deuten, dass entweder Pâṇ. nicht den dialekt des Aitareya copirte, oder dass er nicht durchaus gründlich war.

Für *upa* = *anu* γ) habe ich kein beispiel.

Für *pari* = *anu* δ) — η) habe ich kein beispiel.

Für *prati*, das nach Pâṇ. = *anu* δ) —η), habe ich mir einen beleg (falls nicht avyayibh.) notiert aus Delhi VIII, 5: *paṭi visiṭhaṁ* = je nach ihrem auftrag, einzeln, also wohl = η).

abhi = *anu* δ), ε) und η) vac.

§ 20. Präpositionen mit dem abl.

apa und *pari* ausser vacc. Auch im Ait.-Br. kein sicheres beispiel.

â bis. Girnar II, 2: *â taṁbapaṁṇi*, wenn das wirklich ein abl. ist, wie Sen. ihn ansetzt. Wahrscheinlicher ist es ein nom., der mit den anderen nominativen der reihe gleich rangirt, während *â* ganz aus der construction heraustritt, wie meiner meinung nach oft im Pâli präpositionen und adv.

Der fall von *â* mit acc., den Liebich aus dem Ait.-Br. anführt, hauptsächlich vedischen gebrauchs, ist eine geringe, aber zu addirende incongruenz mit Pâṇ.

prati = gleich, gewachsen und = für, zum ersatz von vac. Da L. diesen gebrauch für das Ait.-Br. nicht erwähnt, so ist er da wohl auch nicht zu belegen. P.W. bietet auch keine stelle aus Ait.-Br.

§ 21. Präpositionen mit dem loc.

upa = über (vom mass) vac.

adhi — über vac. Nach Childers nur durch grammatiker belegt.

In bezug auf die *karmapravacaniya* steht also das Pâli hinter dem Ait.-Br. zurück.

§ 22: Acc. in verbindung mit *antará* und *antareṇa*.

Der gebrauch von *antará* Dhauli Sep. I u. II weicht scheinbar ab, insofern, als da steht I, 18: *aṁtalá pi ca tisena* (wofür aber Bühler *tise* liest) und II, 2: *aṁtalá pi tisena* — und auch zwischen den Tiṣyatagen. Jaug. ist im 1. ed. an der betreffenden stelle verstümmelt und hat im 2. nur *aṁtalá*, absolut. Bühler fasst das *tise* des 1. ed. als acc. plur., und bei dieser auffassung ergiebt sich vollständige harmonie mit Pâṇ.'s regel. Man kann es aber auch als loc. fassen, und anderseits scheint mir die lesart *tise* überhaupt nicht ganz gesichert. Auf jeden fall bleibt in Dhauli II *tisena* sicher. Es könnte scheinen, als ob da die construction von der Pâṇini's abwiche. Wahrscheinlich liegt aber hier wieder einer der fälle vor, in denen ein präpositionell angewandtes adverb aus der construction heraustritt: und auch zwischen (jenen terminen, die fallen auf) Tiṣya-tage. Mit dieser auffassung lässt sich auch *tise* des 1. ed., wenn wirklich richtige lesart, als locativ erklären. Nach später zu erwähnender regel können zeitbestimmungen nach mondstationen ebensowohl im instr. als loc. stehen, und *antalá* steht in diesem falle wieder von der construction losgerissen. —

Für *antareṇa* habe ich auch nur ein beispiel, und das weicht scheinbar ab, ist aber in der that auch kein beispiel für das adv. *antareṇa*. Mahâp. 237: *antarena yamakasâlánaṁ* = zwischen den 2 Sâla-bäumen. Man hat nämlich einfach *antarena* als localen instr. (des weges, oder wie man ihn sonst erklären will) vom subst. *antaram* aufzufassen, zu dem der gen. poss. als ergänzung hinzutritt.

Aus Pât. s. 64 ist vielleicht der gebrauch von *yávat* mit acc. = bis zu ergänzen, den Pâṇ. nicht erwähnt und der auch nicht aus der alten Skr.-literatur belegt zu sein scheint: *yáva nibbánaṁ*. Man kann indessen auch *nibbánaṁ* als nom. auffassen und eine ellipse des verbums annehmen.

Mit den angaben von § 22a brauchen wir uns nicht zu beschäftigen, da sie zusätze des Kâty. und des Mahâbh. betreffen. Ich habe auch keine belege dafür gefunden.

Nur *sarvatas* des Mahābh. (als acc. regierend)
führe ich an, um daran ein wort von gleicher bedeutung
mit acc. aus dem Pāli anzuschliessen: *samantā*. Mahāp.
72: *samantā Vesālim*.

So haben wir allerdings wieder einen gebrauch im
Pāli, der in Pāṇ.'s regeln keine entsprechung findet,
dem stehen aber im Ait.-Br. jene 2 belege für die angaben des Mahābh. (*abhitas* und *ubhayatas* mit acc.)
gegenüber, welche Pāṇ. nicht hat, und ferner Liebich's
zusatz aus dem Ait.-Br., wonach zweimal *antac* mit
·acc., während man nach Pāṇ. 2, 3, 29 den abl. erwarten sollte.

Es ist hier ferner der adverbiale oder absolute
gebrauch des acc. zu ergänzen, den Pāṇ. nicht erwähnt und auch Liebich nicht — auch Speijer hebt,
soweit ich sehe, nur den absoluten acc. *nāma* hervor
(§ 55) — der mir aber alt zu sein scheint. S. auch
Delbrück, Altind. syntax, s. 165. Für den Avesta
vgl. Hübschmann, Zur casuslehre, s. 202.

Pāt. V, 1: *raho* im geheimen; *hetu* etc. sehr oft.
Mahāp. 254: *sisam nahātā* gewaschen in bezug auf
den kopf. S. hierüber auch Trenckner, Pāli misc. s. 67,
anm. 28.

Verschiedene ergänzungen zu diesem capitel (und ebenso
zu den folgenden) hat Liebich in anderen behandelt. Ich
thue es ebenso und beziehe mich auf Liebich's verweise.

2. Dativ.

Vor allem ist hier daran zu erinnern, dass in den meisten
fällen (dativ des zweckes und einige verwandte dative ausgenommen) die form des dativs mit der des genitivs zusammenfällt, dass also immerhin möglicherweise das eine oder andere
von mir angeführte beispiel nicht ein ursprünglicher dat., sondern ein gen. ist. Doch giebt die übereinstimmung mit Pāṇini's
regeln darüber meist klarheit. Ich glaube, wir haben in dieser
weitgehenden ersetzung des dat. durch den gen. denselben, nur
consequenter durchgeführten prozess vor uns, der namentlich
im späteren Skr. in verschiedenen fällen eine gleiche vertretung herbeigeführt hat. Auch der genitiv des agens beim part.
perf. pass. und beim part. fut. pass. geht wohl auf einen ur-

sprünglichen dativ zurück. Darauf deutet der umstand, dass bei letzterem im Ṛgveda der dativ angewandt wird. Cfr. Speijer, § 86. Vielleicht darf man annehmen, dass erst durch einflüsse des Pâli auf das Skr. jene ersetzung des dativs durch den gen. veranlasst worden ist, da ersteres dieselbe schon früh consequenter durchgeführt hat als selbst das Skr. späterer perioden, während die sprache der Brâhmaṇa's und der Epen bei weitem noch nicht einmal so viel fülle aufweist als das spätere Skr.

§ 23 erklärender natur, also hier zu übergehen.

§ 24. Der dativ bezeichnet das entferntere object. Braucht nicht durch beispiele belegt zu werden. Auch kommt er vor, ohne direkt von einem verb abhängig zu sein.

So aus dem Mahâp.: *ko nu kho hetu ko paccayo mahato bhûmicâlassa pâtubhâvâya.* Mahâp. 222: *akâlo dâni .. Tathâgatam yâcanâya.* Pât. VI, 29: *siyâ ce tassa bhikkhuno kocid eva paccayo tena cîvarena vipparâsâya* — wenn er einen grund haben sollte, sich von dem (einen) gewand zu trennen. VII, 49: *kocid eva paccayo senam yamanâya.* Dieser dat. nähert sich also zum teil ebenso dem inf. wie der später zu erwähnende dat. des zweckes.

Hierher gehört Dh. V, 24 und Kh. V, 15 (Jaug. vac.): *dhammayutâye apalibodhâye* = zur beseitigung der hindernisse für den frommen, was recht gut angängig ist (dativus commodi), während Senart zweifelt, ob nicht vielmehr eine änderung zu -*yutâna* (für -*ânam*), gen. pl., vorzunehmen sei.

Anzuführen ist auch Girnar X, 1 *dighâya* = für die zukunft. Es ergiebt sich daraus als wahrscheinlich, dass auch das vorhergehende *tadâtpano* in den dat. *tadâtpâya* oder -*ye* zu ändern ist, welche abhilfe die schrift leicht gestattet, während Senart mit Korn in den loc. *tadâtpane* ändert und dadurch nicht allein eine discrepanz mit dem erwähnten dat. *dighâya* und den dativen *tadatvâye* und *âyatiye* von Dhauli, Jaug. und Kh., sondern auch die jedenfalls nicht sehr häufige form des abstractums auf — *tvana* statt — *tva* erzielt.

Ähnlich ist der dativ in Rûpn. 2: *yâ imâya kâlâya jambudipasi amisâderâ husu te dâni misamkaṭâ* Cfr. Speijer § 92. Delbrück, Altind. syntax, s. 149. Hübschmann, Zur casuslehre, s. 225 (für Avesta).

6 *

§ 25. Dativ bei *ruc*: Pât. IV, 11: *mâ âyasmantânam pi saṅghabhedo rucittha.* Sutt. Pâr. I, 2, 2: *mâ te rucci.*

Im Ait.-Br. hat *ruc* nach Liebich nur die ursprüngliche bedeutung glänzen.

Das Pâli also hier Pâṇini näher als Ait.-Br.

§ 26. Belege für dative bei den hier angeführten verben vacc. Nur für *silâghati* und *sapati* führt Childers die dativconstruction aus Kaccâyana allein an. Das scheint mir neben anderen umständen ein zeichen zu sein, dass die einheimische Pâli-grammatik von der Sanskrit-grammatik abhängig ist.

Im Ait.-Br. belege für dat., wenigstens bei *hnu* und *sthâ.*

§ 27. Dat. vom gläubiger bei *dhṛ.* Ausser aus Kaccâyana diese bedeutung und diese construction nicht zu belegen. Auch im Ait.-Br. nicht.

§ 28. Bei *spṛh* verlangen nach.

vac. Auch im Ait.-Br.

§ 29. Dat. bei *kujjhati* nur nach Kacc.

  ,, ,, *duhayati* ,, ,, ,,

  ,, ,, *issayati* ,, ,, ,,

asûyati vac.

Im Ait.-Br. wenigstens belege für dat. bei *druh.*

§ 30. *kujjhati* und *duhayati* mit praef. vacc. ebenso wie im Ait.-Br.

§ 31. Dat. bei *râdh* und *îkṣ* vac. ebenso wie im Ait.-Br.

§ 32. Bei *pratiçru* und *âçru* steht im dat. der agens der vorausgehenden handlung.

âsuṇâti mit dat. ist nur belegt durch Kuhn, Kaccâyanae specimen.

paṭisuṇâti dagegen in der bedeutung „versprechen" oder wahrscheinlicher „zustimmen" (die bedeutung „versprechen" wird nicht von Pâṇ., sondern von der Kâçikâ gegeben) unendlich oft. So Mahâp. 49: *rañño Mâgadhassa .... paṭissutvâ.* Ebenso 52. 53. 54. 55. 56. 57. 62. 65. 66. 69. 226 etc. Sutt. Pâr. I, 4: *Bhagavato paccassosi.* I, 5, 6: *mâtuyâ paccassosi.* Ebenso 9. I, 7. Cullav. I, 13, 5. 6. XII, 1, 10 etc.

Demgegenüber kommt im Ait.-Br. *pratiçru* überhaupt nicht ein einziges mal vor und *âçru* nicht in der bedeutung versprechen und nicht mit dat.

§ 33. *anugiṇâti* nur durch Kuhn, Kacc. sp. und durch Clough belegt, und *paṭigiṇâti* habe ich in meinen texten nicht gefunden, während es Child. angiebt, abor ohne nennung der quellen und ohne angabe der construction, ausserdem mit der bedeutung agree, permit, approve, die von der Kâç. nicht gewährt wird. Aber auch im Ait.-Br. fehlt *anugî* ganz und für *pratigî* die construction mit dat.

§ 33 a. Angaben der Vârttika's und der Kâçikâ: Dat. bei *kappati* = zu etwas werden (Vârtt.) kommt nicht vor. Er ist aber im princip nicht verschieden von dem dat., der bei *kappati* steht in der bedeutung „sich schicken, angemessen sein" und in daraus resultirenden bedeutungen. Mahâp. 257: *idaṁ ro kappati idaṁ vo na kappati.* Cullav. XII, 1, 1: *na kappati samaṇânaṁ ... jâtarûparajataṁ.* Dieser dat. auch im Ait.-Br. Cfr. Liebich und Speijer § 239 Rem.

Es ist zu notiren, dass Pâṇ. nichts davon erwähnt.

Dat. bei syn. von *klp*: Hier lässt sich *saṁvattati* anführen, das sehr oft so construirt. Pât. VII, 72: *yâvad eva kukkuccâya vihesâya vilekhâya saṁvattanti.* Ebenso Mahâv. I, 6, 18: *upasamâya* etc. I, 6, 38: *âbâdhâya saṁvatteyya.* Cullav. I, 1, 1: *vepullâya saṁvattanti.* — Sutt. Pâr. I, 5, 7: *hînâyâvattitvâ (hînâya âvattitvâ).* Mahâv. I, 6, 10: *âvatto bâhullâya.* Ebenso *asti* — gereichen zu. Mahâv. I, 4, 2. Mit ausfall der copula Delhi III, 22: *iyaṁ me hidatikâye iyaṁ (me nâma) pâlatikâye.* — Mahâp. 56: *niyyâti .. sammâdukkhakkhayâya.*

Dieser dativ hat also ein viel weiteres gebiet, als wenigstens aus dem betreffenden Vârtt. hervorgeht. Ich zweifle nicht, dass er auch im Ait.-Br. auftritt. Liebich scheint ihn zu eng gefasst zu haben, indem er nur auf die durch das Vârtt. und die Kâç. gegebenen verba achtete, für die er indessen keine belege solchen gebrauches fand. Ob die nichterwähnung dieses dat.'s Pâṇ. als unterlassungssünde anzurechnen ist, lasse ich jetzt dahin gestellt.

§ 34. Der finale dativ von nicht-abstracta. Cullav. I, 13, 3: *piṇḍâya carantaṁ.* Pât. VII, 42: *gâmaṁ .. piṇḍâya pavisissâma.* Mahâp. 227 sogar die kühne ausdruckswelse *piṇḍâya paṭikkanto* — vom almosengang zurückgekehrt, die nur durch eine ellipse, etwa von *caritvâ*, zu erklären ist.

§ 35. Der finale dativ von abstractis im Pāli ebenso ausserordentlich häufig wie im Ait.-Br. Mahāp. 74: *upa-saṅkamissāma divārihārāya*. Cullav. I, 13, 3 u. 4: *gacchanto Bhagavantaṁ dassanāya*. Mahāp. 222: *akālo dāni .. Tathāgataṁ yācanāya*. Pāt. III, 3: *maraṇāya vā samādapeyya*. So auch wohl Pāt. VI, 22 *patto yāvabhedanāya dhāretabbo* zu erklären (wenn man nicht *bhedanāya* als abl. eines fem. *bhedanā* annehmen will), indem man *yāvabhedanaṁ* als substantiv. avyayibhāva fasst. Derartige declinirte avyayibhāva's (der kürze wegen behalte ich den namen bei, der eigentlich in dieser anwendung widersinnig ist) kommen in der that in der original-sprache vor, trotz Pāṇini, und selbst das von Pāṇ. ins schema aufgenommene avyayibhāva-compos. ist doch eigentlich nur ein adverbialer acc. Dieser und mancher andere punkt der compositionslehre wird auch zu einer späteren kritik Pāṇini's zu verwerten sein. — Ein eigenartiger elliptischer gebrauch dieses dativs, analog dem in § 34 erwähnten, liegt vor Pāt. IV, 12: *viramath' āyasmanto mama vacanāya*, wo *vacanāya* vollständig infinitivische natur hat. Ganz dem inf. analog ist auch der gebrauch Mahāp. 240: *na mayaṁ labhāma ... Tathāgataṁ dassanāya*. Ebenso 245 u. 248. Sutt. Pār. I, 5, 1: *anuññāto 'si ... mātāpitūhi .. pabbajjāya*.

Auch in den Açoka-inschriften ist dieser finale dat. äusserst häufig. So oft wiederkehrend *etāye athāye*. Girnar I, 9: *sūpāthāya*. V, 4: *dhāmādhiṣṭānāya*. VI, 14: *savalokahitāya*, etc. X, 2: *etakāya* muss bedeuten: zu diesem zweck, in dieser richtung, wie es auch Bühler fasst. Aus Senart's „voilà" scheint diese auffassung nicht hervorzugehen. Dhauli und Jaug. IX (auch Kh. und K. haben dativ): *etāye aṁnāye ca hedisāye* = für diese und ähnliche zwecke, gegenüber dem locativ *etamhi ca aṁamhi* in Girnar. Senart übersetzt: „Unter diesen und ähnlichen umständen" und sieht in *etāye* etc. auch einen locativ, der falscher weise im fem. stehe. Das ist wohl nicht nötig. Es entspricht sich einfach dat. und loc. des zweckes, oder es mag auch sein, dass in Girnar wirklich der loc. der basis — unter diesen umständen vorliegt, und dass in den anderen versionen der gedanke etwas geändert ist.

In § 35a werden aus den commentaren dative angeführt, die sämmtlich dem princip nach nicht von der eben be-sprochenen art abweichen und die wir also übergehen.

§ 36. Dativ bei *namo* häufig.

Dat. bei *sotthi* vac. Childers giebt einen beleg nur aus Clough's Gramm.

svâhâ und *svadhâ* vac.

Dativ bei *alam* verschiedentlich belegt. Pât. VII, 68: *te paṭisevato nâlaṁ antarâyâya.* Ebenda: *alaṅ ca pana paṭisevato antarâyâya.* Ebenso 70. Sutt. Pâr. I, 5, 10: *alaṁ hi ... kukkuccâya, alaṁ vippaṭisârâya.* Jaug. Sep. II, 12: *alaṁ hi tuphe asvâsanâye* etc. = denn ihr seid im stande, vertrauen zu erwecken.

Dhauli Sep. II, 8 hat dagegen das synonym *paṭibalâ* und erfüllt so eine zusatzforderung des Mahâbh. (§ 36a).

Delhi I, 8 dagegen bei *alaṁ* der inf. auf *-tave* in dieser bedeutung.

vaṣaṭ vac.

§ 36a. Zusätze der commentare, für die ich ausser dem eben erwähnten und ausser den 2 aus dem Dhamm. für *pahoti* von Childers angeführten fällen keine belege habe.

§ 37. In den dat. oder acc. tritt das object von *manyate*, um geringschätzung auszudrücken, beim vergleich mit nicht-lebenden wesen.

Ich habe *maññati* nur einmal notirt, und da in anderem sinne und mit doppeltem acc., Girnar X, 1 (und analog Kh. u. K.): *yaso va kîti va na mahâthâvahâ maññate.* Mit dat. nur nach Kaccâyana. Ebenso auch im Ait.-Br. nur mit dopp. acc.

§ 37a. Zusatz des Mahâbh., für den ich keine belege habe.

3. Instrumental.

§§ 38—40. Instr. zur bezeichnung des *kartṛ* und *karaṇa*. Beispiele unnötig.

Doch einiges bemerke ich.

Der instr. des *kartṛ* steht nicht allein bei verben, sondern auch bei verbal-substantiven. Dhauli Sep. I, 15: *vipaṭipâdayaminehi etaṁ nathi svagasa âladhi no lâjâladhi.* Jaug. hat allerdings da den gen. *vipaṭipâtayaṁtaṁ.* Trotzdem, oder gerade deshalb ist es meiner meinung nach falsch in *-ehi* einen dativ zu sehen, wie Bühler thut. Cfr. § 103.

Ein sonderbarer instr. des *karaṇa* findet sich Sutt. Pâr. 1,
1, 2: *âsanena vâ nimanteti* = ladet ihn ein zum sitzen, eigentlich mittelst des sitzes. — I, 8, 4: *ariyakena* auf Arisch.

Eine besondere art dieses instr. ist der des weges: Mahâp. 254: *dakkhiṇena dakkhiṇaṁ nagarassa haritvâ bâhirena
bâhiraṁ.* 255: *uttarena dvârena .. pavesetvâ, puratthimena dvârena nikkhamitvâ.* Pât. IX, 72: *uppathena gacchanto pathena
gacchantassa.* Sutt. Pâr. I, 9, 3: *vaccamaggena aṅgajâtaṁ
abhinisîdenti,* dann parallel sogar *mukhena,* wo man *mukhe* erwarten sollte. I, 10, 9: *vaṇena nîhari* = zog durch die
wunde wieder heraus, und *aṅgajâtena nîhari.* Cullav. I, 13, 5
die sehr häufig wiederkehrende phrase *yena Sâvatthi tena pak-
kâmi.*

§ 41. Bei *div* das instrument entweder im instr. oder acc.

Bei *div* ist diese construction ebenso wenig wie im
Ait.-Br. zu belegen. *kîḷati* mit instr. Cullav. I, 13, 2:
ghaṭikena, akkhena, paṅgacîrena etc., vorher stehen aber
vielleicht accusative: *aṭṭhapade pi kîḷanti, dasapade pi
kîḷanti.* Es ist aber natürlicher diese formen als loc.
sing. der örtlichen basis zu fassen.

§ 42. Instr. oder dat. des lohnes oder der miete, bei
verben des dingens oder mietens.

Dafür habe ich keinen beleg gefunden. Auch Ait.-Br.
bietet für dat. keine belege, obgleich diese construction nicht
unwahrscheinlich ist

§ 43. Das object von *saṁjñâ* im instr. oder acc.

Für *saṅjânâti* ist nur der acc. im Pâli zu belegen,
aber nicht in der bedeutung „harmoniren". Auch Ait.-
Br. bietet nach Liebich keinen instr. oder acc., wohl
aber dativ bei der genannten bedeutung des verbs.

§ 44. Instr. zur bezeichnung der ursache und des grundes. Genügend belegt. Mahâp. 73: *Bhagavato gelaññena.* 246:
*Kosinârakâ Mallâ santhâgâre sannipatitâ honti kenacid eva ka-
raṇîyena.* 254: *ko nu kho bhante hetu ko paccayo yena 'me
... na sakkonti uccâretuṁ.* Ebenso 257. Sutt. Pâr. I, 3, 2.
Dahin gehört wohl auch Cullav. I, 13, 4: *mama vacanena
Bhagavato pâde sirasâ vanda* = in meinem auftrage, meinem
namen. Ebenso Mahâp. 49. Sutt. Pâr. I, 1, 3: *jigucchati*
mit instr., der ein solcher des grundes ist: *jigucchâmi kâyaduc-
caritena* etc. Girnar IV, 3: *... râño dhaṁmacaraṇena bhe-*

righoso etc. XII, 6: *âtpapâsaṁḍabhatiyâ*. XIV, 6: *lipikarâpu-r(â)dhena*. Delhi III, 20: *isyâkâlanena*. IV: *yena etâ* ... *kammâni pavatayevûti etena me ... koṭe*. Dhauli Sep. II, 4 (und analog Jaug.): *anuviginâ* (so für *anuvâgâna* zu lesen) *mamâye* — bestürzt vor mir. Der instr. statt des zu erwartenden abl. nur als instr. des grundes zu erklären. Cfr. hierzu Pischel, ZDMG. 42, 303, und Siecke, Kuhn's Beitr. VIH, 399. Bhabhra 8: *eten(a)*.

§ 45. Abl. steht, wenn die ursache eine schuld ist. Hierher würde vielleicht Cullav. I, 6, 2 gehören: *yâya âpattiyâ* ... *katam hoti*, und Pât. IV, 13: *tâdisikâyâ âpattiyâ ekaccaṁ pabbâjenti*, wenn das nicht ebensogut instrumentale sein könnten. Im Ait.-Br. fehlen beispiele.

§ 46. Instr. oder abl. steht, wenn die ursache eine eigenschaft im masc. oder neutr. ist. Hier vielleicht zu notiren inschrift von Sabas. 3: *(n)o ... mahatatâ va cakiye pâvatave* — durch grösse zu erreichen. Ebenso Rûpn. 2: *no ca esa mahatatâ pâpotave*. Wenn Mahâp. 65 hierher gehört, so ist im Pâli die anwendung eine weitere, insofern als nicht allein eigenschaften im abl.: *ananubodhâ appaṭiredhâ, — adassanâ. — mâdhuri(y)âya(?)* Girnar XIV, 4 kann sowohl instr. als abl. sein.

§ 47. *ṣaṣṭhi hetuprayoge*. Böhtlingk drückt sich in der übersetzung neutral aus. Liebich übersetzt:

Wird bei angabe eines grundes das wort *hetu* selbst verwendet, so wird es im gen. gebraucht. Man kann daran zweifeln, ob Pâṇ. meint, dass *hetu* selbst im gen. steht oder das von *hetu* abhängige wort. Die commentatoren fassen es in der ersten weise. Dafür entscheidet sich schliesslich auch Speijer s. 138, anm. 1, obgleich er selbst in *hetoḥ* einen abl. sieht. Im Pâli habe ich jedenfalls kein beispiel für den gen. von *hetu* selbst gefunden. Meist wird *hetu* als adverbialer accusativ gebraucht: Mahâp. 226: *jivitahetu*. Pât. VII, 24: *âmisahetu*. Sutt. Pâr. I, 3, 2 *kissa hetu*. Auch I, 5, 7 etc. Ebenda *yâsaṁ ... hetu*.

Ait.-Br. hat keine beispiele.

§ 48. *hetu* sowohl im gen. als instr., wenn durch ein pronomen näher bestimmt. Ich habe keine belege dafür, Ait.-Br. auch nicht.

§ 48a. Zusätze der commentare, die im Ait.-Br. sich

nicht bestätigen. Im Pâli wenigstens einige belege dafür. *hetu* im acc. soeben erwähnt. *kârana* im abl. Sutt. Pâr. I, 7: *Vajjinam .. kâranâ*. Für *nimitta* habe ich nur einen accusativ: Dhauli Sep. II, 5 (und analog Jaug.): *mama nimitam ca*. Das *kim prayojanam* der Kâçikâ findet sich nur in Kaccâyana's gramm. Im Ait.-Br. fehlen alle diese.

§ 49. Der gebrauch des instr. bei *saha* bedarf keiner exemplificirung. Ich hebe nur als bemerkenswert hervor Mahâp. 252: *saha parinibbânâ mahâbhûmicâlo ahosi* etc., dann *saha parinibbânâ Brahmâ Sahampati imam gâtham abhâsi*. Hier ist *saha* nicht präp., sondern adv., und der abl. hängt nicht von *saha* ab, sondern ist der selbstständige abl. der zeit.

Der instr. tritt in der regel auch ein, wenn *saha* teil eines compos. ist: Pât. VII, 5: *anupasampannena ... sahaseyyam kappeyya*. 6 aber mit gen.: *mâtugâmassa sahaseyyam kappeyya*.

§ 49a. Der zusatz, den die Kâçikâ macht, dass auch der blosse instr. ohne *saha* im gleichen sinne gebraucht werden könne, ist sehr angebracht und nötig. Pânini hat sich hier auf jeden fall eine unterlassungssünde zu schulden kommen lassen. Ebenso wie im Ait.-Br. giebt es auch im Pâli belege dafür. Pât. VI, 22: *bhikkhu ânapañcabandhanena pattena*. VII, 7: *aññatra viññunâ* = ausser zusammen mit einem manne, der es versteht. *aññatra* ist hier natürlich nicht etwa mit einem instr. construirt, sondern steht losgelöst von der übrigen satzconstruction, indem es so einen der oft erwähnten fälle derartigen absoluten gebrauchs von präpositionen und casusregierenden adverbien bildet. IX, 11: *na ujjhaggikâya antaraghare gamissâmi*. Sutt. Pâr. I, 4: *Ânandena pacchâsamanena*. Delhi IV, 6: *dhammayutena* nach Senart's auffassung. Hierher gehört vielleicht auch Dhauli und Jaug. III: *bambhanasamanehi* (mit dem vorhergehenden *mitasamthutesu nâtisu ca* zu verbinden). Senart redet hier von einer confusion des instr. mit dem locativ. Ich glaube, dass eine solche nicht notwendigerweise anzunehmen ist, indem ich in der erwähnten weise verbinde. Senart zieht *mitasamthutesu* zu *susûsâ*. Aber dem bau der einzelnen glieder nach scheint es mir wahrscheinlicher, dass es mit *bambhanasamanehi* zusammen zu *dâne* gehört. Das geht ausser den übrigen versionen von III auch aus edict XI von Girnar (und den anderen versionen) hervor, wo zu *sns(r)usâ* der loc. *mâtari pitari* gehört, dagegen dann *mitasastutu* — etc. ebenso im gen. steht wie *bâmhaṇa* — etc., also zu *dânaṁ* zu ziehen ist, wie es übrigens hier auch Bühler in seiner übersetzung thut, im gegensatz zu seiner auffassung von Ed. III.

Auch der andere zusatz der Kâç. ist sehr berechtigt, dass nämlich auch die synonyma von *saha* den instr. regieren. So *saddhiṁ* sehr oft. Z. b. Mahâp. 50: *Bhagavatâ saddhiṁ*. Und auch hier kann das betreffende synonymon im compositum stehen. Mahâp. 56: *sîlavantehi sabrahmacârîhi sâdhâraṇabhogî*. Sutt. Pâr. I, 10, 6: *bhikkhunîhi sâdhâraṇâ* und *asâdhâraṇâ* — die ihnen gemeinsam, nicht gemeinsam sind mit den nonnen. Pât. IV, 10: *samet' âyasmâ saṅghena*.

Ein sonderbarer ideengang hat nun weiter den gebrauch zur erscheinung kommen lassen, dass worte, die gerade das gegenteil von dem begriff des eben erörterten instrumental bezeichnen, nämlich die trennung, neben anderer später zu erwähnender construction, auch mit dem instr. verbunden werden. Unter den folgenden beispielen können einige der form nach eben so wohl als abl. gelten, einige aber sind sichere instrumentale. Mahâp. 57: *âsavehi rimuccati*. Mahâp.: *sabbeh'eva piyehi manâpehi nânâbhâro vinâbhâvo aññathâbhâvo*. Mahâp. 245: *Kusârati .. dasahi saddehi avivittâ ahosi*. 249: *suññâ parappavâdâ samaṇehi aññe*. Ebenda: *asuññâo loko arahantehi assa*. 257: *sumuttâ mayaṁ tena mahâsamaṇena*. Pât. s. 66: *cittaṁ pâpehi muñcataṁ*. VI, 2: *ticîrarena rippavaseyya*. 29: *tena cîvarena rippavâsâya*. VII, 73: *na ca tassa bhikkhuno aññâtakena mutti atthi*. Sutt. Pâr. I, 1, 5: *rivicc' eva kâmehi* etc. I, 3, 2: *âsavehi cittâni rimucciṁsu*. 8, 3: *sumutt'âhaṁ buddhena* etc. Über den instr. der trennung im Altindischen s. Delbrück, Altind. syntax, s 131, und „Ablativ, localis etc.", s. 70. Ebenda s. 10 führt er einen gleichen instrumental-ablativ aus Homer an. Für den Avesta vgl. Hübschmann, Zur casuslehre, s. 264. Abl. aber z. b. I, 1, 8: *kâmâsavâpi cittaṁ rimucciltha* etc.

Pâṇini erwähnt diesen instr. nicht und Liebich bringt keine beispiele dafür aus dem Ait.-Br. Ich halte ihn trotzdem für alt. Pâṇ. übersah ihn wohl blos.

Zwar hat er eine erscheinung, die hierher gehört, notirt,
dieselbe aber zu eng umschrieben: instr. bei *pṛthak*,
nánâ und *riná*, s. § 66 Cfr. Delbrück p. 71.

§ 50. Der instr. von körperteilen, die an einem gebrechen
leiden. Ich habe keinen beleg dafür. *kâṇa* und *khañja* scheinen
mit dieser construction nur durch die Pâli-grammatiker belegt zu sein.

Aber diese kategorie hat Pâṇini wohl zu
eng gefasst; sie lässt sich erweitern und umfasst dann
den instrumentalis limitationis überhaupt. Mahâp. 245:
drádasa yojanâni âyâmena . . . satta yojanâni vitthâ-
rena. 249: *ekûnatiṁso vayasá.* Ausser anderen casus,
z. b. ablativ, kann aber auch das suff. *-ças* zum ausdruck dieses sinnes gebraucht werden: Pât. IV, 6: *dí-*
ghaso. Ebenso VII, 89. Cfr. Hübschmann, Zur casuslehre, s. 262.

Die gleiche anschauung, die dem instr. limit. zu
grunde liegt, hat wohl auch den instr. des vergleichs
beim comparativ geschaffen. Ich halte den gebrauch
desselben für alt, gleichwie es Pischel in der anzeige
der Ziemer'schen syntax der indogerm. comparation
(Gött. gel. anz. 1884, no. 13, s. 501 ff.) thut. Dessen
beispielen aus dem Veda und dem Pâli kann ich noch
folgende an die seite stellen: Cullav. I, 1, 1: *tumhe*
tena paṇḍitatarâ ca etc. Instr. sowohl wie abl. kann
vorliegen Mahâv. I, 17, 1 u. 2: *purimâhi vaṇṇanibhâhi*
abhikkantataro ca paṇitataro ca. 20, 8: *ahaṁ tayá pa-*
ṭhamataraṁ pakkanto, und Mahâp. 58: *Bhagavatá bhiyyo*
'bhiññataro [1]). Hierher ziehe ich auch den instr. von
Dhauli und Jaug. VI: *kammatalaṁ savalokahitena,* dem
gegenüber Girnar den abl. *savalokahitpâ* hat. Senart
dagegen will überall den dat. herstellen, den Khâlsi
aufweist. Ich halte das für unnötig, da man den instr.
durch meine auffassung sehr wohl erklären kann. Zudem liest Bühler mehr oder weniger sicher in allen

---

[1]) Diese stelle führt übrigens auch schon Pischel an in den Gött.
gel. anz. 1881, s. 1332. Doch scheint er mir zu weit zu gehen, wenn er
Bhagavatá ohne bedenken für einen instr. hält. — Den im folgenden besprochenen instr. *savalokahitena* erklärt auch Pischel a. a. o. für einen
instr. comparationis.

versionen den instr., der dat. in Khâlsi, wenn wirklich zu halten, beruht dann auf einer anderen wendung des gedankens. Den instr. von Girnar IX neben *yathâ* hat schon Pischel am eben angeführten orte erwähnt. Er scheint mir trotz Senart's auffassung sehr wohl berechtigt. — Bestätigt sich dieser gebrauch als alt, so ist derselbe zu Pâṇini's kritik zu verwenden, der nichts davon erwähnt. Auf dem instr. limitationis (oder auch auf dem der ursache) beruht vielleicht der bei *artha* gebrauchte (analog Speijer § 75, doch nicht, wie bei ihm, auf *ko'rthaḥ* und *nârthaḥ* beschränkt. Aber auch z. b. Mahâbhâṣya I, s. 7, z. 5 *anenairârthaḥ*). Pât. VI, 10: *attho me âvuso civareṇa.* Sutt. Pâr. I, 8, 3: *na mam' attho buddhena* etc.

Ebenso *kim, alam* etc. mit instr. Pât. III, 3: *kiṁ tuyh' iminâ pâpakena dujjîvitena.* Sutt. Pâr. I, 8, 3: *kiṁ nu me buddhena* etc. Pât. IV, 13: *alaṁ te idharâsena.* Sutt. Pâr. I, 8, 3: *alaṁ me buddhena* etc.

Auch das verb *kar* wird in dieser bedeutung mit instr. gebraucht. Cull. XII, 1, 1: *bhavissati saṁghassa parikkhârena karaṇîyaṁ.* Vgl. hierzu Delbrück, Altind. syntax, s. 135. Auch z. b. Mahâbhâṣya I, s. 8, z. 2: *kiṁ çâstreṇa kriyate.*

§ 51. Der instr. zur bezeichnung des charakteristischen merkmales eines gegenstandes: Pât. V, 1: *saddheyyavacasâ upâsikâ.* Dieser instr. ist natürlich nur eine abart des sociativus, so dass auch nicht viel darauf ankommt, dass mein beispiel ebensowenig wie die von Liebich diese art so recht markant bezeichnen.

§ 51a. Angaben Kâtyâyana's und Patañjali's über adverbialisch gebrauchte instrumentale, sehr berechtigt. Sie bezeichnen die art und weise und verschiedene andere begriffe. Ich führe an: *mama vacanena* = in meinem namen, öfter, auch Allah. ed. d. K.: *-piyasa vacanenâ.* Ebenso Dhauli Sep. I, 1; Mahâp. 226: *ekaṁsena* sicherlich; 240: *yebhuyyena* meist, zum grössten teil; 242: *etena upâyena*, der aber auch instr. des mittels sein kann; 249: *anekapariyâyena;* Pât. VI, 14: *orena .. channaṁ vassânaṁ*, falls da *orena* nicht als instr. der zeit zu erklären; *sugatañgulena* nach der zollgrösse Buddha's, Pât. VII, 87. Ebenso 90: *sugatavidatthiyâ.* Cullav. I, 13, 5 und

sonst *anupubbena;* 3: *pāsādikena abhikkantena paṭikkantena* etc.,
von substantivirten adjectiven; Girnar XIV: *e va saṁkhitena
asti majhamena asti vistat(e)na;* Delhi VII, 18: *kina su (kena-
svid);* VIII, 6: *bahuvidhena ā[kā]lena;* 8: *durehi yera ākālehi;*
Khālsi VI, 19 (und analog K.) *anaṁtaliyena,* die anderen versionen haben adv. auf -*aṁ;* Sahas. 6: *avaladhiyenā* mit der
conventionellen bedeutung „unermesslich" (aus *apara* + *ardha*).
Girnar XII *tena tena prakārena* (so für *prakaraṇena*). *sot-
thinā* glücklich, Sutt. Pār. I, 1, 4, und *vitthārena* ausführlich, I, 3, 2 u. 3 können sociative instrumentale sein, ebenso
wie sich von den vorher genannten mancher einer allgemeinen
kategorie des instrumentalgebrauchs anschliessen lässt.

Ein sonderbarer instr., falls wirklich ein solcher
vorliegt, findet sich Barābar I u. II, bei einem verb
des gebens: *dinā ādivikeṁhi.* Senart sieht darin einen
in locativischem sinne gebrauchten instr. Bühler wird,
aus seiner auffassung von *mahāmātehi* Kh. VI, 18, *tehi*
Kh. XII, 34, etc. zu schliessen, die form für einen dativ
halten. Ich kann die frage nicht entscheiden, füge aber
hinzu, dass, wenn wirklich darin ein dativ zu erblicken
ist, auch in dem *baṁbhanasamanehi* von § 49 a mit
Bühler ein solcher anzunehmen sein mag.

4. Ablativ.

§ 52. Allgemeine erklärung des ablativgebrauchs.

§ 53. Ablativ auf die frage „woher" in räumlichem sinne.
Mahāp. 67: *anāvattidhammā tasmā lokā.* 69: *Vesāliyā
niyyāsi. yānā paccorohitvā.* 71: *dūrato 'va āgacchante.* 233:
Kusinārāya Pāraṁ addhānamaggapaṭipanno hoti. Pāt. VI, 5:
... *hatthato cīvaraṁ paṭigaṇheyya.* Dhauli Sep. I, 23: *Ujje-
nite ... nikhāmayisati.* 24: *hemeva T(a)khasilāte pi.* Der oben
schon erwähnte satz *piṇḍāya paṭikkanto* aus Mahāp. 227 ist
keine ausnahme, sondern durch ellipse zu erklären.

Der gen. steht aber Dhauli Sep. II, 5 (u. Jaug.) bei
labh: sukhaṁm eva lahevu mama te no dukhaṁ. Dieser
ist wohl nur als, allerdings unlogischer, gen. poss. zu
erklären. Den gen. bei verben des empfangens notirt
indessen auch Speijer für das Skr.

Es scheint mir, dass auch der abl. bei *yāvat* „bis"
derselbe ist wie dieser abl. mit dem begriff des weg-

gehens von einem ort, indem hier von dem endpunkt
des gedachten raumes oder der gedachten zeit aus bis
zum standpunkt des redenden gerechnet wird. Von
yâvat kann man dann eigentlich nicht sagen, dass es
den abl. regiere, es steht nur pleonastisch dabei, um die
durchmessene strecke zu bezeichnen. Das passt aber
sehr gut zu dem gebrauch im sinne „von — an" bei
einem abl.: Delhi IV, 15: *ava ite* = von jetzt ab.
Diese auffassung erklärt überhaupt sehr oft auffällige
constructionen. — Pât. VII, 19: *yâva drârakosâ* = bis zum
thürgehäuse. Sutt. Pâr. I, 5, 9: *yâra Brahmalokâ*. Girnar IV, 9 u. V, 2: *âva savaṭakapá*. Dhauli IX, 10: *âra
tasa aṭhasa niphatiyâ*. Nun hat aber die Girnarversion
dazu *âra tasa aṭhasa nisṭânâya*. Man kann hier 2 erklärungen anwenden: entweder, dass *nisṭânâya* abl. ist
und diesem ein fem. *nisṭânâ* zu grunde liegt, was ja bei
dem vielfachen geschlechtswechsel in den Açoka-inschr.
nichts auffälliges haben würde, oder dass *nisṭânâya*, und
dann vielleicht auch *niphatiyâ*, wirklich dat. ist. Dann
ist wieder anzunehmen, dass derselbe nicht von *âra*
abhängig, sondern ein einfacher dat. des nutzens oder
zweckes ist, und dass *âra* absolut steht. So lässt sich
dann auch das in § 35 gegebene beispiel *yâva bheda-
nâya* erklären. — Ich fühle mich zu dieser erklärung ge-
drängt, da auch noch verschiedene andere casus bei
yâvat vorkommen, die unmöglich sich alle unter einen
hut bringen lassen; und Senart's ansicht von der
anarchie der casus bin ich nicht geneigt anzunehmen.
Es kam schon vor *yâva nibbânaṁ* (§ 22). Delhi VIII,
8: *âva dâsabhaṭakesu*. Hier rangirt der loc. mit den
vorhergehenden locativen in einer reihe und *âra* steht
absolut.

　　Ebenso ist Kh. IX, 25 und XI, 30 (und analog K.):
ava paṭivesiyená zu erklären. Der instr. steht genau
parallel mit den vorhergehenden und ist nicht von *ava*
abhängig. Es wird dann wahrscheinlich, dass auch die
lesart von Girnar XI, 3 *âra paṭivesiyehi* nicht den abl.
bietet, wie man sonst denken könnte, sondern den instr.,
der mit den vorhergehenden instrumentalen rangirt,
unabhängig von *âva*.

Der abl. der trennung liegt schliesslich auch bei
bahiddhá vor. MahÂp. 249: *ito bahiddhá.* Auch nach
zusammensetzungen mit *bahis.* Pât. I, s. 72: *hatthapâsato
bahikaraṇavasena.*

§ 54. Abl. bei verben des fürchtens und schützens.
Ich habe hier keinen beleg, während Liebich aus
dem Ait.-Br. eine ganze anzahl beibringt. Dagegen
habe ich einmal den genetiv notirt. Cullav. I, 1, 1:
má c'assa bháyittha. Da dieser auch im Skr. vorkommt (cfr. Speijer § 126c und Siecke, Kuhn's Beitr.
VIII, 399), so ist dies factum wohl zu beachten.
Den instr. bei *anuvij* erwähnte ich schon oben.

§ 55. Abl. bei *paráji* unterliegen nur aus Kaccâyana
belegt, auch im Ait.-Br. nicht.

§ 56. Abl. bei verben des fernhaltens, abwehrens.
Pât. IV, 8: *app eva náma naṁ imamhá brahmacariyá cávey-
yan ti.* Pât. III, 3: *yo .... manussaviggahaṁ jivitá voropeyya.*
VII, 61: *pánaṁ jivitá voropeyya.* Cullav. XII, 1, 3: *surámeraya-
pâná appaṭiviratá.* Über die scheinbare ausnahme, wo *viramati*
mit dat. construirt, s. § 35. Sutt. PÂr. I, 1, 8: *kâmásavápi
cittaṁ vimuccittha* (daneben auch der instr., s. oben).

§ 57. Der abl. bei *antaradháyati* nur durch Kuhn's Kaccâyanae specimen belegt. Für den abl. bei *niliyati* habe ich
kein beispiel.

§ 58. Der, von dem man etwas lernt, erfährt, steht im
abl. Hierher gehört wohl der umschreibende abl. *sammukhá*
in *sammukhá me taṁ bhante Bhagavato sutaṁ sammukhá pa-
ṭiggahîtaṁ.* Vgl. indessen die nachträge zu § 115a.

§ 59. Für den abl. des stoffes, aus dem etwas entsteht
oder gemacht wird, habe ich keinen beleg. Über den gen. des
stoffes s. die nachträge zu § 115a.

§ 60. Abl. des entstehungsortes. Ein beleg nur gegeben
durch Senart's Kaccâyana: *Himavantá pabhavanti pañca
mahánadiyo.* Auch Ait.-Br. bietet keine belege. Speijer
schliesst hier einen abl. als begrifflich verwandt an, den
er den des modelles oder musters nennt (§ 100).
Dieser existirt auch im Pâli. Mahâp. 248: *sakâya
paṭiññâya abbhaññaṁsu* = haben sie ihrer behauptung
gemäss die Dinge richtig erkannt? Dh. Sep. I, 21:

dhammate. Hierher gehört auch Girn. III, 6 (und analog in den anderen versionen): *parisâ pi yute âñapayisati .. hetuto ca vyaṁjanato ca.*

Mit Speijer (§ 101) füge ich hier ferner den abl. an, der ganz allgemein die seite bezeichnet, von der aus etwas geschieht, und an den dann anderseits wieder der schon besprochene abl. der ursache angrenzt. Mahâp. 63: *Pâṭaliputtassa ... tayo antarâyâ bhavissanti aggito vâ udakato vâ mithubhedâ vâ.* 63 und sonst: *sahatthâ santappesuṁ.* Ähnlich Sutt. Pâr. I, 4. Der so zu erklärende abl. *sahatthâ* wird überhaupt sehr gern in mancherlei verbindungen gebraucht, zum teil selbst da, wo man einen instr. erwarten sollte. Pât. VI, 16: *sahatthâ hâretabbâni.* VII, 41: *sahatthâ . . dadeyya.* VIII, 1: *sahatthâ paṭiggahetvâ khâdeyya.* Ebenso VIII, 3. Pât. IX, 55 steht dagegen der instr. *hatthena.*

Der abl. bezeichnet aber auch die seite, auf der etwas geschieht (cfr. Speijer, § 103). Mahâp. 50: *Bhagavato piṭṭhito* = hinter dem erhabenen stehend. Ebenso 64: *piṭṭhito piṭṭhito.* 257: *pâdato vivaritvâ Bhagavato pâde sirasâ vandi.* Pât. IX, 71: *pacchato gacchanto purato gacchantassa.* Dh. und Jaug. Sep. I (z. 3, resp. 2): *durâlate ca âlabhehaṁ* wohl — und fasse es beim richtigen mittel, mit dem richtigen mittel, an (oder auch vielleicht: am anfang, am rechten ende), während Senart sagt: und wünsche die (geeigneten) mittel dazu zu ergreifen, was keine präcise übersetzung ist.

Hieran fügt sich passend, ebenso wie bei Speijer (§ 104), der adverbiale ablativ. Mahâp. 252: *samanantarâ* unmittelbar darauf (vgl. aber § 15). Cull. I, 2: *asammukhâ kataṁ hoti, apaṭipucchâ* etc. Girn. VI, 5: *mukhato* — mündlich, persönlich. In den anderen versionen analog.

§ 60a. Die zusätze der comm. können wir übergehen, da sie unnütze specialisirungen von Pâṇ.'s regeln sind. Zudem ist *jigucchati* nicht mit abl. belegt, wie Kâç. fordert, sondern, wie oben dargelegt, mit instr. des grundes.

§ 61. Abl. bei worten, die eine himmelsgegend (oder richtung) bezeichnen. *pubba* und *uttara* mit abl. habe ich bis jetzt nur in späteren werken belegt gefunden, auch *uddhaṁ .*

oram nach Childers auch im Pât. mit abl. Für *arác, arrác*
und *parác* habe ich keine belege. — *para: param maraṇâ,*
z. b. Mahâp. 61.

In den Açoka-inschriften habe ich bei *para* den
instr. gefunden, worin ich nur eine analogie zu dem
instrumentalgebrauch beim compar. sehen kann, *para* hat
ja comparativ. sinn. Girn. V, 2 (und analog in den
anderen versionen): *param ca tena;* Kh. XIII, 4,5: *(pa)-*
lam câ tenâ amtiyogena. K. und Girn. analog. —
Im Ait.-Br. ist dieser abl. entschieden besser belegt.

§ 62. Richtungsadverbien mit dem abl.

a) Für die auf skr. -ac habe ich keine belege,

b) auch für *dakṣiṇâ* und *uttarâ* nicht,

c) auch für *dakṣiṇâhi* und *uttarâhi* nicht.

Auch im Ait.-Br. ist der abl. nur bei *prák* und *arrák*
belegt.

§ 63. Richtungsadverbien mit gen.:

a) Die auf *-tát* alle nicht belegt mit ausnahme von *heṭṭhâ*
(adhastát), nach Childers mit gen. und abl., aber nicht in
alten werken, *puratthâ,* und dieses nur bei Childers aus Ab.,
und ohne abl.

Dagegen *puratthimato (purastât + ima + tas)* Mahâp.
255: *puratthimato nagarassa;*

b) *dakkhiṇato.* Mahâp. 255: *dakkhiṇato nagarassa.* Dagegen im Ait.-Br. nicht mit gen. belegt; *uttarato* vac.; *parato:*
pâkârassa parato Pât. 112 (nach Childers), dagegen vac. im
Ait.-Br.; *orato* bei Childers, aber ohne angabe des abl., vac.
im Ait.-Br.

Es kommt aber ferner vor mit gen. *purato.* Mahâp. 237: *Bhagavato purato.* Ebenso 240. *puratthimato*
mit gen. s. unter a). *heṭṭhato (adharastât + tas)* mit gen.,
aber nur nach Mah. bei Childers. *pacchato* nach Childers (aber nur aus späteren werken) mit gen., ebenso
uttarato. Milp. s. 6, z. 14 ebenso *pâcinato* mit gen.:
Vejayantassa.

c) *upari* bei Cilders mit gen. und abl., aber nicht aus
älteren werken.

d) *uttarât, adharât, dakṣiṇât* vacc. ebenso in meinen texten
wie im Ait.-Br. *pacchâ* kann ich nur aus Girn. XIII, 1
(und Kh.) belegen, aber mit abl.: *tato pacchâ.* Nach

Childers mit gen. und abl., aber nur in späteren
werken.

e) Für *pure* habe ich kein beispiel, auch für *adho* nicht.
Childers giebt für beide den abl., aber aus späteren werken.
avas vac. Auch im Ait.-Br. nur *puras* einmal mit gen. belegt,
der in diesem falle aber nicht von einem abl. zu unterscheiden ist.

§ 64. Acc. bei den richtungsworten auf *-ena*. Mahâp.
245: *puratthimena, pacchimena, uttarena, dakkhiṇena*, aber ohne
ergänzung dabei. 254: *dakkhiṇena* absolut, als instr. des weges.
    orena aber mit acc. Pât. VII, 57: *oren' aḍḍhamâ-*
saṁ. Wenn daneben *orena channam vassânaṁ*, also
gen., auftritt, ebenfalls im Pât., so ist das vielleicht
ein gen. part. und *orena* ein selbstständiger zeitinstru-
mental.

Besser als meine belege sind auch die im Ait.-Br. nicht.
— Im ganzen ist die bestätigung für die richtungsworte im
Pâli eine weniger gute als im Ait.-Br., was aber die spätere
auffindung von belegen nicht unwahrscheinlich macht.

§ 64a. Die angaben der Kâç. über acc. oder gen. bei
denen auf *-ena* zu übergehen.

§ 65. Abl. nach *anya, itara, ṛte*. Was *anya* anbetrifft,
so habe ich nur belege für *anyatra*. Pât. III, 4: *aññatra adhi-*
mânâ; IV, 1: *aññatra supinantâ*; VI, 5: *aññatra pârivaṭṭakâ*.
Ebenso VII, 25. VI, 6: *aññatra samayâ*. VII, 85: *aññatra*
tathârûpâ accâyikâ karaṇîyâ.

Daneben kommt scheinbar der instr. bei *aññatra* vor, aber
nur scheinbar. In wirklichkeit ist er dann immer von *aññatra*
unabhängig. Pât. VII, 7: *aññatra viññunâ* ausser zusammen
mit einem manne, der es versteht. Girn. VI, 14 (und analog
die anderen versionen): *aṇata agena parâkramena*, nicht =
ausser grosser anstrengung, sondern = ausser durch grosse
anstrengung. Ebenso X, 4. Delhi I, 4: *aṁnata .. agena*
bhayenâ. Dies ist wieder ein beleg für das schon öfter erwähnte heraustreten von präpositionen etc. aus der construction.
Die auffassung von Bühler (zu Kh. X), der den instr. und
weiter sogar das absolutiv (als ursprüngl. instr.) von *aṇata*
direkt abhängig macht, halte ich für falsch. Zur stütze meiner
ansicht betreffs der in wirklichkeit selbstständigen construction
gewisser scheinbar von präpositionen oder präpositionell con-

struirten adverbien etc. abhängiger nominalcasus führe ich auch
einen satz aus Hübschmann's buch „Zur casuslehre" an.
S. 304 sagt er: „Und so erklärt es sich, warum in den alten
sprachen die präpositionen so häufig mit mehreren casus verbunden werden, warum sie den casus so wenig 'regieren'". —
Für *itara* und *r̥te* mit abl. habe ich keine belege.

§ 65a. Die zusätze der Kâç. zu übergehen. Ich habe
weder dafür noch dagegen belege.

§ 66. Abl. oder instr. bei *pr̥thak*, *vinâ* und *nânâ*. *puthu*
nach Childers nur in Clough's Gr. belegt, mit abl. *ariyehi*.
Ich selbst habe keinen beleg. *vinâ* habe ich mit instr. sowohl
als abl. nur bei Childers belegt gefunden. Für *nânâ* führt
Childers ein beispiel mit abl. aus Pât. XLII an: *etarahi bhante
bhikkhû nânâ nâmâ nânâ gottâ nânâ jaccâ nânâ kulâ pabbajitâ*
etc. — Cfr. auch die instrumentale (resp. abl.) bei *vinâbhâvo*
und *nânâbhâvo*, die ich in § 49a genannt habe. — So ist die
bestätigung hier immer noch besser als im Ait.-Br., wo gar
kein instr. oder abl. belegt ist.

§ 66a. Angabe der Kâç. zu übergehen.

§ 67. Instr. oder abl. von *stoka*, *alpa*, *kr̥cchra*, *katipaya*,
eigentlich zu anderen, weiteren kategorieen gehörend. *thokâ*
oder *thokena* nur nach Childers (Sen. Kaccây. 323). Auch
für *kicchâ* und -*ena* habe ich keine anderen belege als die,
welche Childers aus ähnlichen quellen giebt. *katipaya* vac. und
ebenso *appa* in diesem gebrauch. Sen. Kacc. s. 323 hat dafür
appamattaka. Auch im Ait.-Br. ist die bestätigung mangelhaft,
nur *kr̥cchra* steht da einmal im abl., und ich glaube, nicht
einmal mit dem in der regel gemeinten sinne.

§ 68. Worte in der bedeutung „fern" oder „nah" regieren
den abl. oder gen. Ich habe nur ein beispiel notirt. Sutt.
Pâr. I, 5, 1: *Vesâliyâ avidûre*. Da ist aber ungewiss, welcher
casus das ist. Childers hat den gen. und abl. bei *avidûre*,
aber aus späten werken. Ferner kommen die subst. *antikaṁ*
und *santikaṁ* in verschiedenen casus (je nach dem verbum) vor
zum umschreibenden ausdruck der person, zu der man geht,
bei der man ist, oder die man verlässt. Da steht der gen.,
ziemlich häufig. Einen abl. habe ich nicht notirt. Bei anderen
bezeichnungen der ferne und nähe habe ich weder gen. noch
abl. gefunden. — Die bestätigung im Ait.-Br. ist auch mangelhaft, nur der gen., und dieser nur zweimal.

§ 69. *ārāt* dagegen nur mit abl. Dieses nur einmal Dhamm. 45 (im vers) mit abl.: *ārā so āsavakkhayā.* Liebich hat auch nur einen beleg.

§ 70. Dafür, dass die worte in den bedeutungen „fern" und „nah" selbst im acc., instr., abl. oder loc. stehen können, kann ich bei der geringen anzahl der belege für § 68 ausser dem zu *antikaṁ* und *santikaṁ* bemerkten keine bestätigung erbringen. Auch Liebich hat fast gar keine belege.

5. Locativ.

§ 71 ist theoretisch erklärend.

§ 72. Der locativ bezeichnet die basis der handlung und tritt ein sowohl auf die frage „wo?" als „wohin?".

1) Auf die frage „wo?"

a) räumlich. So gewöhnlich, dass keine beispiele nötig sind. Hierher gehört auch der loc. eines personennamens zur bezeichnung des aufenthalts in dem hause dieser person. Mahāp. 57: *Ambalaṭṭhikāyaṁ.* 58: *Nālandāyaṁ.*

b) zeitlich. Mahāp. 73: *yasmiṁ .. samaye .. viharati .. tasmiṁ samaye.* 78: *tāyaṁ velāyaṁ.* Girn. VI, 3: *save kāle,* parallel dem vorhergehenden *sava (kā)la* für *savaṁ kālaṁ,* das die anderen versionen beide male haben. Delhi V, 11: *tisu cātummāsisu.* Dh. Sep. I, 18: *khanasi khanasi.* Analog Sep. ed. II, 10.

c) in übertragenem sinne und in geistiger beziehung. Girn. IV, 9: *dhaṁmamhi silamhi tiṣṭaṁto.* Ebenda 10/11: *imamhi athaṁhi (va)dhi ca ahini ca.* Der loc. ist hier gar nicht auffällig und zeugt nicht für anarchie der casus, wie Senart meint. VI, 6/7: *mahāmātesu āropitaṁ.*

Hier ist auch der loc. bei verben des vertrauens anzuführen. Jaug. Sep. II, 6: *asvaseyu ca me.* Allerdings hat Senart einen solchen loc. *me* nicht angesetzt, und an unserer stelle kann man diese form schliesslich auch als gen. auffassen, entsprechend dem gen. des Skr., z. b. bei *viçvas.* Ich sehe aber denselben loc. *me* (für *mayi,* eine contraction, die verschiedene analogieen in der sprache der Açoka-inschriften aufzuweisen hat) auch in Delhi VIII, 2: *etam eva me anuvekhamāne.* Meiner meinung nach muss das ein loc. absol. sein, wenn man nicht durch conjectur *anuvekhamāne* in *-mānena* ändern will. Beide beispiele stützen sich gegenseitig. Senart übersetzt das zweite: C'est dans cette unique préoccupation que j'ai élevé des colonnes, sagt aber nicht, wie er sich die construction denkt.

Die locative bei ableitungen von *prasad* „glauben an“ gehören auch hierher. **Mahâp.** 58: *evaṁpasanno ahaṁ bhante Bhagavati.* 68: *Buddhe aveccappasâdena samannâgato hoti.* 234: *Âḍâre kâlâme uḍâraṁ pasâdaṁ pavedetvâ.* 242: *Tathâgate abhippasannâ.* **Girn.** XII, 8 (und analog Kh.): *ye ca tatra tata prasaṁnâ.* Kh. XIII, 39: *ekatalas(i)pi pâsa(ḍa)si no nâma pasâde.* Analog. **Girn.** Bhabra 2: *budhasi dhaṁmasi saṁghasiti galave caṁ pasâde ca.*

Wenn dagegen **Mahâp.** 250 im verse bei *pasanno* der gen. steht: *cakkhumato pasanno* = glaubend an Buddha, so ist dieser gebrauch analog dem von **Speijer** § 131 angeführten, dass *prasad, viçvas, çraddhâ* etc. auch mit gen. construirt wird.

2) Auf die frage „wohin?“. **Mahâp.** 245: *Kusinârâyaṁ pavisitvâ.* Ebenda *Kusinârâyaṁ pâvisi.* **Pât.** VI, 10: *tattha sâmaṁ vâ gantabbaṁ dûto vâ pâhetabbo.* IX, 42: *na bhuñjamâno sabbaṁ hatthaṁ mukhe pakkhipissâmi.* **Sutt. Pâr.** I, 2, 2: *ye .. pâṇâ te tattha saṁkâmessâmi.* I, 5, 2: *bhûmiyâ nipajji.* I, 9, 3: *bhikkhussa santike ânetvâ.*

§ 73. Diese basis der handlung tritt nicht in den loc., sondern in den acc. bei den 8 verben *adhiçi* etc. *adhiçi:* **Dhamm.** 8 (im verse): *paṭhaviṁ adhisessati.* — *adhiṣṭhâ:* **Mahâp.** 73: *jîvitasaṅkhâraṁ adhiṭṭhâya.* Mehrere weitere belege siehe bei **Childers.** — *adhyâs* vac. — Für den acc. bei *abhiniviç* habe ich keine belege. – Bei *upavas* kommt zwar **Dhamm.** 404 im vers ein acc. vor, der ist aber acc. des inneren objects: *uposathaṁ upavasanti.* — *anuvas* und *adhivas* nur aus der gramm. belegt. Bei *âvas* ist der acc. belegt, aber nur aus späteren werken (s. **Childers**).

Auch bei *adhyâvas* acc.: **Sutt. Pâr.** I, 5, 1: *agâraṁ ajjhâvasatâ* von einem, der sein haus bewohnt

So gut wie im Ait.-Br. ist also die bestätigung immerhin noch.

§ 73a. Die unnötige bemerkung von **Kâtyâyana** übergehe ich.

§ 74. Die zeitbezeichnung mittelst der mondstationen steht sowohl im loc. als instr. Hierfür fehlen beispiele aus dem

Ait.-Br. In den Açoka-inschriften haben wir aber für den instr. einige recht hübsche. Dh. Sep. I, 17: *tisanakhatena*, II, 10: *tisena nakhatena*. Jaug. Sep. II, 15: *tisena*. Die richtige auffassung dieser instrumentale hat schon Bühler gegen Senart vertreten. Über *tisena* in verbindung mit *antalā* habe ich in § 22 gehandelt.

§ 75. Loc. absolutus. Derselbe stellt im Pâli nicht allein das rein zeitliche und, in übereinstimmung mit dem in § 75ᵃ gegebenen zusatz Kâtyâyana's, das adversative satzverhältnis dar, sondern auch z. b. das causale etc. Für das letztere hatten wir ein beispiel in § 72, wenn ich *me anuvekhamāne* da richtig gefasst habe. Im zeitlichen sinne kommt dieser loc. sehr oft vor und ist in dem falle nur eine abart desjenigen loc., der die zeitliche basis der handlung ausdrückt. Die brücke zwischen beiden bilden fälle wie Jaug. Sep. II, 16: *khane saṁtaṁ* (für *saṁte*), wo Dhauli *khaṇasi khaṇasi* hat. Ich führe nur noch einige beispiele für den loc. absol. an. Mahâp. 52: *evaṁ vutte;* 62: *acirapakkantesu Piṭaligāmiyesu upāsakesu.* Pât. VII, 72: *pâtimokkhe uddissamāne.* Girn. XIII, 1 (und analog Kh.): *ladhesu Kaliṅgesu.*

§ 76. Zur bezeichnung eines concessiven verhältnisses dient sowohl loc. absol. als gen. absol. Loc. z. b. Sutt. Pâr. I, 5, 10: *virāgāya dhaṁme desite.* Gen. absol.: Dhamm. 80: *tassu viravantass' eva Satthu santikaṁ gantvâ* — obgleich jener weinte. Dieses beispiel giebt übrigens schon Pischel, K. Z. XXIII, s. 426. Ferner gehört hierher wohl aus Girn. VI, 3: *bhuṁjamānasa me* — selbst wenn ich esse. Das sind die ganzen belege, die ich notirt habe. Aber auch Liebich hat aus dem Ait.-Br. nur ein sicheres beispiel, und nach Speijer, § 369 Rem. 2 ist der gen. abs. wahrscheinlich überhaupt in der alten sprache sehr selten. — Einen fall derartig abweichenden gebrauchs, dass der gen. etwas anderes bezeichnete als den *anādara*, habe ich bisher in meinen texten nicht gefunden. Die von Pischel a. a. o. gegebenen beispiele dafür sind wohl aus zu späten werken, um etwas zu beweisen. — Hier möchte ich eine bemerkung gegen de Saussure einflechten. Auf s. 27 f. seiner schrift „Génitif absolu" behauptet er, dass die regel Pâṇini's über den absoluten gen. zu exclusiv sei, weil die von ihm (Saussure) gesammelten beispiele auch andere bedeutung als die des *anādara* erwiesen. Dass Pâṇini sich geirrt hat, ist sehr wohl möglich, aber es muss immer wieder hervorgehoben werden, dass er sich mit beispielen aus dem Râmâyaṇa, Kathâs. etc. nicht kritisiren lässt. Man wähle für diesen zweck werke, von denen ein höheres alter als das Pâṇ.'s sicher oder wenigstens sehr wahrscheinlich ist.

§ 77. Im loc. oder gen. steht das ganze, von dem ein teil abgesondert wird. Gen. z. b. Mahâp. 250: *aññataro kho pan' âyasmâ Subhaddo arahataṁ ahosi.* Sutt. Pâr. I, 1, 4: *nesaṁ jeṭṭho hoti;* u. a. Dies ist der gen. part. Der loc. ist dagegen derjenige der basis. Er kommt ebenfalls oft genug vor. In Dh. V steht er dem gen. der übrigen versionen gegenüber: *yonakambocagamdhâlesu luṭhikapitenikesu.*

§ 78. Der abl. steht in der comparation. Besonders beim comparativ. Pât. III, 3: *mataṁ te jivitâ seyyo.* VI, 3 und 7: *tato ce uttariṁ nikkhipeyya* (resp. *sâdiyeyya*). Pât. VII, 5 scheint *uttariṁ* aber mit acc. verbunden zu sein: *yo .. uttariṁ diruttatiruttaṁ sahaseyyaṁ kappeyya.* Da ist der acc. der zeitdauer von einfluss gewesen und hat die confusion der construction veranlasst, *uttariṁ* wurde zu einem im geiste schon fertigen acc. gestellt, und so kann man nicht sagen, dass es hier den acc. regiere. Ebenso steht es VII, 7 ausserhalb der construction: *yo .. uttariṁ chappañcavârâhi dhammaṁ deseyya.* — Cull. I, 5: *tato vâ pâpiṭṭhatarâ.* Kh. XIII, 36 (und analog K.): *tal(o) galumatatal(aṁ).* Girn. VI, 10/11: *nâsti hi kammataraṁ sarvalokahitatpâ.* Dazu passt sehr gut der instr. in den anderen versionen, der ebenfalls instr. der vergleichung ist (cfr. oben, § 50). — Aber auch bei *paṭhama*, das doch superlativischen sinn hat, kommt dieser abl. vor. Pât. I: *saṅghasannipâtato paṭhamaṁ.* Ebenda: *pâtimokkhuddesato paṭhamaṁ.* Vgl. hierzu Delbrück, Ablativ, localis, instrumentalis etc. s. 21 und Hübschmann, Zur casuslehre s. 235 (beispiel aus dem Avesta).

§ 79. Loc. oder gen. bei *svâmin* etc. Für *sâmi, issaro, adhipati, paṭibhû* und *pasâto* habe ich keine belege dieser casus. *dâyâda: goṇânaṁ dâyâdo,* aber nur nach Sen. Kacc. 345. Für *sakkhi* habe ich keinen beleg aus einem alten werke. — Auch im Ait.-Br. sind die bestätigungen äusserst mangelhaft. Der loc. ist überhaupt nicht vorhanden und der gen. nur bei *adhipati* und *içvara.*

§ 80. Loc. oder gen. bei *âyukta* „beschäftigt mit" und

kuçala „geschickt in etwas“. Für *âyuto* habe ich keinen beleg. Denn die gleichsetzung Senart's von *âyato*, das öfter in den Açoka-inschriften vorkommt, mit *âyuto* ist zu unsicher, und Bühler (zu Dh. Sep. I, 4) widerspricht ihr, indem er in *âyato* die bedeutung „als herrscher wohnend bei“ sieht. Zu vergleichen ist aber der analoge gebrauch von *viyâpaṭa*. Delhi VIII, 4: *bahuvidhesu aṭhesu ânugahikesu viyâpoṭâ*, und noch eine ganze anzahl von gleichen fällen in diesem edict. Ebenso Girn. V, 4 (und analog in den anderen versionen): *te savapxi-saṃnḍesu vyâpatâ .. bhatamayesu* etc. — Für *kuçala* mit gen. oder loc. habe ich kein beispiel. Childers giebt zwar den gen. bei *kusala* an, aber nur aus Clough's gramm., und den loc., aber nur aus Sen. Kacc. Auch im Ait.-Br. für gen. oder loc. bei *âyukta* und *kuçala* keine belege.

Es ist jedoch der analoge loc. von worten, die eine kunst oder wissenschaft bedeuten, in seiner viel weiteren anwendung zu notiren, in welchem auch der von Kâtyâyana (Liebich § 82a) gelehrte loc. bei adjectiven auf *-in*, welche vom part. perf. pass. abgeleitet sind, enthalten ist. Speijer lehrt § 142 diesen weiteren gebrauch, betont aber vielleicht zu sehr die nomina, von denen er abhängt, gegenüber den verben (vgl. aber noch seinen § 47). Auch bei letzteren findet sich dieser loc. im Pâli ziemlich oft. Bei *sikkhati*. Cull. I, 13, 2: *hatthismiṁ, assasmiṁ, rathasmiṁ, dhanusmiṁ, tharusmiṁ* Denn diese locative können nicht einfach als solche der örtlichen basis gefasst werden, sondern bezeichnen in übertragener weise (wovon ich später einmal in einem besonderen artikel handeln werde) die kunst, mit den betreffenden thieren oder gegenständen umzugehen. Pât· VII, 71: *na .. etasmiṁ sikkhâpade sikkhissâmi*. Pât. am ende: *taltha sabbeh' eva .. sikkhitabbaṁ*. Sutt. Pâr. I, 8, 1: *tasmiṁ sikkhati*. Mahâp. s. 52: *.. dhammesu Vajji sandissanti*.

§ 81. Bei *sâdhu* und *nipuṇa* loc. oder *prati* mit acc. Ich habe für diese worte gerade keine belege. Aber es ist hervorzuheben, dass der loc. in der bedeutung „gegen“, „gegenüber“ eine ganz allgemeine erscheinung ist, die sich gar nicht auf jene beiden genannten worte beschränkt. So Cull. I, 18, 2: *anapekkho virattarûpo muyi.* Mahâp. 51 u. 52: *arahantesu .. rakkhâvaraṇa-gutti.* 56: *mettaṁ kâyakammaṁ paccupaṭṭhâpessanti sa-brahmacârisu.* 241: *kathaṁ mayaṁ bhante mâtugâme paṭipajjâma* und *Tathâgatassa sarire paṭipajjâma.* 250: *kaṅkhâ vâ vimati vâ Buddhe vâ dhamme vâ.* Girn. III, 4: *mâtari ca pitari ca s(u)súsâ.* Ebenso IV, 6/7 und XI, 2 und analog Delhi VIII, 8, Girn. XIII, 3 (und Kap.). Girn. IV, 1: *ñâtisu asampratipati.* Analog Dh. — Girn. IX, 4 und XI, 2: *dâsabhatakamhi samyapra-tipati.* IX, 5 (und analog in Jaug.): *pâṇesu saṁyamo.* Delhi II, 13: *dupadacatupadesu pakhivâlicalesu vividhe me anugahe kaṭe.* Delhi VIII, 8: *bâbhanasamanesu ka-panavalâkesu âra dâsabhatakesu saṁpaṭipatiyâ.* So sogar Dh. und Jaug. Sep. I (3/4, resp. 2): *tuphesu anusathi.* Dh. Sep. I, 6: *(sava)munisesu pi ichâmi hakaṁ.* Dh. Sep. II, 4 (und Jaug. Sep. II, 5): *kiṁchaṁde su lâjâ aphesu. — icha mama aṁtesu.* Dh. und Jaug. III: *jivesu anâlaṁbhe,* wo Girn. den gen. obj. hat: *prâṇâ-naṁ .. anârambho,* der natürlich auch berechtigt ist und öfter neben dem loc. vorkommt, wofür noch beispiele folgen. Dh. IV, 12: *samanabaṁbhan(e)su asaṁpaṭipati.* In Girn. entspricht gen. Girn. XIII, 3: *mitasaṁst(u)-tasahâyañâtikesu* (sc. *susuṁsâ*). Analog Kap. Kh. XIII, 37: — *bha(ti)k(e)s(u) (s)am(y)âpaṭipati.* Kap. dagegen gen. Der gen. auch Girn. IV, 2: *bâṁhaṇasramaṇânaṁ asaṁ-pratipati;* Delhi VIII, 8: *vayomahalakânaṁ anupaṭipa-tiyâ.* Zugleich gen. und loc. Dh. Sep. II, 4 (u. Jaug.): *aṁtânaṁ avijitânaṁ kiṁchaṁd(e) su lâj(â) aphesu.*

Beispiele für *prati* mit acc. habe ich nicht. Ait.-Br. bietet nach Liebich keine bestätigung für § 81.

Für § 81a (regel Patañjali's) habe ich keine belege.

§ 82. Für loc. oder instr. bei *prasita* und *utsuka* habe ich kein beispiel. Auch Liebich nicht.

§ 82a. Betreffs des loc. bei adj. auf *-in,* die vom part. perf. pass. abgeleitet sind (Vârttika) s. § 80 oben.

Der ebenfalls in diesem paragraphen nach einem Vârttika, aber unter gewissen beschränkungen, gelehrte loc. des zweckes, für den Liebich aus dem Ait.-Br. kein beispiel erbringt, ist im Pâli verhältnismässig häufig. Er kommt indessen auch in den Brâhmaṇa's vor. S.

Delbrück, Altindische syntax, s. 119. Vielleicht ist auch hierherzuziehen, was Hübschmann auf s. 253 seiner casuslehre zweifelnd über den finalen loc. im Avesta vermerkt. Ich glaube mich selbst aus meiner Avesta-lectüre eines loc. in einem yasna zu erinnern, der nicht gut anders denn als loc. des zweckes zu fassen war. Vielleicht sollte man also auch bei Pâṇ. seine erwähnung erwarten. — Ich habe folgende beispiele. Mahâp. 242: *sadatthe ghaṭatha*. Pât. VI, 8: *tatra ce so bhikkhu .. civare vikappaṁ âpajjeyya.* Hier lässt sich aber *sadatthe* und *civare* schliesslich auch als einfaches *adhikaraṇa* fassen. Das hängt aber wohl nur damit zusammen, dass eben diese beiden arten des loc. dicht an einander grenzen. Die deutsche übersetzung „auf grund von" dürfte vielleicht die in einander überfliessenden bedeutungen am besten veranschaulichen. — Pât. VI, 27 ebenfalls *civare*. Dh. Sep. II, 6: *etasi aṭhasi hakaṁ anusâsâmi tuphe.* In Jaug. entspricht der dat. des zweckes: *etâye ca aṭhâye.* Umgekehrt Jaug. Sep. II, 12: *etasi athasi* — zur erreichung dieses zweckes, wo Dh. Sep. II, 8 *etâye athâye* giebt. — *tasi aṭhasi* in Dh. VI, 30 und Jaug. gegenüber dem dat. der anderen versionen veranlasst Senart wieder, über die confusion der casus zu sprechen. Man sieht indessen, dass der loc. nichts ungewöhnliches ist. Loc. des zweckes liegt meiner meinung nach, abweichend von Senart's auffassung, auch vor Girn. IX, 2: *etamhi ca aññamhi ca,* gegenüber dem dat. des zweckes in den anderen versionen. Doch kann man auch annehmen, dass hier der loc. seinen gewöhnlichen sinn hat und dass der dat. der anderen edicte einfach einen etwas variirten gedanken giebt.

Wenn man diesen loc. in dem weiten sinne fasst (wie es Speijer § 147 zu thun scheint), dass er nicht allein den zweck, sondern auch den grund oder dasjenige bezeichnet, worauf sich etwas bezieht, so gehören hierher wohl auch folgende fälle. Mahâp. 73: *mayi paccâsiṁsati* = was soll die gemeinde von mir verlangen? Delhi VI, 7: *hemevâ savanikâyesu paṭivekhâmi* — in diesem sinne wache ich über alle beamtencollegien. Möglicher-

weise sind aber diese letzten locative passender zu rubri-
ciren. Ich stelle sie hierher, weil ich sie nicht besser
unterzubringen weiss. —

Ein adverbialer loc. liegt vor in Girn. III, 6: *âna-
puyisati gananâyaṁ*, wenn Senart's auffassung (= avec
plus de détail) hier richtig ist, während nach Burnoufs
interpretation = „wird unterrichten in der reihe der
tugenden" dieser loc. unter die in § 80 behandelten
fallen würde.

Auf §§ 84—85, die nur theoretische erklärungen des nominativ enthalten, brauchen wir nicht einzugehen. Der nom.
absol., den Senart in den Açoka-inschriften des öfteren zu
finden glaubt, und mit ihm Bühler, scheint mir noch nicht
recht erwiesen. Vgl. darüber meine verschiedenen in diesem
artikel verstreuten bemerkungen.

7. Genitiv.

§§ 86 und 87. Theoretische angaben über den gen., zu
übergehen.

§ 88. Für den gen. bei den verbon des gedenkens habe
ich nur einen beleg aus Dhamm. 57 (im verse): *sumarati
nâyakanassa kuñjaro*. Sonst wird *smr* ebenso wohl wie *anusmr*
im Pâli gewöhnlich mit acc. verbunden. S. §§ 5—7. Das mit
präpos. verbundene *smr* regiert auch in den Brâhmaṇa's gewöhnlich den acc. S. Delbrück, Altindische syntax, s. 159, 3.
Die pâṇineischen commentatoren haben also sehr recht, wenn
sie durch ergänzung von *çeṣe* aus Pâṇ. 2, 3, 50 auch dem
acc. einen platz neben dem gen. wahren. Ob Pâṇ.
auch die absicht der ergänzung gehabt hat, muss dahin gestellt
bleiben.

Für den gen. bei *day* und *iç* habe ich kein beispiel, denn
das *telassa dayati* bei Childers gehört Clough's Gramm. an.

§ 89. Gen. bei *kr*, wenn der begriff der sorge, bemühung
um damit verbunden ist. Das eine beispiel von *upakr* mit gen.,
das ich beibringen kann, entspricht zwar nicht der auffassung
der Kâçikâ. Ich führe es aber trotzdem für alle fälle hier
an. Girn. XII, 4: *parapâsaṁdasa ca upakaroti*. Auch das
verbum mit entgegengesetzter bedeutung, *apakr*, wird ebenda,
z. 5, mit gen. verbunden: *parapâsaṁḍasa ca pi apakaroti*. Die

version von Kh. aber hat in beiden fällen den acc. Im Ait.-
Br. vac. *kṛ* mit *upa*.

§ 90. Für gen. bei verben in der bedeutung von *ruj*,
wenn dieses einen zustand bezeichnet, habe ich ebensowenig
ein beispiel wie Liebich.

§ 91. Für *jvar*, das dagegen mit acc. construirt werden
soll, habe ich keinen beleg, auch Liebich nicht.

§ 91a. Nach Patañjali auch *saṁtap* mit acc. Ich habe
kein beispiel, auch Liebich nicht.

§ 92. *nâth* = wünschen, verlangen, mit gen. vac., auch
im Ait.-Br.

§ 93. Für den gen. des objects bei *jas* X., *nihan*, *prahan*,
naṭ X., *krath* X., *piṣ*, wenn diese den begriff des verletzens,
schädigens enthalten, habe ich keinen beleg. Auch Liebich
hat keinen.

§ 94. Gen. bei *vyavahṛ*, *paṇ* und *div*, wenn sie „handel
treiben" oder „spielen" bedeuten, vac. Auch im Ait.-Br.

§ 95. Für gen. oder acc. bei *div*, wenn es mit präfixen
versehen ist, fehlen belege, auch im Ait.-Br.

§ 96. Im Brâhmaṇa soll bei *div* nur der acc. stehen.
Vgl. Delbrück, Altindische syntax, s. 134. Aus dem Pâli
habe ich kein analogon, was, wenn Pânini recht hat, ja auch
nicht zu erwarten ist.

§ 97. Für *preṣyati* und *braviti* (oder *anubravîti*) mit gen.
des objects, wenn von einer opfergabe die rede ist, habe ich
kein beispiel, während Liebich für *anubravîti* in der that ein
solches aus dem Ait.-Br. beibringt.

§ 97a. Angabe des Kâtyâyana, zu übergehen. Auch
kein beleg dafür vorhanden. Ait.-Br. bietet auch keinen.

Liebich führt dann eine anzahl genitivi partitivi aus
dem Ait.-Br. an, die Pâṇ. und seine schule nicht erwähnt.
Vielleicht wären diese zur kritik Pânini's zu verwerten, wenn
man wüsste, was Pâṇ. alles in dem begriff *çeṣa*, zu dessen ausdruck er den gen. lehrt (2, 3, 50), einbegriffen wissen will.

§ 98. Im Pâli steht viel durchgehender die genetivform
im sinne des dat. als in den vedischen schriften, auf welche
Pâṇ. diesen gebrauch beschränkt.

§ 98a. Bemerkung Kâtyâyana's, zu übergehen, im Pâli
auch ohne beleg.

§ 99. *jñâ* mit gen. des *karaṇa* vac. ebenso wie im Ait.-Br.

§ 100. Für den gen. des opfers bei *yuj*, den Pâṇ. als vedisch lehrt, habe ich kein beispiel.

§ 101. Für den genitiv der zeitangabe nach multiplicativzahlen habe ich vorläufig keinen beleg.

Dagegen kommt im Pâli der gen. der zeit ohne multiplicativzahlen vor. Cull. XII, 2, 4: *kâlassa* zur rechten, passenden zeit. Mahâp. 250: *na cirassa* nach kurzer zeit. Ebenso Sutt. Pâr. I, 5, 9. Dieser gen. ist vielleicht anderer art als der von Pâṇ. bei multiplicativzahlen gelehrte, welcher gen. part. sein kann. Jener reine zeitgenitiv kommt auch im Skr. vor. Cf. Speijer, § 128. Da derselbe sich auch im Veda und weiterhin im Avesta (Hübschmann, Zur casuslehre, s. 279), im Griechischen und Deutschen findet, so scheint er auch gemeingut aller arischen dialekte gewesen zu sein, und die nichterwähnung desselben seitens Pâṇini's ist vielleicht eine unterlassungssünde. (Vgl. jedoch § 97a.)

§ 102. Für den genitivus subjectivus und objectivus bedarf es keiner belege. Eine anzahl der letzteren art habe ich schon in § 81 aufgeführt.

§ 103. Für den instr. des agens neben dem gen. des objects habe ich nur ein beispiel aus Dh. Sep. I, 15: *vipaṭipâdaya-minehi etaṃ nathi svaga(s)a âladhi* — diejenigen, welche diesen meinen befehl nicht richtig ausführen, gewinnen nicht das himmelreich. Diese übereinstimmung des gebrauchs mit der regel Pâṇini's macht Bühler's erklärung, dass *vipaṭipâdaya-minehi* ein dat. plur. sei, hinfällig. In Jaug. entspricht ganz correct der gen. plur., weil dort nicht gleichzeitig das object im gen. steht, sondern das erste glied des compos. *svagaâladhi* bildet.

§ 103a. Angabe Kâtyâyana's, zu übergehen, überdies ohne beleg.

§ 104. Für den verpönten gen. objectivus oder subjectivus bei participien im allgemeinen habe ich auch im Pâli kein beispiel gefunden.

§ 105. a) Die participien auf -*ta*, welche präsentischen sinn haben, werden aber mit gen. des agens verbunden. Nach Pâṇ. 3, 2, 187 und 188 hat nur das part. auf -*ta* von verbalwurzeln mit dem *anubandha* ñi und dasjenige von verben des achtens, kennens und ehrens präsentischen sinn.

Folgendes sind belege aus dem Pâli. Mahâp. 248: *ye
'me .. samaṇabrâhmaṇâ .. sâdhusammatâ ca bahujanassa.* Vielleicht gehört hierher auch in Girn. I, 6/7: *samâjâ sâdhumatâ
devânaṁ priyasa priyadasino râño.* Kh. XIII, 36 (und analog
K.): *vedaniyamate gal(u)mate câ devânaṁ piyasâ.* Ebenda:
galumatutal(aṁ) devânaṁ piyasâ. 38: *gal(um)ate câ devânaṁ
piyasâ* (analog K.). 39 ebenso. Bhabra 2: *vidite ve bhaṁte.*
In Delhi VI, 7: *savapâsaṁḍâ pi me pûjitâ* kann *me* sowohl
instr. als gen. sein.

Es finden sich aber im Pâli viele fälle, wo auch
andere participia auf *-ta* mit dem gen. verbunden sind.
Mahâp. 71: *yesaṁ .. bhikkhûnaṁ devâ Tâvatiṁsâ adiṭ-
ṭhâ.* 75: *yassa kassaci .. cattâro iddhipâdâ bhâvitâ ba-
hulikatâ* etc. 223: *tuyh' ev' etaṁ dukkataṁ tuyh' ev'
etaṁ aparaddhaṁ.* 229: *imassa ca bhikkhuno duggahî-
taṁ, suggahitaṁ.* 232: *yassa taṁ paribhuttaṁ sammâ-
pariṇâmaṁ gaccheyya aññatra Tathâgatassa.* 238: *tassa
te dulladdhaṁ.* Pât. VI, 8: *... gahapatissa vâ gahapa-
tiniyâ vâ civaracetâpannam upakkhaṭaṁ hoti.* Sutt.
Pâr. I, 4: *âciṇṇaṁ kho pan' etaṁ .. Tathâgatânaṁ.*
Vielleicht Delhi IV, 12: *mamâ lajûkâ kâṭâ.* Girn.
II, 4: *sarvatra devânaṁ priyasa priyadasino râño dve
cikicâ katâ,* während Jaug. und Dh. (letzteres wenigstens nach Bühler's lesung) den instr. haben. Dh.
IV, 19: *duvâlasavasâni abhisitasa devânaṁ piyasa piya-
dasine lâjine (iyaṁ lipi) likhit(â).* Kh. XIII, 35: *aṭha-
vasâbhisitasâ devânaṁ piyasa .. kaligyâ vijitâ.* K. I:
ay(uṁ) dhramadipi devana priasa raño likhapitu. So
ist wohl auch zu erklären Delhi VIII, 10: *hevaṁ hi
anupaṭipajaṁtaṁ hidatapalate âladha hoti.* Wenn man
da *anupaṭipajaṁtaṁ,* das Senart entweder als acc. abs.
oder als nom. abs. anzusehen geneigt ist, als gen. plur.
auffasst, so ist alle schwierigkeit gehoben: diejenigen,
die in dieser weise ihren wandel einrichten, haben das
heil in dieser und jener welt (dvandva sing.) erreicht.
Eine bestätigung dafür, dass diese form auf *-aṁtaṁ*
wirklich gen. plur. sein kann, erhalten wir durch Jaug.
Sep. I, 8, wo sich die form *vipaṭipâtayaṁtaṁ* vorfindet
(construirt mit *no sragaâladhi* etc.). Dass diese form
gar nichts anderes sein kann als der gen. plur., beweist

der in der Dhauli-recension entsprechende instr. plur.
Beide casus sind nach dem in § 103 besprochenen gebrauch durchaus correkt. Senart seinerseits sieht auch
hier wieder einen absoluten acc. — Ebenso möchte ich
dann weiter K. XI erklären: *so tatha karamitaṁ ihaloka
ca aradhiti* (nach Bühler *ialoka(ṁ) ca aradheti*). Hier
sind aber die lesungen der verschiedenen versionen zu
unsicher, als dass ich durchaus auf meiner auffassung
bestände. Ich lege sie nur dar für den fall, dass eine
spätere correctur der lesungen sie stützen sollte. Sie
fügt sich sowohl zu der substantivischen erklärung von
aradha wie zu der als part. perf. pass. (Pâli *âraddho*).
Wie die stelle im einzelnen zu lesen ist, mag ich nicht
entscheiden. Die notwendigkeit gewisser änderungen besteht ebensowohl bei Senart's und Bühler's auffassung
wie bei der meinigen. Die gleiche erklärung ist dann
in Kh. möglich, und selbst in Girn., falls es nämlich
dort gestattet sein sollte, die fragliche form *ka.u*, welche
Senart und Bühler als *karu* lesen, als *katu* aufzufassen,
worüber ich mir kein urteil erlauben kann. Die zeichen
von *ra* und *ta* sind nicht so verschieden, dass nicht eine
verstümmelung des unteren teiles von *ta* dasselbe dem
ra ähnlich machen könnte. *katu* aber könnte man als
gen. sing. des nomen agentis, das skr. *kartṛ* entspricht,
auffassen. —

So weicht das Pâli von der regel Pâṇini's über
die participia auf -*ta* ab. Aber auch das eine beispiel
Liebich's aus Ait.-Br. II, 3, 12 bezeichnet eine solche
abweichung, denn *varavṛto* ist keins von den participien,
die von Pâṇ. in präsentischem sinne gelehrt werden, und
es hat auch an der stelle gar nicht präsentischen sinn.
Wir haben so einfach festzustellen, dass Pâṇini's regel
enger umschrieben ist, als die thatsachen des Ait.-Br.
sowohl als des Pâli erlauben würden, dass er also
vom gebrauch des Ait.-Br. wiederum abweicht,
und dass er vielleicht von neuem einer unge-
nauigkeit zu zeihen ist, da verschiedene dialekte
gemeinsam aufweisen, was er nicht hat. S. auch Delbrück, Altindische syntax s. 153, und für den gleichen
genitivgebrauch im Avesta Hübschmann, Zur casus-

lehre s. 270, und im Altpersischen ebenda s. 299 (ebenfalls ohne beschränkung auf gewisse participia des perf.
pass.).

β) Auch die participia auf -ta werden mit gen. des agens
verbunden, die ein adhikaraṇa bezeichnen (cf. Pâṇ. 3, 4, 76:
ta, das an wurzeln in der bedeutung von „verharren am platze",
„gehen" und „zu sich nehmen" gefügt wird, bezeichnet auch
den ort der handlung). Ein beispiel aus dem Pâli habe ich
nicht notirt.

§ 105a. Zusatz der Kâç., zu übergehen, auch ohne beleg.

§ 106. Die absolutive und infinitive werden nicht mit gen.,
sondern mit dem casus des verbs construirt. Belege hierfür
sind bei der häufigkeit der fälle nicht nötig. Hervorzuheben
ist nur, was schon oben erwähnt, dass selbst einige infinitivisch
gebrauchte dativformen mit dem casus des verbums construirt
erscheinen, so darçanâya, yâcanâya. Ebenso im Ṛgv. inf. auf
-âya: yajathâya, s. Delbrück, K. Z. XVIII, 82.

§ 106a. Angabe der Kâç., zu übergehen, auch schon deshalb, weil die infinitive auf -tos und -as im Pâli gar nicht
vorkommen.

§ 107. Für desiderativbildungen auf -u mit verbalcon-
struction habe ich kein beispiel.

§ 108. Für die vedischen verbaladjective auf -i, wie jagmi,
mit verbaler construction fehlen mir ebenfalls belege. Auch
das Ait.-Br. hat diese bildungen nicht mehr.

§ 109. Auch für die verbale construction der adj. auf
-uka habe ich kein beispiel.

§ 109a. Angabe der Kâç. über kâmuka zu übergehen,
ohne beleg.

§ 110. Bildungen auf -a oder -ana mit iṣat vorn habe ich
nicht notirt. Dagegen kommen die mit dus- und su- in verbaler construction vor. Sutt. Pâr. I, 5, 1: na yidaṁ sukaraṁ
agâraṁ ajjhâvasatâ .. brahmacariyaṁ carituṁ. Girn. VI,
14: dukaraṁ tu idaṁ añata agena parâkramena. Hier ist aber
parâkramena wahrscheinlicher instr. des mittels. Auf jeden
fall aber ist es nicht von añata abhängig, wie Bühler will.
S. oben § 65. Ebenda X, 4: dukaraṁ tu kho etaṁ chudakena
va janena usaṭena va. Dann nochmals usaṭena dukaraṁ. Analog
in den anderen versionen. Im Ait.-Br. fehlen beispiele.

§ 111. Für die verbale construction des nomen agentis
auf -*tar* habe ich einen beleg, in dem allerdings, abweichend
von Pâṇ.'s regel, nur eine vorübergehende handlung gemeint
zu sein scheint. Mahâp. 237: *Sutthâ pavattâ Bhagavâ idha
dhamme.* Liebich hat kein beispiel.

§ 112. Für verbal construirte adjectiva auf -*aku* und -*in*
habe ich keinen beleg notirt. Dagegen habe ich den wider-
sprechenden gebrauch des gen. (wohl object.) bei *upavâdaka*
anzuführen. S. nachträge zu § 115a.

§ 113. Bei den participien des fut. pass. kann der agens
im gen. oder instr. stehen. Der instr. kommt in den Pâli-
texten und den Açoka-inschriften naturgemäss so häufig vor,
dass er keiner exemplificirung bedarf. Aber auch der gen. ist
genügend belegt. Mahâp. 226: *ye vo mayâ dhammâ . . desitâ
te vo sâdhukaṁ uggahetvâ âsevitabbâ bhâvetabbâ* etc. 239: *evaṁ
hi vo Ânanda sikkhitabbam.* 241: *cattâr' imâni Ânanda sad-
dhassa kulaputtassa dassanîyâni saṁvejanîyâni ṭhânâni.* 250:
na vo . . evaṁ samudâcaritabbaṁ. Pât. VI, 23: *yâni kho pana
tâni gilânânaṁ bhikkhûnaṁ paṭisâyanîyâni bhesajjâni.* Dh. Sep.
I, 13: *e dakhi(ye) tuphâka* — was von euch zu entscheiden
ist; und Jaug. Sep. I, 7: *e ve dekheyi* (nach Senart und
Bühler für *dekhiye*). Senart spricht hier wiederum von
„l'usage fort indéterminé des cas obliques". Allerdings kann
man in diesem falle, wie in andern oben erwähnten, von einem
sonderbaren casuswechsel reden, insofern als dieser gebrauch
nicht der eigentlichen, oder sagen wir besser, der gewöhnlichen
bedeutung der einzelnen casus entspricht. Man sieht aber, dass
derselbe nicht auf blinder willkür beruht, sondern durchaus
gesetzlich ist, da er sich in verschiedenen dialekten findet und
von Pâṇini anerkannt wird. Auch im Ṛgv. steht bei dem
part. fut. pass. auf *ya* neben dem instr. der dat. und gen., in
der vedischen prosa neben dem instr. nur der gen. (Delbrück,
Altindische syntax s. 135). Analog tritt im Ṛgv. auch bei den
infinitiven auf -*e* der agens in den instr., dat. oder gen. und
bei denen auf -*tavai* wenigstens in den instr. oder dat. (Delbrück a. a. o. s. 398 ff.). Der in den genannten fällen im
Ṛgv. auftretende dat., dem auch im Lateinischen der dat. (neben
seltenen fällen von *a* mit abl.) entspricht, ferner der im Avesta
beim part. perf. pass. neben dem gen. und instr. vorkommende
dat. des agens (Hübschmann a. a. o. s. 223) sprechen viel-

leicht dafür, dass die auch sonst schon für Ṛgv. und Avesta (Hübschmann s. 221 u. 270), besonders aber das Altpersische (ebenda s. 274) erwiesene, auch im Pâli notorische, vermischung des dat. mit dem gen. hier vorliegt, und dass ursprünglich neben dem instr. nur noch der dat. gebraucht wurde.

§ 113a. Angabe der Kâçikâ. Ich habe weder dafür noch dagegen einen beleg.

§ 114. Für den instr. bei nomina, die eine gleichheit oder ähnlichkeit ausdrücken, habe ich nur ein beispiel, und auch da kann der instr. ebensogut zu den folgenden comparativen gehören. Mahâp. 238: *dve 'me piṇḍapâtâ samasamaphalâ samasamavipâkâ ativiya aññehi piṇḍapâtehi mahapphalatarâ ca mahânisaṃsatarâ ca.* — Für den gleichfalls erlaubten gen. habe ich nur einen fall aus dem metrischen teil des Dhamm., 12: *sadisam attano.* — Der gen. kommt auch im Altpersischen vor. S. Hübschmann a. a. o. s. 270 und 299.

§ 115. Für den gen. oder dat. bei *âyuṣya* etc. im segenswunsch habe ich aus dem Pâli keinen beleg notirt. Childers giebt einige beispiele, aber aus der grammatik. Zudem lassen sich im Pâli meist gen. und dat. nicht unterscheiden. Damit wird diese regel für unser sprachgebiet gegenstandslos, oder vielmehr, sie enthält eigentlich nur einen speciellen fall der confundirung von gen. und dat., die im Pâli viel weiter durchgeführt ist.

§ 115a. Von den synonymen der bei Pâṇ. gelehrten worte, denen die Kâç. eine gleiche construction beimisst, gilt natürlich dasselbe. Da die vertretung des dat. durch den gen. mit der späteren zeit fortschritt, vielleicht in folge der einwirkung der volksdialekte, so ist der zusatz der Kâç. ganz natürlich und begründet. Insofern blieb das Sanskrit sicher immer eine lebende sprache, dass es sich gegen die einflüsse lebender dialekte zugänglich verhielt. —

Liebich fügt den regeln Pâṇini's mehrere zusätze hinzu. Bei einigen adjectiven, substantiven und verben, die Pâṇ. nicht erwähnt, steht ebenfalls der gen. oder gen. und dat. Diese fälle sind vielleicht wiederum gegen die anschauung von der identität der sprache der Brâhmaṇa's und Pâṇini's und gegen die von der universellen gründlichkeit dieses grammatikers — vgl. jedoch § 97a —

8*

zu verwerten. Denn manche davon entsprechen auch im
Pâli und z. t. in noch anderen arischen dialekten.

So *pûrati* „voll sein" mit gen. Sutt. Pâr. I, 5, 7:
hiraññasuvaṇṇassa pûrâpetvâ. Cf. Speijer § 123; Delbrück, Abl. etc. s. 62 und Altindische syntax s. 133,
und für Avesta Hübschmann, Zur casuslehre, s. 272.
Den gen. bei *upakaroti* und *apakaroti* erwähnte ich
schon in § 89. Cf. Speijer § 131.

Gen. bei *khamati*. Dh. Sep. II, 5: *khamisati ne
devânaṁ piye aphâkaṁ* = wird günstig gesinnt sein.
Speijer § 131. Nach Delbrück, Altind. syntax *kṣam*
sich fügen mit dat. im Ç. Br. Im Skr. hat *kṣam* mit
gen. der person allerdings nicht genau diese bedeutung,
sondern — etwas vergeben. Da die version von Jaug.
aphâkaṁ nicht hat, so ist es immerhin noch möglich,
ne als acc. zu fassen und anzunehmen, dass *aphâkaṁ*
an dem betreffenden orte der Dhauli-version eingedrungen sei aus der späteren stelle, wo ebenfalls *devânaṁ piye aphâkaṁ* steht (z. 7), umsomehr, als Bühler
zu jenem ersten *aphâkaṁ* bemerkt, dass es wie ausge-
kratzt aussehe. Ausserdem aber fasst Bühler unsere
stelle ganz anders, in einer weise, die dem gebrauch des
skr. *kṣam* näher kommt.

Gen. der person bei *suṇoti* (ausnahme von § 58).
Mahâp. 246: *idam âyasmato Ânandassa sutvâ.* 247:
*sutaṁ kho pana me taṁ paribbâjakânaṁ .. bhâsamânâ-
naṁ* etc. Ebenda: *assosi kho Bhagavâ âyasmato Ânandassa Subhaddena paribbâjakena saddhiṁ imaṁ kathâ-
sallâpaṁ.* 254: *idam âyasmato Ânandassa sutvâ.* Cfr.
Speijer § 126 und Delbrück, Altind. syntax s. 159, 3.
Auch im Avesta das object von „hören" im gen., wenn
es eine person ist; aber auch das sachliche object kommt
im gen. vor (Hübschmann a. a. o. s. 277).

Gen. bei folgenden adjectiven:
Mahâp. 73: *mam' uddesiko* — von mir abhängig.
— Sutt. Pâr. I, 1, 7: *ariyânaṁ upavâdakâ* — übles
redend gegen die heiligen. Wohl gen. obj., widerspricht
§ 112. — Mahâp. 259: *cakkhumato pasanno* — glaubend an den Buddha. S. § 72, 1, c. — Mahâp. 250:
Satthu sammukhâ. — Ohne notiz über die quelle:

sammukhîbhûto no Satthá ahosi. — Ferner gen. bei
adjectiven, die „angemessen", „geschickt zu" bedeuten. Pât. I: *yattaká bhikkhû tassa uposathakammassa
pattâ yuttâ anurûpâ.* Damit wird das vorhergehende
kammappattâ erklärt. Es geht daraus hervor, dass
Childers mit seiner erklärung „attendant to the cere-
mony" nicht ganz recht hat. Auch Dickson scheint
das verhältnis nicht richtig gefasst zu haben. Aus der
erklärung von *patta* — *yutta* und *anurûpa* geht hervor,
dass Hem. abh. mit der erklärung von *prápta* — „schick-
lich" recht hat. — Cfr. Speijer § 129. —

Der genetiv des stoffes (vgl. oben § 59). Mahâp. 242: *sabbagandhânaṁ citakaṁ karitvâ.* Speijer
§ 113. Delbrück, Altind. syntax, s. 154. Hübschmann, Zur casuslehre, s. 234 und 271 (für den Avesta).

Der distributive genitiv: *sahassasseva* Mahâp.
62, nach Childers — in companies of a thousand.

Genitiv des grundes: *kissa* z. b. Sutt. Pâr. I, 6.

Ein merkwürdiger gen., scheinbar in instrumen-
talem sinne, kommt Mahâp. 242 vor: .. *sarîraṁ ve-
ṭhetvâ ayasâya teladoṇiyâ pakkhipitvâ aññissâ ayasâya
doṇiyâ paṭikujjetvâ.* Ebenso 256. Gleicher art ist vielleicht der gen. *yuddhassa* Mahâp. 52: *akaraṇiyá 'va
bho Gotama Vajjî raññâ Mâgadhena .. yadidaṁ yuddhassa.* Dieser gen., wenn wirklich richtig gefasst, würde
dann dem zu vergleichen sein, der beim part. perf. pass.
und fut. pass. statt des instr. steht. Gleiche instrumentale genitive kommen auch im Avesta vor, cfr. Hübschmann a. a. o. s. 270, 277, 299.

———

Aus der obigen untersuchung geht folgendes hervor:

1) Ein gewisser stock von regeln in Pâṇini's casuslehre
findet seine bestätigung nicht allein im Aitareya-Brâhmaṇa,
sondern auch im Pâli. Diese sprachlichen erscheinungen
scheinen ganz oder zum teil arischer gemeinbesitz zu sein. Ihr
vorkommen in einem einzelnen werke kann also naturgemäss
nicht als beweis dafür dienen, dass Pâṇini aus der sprache
desselben seine regeln geschöpft habe. Sie verdienen bei zu-
künftigen untersuchungen über Pâṇini's quellen nur neben-

sächliche beachtung. Beweiskräftig für die fundamentale benutzung eines einzigen dialektes durch ihn können nur solche belege pâṇineischer regeln sein, die sich allein in diesem dialekt oder wenigstens nur in wenigen nahe verwandten dialekten, aber unter diesen wiederum in einem in besonders grosser menge neben einander, finden. Vor allem ist dabei das augenmerk auf bestätigungen auffälliger lehren Pâṇini's, wie 3, 2, 112, zu richten. Kein dialekt, und zeigte er sonst noch so viele entsprechungen, ist als ausschliessliche grundlage für Pâṇini's grammatik anzusehen, so lange nicht in demselben alle die eigenheiten von seinen lehren nachgewiesen sind.

2) Im dialekt des Ait.-Br., der bisher allein auf eine verwandtschaft mit dem von Pâṇ. gelehrten idiom hin untersucht worden ist, sind noch für eine ganze anzahl von Pâṇ.'s regeln keine bestätigungen gefunden (während das Pâli für manche derselben belege oder wenigstens analogieen aufweist); es liegt ausserdem in demselben mancherlei syntaktisches material vor, welches unser grammatiker überhaupt nicht berücksichtigt; und schliesslich finden sich darin einige direkte widersprüche zu Pâṇ.'s lehren (und zwar nicht allein in den von Liebich am ende summirten 2 fällen, sondern auch z. b. in §§ 9 β, 22, 105 α). Mir scheint aus diesem befund die unmöglichkeit hervorzugehen, die sprache des Ait.-Br. wenigstens als ausschliessliches fundament für Pâṇ.'s lehrgebäude zu betrachten, was sich ja auch schon aus meinen einleitenden betrachtungen ergiebt.

3) Das Pâli bestätigt zwar alles in allem gleich gut die syntaktischen regeln Pâṇ.'s als das Ait.-Br. Dass es aber trotzdem nicht als die (ausschliessliche) quelle für seine grammatik angesehen werden kann, ist sowohl von vornherein klar, als durch specielle gründe zu beweisen. Hat nämlich dieses idiom auch viele entsprechungen für pâṇineische regeln, so zeigt es doch auch viele widersprüche mit denselben und hat eine anzahl erscheinungen, die bei Pâṇ. keine erwähnung finden. Zudem erstreckt sich ja die verwandtschaft überhaupt nur auf die syntax, während die laut- und formenverhältnisse beider idiome durchaus verschieden sind. — Ein weiterer grund ist der, dass Pâṇ. die ersetzung des dativs durch den genitiv, die doch von allen alt-indischen dialekten im Pâli am consequentesten durchgeführt ist, ausschliesslich mit berufung auf die

vedischen schriften (*chandas*) lehrt (2, 3, 62), dass er also eine
rücksichtnahme auf das Pâli direkt von der hand weist.

4) Daraus wird weiter klar, dass Pâṇ. mit dem begriff
Bhâṣâ nicht das Pâli oder einen diesem verwandten volksdialekt gemeint haben kann, da er sonst hier die anführung
der Bhâṣâ neben dem *chandas* auf keinen fall hätte umgehen
können. Denn es ist wohl denkbar, dass er irgend einen
gebrauch in einem der von ihm berücksichtigten dialekte übersehen und anzuführen vergessen konnte. Aber es ist unmöglich, eine solche lässigkeit in einem falle anzunehmen, wo die
erwähnung einer erscheinung für den einen dialekt ihn doch
notwendig an das viel evidentere auftreten dieser erscheinung
in dem anderen dialekt hätte erinnern müssen. Ueberdies ist
ja schon durch die beschaffenheit von Pâṇ.'s anführungen aus
der Bhâṣâ durchaus klar, dass er sich mit denselben nur auf
einen dem Sanskrit formell ganz nahe verwandten dialekt, nicht
aber auf einen der Pâli-stufe angehörigen volksdialekt beziehen
kann. — Ich gedenke die Bhâṣâ an anderer stelle weiter zu
erörtern.

5) So bleibt nur übrig anzunehmen, dass Pâṇ. weder die
sprache des Ait.-Br. noch das Pâli ausschliesslich copirte,
sondern entweder einen von beiden verschiedenen dritten dialekt
grammatisch fixirte, der sowohl eigentümlichkeiten der Brâh-
maṇa-sprache (und zwar, dem ganzen habitus derselben nach
zu urteilen, in hervorragendem masse), als auch des Pâli auf-
wies — derselbe würde dann wahrscheinlich, sei es in localer
beziehung, sei es mit rücksicht auf die entwicklungsform,
zwischen beiden idiomen stehen —, oder dass er erscheinungen
sehr verschiedener dialekte zusammentrug und zu einem einheitlichen ganzen verschmolz. Mir scheint vorläufig die erstere
annahme die wahrscheinlichere, jedoch möglicherweise mit der
ergänzung, dass er dem gewählten fundamentaldialekt durch
hinzufügung einzelner aus anderen dialekten entlehnter eigentümlichkeiten einen besonderen stempel aufdrückte.

6) Die von mir im laufe der untersuchung hervorgehobenen
vielleicht gemeinarischen erscheinungen, deren vorhandensein
auch in Pâṇ.'s fundamentaldialekt, trotz der nichterwähnung
durch ihn, ich mit allem vorbehalt als möglich hinstelle, dürfen
uns veranlassen, zweifeln an der erschöpfenden gründlichkeit
Pâṇ.'s raum zu geben und sie bei weiteren untersuchungen

über seine stellung in erwägung zu ziehen, um sie vielleicht schliesslich bei der kritik seiner autorität zu verwerten.

Halle.   *R. Otto Franke.*

Etymologien.

Skr. *kä'sthä* „rennbahn, bahn, ziel" = **kalsthä* liesse sich allenfalls mit avest. *careta, caretu* „rennbahn" (?) zu skr. *car*, gr. *πέλομαι* ziehen, scheint mir aber viel besser mit lat. *curro, cursus*, ahd. *hros* „ross" verbunden werden zu können (vgl. skr. *kaṭú :* lit. *kartùs* Fortunatov o. VI 219). — Ganz von *kä'sthä* zu trennen ist *kä'stha (kâsthá)* „holzstück"; dies gehört zu gr. *κλάω, κλών* „schössling, zweig", asl. *klasъ* „ähre".

Gr. *κοίρανος* „herr, gebieter", von mir früher ohne hinreichenden grund aus **κοίσρανο-ς* erklärt (o. IV. 331), lässt sich ohne bedenken zu ahd. mhd. *hér* „hehr, herrlich, erhaben, stolz, froh" auch „hoch", as. *hér* „vornehm, hoch, heilig", ahd. as. *herro* „herr" stellen. Die vergleichung dieser wörter mit lat. *(pro-)cêru-s* (Sprenger o. III 82) kann vielleicht hierneben bestehen bleiben.

Got. ahd. *hiufan*, as. *hioban* „klagen", as. *hofna* „wehklage" und ahd. *hûwela, hiuwela* „nachteule" vereinigen sich unter einer wurzel, die sowohl als *keuq-*, wie als *çeuq-* gedacht werden kann. Im ersteren falle sind lit. *kaŭkti* „heulen" (vom hunde), *kukti* „schreien, heulen", *kukä'ti* „kukuk rufen", lett. *kaŭkt* „heulen" (von hunden, wölfen), *kauka* „sturmwind", asl. *kukavica* „kuckuck", serb. *kukavni* „traurig" zu vergleichen, im letzteren lit. *szaŭkti* „schreien, laut rufen", lett. *sáukt* „rufen, nennen" und vielleicht skr. *çôcati* „trauern, beklagen, schmerz empfinden". Die anwendung von *keuq-* auf tierstimmen empfiehlt es, *hiufan, hûwela* mit ihm zu verbinden. Wie in *hûwela* ist vermutlich auch in ahd. *ûwila* „eule" *w* aus ig. *q* entstanden, vgl. lett. *auka* („im Rujenschen *kauka*") „sturmwind", serb. *uka* „geschrei".

Skr. *pakṣá* „seite, seitenteil, hälfte, achsel, flügel", *pákṣas* u. a. „seitenpfosten", vgl. lett. *paksis, pakschi* „norke, hausecke".

Lat. *pollex* „daumen, grosse zehe" steht wohl nicht für *polu-dex* (J. Schmidt Neutra 183, wo das citat „Fick BB. V 289" irrig ist), sondern für **pôlex* = asl. *palъcъ* „daumen", russ. *palecъ* „finger" und gehört sammt skr. *pâṇí* „hand", gr. *παλάμη*, lat. *palmus* „flache hand", ahd. *folma* „manus, palma" zu unserm *fühlen* (Weigand Deutsch. wörterb. u. d. w.).

Skr. *maçáka* „stechfliege, mücke", vgl. lit. *maszalaĩ* „kleine mücken oder fliegen" (nach anderen „ungeziefer", „motten"), lett. *masalas* „rossfliegen".

                                        A. Bezzenberger.

Morphologische studien.

III.

D. *unser, euer*, ahd. *unsêr, iuwêr* können nur im zusammenhang mit der adj.-biegung ahd. *blintêr* erklärt werden, weshalb
ich in grösster kürze die ansichten, die hierüber erschienen
sind, untersuchen muss. Von der germanischen (und slavischen) adj.-flexion sind hauptsächlich folgende ansichten vorgebracht worden. 1. Bopp (Vergl. gr. II, 1 ff. besonders 11 ff.),
Ebel (KZ. V, 304 ff., 356 ff.) und andre meinen, dass sowohl
die bestimmte biegung des litu-slavischen adj. als die germ.
sogen. starke adj.-flexion durch composition des adj.-stammes
mit dem pron.-st. *i̯o*- entstanden sei. Diese ansicht hat Sievers in bezug auf die germanische (P.-B. B. II, 98 ff.) und
Leskien in bezug auf die litu-slavische adj.-flexion (Declination p. 130 ff.) als unhaltbar bewiesen. 2. Im anschluss an
Schleicher (Comp.⁴ 608, 620 ff.), J. Schmidt (KZ. XIX,
287 ff., vgl. Scherer ZGDS.³ 527 ff. u. a., weitere literatur
Sievers a. o.) hat dann Sievers ausführlich begründet, dass
die deutsche starke adj.-flexion durch analogische association
an die pron.-declination, und Leskien, dass die litu-slavische
adj.-biegung durch combination des flectierten adjectivum mit
dem flectierten pron., lit. *jis* abg. *i*, entstanden sei. Und dies
mit vollem recht. Nur hinsichtlich der erklärung des n. sg.
blintêr im Hd. gehen die ansichten noch auseinander. Niemand
schliesst sich wohl nun mehr der ansicht Scherer's an, dass
blintêr durch zusammenrückung von adj. **blindas* oder vielmehr
nach wirkung des auslautsgesetzes **blinda* und pron. *jis* entstanden, dass also die entwicklungsreihe **blindajiz > *blindaiz
> *blindair > blintêr* aufzustellen sei (ZGDS.³ 532). Joh.
Schmidt nahm an (Voc. II, 420), dass *-ĕr*, wie es auch entstanden wäre, durch eine dehnende einwirkung von *r* zu *-êr*
verlängert worden sei; was er heute wohl selbst nicht mehr
aufrecht erhalten wird. Sievers (P.-B. B. II, 122, vgl. auch
Mahlow Die l. v. 152 ¹)) meinte, dass *blintêr* durch analogi-
schen anschluss an ein vorausgesetztes ahd. pron. **dêr, *thêr*

---

¹) Obwohl er sowohl *dêr* als gen. pl. *unsêr* u. s. w. völlig anders
auffasst.

(st. *dër, thër*) entstanden sei. Dies *thér, *dér sieht er so gebildet an, dass der ursprüngliche st. *thé, dě* eine secundäre
verlängerung bekommen habe (vgl. ahd. **thie, die, aa. thies-ses,
thie-son**, Sievers a. o., Paul P.-B. B. VI, 552, Braune Ahd.
gr. § 287), an welches dann das nominativische *r* (in *dër*) getreten sei. Mit Sievers stimmt in der hauptsache Paul (P.-B.
B. IV, 421) überein, der jedoch hinzufügt: „eine einwirkung
von *unsér, iuwêr*, die gleichfalls noch räthselhaft bleiben, wäre
wohl denkbar, wenn auch sie allein nicht massgebend gewesen
sein wird". Nun ist eine dehnung von *dě* — das übrigens aus
þǎ durch schwächung entstanden sei — zu *dé* in germanischer
zeit (vielleicht noch mehr in ahd.) sehr zweifelhaft, weshalb
ich glaube, dass eben aus diesem grunde Sievers' erklärung
teilweise aufzugeben sei. Vielleicht hierdurch bewogen hat Kögel
(P.-B. B. VIII, 127) einen andern weg betreten. Er nämlich
nimmt an, dass *unsér, iuwêr, blintér* durch epenthese aus *blin-
dazī* (> *blindaiz(i)* > *blindair* > *blintér*), d. h. aus nom.
mit zusatz der deiktischen partikel *ī* (vgl. oὑτοσί) entstanden
sei. Diese ansicht wird durch folgende umstände hinfällig:
die deiktische part. *ī* (die übrigens mehrere erklärungen zulässt
vgl. Osthoff MU. IV, 229 ff.) wird sonst nicht in den germ.
sprachen als flexionselement angetroffen (es sei denn, dass
g. *ei, þatei* u. s. w. = gr. *ī* ist); aber auch wenn dies bedenken von geringerem gewicht scheint, so ist doch der umstand, dass epenthese dieser art nirgends in den germ. sprachen
zu belegen ist, ganz genügend um Kögel's ansicht zu widerlegen. Die fälle, wo man epenthese angenommen hat, sind zu
unsicher und können besser auf andre weisen gedeutet werden
(vgl. unten über *jener*). Die erklärung der form *blintér* muss,
glaube ich, davon abhängen, wie man den gen. pl. der persönl.
pron. *unsêr, iuwêr (unker)* im verhältniss zu dem n. sg. *unsêr,
iuwêr* der pron. poss. deuten kann. Die erwähnten ansichten
— mit ausnahme derjenigen Paul's — scheinen vorauszusetzen, dass der gen. pl. der persönl. pronomina nichts anderes
sei als der nom. sg. des pron. poss., das demnach in derselben
weise wie *blintér* als prius erklärt werden müsse (s. Piper
Die sprache u. lit. Deutschlands I, 398). Meine aufgabe ist,
auf andrem wege eine deutung zu finden. Ich glaube nämlich,
dass wir vom gen. pl. der personalpron. auszugehen haben, die
später als possessiv-pron. verwendet worden seien, und dass

blintêr durch anschluss an diese und einige andre formen, die
ich unten behandeln werde — ich meine besonders ahd. *jenêr,
enêr* und das auch von S i e v e r s vorausgesetzte **dêr* — entstanden ist.

Zunächst über die lautverhältnisse der betreffenden formen.
Nach dem was B r a u n e (P.-B. B. II, 140 f., Ahd. gr. § 282,
vgl. P a u l P.-B. B. IV, 418 ff.) gezeigt hat, hat der gen. pl. der
persönl. pron., womit der nom. sg. der unflectierten poss.
identisch ist, *unsêr, iuwêr, unkêr* langes *ê* (vgl. auch P i p e r
I, 398, 426). Dies *ê* kann hauptsächlich zwei ursprünge haben:
1. aus *ai* vor *h, r, w*, im auslaut und möglicherweise im inlaut
unbetonter silben. Diese möglichkeit ist jedoch ausgeschlossen,
sofern man die oben behandelten ansichten — ausser der
S i e v e r s'schen — verwirft; 2. aus idg. (vorgerm.) *ê*, was somit
hier das einzig mögliche ist. Dies *ê* muss aber von der art
gewesen sein (*ê*, nicht *ǽ*), dass es nicht in *â* übergehen konnte,
sondern bei eingetretener oder fortgesetzter unbetontheit verkürzt ist: d. *unser, euer, jener* (vgl. die verwandtschaftswörter
B r a u n e P.-B. B. II, 141, Ahd. gr. § 69 d, 233 ff., P a u l P.-B.
B. IV, 419); in welchem verhältnisse die beiden *ê*-vocale, die
als ausläufer aus einem — oder mehreren — idg. *ê*-vocale angesehen werden müssen, zu einander stehen, untersuche ich
hier nicht. Ebenso wenig lasse ich mich auf die frage ein, wie
die im Tatian neben den regelmässigen formen vorkommenden
unsar, iuwar, liobar zu erklären sind (vgl. B r a u n e a. o., Ahd.
gr. § 58 a. 3), will aber bemerken, dass sie nichts an meiner
auffassung ändern. Übrigens geht aus dem ältesten ahd. sprach-
gebrauch hervor, dass es von anfang an keinen eigentlichen
unterschied gab weder hinsichtlich der form noch der bedeutung zwischen dem gen. pl. pron. pers. und dem n. sg. pron.
poss. (vgl. B r a u n e P.-B. B. II, 141 **), Ahd. gr. § 285). — Ich
werde jetzt den gang der folgenden untersuchung andeuten.
Wenn weder *blintêr* noch die pron. poss. *unsêr, iuwêr* ohne die
heranziehung andrer formen erklärt werden können; dagegen
der gen. pl. der persönl. pron. eine wahrscheinliche erklärung
an und für sich zulässt, was ist dann natürlicher als folgender
entwickelungsgang: nachdem *unsêr, iuwêr*, in welcher weise
diese auch entstanden sind, und was auch ihre ursprüngliche
function gewesen sein mag, dazu gekommen waren, als gen. der
betr. persönl. pron., d. h. auch als gen. poss. verwendet zu

werden, so konnte es leicht geschehen, dass dieser gen., der
sowohl in bezug auf bedeutung als function mit dem possessiven
adj. — wie dasselbe auch entstanden sei — übereinstimmte,
allmählich in das paradigma desselben eingefügt ward. Hieraus kann sowohl der umstand erklärt werden, dass m. und
n. des „unflectierten" adj. gleich sind, somit auch in andren
casus als im nom. gebraucht werden können, als auch der, dass
die übrigen casus nicht selten aus einem ganz andren und
für das adj. möglicherweise ursprünglicheren stamm *unsar-iu*,
unsar-êm, *inuar-ero* u. s. w. (vgl. hierzu das got. poss. adj.)
abgeleitet werden müssen. Nachdem *unsêr*, *iuuêr* (wie *min*,
din, *sin* vgl. unten) in der adjectivischen flexion des pron.
poss. sich festgesetzt hatten, war damit ein anlass gegeben,
auch die andren adj. derselben analogie folgen zu lassen. Wenn
hiergegen eingewendet werden kann, dass das neutr. des adj.
nicht *blintêr* u. s. w. heisst, so will ich bemerken, dass sowohl
diu, *daz*, fem. bez. ntr. des pron. *dër* (und *dér*, das ich wie
Sievers, obwohl mit andrer erklärung, voraussetzte), als besonders die flexion von *jenêr* auf die feststellung der flexion
blintêr blintiu blintaz haben hinwirken können.

Es erübrigt jetzt sowohl der form als der bedeutung nach
einerseits *unsêr*, *iuuêr*, anderseits *dêr*, *dër* und *jenêr* zu erklären.

Machen wir den anfang mit *dêr*, *dër*. Sondern wir zunächst *r* ab, welchen ursprung und welche function es auch
gehabt haben mag, was ist *dé* (ahd. as. *thie*) und *dĕ*? Offenbar
gehen sie auf gemeingerm. *þē und *þĕ zurück. Denn die annahme wird nun wohl nicht mehr gebilligt, dass die germ. form
þa (statt *sa*) gewesen sei, die aus unbekannten gründen zu *þĕ*
geschwächt und dann in gewissen fällen zu *þē gedehnt worden
sei (Sievers a. o.); auch kann wohl Mahlow's ansicht (Die
l. v. p. 151 ff.), das *dé* auf urspr. *dia beruhe, nicht aufrecht erhalten werden. Urgerm. *þē und *þĕ können somit nur aus den
idg., mit *tŏ ablautenden formen *tē *tĕ erklärt werden. Freilich
soll nach Sievers *þē aus *þĕ gedehnt sein. Dass dies in gemeingerm. zeit geschehen sei, möchte aber schwer zu beweisen sein
— wenigstens können die meisten der dabei in betracht kommenden dehnungen auf idg. zeit zurück gehen, während die
übrigen — wie die für gewisse einsilbige wörter, insbes. pronominalformen und adverbia, in englischen und friesischen dia-

lekten anzunehmenden — einzeldialektische zu sein scheinen.
Hierzu kommt, dass die gesetze und grenzen für eine derartige
dehnung im Ahd. noch höchst unsicher sind (vgl. Sievers
Ags. gr. § 121 f., Noreen Aisl. gr. § 104, Möller P.-B. B.
VII, 475 n. 1) [1]). Wenn man ferner zeigen kann, dass es schon
eine idg. doppelheit $t\check{e}$: $t\check{o}$ (= $t\bar{o}$: $t\check{o}$), entsprechend vielen
andren fällen, gegeben hat, und wenn zugleich nichts dagegen
spricht, diese idg. doppelheit mit derselben doppelheit in den
german. sprachen in verbindung zu setzen, so sehe ich nicht
ein, warum nicht dieser ausweg ebensowohl, wenn nicht lieber,
gewählt werden soll, als spätere dehnungen anzunehmen. Was
den ablaut $t\check{o}$: $t\check{e}$ betrifft, so brauche ich nur hinzuweisen auf
ἐμοῖο : ἐμεῖο, abg. *mojī* : l. *meus*, τεοῖο, σοῖο : σεῖο, οἶο : εἶο,
ποῖος : cret. τεῖον, l. *quot*, πόσσος, s. *káti* : zd. *caiti*, g. *hwas*,
hwaþar : ahd. *hwër*, *hwedar* u. s. w. J. Schmidt KZ. XXV,
91 f., sowie, aus dem gebiete jenes stammes selbst, auf apr.
stesse, *stesmu* u. s. w. (vgl. l. *iste* > *esto oder *es-tē, vgl.
Brugmann Grundriss I, p. 73) und auf den wechsel zwischen
st. $t\check{e}$: $t\check{o}$ in den meisten betr. casus der germanischen sprachen
(isl. þat : anorw. þæt, g. þana : as. *thena*, isl. þess, ahd. *dës*,
dëra, *dëmu* u. s. w.).

Ich werde nun zunächst zeigen, wie in idg. zeit lange und
kurze ablautsformen nach der stärke und art des accentes mit
einander wechselten, wobei ich mich hauptsächlich an die pronomina und part. halte (vgl. Dutens Essai p. 6 ff.; Persson
St. et. p. 92, auch Osthoff Perf. 126 ff.). Viele solche formen
liefern die veden, in welchen jener wechsel gewiss nicht auf
rein metrischen rücksichten beruht. Ich werde hier die wichtigsten dieser fälle verzeichnen und entsprechende formen andrer
sprachen beifügen, damit ich in dieser weise den idg. ursprung
dieser erscheinung andeute (übrigens vgl. teilweise dieselben
formen oben): s. *gha*, *ha*, γε, *ya* : s. *gha*, *hā*, l. -*gō*, lit. -*gu*
(< *gū in *argu*), übrigens s. *i-há* : *i-hā́*; s. *ca*, τε, l. -*que* :
s. *cā*, möglicherweise in gewissen messungen l. -*quê*, vgl. g. *hwê*,
hwê-lauþs u. s. w.; s. ra (= *i-va* „wie“), l. -*ve* : s. *vā* „oder“,
va „wie“, s. *va* (= *ava*) : s. *rā*, l. *vē-cors*, *vē-sanus*, vgl. s. *i-va* :
i-vā̆, *ĕ-vá* : *ē-vá́*; s. *sma* : *smā*; s. *prá*, zd. *fra*, πρό : s. *pra*,
zd. *frā*, l. *prō*, πρω- (vgl. s. *pra-tarám*, πρό-τερος : s. *prā-tár*),

ahd. *fruo;* s. *ápa,* zd. *apa, àπó,* l. *po-, po-s, (a)po-r,* abg. *po :*
s. *apā, àπω-τέρω,* lit. *pó,* abg. *pa,* möglicherweise l. *pö-ne;* s. *na,*
l. *ne :* s. *nā,* l. *nē;* zd. *-da, δέ, -δε,* l. *-de :* s. *-da, δή,* l. *dē,*
dē-, -dō, ahd. *zuo* u. s. w.; *xε,* l. *-c(e)* (vgl. s. *ca-na,* zd. *ka-na) :*
xη̄, xη̄-νος, l. *cē-re, cē-teri,* und wie ich glaube as. *hē hie;*
s. *u-tá, aὖ-τε,* l. *au-te :* s. *u-tá, τη̄, τη̄-νος, xá-τω* (andre beisp.
s. Whitney Gr. § 247, vgl. übrigens A. Kuhn KZ. XVIII,
332 f.). Mit diesem *τη̄,* meine ich, sind die formen *thie die*
zu vereinigen. Dass sowohl die langen als die kurzen formen
mit zusätzen (suffixen) jeder art ausgebildet werden können,
geht hervor sowohl aus den oben angeführten fällen als aus
anderen, welche ich unten behandeln werde (vgl. übrigens
ἑ-γώ-ν : s. *a-há-m;* zd. *ndo, váo,* l. *nö-s, vö-s :* s. *na-s, va-s;*
l. *mē(-d), mē,* s. *má(-m) :* s. *má-d,* g. *mi-k;* l. *tē(-d), tē :* g. *þi-k*
(vgl. s. *tvá-d*); l. *sē :* g. *si-k* u. s. w. vgl. Persson a. o.) und
liegt, in so fern sie durch ablaut entstanden sind, in ihrer
natur.

Nun könnte jemand einwenden, dass die langen formen
einiger der angeführten paare als sogen. instr. anzusehen seien;
dies kann zutreffen, allein dann können die betr. kurzformen
ebensowohl als instr. gelten. Wahrscheinlich indessen sind die
langen formen nicht durch suffigierung, sondern nur durch
wechselnden ablaut entstanden, und wenn die eine oder die
andre von ihnen eine mit dem instr. verwandte bedeutung zeigt,
so wird dies zufällig und dem umstand zuzuschreiben sein, dass
verschiedene bedeutungen sich an verschiedene aus derselben
grundform differenzierte formen und gruppen zu knüpfen
pflegen. Sind etwa *δύο : δύω, πρό : prō, δεῖρο : δεύρω* etwas
anderes als einander parallele ablautsformen? Und sind s. acc.
md : ἐμέ, με etwa als durch contraction eines stammes mit
einem suffix entstanden zu betrachten, und *ἐμέ, με* nicht mit
recht für ursprünglich suffixlose wörter erklärt (vgl. Brugmann Grundriss I, p. 16)?

Steht es nun fest, dass idg. *tē* mit *tĕ* wechseln, und gleichfalls, dass *þĕ* ebensowohl als *þŏ* in vielen formen des germ.
paradigmas auftreten kann, dann haben wir alle voraussetzungen,
um anzunehmen, dass es in germ. zeit sowohl *þĕ-r, *þē-r* als
*þŏ-r, *þō-r* hat geben können.

Die nächste frage ist die erklärung des *-r.* Sievers sagt
(P.-B. B. II, 118 f.) „. . an dies ahd. *de* ist sicher durch ein-

wirkung des pron. *ir*, *ĕr* — got. *is* als nominativzeichen ein *r* angetreten: dieses lieferte dann die gangbare nominativform *dĕr"*; und ferner (p. 122): „An das auf diese weise für das älteste Ahd. wenigstens mit wahrscheinlichkeit festgesetzte *dê* trat nun das nominativische *r* an, so bekommen wir ein *dêr* .... Vielleicht hatte sich neben dem betonten *dê dêr* eine unbetonte form *dĕ*, *dĕr* erhalten und dieses *dĕr* ist schliesslich wohl unter dem einfluss von *ĕr* allein übrig geblieben. Dass *dĕr* nicht etwa unmittelbar nach *ĕr* gebildet ist, kann uns Isidor belehren, der nur *dher* (einmal *dhe selbo* 31, b, 14) und stets *ir* kennt". Sonach sollte von dem einen worte *er (ir)* aus sich ein streben geltend gemacht haben, *r* eine specifisch nominativische function zu geben, der zufolge es an *dĕ* angefügt worden sei. Dass *er*, *ir* dem got. *is* entspricht und aus **iz* aus satzphonetischen gründen (Paul P.-B. B. VI, 350 ff., Brugmann Grundr. I, p. 439) entstanden, ist glaublich; es scheint mir aber nicht wahrscheinlich, dass nach diesem muster das demonstrative oder als artikel verwendete **dĕ* zu **dĕr* umgebildet sei. Die von diesem gesichtspunkte aus natürlichste erklärung wäre vielmehr wohl diese: **iz* ist *er*, *ir* durch sandhieinwirkungen geworden; nun gab es auch in gewissen und vielleicht — obgleich weniger gebraucht — in allen dialecten für die dritte person ein andres pron. **hĕ*, das sich leichter mit *er* associieren konnte. Hatte man sodann die dublette **hĕ* : **hĕr*, so war es leichter zu **þĕ* ein **þĕr* zu bilden. Auf dieselbe weise wäre auch *hwĕr* im verhältniss zu **hvĕ* (vgl. d. *wie*), wo nicht von secundärem schwund des *r* die rede sein kann, zu erklären. Ich glaube aber nicht, dass diese deutung richtig sei, und will eine andre versuchen.

Wenn wir zunächst isl. *hverr* und *hvarr*, die mit got. *hwar-jis hwarjizûh* zusammenhängen, und isl. *hver-ge*, *hvar-ge* betrachten, so sehen wir, dass wir es mit einer stammform auf *-r* zu thun haben, wo *r* ursprünglich sein muss. Dass diese form aber aus dem fragepron. *hva* (aschw. *hra*, ags. *hwâ* u. s. w. st. *qŏ-qĕ*) und einem *r*-element besteht, leuchtet von selbst ein, und ich glaube, dass wir etymologisch dasselbe element in **dĕr*, **hvĕr*, **hĕr* vor uns haben. Ich fasse **hĕ* und **hĕr*, **þĕ* und **þĕr*, **hvĕ* und **hvĕr* als ursprüngliche parallelformen, gewissermassen als pronominelle adv.- oder pronominalcasus, die, indem sie eigentlich vom anfang an den ort, wo

eine sache oder person war, oder, durch einen leicht erklär-
lichen psychologischen vorgang, den ort selbst sammt der sache
oder person bezeichneten, auch für die sache oder person selbst
substituiert werden konnten und subjectscasus wurden. Dieser
hergang war gewissermassen derselbe, durch welchen *Bergen*,
Amberg u. s. w. (s. oben) aus localcasus nom. geworden sind.
— *Der mann da* konnte durch eine sehr leichte psycholo-
gische substitution dahin kommen zu bedeuten *der* (scil. ange-
zeigte) *mann;* eine frage wie *der mann wo?* ist etwa dasselbe
wie *welcher mann?* und die antwort *da* wird etwa dasselbe
bedeuten als *der*. Gerade den angegebenen entwickelungsgang
finde ich in g. *hwarjis*, vgl. lit. *kùrs; hwar* ist aller wahrscheinlichkeit nach dasselbe wie das adv. *hwar* und *jis* das dem.-
pron. (= lit. *jis*, abg. *i*) und der ganze complex ist eigentlich
wo der? = *welcher* (eben wie *der mann wo?* = *welcher
mann?*). Dies ist wie gesagt durch gewöhnliche hypostasierung
geschehen. Ganz analog ist es, wenn man im Schwed. *(den)
här, (den) der* zu nominativen macht und *den härs, den ders*
u. s. w. flectiert (st. *dens här, dens der* [1])). Von etwa derselben
art ist der dänische und fries. gebrauch von *der, ther* als nom.
des rel.-pron., was seine volle entsprechung in der schwedischen
sprache hat. Schon im Altschwed. begegnet *der* (= *da*) als
rel.-pron. und findet sich noch in der bibelsprache: *den, der*
(= *der, welcher*). Eine andre parallele eben in bezug auf das
adv. *da* sehe ich in dem englischen gebrauche von *there is,
there are* (auch im dän.-norw. *der er*), wo *there* gewissermassen
als grammatisches subject aufzufassen ist. Ferner sind die
relat. partikeln bezeichnend. So im Got. die part. *ei* (vielleicht
am ehesten ein loc.; *saei, izei, sôei, sei, þatei* u. s. w.); aisl.
sem, es (gen.) *er, en* (acc.), *at* (= s. *yadá*), aschw. *sum, som*
(instr. = ἅμα nach Noreen), nhd. *sô wër sô*, nhd. *so* (ver-
altet) u. s. w. Gleichfalls ist zu bemerken, dass die dem.- und
rel.-adv. wenigstens in obliquen casus statt den ort auszudrücken, wo u. s. w. eine sache oder person ist, sich auf sache
und person selbst beziehen; *wo, da, wovon, davon* u. s. w.

---

[1]) Es leuchtet von selbst ein, dass, wie eine verschiebung zum nom.,
so auch in bezug auf den acc. stattfinden konnte. Daraus erklärt sich
wie z. b. ein idg. *īm*, urspr. ein locales satzwort, nicht nur als adv.
(vgl. οὑτοσ-ίν u. s. w.), sondern auch als acc. verwendet werden konnte,
wie dies im s. im der fall ist.

Andre beispiele, die den gebrauch obliquer casus als nom. beweisen, sind schw. *den* (= der, er, vom acc.), *dem, dom* (=
sie, v. dat.), *hvem* (= wer, v. dat.), *ho* (= wer, möglicherweise
ein urspr. instr.); das aschw. *sva* (= der), noch heute im
ausdr. *i så fall* (= in dem falle), ist nicht von dem got. adv. *své*
und *sva*, ags. *swd* (vgl. ahd. *só*) u. s. w. zu trennen, l. *hei-c,
hi-c* könnte als loc. vom st. *ho-* (in den übr. casus und im adj.
ho-r-nus, Danielsson Stud. gramm. 52 n. 3) angesehen werden,
ebenso rel. *quei, qui* (vgl. jedoch z. b. Brugmann Grundriss
I, p. 75). S. *asáú*, zd. *háu* ist allem anschein nach ein loc.
Iliergegen streitet nicht, dass ich dies wort als eine ursprüngliche zusammensetzung betrachte, deren schlussteil wir in dem
refl.-st. *se-ɣo-* wieder finden (*sāu : **seɣo-* : g. *své*).   An
dem wechsel zwischen refl. und demonstr. wird man keinen
anstoss nehmen; denn niemand verneint wohl, dass g. *sva, své*
(vgl. d. *só*), obgleich dem., mit dem refl.-st. *seɣo-, sɣo-* zusammenhängen. Skr. pl. *tě'* kann als ein urspr. loc. gedacht
werden, vgl. τοι. Übrigens ist zu vergleichen ὁ δεῖνα (Persson
St. et. p. 73, 122, der auch *a-há-m, ayá-m* u. s. w. als eigentlich adverbielle wörter bezeichnet).   Dass ein ganzer satz in
gewissen anwendungen in ein wort zusammenschmelzen kann,
davon bieten besonders die romanischen sprachen gute beispiele
dar: vgl. *cet, ce* < *ecce iste, cette* < *ecce ista, un meurt-de-faim*
u. s. w., vgl. l. *nescioquis, mirumquantum* u. s. w., isl. *nekkverr.*
Ursprünglich adverbielle wörter mit casusbedeutung sind z. b.
im Frz. *dont, en, y.* — Über *dieser, jener* und inwieweit sie für
dieselbe anschauungsweise sprechen, s. unten; vgl. übrigens das
oben über s. *adhástāt, parástāt* (eigentl. loc. und abl.) als nom.
gesagte.

Ich glaube nicht mehr parallelen für die annahme, dass
adverbielle wörter als subj.-casus haben gebraucht werden
können, anführen zu müssen, möchte aber noch besonders
darauf hinweisen, dass auch die langen formen **hē,* **þē,* **hwē,*
die, wie ich zu zeigen gesucht habe, auf idg. langvocalischen
formen beruhen, nicht nur als subj.-casus, sondern auch
als adverbielle localcasus („instrumentale") erscheinen. Übrigens verweise ich auf die andeutungen, die in den oben verzeichneten ablautsformen vorkommen: s. *kadá* — g. **hwata,
hwatō-h*, isl. *hvat;* s. *tadá* = g. *þata*, isl. *þat;* s. *yadá* — g. *hwar-
jatō-h*, isl. *at; ida* — g. *ita*, isl. *et* (vgl. Mahlow Die l. v.

p. 66, dem ich aber darin nicht beistimmen kann, dass wir es in diesen worten mit einer part. *āñ* zu thun haben). Vgl. unten.

Nachdem ich nun zu zeigen gesucht habe, dass *þĕr, *hĕr, *hwĕr als ursprüngliche adverbialbildungen aufgefasst werden können, so fragt es sich, woher das -*r* stammt, und mit welchen andern bildungen jene formen verwandt sind.

Meiner meinung nach ist *r* dasselbe adverb- oder localcasusbildende element, welches wir in s. *uφar* und zd. *zemar* u. s. w. (s. o. XIV, 163) anerkannt haben, und das in einer grossen menge von adverbien der idg. sprachen steckt. Diese adv. hat Persson St. et. p. 84 ff. ausführlich behandelt. Mehrere von ihnen haben sowohl lange als kurze vocale vor *r*, wie auch verschiedenen quantitativen ablaut. Es ist selbstverständlich, dass diese adverbien durch zusammenrückung von zwei im satze ursprünglich geschiedenen wörtern entstanden sind, vgl. gr. *τῇ ῥα*, *τῶ ῥα*, *ἥ ῥα* u. s. w. Ich begnüge mich hier mit einer angabe der wichtigsten adv., die übrigens in der oben cit. abhandlung und, zum teil, bei Bremer P.-B. B. XI, 31 f. und Mahlow Die l. v. p. 115, 163 (die übrige literatur bei Persson St. et. p. 89) verzeichnet sind. Idg. *to-r, *te-r : s. *tár(-hi)*, *ē-tar(-hi)*, g. *þar* (vgl. ahd. *dara*), isl. *þar* (*þer?*), ags. *þar* : idg. (*tō-r), *tē-r : ags. *þær*, afr. *thér*, as. *thâr*, ahd. *thâr*, *dhâr*, *dâr* (später *dá*, s. Braune Ahd. gr. § 120 a. 2) u. s. w., idg. *tō-r möglicherweise in lit. *(kĭ-)tur* „anderswo", lett. *tur* „dahin, da", *zittur* „anderswohin". Idg. *io-r, *ie-r : s. *yár(-hi)* : idg. *iō-r, *iē-r : vgl. *ἥ ῥα*, isl. *jór* u. s. w. (s. Lidén Ark. f. n. fil. III, 237). Idg. *qo-r, *qe-r : s. *kár(-hi)* (vgl. l. *cor-go* Persson St. Et. p. 87), isl. *hvar-ge* „ubique" (vgl. *hver-ge*, *hvar-ge* „wer auch immer"), ags. *hwer-gen*, as. *hwer-gin* „irgendwo", g. *hwar*, isl. *hvar*, ags. *hwar* : idg. *qē-r : ags. *hwær*, afr. *hwér*, as. *hwâr*, ahd. *hwâr*, idg. *qō-r : l. *quōr*, möglicherweise lit. *kùr* „wohin, wo", *(nĕ-)kur* „nirgends", lett. *kur*, *(ne-)kur*, die doch aus *ŭ*-stämmen hergeleitet werden können. Idg. **kho-r?* : l. *hor(-nus)* : idg. *khē-r : möglicherweise g. *hér*, was jedoch wohl besser zum folgenden stamm gezogen wird. Idg. *ko-r, *ke-r : l. *ec-cere* (g. *hiri*, ahd. *hĕra*) : idg. *kē-r : *χηρούει· ἐκεῖ Κρ.* Hes., g. *hér*, isl. *hér*, as. *hér*, afr. *hér*, ahd. *hiar* u. s. w.; idg. *kō-r möglicherweise in lett. *szur* „hierher", was doch aus einem *ŭ*-stamme erklärt werden kann.

Idg. *so-r, *se-r, so viel ich weiss, nicht belegbar: idg. *să-r :
ahd. sâ-r „sogleich" (hinsichtlich der bedeutung vgl. l. illico,
fr. sur le champ, d. auf der stelle), *sō-r nicht belegbar, vgl.
sô modal, was meiner meinung nach vom st. sŭŏ-sŭĕ getrennt
werden muss [1]). Von u-stämmen gehen aus s. amu-r, l. ca-r
und vielleicht lit. vĭsur (visùr), lett. wissur „überall". Andre
mit -r gebildeten adv. (oder casus), worüber Persson a. o.,
will ich nur in grösster kürze berühren. Idg. *(a)pe-r,
*(a)po-r, s. pár-i, par-ut, ὦσ-περ, πέρ-υτι, πέρ σέ · πρός σέ),
περ(-τ-έδωκε), l. per(-egre), per, (sem-)per, per(-ti-ca), o.-u.
per(-t), vgl. g. fair-neis u. s. w., πορ(-τί, -σω, -ρω, vgl. g.
fairra-), l. por(-rigo, -tendo), u. pur(-ditom, -dinśiust u. s. w.),
l. apor, apur (Persson St. et. p. 60 ff.), g. afar, isl. afar;
alle diese formen stehen im ablautsverhältniss zum adj. s.
dpara-s, pára-s : adv. s. pard, prá, l. prō u. s. w. Übrigens
(ύ-)πέρ, l. (su-)per, g. (u-)far, isl. (y-)fir u. s. w. Idg. *(e)ne-r,
*(e)no-r, ἔνερ(-ϑεν), νέρ(-τερος), vgl. isl. norðr. Isl. útar, ahd.
ûzar, g. innar, aljar, jainar, undar, as. undar, ahd. untar,
unter, ags. under (sowohl < *ṇdher- als *ṇ-ter), l. ambr(-ices),
amfr(-actus), u. ambr, o. amfr, zd. hanare u. s. w. Betreffs
andrer besonders ablautender formen ist zu vergleichen, was
ich oben über verschiedene variationen eines zweisilbigen stammes, ebenso über adj., aus denen adv. hergeleitet sind, oder
welche mit solchen wechseln, angedeutet habe.

Dass wir in den zuletzt angeführten wörtern ein specifi-
sches suffix -(ă̄r-)r(ă̄r) zu suchen haben, das natürlich je
nach den besonderen ablautsvoraussetzungen verschiedene formen angenommen hat, ist höchst wahrscheinlich; ebenso glaublich aber ist es, dass die ursprünglichsten mit diesem suffixe
gebildeten formen local-adv. oder localcasus waren (s. oben).
Ist es mir nun gelungen, auch wahrscheinlich zu machen, dass
derartige bildungen zu nominativen (subj.-casus) werden können,
so ist es nicht unwahrscheinlich, dass děr und *děr im grunde
mit den adv. auf -r desselben pronominalstammes identisch
waren.

Ich wende mich nun zu jenĕr, lasse aber die beiden ersten
elemente dieses wortes für jetzt bei seite. Unten werde ich
nämlich zu zeigen suchen, dass jenĕ- als ein adverb oder eine

---

[1]) Ahd. ṣdr und ṣŏ : g. ṣva, ṣvĕ = l. ṣ̆a, ṣъbei u. s. w. aus dem
anaph. st. *eṣo- : ṣuuṣ, ἑϊός.

casusform mit einem suff. -*n(ă.)*, mit instrumental-localer bedeutung gebildet, aufzufassen sei. Wenn dem so ist, ist *jenēr* nichts als ein mit dem *r*-suffix weiter gebildeter local-casus, der ganz wie *dēr* subjects-casus wurde. Nun ist es aber nicht ausgemacht, welches wort, ob *dēr dēr oder *jenēr*, früher entstanden ist; jedenfalls kann das eine leicht als analogiebildung nach dem andern erklärt werden. — Ein pronomen, wovon man wohl mit sicherheit behaupten muss, dass es durch analogie entstanden sei, ist *dēsēr*, dessen ältere form *dēse* ist. Dics ist die zusammensetzung eines einfachen pron. *dē* und einer particel *se*, die wohl aus einer form mit langen vocal abgeleitet werden muss. Sievers Ags. gr. § 338 schlägt g. *sai*, ahd. *sê* vor, was aber nicht für sicher gelten darf: man könnte eher an eine langvocalische form des pron. *sŏ-sĕ*, und zwar *sē (sogen. instr.) denken, die mit d. *sô* ablauten könnte und selbst betont und mit suff. *-r* versehen in ahd. *sâr* „sogleich" auftritt. Und wenn es nicht ausgemacht wäre, dass *dēsēr* überhaupt jünger sei als *dēse*, so könnte man geneigt sein, *(dē)sēr* in unbetonter silbe völlig mit *sâr* in betonter zu identificieren. Ags. *des* muss auf ein kurzes *-se* zurückgehen, das schwerlich aus *sai* entstanden sein kann, sondern vielleicht eine mit dem oben statuirten *sē ablautende form *sĕ ist. Vom isl. pron. *sjá þesse, -i, þessor, þesser* u. s. w., was ja ein *sē zu enthalten scheinen könnte, verweise ich auf Lidén Arkiv f. n. fil. IV, 97 ff.

Kann *r* in *dēr, hwēr* u. s. w. zur not durch analogie nach *ēr* erklärt werden, so ist dies unmöglich bei *unsēr, iuwēr (unkēr)*. Ich habe oben hervorgehoben, dass die persönl. pron. durchaus nicht aus den poss. n. sg. erklärt werden können. Denn wenn J. Schmidt's und Kögel's erklärungen des adj. unannehmbar sind, so sind sie es ebensowohl für das pron. pers. und pron. poss. Und auch wenn die von Sievers vorgebrachte erklärung von *blintēr* nach *dēr* gebilligt wird, so kann man sie doch nicht für das pron. poss. verwenden, vor allem nicht für den umstand, dass die sog. unflectierte form *unsēr, iuwēr* im nom. sg. am häufigsten für alle genera gebraucht wird. Dies deutet ganz unzweideutig darauf hin, dass sie eine substantivische casusform sei, und was ist dann natürlicher, als von dem sogen. gen. der pron. pers., also von *unsēr, iuwēr, unkēr* auszugehen und anzunehmen, dass dieselben

nachher dahin gelangt seien, als pron. poss. (im nom. in allen
gen. unflectiert) verwendet zu werden (vgl. Paul P.-B. B.
IV, 421; Braune Ahd. gr. § 284). Übrigens kommt wohl
niemand auf den gedanken, dass wir für das pron. poss. und
das pers. pron. verschiedene deutungen suchen sollen. Betrachten
wir nämlich gen. pl. *unsêr, iuwêr, unkêr*, so ist es in anbetracht
von got. *unsara, izvara* und pron. poss. *unsar, izvar* u. s. w.
ganz evident, dass *r* ursprünglich ist, was unmöglich für *blintêr*
gelten kann.

Wir gehen demnach vom gen. pl. und zwar von dem satze
aus, dass dessen *r* ursprünglich ist. Wie erklären sich dann
aber die im As. in die adj.-biegung eingeführten formen *unsa,
inca, unca?* schwund von ursprünglichem *r* kann hier nicht
angenommen werden. Die antwort liegt in folgendem satze:
unsêr, iuwêr, unkêr sind ursprüngliche, von langvocalischen stämmen („instrumentale“) gebildete *r*-casus
(hauptsächlich von localer bedeutung), die wir in den idg.
formen *$*t\bar{e}$-r*, *$*k\bar{e}$-r*, *$*q\bar{e}$-r* und ihren repräsentanten
in den idg. sprachen wiedergefunden haben. Ist dies
richtig, so liegt es auf der hand, dass die as. formen die pa-
rallelen *r*-losen formen sind und *$*t\bar{e}$*, *$*k\bar{e}$*, *$*q\bar{e}$* (τῑ̄, χῑ̄, πῑ̄, quē,
thie, hie, hwie*) u. s. w. entsprechen. Also *$*t\bar{e}$: *$*t\bar{e}$-r* — unsa :
unsêr*. Ein andrer rest der ursprünglich *r*-losen formen dürfte
in der fränkischen (und as.) flexion *unsêr, unsu, unsaz, iuwêr,
iuwu, iuwaz* u. s. w. liegen. Diese flexionsweise könnte man
zwar durch eine association auf grund der gleichheit zwischen
unsêr und *blintêr* erklären; aber man fühlt sich doch versucht,
einen stamm *ṇso-* als dieser flexion zu grunde liegend anzunehmen; in dies paradigma wäre nachher *unsêr* (gen. pl.) als
nom. sg. m. eingefügt, d. h. der adjectivische *r*-stamm wäre
ausgestorben und der gen. des pron. pers. statt *$*uns$* eingetreten. Dieser stamm *uns(-êr) : unser(-êr)* wäre etwa — gr.
ἁμός : ἡμέτερος (st. *ἥμερος) u. s. w. (vgl. Franck Mnl. gr.
p. 143, 146).

Am schwersten fällt es, sich zu entscheiden, ob das locativische -*r* an schon mit bestimmter function gebrauchte langvocalische formen (um den locativcharakter zu verstärken) getreten ist, oder ob wir ein *unsêr* u. s. w. ganz als ablautsform
zu *$*ṇsero-$*, *$*ṇsoro-$* : *$*ṇsrā$* nach oben aufgestelltem schema
zu fassen haben. Weder der einen noch der andren annahme

möchten eigentliche hindernisse im wege liegen. Dass eine form, die vorher als casusform mit bestimmter function gebraucht wurde, für neue bildungen als stamm zu grunde gelegt werden kann, ist bekannt (vgl. die allgem. erörterungen über hypostasierung oben; und unten *min, din, sin*). Es ist somit denkbar, dass *unsĕr* einen ursprünglichen casus auf -$\bar{e}$ enthält, an welchen das oben behandelte local-suffix getreten ist. In jedem fall kann man wohl die stammform ṇsĕ- als nur durch ablaut aus einem st. *(a)na̤s̤a̤.-* $>$ a) *nā̤s̤-*, l. *nôs*, zd. *nâo* : b) *neso-* (vgl. l. *nos-ter* und st. ṇso- oben) : c) ṇsā̤-, *unsĕ(-r)* entstanden auffassen. Nun lässt es sich aber denken, dass ursprünglich im satze die worte **neso (a)ra* so angewendet wurden, dass sie unter einem bestimmten accent zu einer einheit zusammenschmolzen. In diesem neuen worte konnten unter andern folgende stämme durch ablaut entstehen: ṇsā̤.r (vgl. loc. *νύκτωρ*, s. *ṳṣar*) : ṇsero- und ṇsoro- (vgl. g. adj. *unsar, ἡμέτερος*) : ṇsrā̤.- (vgl. adv. s. *purd, -trā̤*). Alle diese formen können eine ursprünglich locale bedeutung gehabt und nachher je ihre specifische function empfangen haben; z. b. **ṇsero-* wurde adj., **ṇsā̤.r* und **ṇsrā̤,* blieben casusformen. Jedenfalls ist nach dieser anschauungsweise **ṇsā̤.r* von derselben art wie **tĕ-r*, **kĕ-r*, **qĕ-r*, wie **ṇsĕ* im verhältniss zu **tĕ*, **kĕ*, **qĕ* u. s. w. Dass wir berechtigt sind, neben den gewöhnlichen kurzen loc.-formen (*ṳṣar, ahar* : *ṳṣari, dhari, ádhvan* : *ádhvani*) auch solche mit langen vocalen vorauszusetzen, leuchtet aus folgenden analogieen ein: loc. s. *ar* : *νύκτωρ*, inf. *δόμεν* : zd. *caƷmēng* und möglicherweise cret. *δόμην, φέρεν* : *φέρην* (Bartholomae Hdb. p. 85 n. 2; verf. De derivatis verbis contractis p. 202, BB. XIII, 113), s. *sūnávi* : *sūnáú, πόλει* : *πόλη*(?). Hiernach glaube ich behaupten zu dürfen, dass die ursprüngliche bedeutung der vorliegenden pron. *bei uns, bei euch* u. dgl. gewesen sei.

Hiervon ist der übergang zur (possessiv-)genitivischen bedeutung äusserst leicht. Man hat solche fälle zu vergleichen wie den thess. gen. auf -οι[1]), l. gen. auf ī, die deutlich loc. wie *οἴκοι, πανδημεί* sind (gegen Mahlow Die l. v. p. 37; Stolz L. gr. § 84), die als gen. verwendeten skr. loc. *mĕ, tĕ, sĕ;* adv. *asmatrā* — unser (*asmatrā tĕ sadhryàk santu rātáyaḥ*

---

[1]) Der jedoch umstritten ist.

Ṛv. I, 132, 2), *sū'rē duhitā* Ṛv. I, 35, 4 u. s. w. S. Pischel
GGA. 1881 p. 1529 f.; Persson St. et. p. 104, wo ich an den
zusammenhang zwischen loc. *moi̯ (μοι)* und abg. *moji*, wie
zwischen loc. *mei̯* und l. *meus* (vgl. unten) erinnert habe.
Ferner sind aus den lebenden sprachen viele fälle zu vergleichen, wo man den gen.-begriff durch präpositionelle redensarten ausdrückt, deren ursprüngliche aufgabe es war localcasus
zu bilden: d. *von*, engl. *of*, schw. *af, át (hästen át'en* — sein
pferd), fr. *de* (übrigens vgl. Leskien Decl. p. 122)[1]).

Wie sind nun in verhältniss zu *unsēr, iuwēr, unkēr* u. s. w.
die got. formen *unsara, izvara, ugkara, igqara* u. s. w. hinsichtlich ihrer suffixform zu erklären? Diese letzteren formen
haben die meisten forscher (vgl. Bezzenberger Unters. über
d. got. adv. p. 7 ff.; Baunack Mém. d. l. soc. d. l. V, p. 3 ff.;
Brugmann KZ. XXVII, 402) als casus des pron. poss. erklärt.
Es soll nun nicht geleugnet werden, dass man mit recht in
gewissen sprachen annimmt, dass ein casus des pron. poss.,
gewöhnlich der gen. (s. Brugmann KZ. XXVII, 403 ff.), genitivische function beim persönl. pron. übernommen haben kann;
allein man darf, wie oben gezeigt ist, dies für's Ahd. nicht annehmen, und meiner meinung nach lässt es sich ebensowenig
für die übrigen germ. sprachen behaupten. Der weg scheint
hier im allgemeinen der entgegengesetzte gewesen zu sein.
Obgleich ich einräume, dass z. b. zwei sehr nahe verwandte
dialecte unter gewissen verhältnissen höchst verschiedene formen
sowohl ererbt als begünstigt, sogar höchst verschiedene neu-
bildungen geschaffen haben können — vgl. lit. pron. poss.
manas, tavas, savas und die abg. pr., die von stämmen wie
maja-, tvaja-, svaja- ausgehen — so bin ich doch geneigt, die
got. formen in etwa derselben weise wie die ahd. zu erklären,
und sehe in den got. formen nur eine den ahd. correspondie-
rende ablautsform, glaube aber, dass diese ablautsform ihrer
bildung nach mit einem durchflectierten casus des poss. pron.
nahe zusammenhängt oder wenigstens von demselben beeinflusst
ist, insofern man annehmen muss, dass *unsara* einigermassen
neugebildet sei.

Unsara als acc. sg. n. vom pron. poss. zu erklären geht

---

[1]) Vgl. die spätgr. umschr. des gen. mit κατά: ὁ κατ' ἐμὲ ἐπίσκοπος
— ὁ ἐπίσκοπός μου, s. Usener Legenden der heil. Pelagia, Bonn 1879,
p. 3, 11, 82 f. (mitteilung von Danielsson).

nicht an, denn als solcher müsste es *unsar heissen. Es ist
auch nicht möglich, darin einen gen. pl. zu sehen; als solcher
wäre *unsarô oder *unsarê zu erwarten. Die einzigen casus des
possessivpronomens, welche in unsara vorliegen können, sind
der n.-acc. pl. n. und der instr.-abl. sing. Von diesen beiden
möglichkeiten finde ich die erstere wegen der bedeutung nicht
wahrscheinlich und halte wenigstens bis auf weiteres die andre
vermutung, dass unsara einem instr. *ņsorō oder -ē (abl. ist
wohl nichts anderes als ein mit d-suffix ausgebildeter instr.)
entspreche, für zutreffender. Wie ich schon hervorgehoben
habe, konnte von den denkbaren drei ablautsformen ņsā̆r- :
ņsero-, ņsoro- : ņsrā̆,- allmählich jede eine bestimmte function
bekommen: so konnte *ņsero-, *ņsoro- die basis eines durchflectierten adj. werden, während die erste form im Ahd. zum gen.
ward; den reflex der dritten ablautsform sehe ich in g. unsara.
Ich glaube nun (s. oben), dass solche formen die quelle des
instrumentales sind, d. h. dass der instr. als casus als functions-
zeichen im allgemeinen einen langen vocal erhielt, dessen qua-
litativer ablaut nach gewissen verhältnissen wechseln konnte.
Wenn nun ein neuer instrumental von dem thematisch flectierten
adj. *ņsero- *ņsoro- (*ņserō oder *ņsorē) gebildet ward, so
konnte dieser leicht dahin einwirken, dass auch das ursprüngliche wort (instr.) *ņsrā̆, einen vocal vor -r bekam. Ich bin
zu dieser annahme, welche ich der meinung, dass unsara direct
dem instr. des pron. poss. entspreche, entgegenstelle, durch die
übereinstimmung zwischen den idg. adv. *-trā̆ mit den comp.
*-tero- (vgl. unten) gekommen. Ich nehme also an, dass *ņsrā̆,
zu *ņsorā̆, umgebildet, in der got. form unsara steckt[1]. —
Ich verzeichne hier einige beispiele derselben art. ὑπερήφανος,
vgl. g. ufarô, ahd. obarô möglicherweise nach ὕπερος in ὑπέραι,
l. superus umgebildet: l. suprā, suprē-mus, g. undarô, s. adha-
rá-t : l. infra (vgl. λάθρα, λάθρᾱ Hymn. in Cer. 240, wo
Gemoll κρύβδα liest)[2].

---

[1]) Will man sich aber folgendermassen ausdrücken: unsara (< ʼņsorē)
ist wirklich ein instrumental vom adj.-st. *ņsoro-, so muss man auch
sagen: unsér ist ein kasus von eben demselben adj.; aber welcher?
Die antwort hängt von der erklärung der differenz zwischen thematischer und unthematischer declination im allgemeinen ab.   [2]) Was
g. ahd. ufarô, ubarô eigentlich sei, ist schwer zu sagen; möglicherweise ein instr. auf -ō, das durch ein hinzugetretenes suffix m (n) ge-

Hier seien nun einige formen angeführt, die etwa dasselbe ablautsverhältniss wie *unsér*: *unsara* (d. h. **unsrā,*) zeigen: **pắ.r* : *πρω-* l. *prö*, *πρᾱ-*, ahd. *fruo* u. s. w. (s. oben), s. *purá*, g. *faura*, ahd. *fora*, as. *fore*, ags. *fore*, afr. *fura*, vgl. instr. s. *párā* (: adj. *pára-s*), zd. *parắ*. Idg. **kḗ-r : kərắ.*, **χηρώ* (: *χηνώ — χηρούει* : *χηνούει* bei Hes. vgl. B a u n a c k Inschr. v. Gortyn p. 62) (?), l. *ec-cerē*, wozu, wie ich glaube, das ahd. *hëra* zu ziehen ist. Gr. *πόρρω*, l. *porro*, g. *fairra* (— **περρω*) enthält das r-suffix zweimal (s. P e r s s o n St. et. p. 96) d. h. **por+rö*, gewissermassen ein compromiss zwischen **pŏ-r* und **pərö*. Von derselben art wie *hëra* ist, glaube ich, ahd. *dara*, *wara* (< **qorē* u. s. w.); *dara : dắr — unsara : unsér* und *unsara* : **ŋsrā,* — *dara* : s. suff. *-trā* (g. *-þró* < **-trā,-m*, *-þra, -drē* vgl. unten) — s. i. *párā : prắ, purá*. Es ist nicht zu verwundern, dass man so wenige isolierte reste dieser ablauts- erscheinung findet, weil sie sich leicht mit gewissen casus von einem allmählich entstandenen durchflectierten thematischen adjectiv- oder substantiv-stamme vermischten. Ein stamm *ŋsero-* oder *ŋsoro-* ist nämlich entweder als casusform eine der ur- sprünglichen ablautsformen, die nachher vorzugsweise adj.-stamm geworden ist, oder ein nach einem vorher befindlichen muster aus dem loc. **ŋsa.r* gebildetes adj. (wie *intero- : inter*, *su- pero- : super*, vgl. *tovo-s* : gen. s. *tava*, lit. *manas* : gen. **mana* u. s. w.).

Der umstand, welcher mich besonders bewogen hat, g. *un- sara* als einen ursprünglich isolierten, vom poss. unabhängigen instr.-casus zu fassen, ist die übereinstimmung mit den wörtern,

schützt worden ist. Dies *m* konnte, wie es scheint, in diesem casus hinzugefügt oder weggelassen werden, ohne dass ein grösserer unterschied der bedeutung eintrat (instr. sociat.), vgl. s. *túbhya : túbhyam*, instr. du. s. *-bhyā-m* : zd. *-byá*; ahd. *nidare : nidaró* (< s. *'nitará : nitarám*); ge- wöhnlich hat *-m* den ursprünglichen locativischen character der bildung zu erhalten mitgewirkt, während sonst die m-lose form als instr. ver- wendet ist; denn einen andren unterschied finde ich nicht zwischen den fem. loc. und instr. in folgenden biegungsklassen i. *gátyā* : l. *gátyā-m*, *dhenvá : dhenvá-m, dhiyá : dhiyá-m, bhuvá : bhurá-m, sĕ'nayá* : abg. instr. *ryboją*, aber s. loc. (obgl. nicht völlig entsprechend) *sĕ'nāyā-m* (vgl. L e s k i e n Decl. p. 69 ff.; B e z z e n b e r g e r ZGIS. 135; P a u l P.-B. B. IV, 389; D a n i e l s s o n Gram. anm. II, 30), *kanyàyā : kanyắ yā-m, dắcyá : dĕvyắ-m. vadhrá : vadhvá-m, pāpúyá, pāpyá : pəpáyā-m, pāpyá-m, *usrá : usrám* oder *usarám, tūyā* : abg. instr. *toją*, s. loc. *tá-s-yā-m* (statt **tá- yā-m*), vgl. *asyá-m*.

die mit dem suffix -*te-ro-* gebildet sind. Dies suffix könnte
durch ablaut in folgende hauptformen zerfallen: -*ta͟-r* : -*te-ro-*,
-*to-ro-* : -*t-ra͟,* (und natürlich daraus verschiedene grade von
verkürzten formen). Dass diese formation mit der vorhergehenden zusammenhängt, ist selbstverständlich. Zunächst muss
nun bemerkt werden, dass s. adv. -*tra͟* unmöglich als casus
eines verallgemeinerten adj.-stammes auf -*tero* angesehen werden
kann, sondern wenigstens aus einem adj. auf -*tro* herzuleiten
ist, und dass also s. *asmatrá* auf keinen fall auf gr. ἡμέτερος
bezogen werden darf (vgl. dagegen l. *nostro-*). Nun wechselt
aber mit -*tra͟* im allgemeinen -*tra̽*, und es kann mit fug nicht
behauptet werden, dass -*tra̽* die instrumentalendung eines thematisch flectierten stammes auf -*tro* sei; im gegenteil, -*tra*
und -*tra̽* als ablautend etwa wie instr. -*na* : -*na̽* oder wie l. *prō* :
πρό, s. *ghá* : *gha* u. s. w. (s. oben), scheinen von überwiegend
adverbialem charakter zu sein, oder wenigstens eher als casus
eines athematischen (substantiv-)stammes als eines thematischen
(adjectiv-)stammes aufgefasst werden zu müssen. Sonach glaube
ich, dass, wie *átra*, *tátra* local-adv. (= da) sind, so *asmatrá*
anfangs nur *bei uns*, *sammt* oder *mit uns* o. dgl. bedeutete (nicht
bei oder *sammt*, *mit dem unsrigen*), und betrachte *tra͟,* demgemäss
nur als eine ablautsform zu -*ta͟,r* : -*te-ro-*, -*to-ro-*. — Bekanntlich giebt es eine beträchtliche anzahl wörter auf -*ta͟,r*, die
deutlich isolierte adv. oder wenigstens isolierte casus eines
athematischen stammes sind: s. *antár*, *pra̽-tár*, *sanu-tár* (*sani-
túr*), l. *inter*, osk. *antar*, ἄτερ, l. *præter*, *propter*, *supter*, mo-
dale adv. -*ter* (*fortiter* u. s. w.; übrigens s. Persson St. et.
p. 97 ff.). Diese verhalten sich zu den adv. auf -*tre̽*, -*trō*, -*tra͟*
(g. *hidre̽*, *hwadre̽*, *jaindre̽*, l. *extre̽-*, *postre̽-*, *intra*, *extra̽*, *ultra̽*,
citra, *contra̽*, *intrō*, *ultrō*, *citrō*, *retrō*, *contrō-*, osk. *ehtra-d*,
contru-d, u. *hondra*, *hutra*, *postro*, g. *þaþrō*, *jainþrō*, *hwaþrō*
u. s. w., *aftra*, *viþra*, isl. *þaðra*, *héðra* u. s. w.), wie *per* : s.
pára̽, *pra̽*, l. *prō*, πρω- = *super* : l. *supre̽-*, *supra* = **ṇdhĕr* :
l. *infra* u. s. w. Wenn nun in diesen kreis auch **ἡμετερ (=
s. **asmatar* wie *unsĕr*, vgl. ἡμέτερος) : s. *asmatrá* gehört, und
dies verhältniss mit ahd. *unsér* : g. *unsara* gleichzustellen ist,
so folgt, dass *unsara* etwa desselben ursprungs ist, wie *asmatrá*.
Steht dies aber mit s. *átra* u. s. w. auf einer linie, so ist auch
unsara ein adv. und mit ahd. *dara*, *fora* zu combinieren; es
verhält sich also *unsér* : *unsara* = *dár* : *dara*.

Nun ist wirklich *asmatrá* ungefähr wie der gen. *asmákam* verwendet worden, z. b. Ṛv. I, 132, 2: *asmatrá tē sadhryàk santu rātáyaḥ* = ἡμέτερα sunto dona tua (Persson St. et. p. 104). Persson, hat wie mir scheint, bewiesen, dass formen auf *-er*, *-ter* specifisch locativisch sind, und ich schliesse somit, durch die gewöhnliche bedeutung der adv. auf *-trá* geleitet, dass sowohl *asmatrá* wie *unsara* eigentlich locativformen sind, die nachher genitivische bedeutung bekommen haben. *Unsara* bedeutete demnach ursprünglich *bei uns* und verhält sich zu s. *átra* wie *unsêr* : **þé-r*. Im Gr. haben die adv. auf *-tra* einen reflex in ἀμφοτέρῃ (Hcr. VII, 10), in dem *-τερη* für **-τρη* aus den adj. auf *-τερος* eingedrungen ist, also *suprē-* : ὑπερη- — *asmatrá* : ἀμφοτέρη; und wenn *suprē* : ὑπερη- — **unsrē* : *x*, so ist dies *x*, nach dem adj.-st. umgebildet, — *unsara*. Dass auch anderswo in den germ. sprachen eine derartige umbildung vor sich gegangen ist, glaube ich durch folgende beispiele zeigen zu können. Wie *ubarô* : l. *supra (suprē-)*, so verhält sich ahd. *gestarô(-n)* zu g. *gistra*, oder g. *afturô*, in dem man wohl kaum mit Paul (P.-B. B. VI, 203) eine lautliche umwandlung von **afturô* sehen darf, zu g. *aftra*, möglicherweise ags. *tô-videre*, anfr. *withere*, ahd. *widare* : g. *viþra*, ahd. *nidare*, *nidarô* : as. *nidara* (*nithare* C. 2421) : ags. *niđre*, isl. *niđri*.

Ich werde nun zu dem, was oben im allgemeinen erörtert wurde, einige beispiele hinzufügen, um zu zeigen, dass formen oder wörter, deren zusammensetzungsglieder deutlich unterschieden werden können, im übrigen unflectiert als casus fungieren. S. *tava* (und **sava*), zd. *mana*, s. *mama* (möglicherweise auch ein idg. gen. **meio* vgl. instr. *máya* Mahlow Die l. v. 164 f.) sind eigentlich wörter („stämme") als casus verwendet. Von derselben art ist *meina*, *þeina*, *seina* (s. unten) im verhältniss zu mit *n*-suffix gebildeten adverbien. Ist dies der fall, so kann man (gegen Brugmann KZ. XXVII, 400 ff.) *asmá-kam*, *yuṣmá-kam* als ursprünglich isolierte formationen fassen, von welchen man mit keinem grade von gewissheit behaupten kann, dass sie nom.-acc. neutr. seien. Ebensowohl könnte man dies von *ahám*, *tvám*, *ayám* oder von den adv. *param* (o. *perum*), s. *uttaram*, *pratarám*, oder *uttarā'm*, *pratarā'm* u. s. w. oder von *túbhyam* (: *túbhya*) behaupten. Eher hat man zu sagen, dass diese bildungen in bezug auf bestimmte casus anfangs ziemlich indifferent waren und erst durch den gebrauch bestimmte, verschiedene casusbedeutungen bekamen. Das dualische *yurᵈku* (Ṛv. I, 17, 4; 120, 9) ist meiner meinung nach ein derartiges unflectiertes wort und braucht ebensowenig als n.-a. n. angesehen zu werden, als z. b. μεσηγύ, ἐγγύ, ἄγχι oder ἀμφί, womit die *bh*-casus zusammenhängen (vgl. φι(ν), als instr., loc., abl., möglicherweise als gen. und dat., und neutral hinsichtlich des numerus Brugmann Gr. gr. § 72; G. Meyer Gr.² p. 363 f.). S. *yuvákuḥ* (Ṛv. VII, 60, 3) braucht demnach vielleicht nicht in *yuváku* geändert werden. Dies verhält sich nämlich zu *yuvákuḥ* wie ἐγγύ : ἐγγίς = μεσηγύ : μεσηγύς = ἀμφί : ἀμφίς (vgl. λιχριφίς u. s. w.). Meine auffassung wird auch von den von Brugmann angeführten vedischen formen *asmáka, yuṣmáka* gestützt. Brugmann sagt: „dass auch *asmáka, yuṣmáka* als gen. vorarisch seien, kann nicht wahrscheinlich gemacht werden". Man kann aber fragen, ob sie nicht mit gleichem rechte für unflectierte wörter („stämme") erklärt werden können, wie *tava, mama*, zd. *mana*. Es scheint, als ob man angesichts dieser parallelen keinen grund habe, sie als analogiebildungen nach *tava, mamu* zu erklären — analogiebildungen, die nicht sehr ansprechen. Und die adj. *asmákas, yuṣmákas* sind aus den isolierten, ursprünglich agglutinierten stammformen *asmáka, yuṣmáka* sicherlich ebenso entstanden, wie κῆ-νος von einem adv. κῆ (durch die ableitungssilbe -νο) oder von einer casusform *κῆνα (nach der analogie andrer adj.) ausgegangen ist [1]).

Ist es nun wahrscheinlich, 1) dass *unsêr unsara* ursprüngliche localwörter oder localcasus sind, 2) dass locativische ausdrücke im allgemeinen genitivische bedeutung bekommen können, und 3) dass wir tatsächlich andre wörter haben, die ohne die übliche idg. flexion genitivische bedeutung zeigen, so erübrigt, mit wenigen worten aufzuweisen, dass auch sonst *r*-formationen mit possessiv-genitivischer function auftreten. Zunächst haben wir da die possessivischen adjective (st. *ṇsero-, ṇsoro-*), die natürlich mit den besprochenen *r*-formationen zusammenhängen.

---

[1]) Übrigens würde es nicht ganz grundlos sein, diese *k*-bildungen als idg. anzusehen. Zunächst folgende analogie: lit. adj -ókas ; adv. -k(a) = comp. -τερος : adv. -ter, trð = comp. -jo(-ns) (vgl. *alius*) : loc. -i (vgl. ἐνί, ἀντί) u. s. w. Man vgl. ferner die griech. localen adv. auf -αξ, -ιξ, -υξ (mit hinzugefügtem s): πύνδαξ (subst. „boden", eig. „im boden"), πέριξ, γνύξ, μεταξύ, πύξ, μουνάξ u. s. w.

Das Air. hat für dio poss. r-formen *ar n-* „unser", *far n-*, *for n-*, *bor n-* „euer" (s. Brugmann KZ. XXVII, 404) und das Arm. (Hübschmann Arm. st. p. 90 ff.) bildet den gen. von den persönl. pron. mit *r*: *mer* „unser", *jer* „euer", vgl. auch *oir* (von *o* < **qo-?*) „wess", *ēr* (von *i* < **qi-?*) „warum, wozu", *no-r-a* (nom. *n-a* „er"), *ai-n-r* (nom. *ai-n* „dieser") u. s. w.

— — —

Bisher habe ich mich nun mit dem ursprung und der formbildung des gen. pl. der persönl. pron. beschäftigt und nur mit ahd. *unsēr*, g. *unsara* operiert. Ich werde jetzt die einschlagenden formen der einzelnen germanischen dialecte etwas näher betrachten. Zunächst folgt eine übersicht der wichtigsten dieser formen. Von derselben art wie ahd. *unsēr* sind as. *ûser*, ags. *ûser*. Wie diese sich zu g. *unsara* verhalten, so verhalten sich ahd. *iuwêr*, ags. *éower* (as. *iuwar*) zu got. *izvara*, ahd. *unkêr*, ags. *uncer* (as. *uncero* ist gen. pl. des poss.) zu g. *ugkara*, ags. *incer* zu g. *igqara*. Die aisl. formen *okkar*, *ykkar*, *ydvar* sind mehrdeutig. Übrigens sind folgende zwei interessante formen zu berücksichtigen: aisl. *vár*, ags. *ûre*, die, wie ich zu zeigen versuchen werde, zu einander sich verhalten wie *unsēr* : *unsara*.

Die pluralischen stämme. A) I. pers. [1])

1. a) Der stamm des gen. pl. ist aus der ablautsform *ṇsē*, die ohne r-suffix als nom. des pron. poss. in as. *ûsa*, *unsa* vgl. mnl. *onse* verwendet ist, hervorgegangen; hierüber wie über den fränk. und as. poss.-st. *unsa-* (st. *unsara-*, *unsera-*) s. oben. Als adj.-stamm wird übrigens *unsara-* und *unsera-* verwendet: g. *unsar*, ahd. st. *unser-* und *unsar-*.

b) St. *ṇzē* und poss.-st. *unzdra-*, *unzdra-*, die für das aisl. vorauszusetzen sind. N. sg. sollte urn. *unRar (> *unnar) heissen, und z. b. d. pl. *unnrom > *órom*, woraus sich der isl. stamm *ór-* herausgelöst hat. Dass dieser stamm so entstanden ist, wird sowohl durch *ó·rar* mit nasalvocal in der Sn.-Edda als durch gewisse dialecte der schwed. landschaft

---

[1]) Betreffs der anordnung des materials des folgenden abschnittes sowie einzelner in ihm enthaltener bemerkungen bin ich Noreen dank schuldig.

Dalarne bewiesen wie z. b. *u·e·r* „unser" (Noreen Aisl. gr. §§ 52, 76 a. 5; Ark. f. n. fil. III, p. 15). Ob

2. der st. *üssa-* mit 1 zusammenhängt ist schwer zu entscheiden. Er tritt in syncopierten casus des pron. poss. im Ags. und Aisl. auf; möglicherweise auch im as. *ussan* (Hel. Cott. 25. 68; Heyne: *üsson*). Vermuthlich hat dieser umstand Sievers bewogen (Ags. gr. § 336), *üss-* für eine assimilation der durch syncope in den cas. obl. entstandnen verbindung *üsr-* zu erklären. Ob eine derartige erklärung für das Ags. möglich ist, weiss ich nicht; dagegen kann die isl. form *oss-*, welche mit ags. *üss-* deutlich zusammenhängt, nicht, wie Noreen gezeigt hat, so erklärt werden. Sofern man nicht annehmen darf, dass diese form eine umgestaltung des als stamm gebrauchten dat. g. *unsis* sei, muss sie bis auf weiteres als unklar gelten. Mit keinem der behandelten stämme hängt

3. der st. *üra-* zusammen. Diesen stamm findet man meiner meinung nach im ags. gen. pl. *üre* und im pron. poss. n. sg. *üre (ür)*, welche formen mit einander identisch und betreffs der form des suff. ganz mit got. *(unsa-)ra* gleichzustellen sind. Wir müssen demnach *ü-rā,* abteilen, dessen wurzelsilbe mit n. 4 zusammenhängt. Der Färö-dialect auf Gottland hat (nach Noreen Sv. landsm. I, 346 f. und vorles. 1886) eine form *evar*, die nach Noreen aus einem stamme *üar-* erklärt werden muss. Etwa eine solche form hat man gewöhnlich als ursprung der form

4. isl. *vár* angenommen; man hat nämlich sowohl **üar* als *rár* mit dem st. *unsar-* zusammengestellt. Bugge (KZ. IV, 250) leitet *rár* aus **üsar* durch schwund von *s* (sei es durch übergang in *r* und dissimilation oder direct) her, und als parallel wird ahd. *isarn, ísan,* g. *eisarn,* isl. *járn* angeführt. Mit Bugge stimmt Hoffory in der hauptsache überein (Tidskr. f. fil. og paed. n. r. III, 297 ff.). Gegen diese erklärung ist aber einzuwenden, dass es unmöglich ist, schwund des *s* lautgesetzlich zu begründen. Paul hat daher (P.-B. B. VI, 157, 261), auch auf das verhältniss *ísarn : járn* gestützt, erklärt, dass eine form *ür* (die er in den syncopierten casus entstehen lässt: z. b. aus **üsrom, *üsra, *üsro*) durch analogie eine form **üsarr* zu **üarr* umgebildet habe, und dieser meinung schloss sich Noreen Sv. landsm. I, 346 f. an. Zunächst ist jedoch isl. *járn* in andrer weise zu erklären (entweder als ir.

lehnwort Schrader Sprachvergl. u. urgesch. 294, vgl. Thurneysen Keltorom. p. 36, oder lieber wie Noreen Arkiv f. n. fil.
IV, 110 n., vgl. Kremer P.-B. B. VIII, 431), weshalb es keine
stütze liefern kann. Ferner ist entstehen von *úr aus *úsr
unmöglich und ausserdem ist der postulierte übergang von
*úar > vár unbeweislich, wie Noreen, seine frühere erklärung
von gottl. evar aufgebend, gezeigt hat. Meiner meinung nach
muss man isl. vár aus urgerm. *vē-r herleiten. Dann ist aber
úre offenbar mit vár zusammenzustellen. Dass vár von unsar-
geschieden werden muss, hat schon Leskien (Decl. p. 155)
behauptet; es ist eine r-formation, beruhend auf dem in Skr.
(s. oben) und andren sprachen für die 1. person gebrauchten
stamm a͜ṷa͜.- (vgl. g. vi-t, vei-s, aisl. vit, vér, rǽr, lit. du. vèdu,
abg. du. vě u. s. w.). Denken wir uns diesen stamm mit r-suff.
ausgebildet, wie in unsér : unsara, so bekommen wir vē-r :
ū-rū͜, d. h. isl. vár : ags. úre = unsér : unsara — adv. *þé-r :
ahd. dara, und s. adv. -trā — l. super : suprē u. s. w. úre
ist sonach wesentlich derselben art wie ags. fore. Der ablaut
ist in diesen fällen evident übereinstimmend: unsě- : vě- —
uns- : ū-; ū- ist also nach Osthoff's terminologie die neben-
tonige form. Nach de Saussure, J. Schmidt, Schulze
a͜ṷ, ṷa͜ : n͡ — a͜ṷ, ṷa͜ : ŭ (vgl. bei Bersu Guttur. p. 7;
KZ. XXVII, 427 ff.). -— In den nord. sprachen haben wir somit
zwei stämme: vár- und úr-; es ist nicht unwahrscheinlich, dass
*úr- schon früh nach yðvar, okkar, ykkar zu *úar umgebildet
worden sei, insofern gottl. evar diese grundform erfordert. —
Von vár ist pron. poss. várr ausgegangen.

B. II. pers.

Wenn wir die idg. stämme betrachten, die gebraucht worden
sind, um die 2. pers. du. und pl. zu vertreten, so finden wir
zunächst i̭ŭ-, aber ausserdem auch hier den stamm a͜ṷa͜.- (s.
oben). Aus den ältesten ahd. formen (ë́u, euuuih, nachher iu,
iuuêr, iuuih, iuuuêr, iuuuih, iuu̯êr, iuwih u. s. w. s. Kögel
P.-B. B. IX, 536 ff,; Braune Ahd. gr. § 282), gleichfalls aus
ags. (éower, éow, éowic u. s. w., s. Sievers Ags. gr. § 332)
und as. formen (euuar, poss. euua, euues, iuwar, iwar) erhellt,
dass wir von einem st. e͜ṷ͜.-, d. h. für den ahd. gen. pl. von
*e͜ṷē-r, für den got. von *e͜ṷ(a͜.)-rā͜ auszugehen haben. Dieser
stamm, insofern er eigentlich mit demjenigen identisch ist,

welcher den o. behandelten formen der 1. person zu grunde
liegt, sollte natürlich in der form *vē-* statt *e̜u̯ē-* erscheinen.
Indessen dürfte es nicht zu kühn sein, anzunehmen, dass *e̜u̯ē-*
durch einwirkung des zweisilbigen normalstamms *e̜u̯o-* (vgl. abg.
omi̅) neugebildet worden sei. —
Besonders schwer ist es, die got. und nord. formen in
ihrem verhältniss zu einander zu erklären. Wahrscheinlich ist
g. *izvara* ein compromiss zwischen *jus* und dem zu erwartenden
*iggvara[1]); aber wie, sei es **iggvara* oder *izvara* mit aisl.
ẏðvar sich vertragen kann, weiss ich nicht. Die bis jetzt beste
erklärung dieser form rührt von **Bugge** her (KZ. IV, 252;
Ark. f. n. fil. II, 241, 249, vgl. **Leskien** Decl. p. 155; **Bezzenberger** BB. VII, 77; **Singer** P.-B. B. XII, 212 f.). Er hat
angenommen, dass *ð* durch eine dissimilation aus **izviz (iRviR)*
u. s. w. entstanden sei.
Dualis I. ahd. *unkēr*, ags. *uncer* : as. poss. *unca* : g.
ugkara — II. ags. *incer* : as. poss. *inca* : g. **igkara* = *unsēr* :
as. *unsa*, *ûsa* : g. *unsara*. Die postulierte form **igkara* ist
möglicherweise so entstanden: die vorauszusetzende form **jukara* ist durch einfluss von *ugkara* um *n* vermehrt und durch
den einfluss von **evara* oder **ivara (*iggvara, izvara)* zu **enkara*,
*inkara verwandelt; auf dieser stufe stehen As. und Ags.
Nachher kann die gotische form **igkara* durch einfluss von
*iggvara oder *izvara* unter dem einfluss des verhältnisses *ugkara* : *unsara* ein *v* bekommen haben (vgl. **Baunack** Mém.
d. l. soc. de l. V, 19). Folgendes schema könnte die entstehung
von *igqara* veranschaulichen:

ugkara —*jukara —*iggvara oder izvara

igqara.

Hinsichtlich der stammbildung kann ich nichts sicheres
bieten[2]) (s. **Leskien** Decl. p. 153 ff.; **Baunack** a. o.).

Ich gehe nun zur besprechung der *n*-formationen, g. *meina*,
þeina, *seina*, ahd. *mîn*, *dîn*, *sîn* u. s. w. über, und wenn es mir

---

[1]) Anders jetzt **Torp** Beitr. zur lehre von den geschlechtslosen
pron., Christiania 1888. s 35. [2]) Hängt *k*, möglicherweise aus idg.
g(u)) mit abg. gen. *to-go* zusammen? vgl. jetzt **Bugge** P.-B. B. XIII, 514;
Torp Beitr. etc. p. 48 ff.

gelingt diese formen in einer einheitlichen und der vorgetragenen erklärung von *unser* u. s. w. entsprechenden weise zu deuten, so ist, glaube ich, für eben diese erklärung eine sichere stütze gewonnen.

Wie ich vorher bei den *r*-bildungen zuerst die am meisten isolierten (adv.) wörter besprach, dann die mit diesen fast identischen, als casus in gewisse fertige paradigmen eingetretnen formen und zuletzt dieselbe formation als flexionsstamm eines ganzen paradigmas (*dâr* : *dara* — *unser* : *unsara* — pron. poss. *unsera-*, *unsara-*), so will ich auf dieselbe weise nun auch die *n*-bildungen behandeln. Nach dem, was oben erörtert ist, können wir etwa dieselben grade von ablaut wie bei dem *r*-suffix: *(ā,-)n* (vgl. *unser*) : *a,-na,* (vgl. adj. *unse-ra-*) : *nā,* (vgl. *uns(a)-ra*) und natürlich mehrere kürzere formen erwarten.

Die loseste verbindung zwischen einem als ursprung des fraglichen suffixes angenommenen pron.-stamm und einem andren wort findet man gewöhnlich in gewissen zusammengesetzten pronominibus, welche aus syntactischen verbindungen, in welchen ihre glieder ursprünglich nur zum zweck der gegenseitigen verstärkung vereinigt waren (vgl. ὅδε, τοιόσδε u. s. w.), gewonnen zu sein scheinen, ohne dass dabei eine casuelle function festgesetzt wurde; vgl. z. b. s. *nāna-nām*, *nū-nām*, abg. *nynê* (ablautsform zu *vū-v*), s. *hinā*, *canā* (vgl. Whitney Gr. § 1122b), l. *quisnam* (und adv. wie s. *vinā*, l. *pōne*, *superne* u. s. w., s. unten). Allein wie das suff. *ara* anfangs eigentlich nur als verstärkung zu den local-deiktischen pronominal-stämmen hinzugefügt wurde, nachher aber allmählich dahin kam, zuerst specifische local-adv. und dann localcasus eines paradigmas auszudrücken, ebenso ist wahrscheinlich das verhältniss in bezug auf das *n*-suffix gewesen. Ich werde zuerst die speciellen adv.-bildungen, welche in den idg. sprachen begegnen, und deren adj. behandeln. Ein adv. **apa,* (vgl. s. *ápa*, ἀπό, ἀπω-, l. *ab* u. s. w.) konnte unter gewissen umständen mit suff. *nā* verstärkt werden: **apa,-nā.* Dies war zweifelsohne anfangs eine syntactische verbindung, von der nicht behauptet werden kann, dass sie nur adv. oder nur adj. war. Aus derselben konnten sowohl verschiedene ablautsformen entstehen, als auch ein localadj. entwickelt werden (vgl. zd. *apana* „der ob seiende" vgl. d. *obig. vorig* u. s. w.). Das adv. liegt vor in ahd. *fona*,

as. *fana* u. s. w. (< **ponā,*), und in l. *pō-ne*(?) (< **pō-nă,*).
Dass die bedeutungen nicht hindern, *fona* und *pone* so eng zu
vereinigen, lehren z. b. παρά und πρός mit ihren verschiedenen
bedeutungen. — Eine ebensolche syntactische verbindung ist
s. *vind*, das schwerlich als ein aus den bekannten flexions-
systemen herausgebrochener und erstarrter casus zu erklären
ist. Ahd. ags. *hina* „weg" ist ein adv. derselben art (vgl.
unten). Ahd. as. *inna, inne,* g. *inna,* ags. *inne,* isl. *inne* ist
nicht durch assimilation aus *indo* entstanden (man hat es nämlich wie Mahlow Die l. v. p. 67 mit ἔνδον, ἔνδοι verglichen),
sondern deutlich ein mit -*nā* verstärktes *en-*: **en-nā,* (vom auslaut unten). Wie aus den angeführten formen ersichtlich ist,
ist es eigentlich nicht die endung *na,* was die specifische bedeutung der einzelnen wörter bewirkt. Diese liegt vielmehr in
der ganzen combination.

Nun finden wir eine recht grosse menge von adv. in den
idg. sprachen, die unzweideutig mit den schon genannten zusammenhängen, aber verschiedenen ablaut des suffixes zeigen.
In dieser beziehung sind besonders die varianten -*n,* -*nă,* und
-*nā,* hervor zu heben: *vū-v* : *ĭ-va, nū-nā-m* : abg. *nynĕ.* Aus
nynĕ wie aus dem st. *jenê-* (unten) erbellt, dass wir es mit idg.
-*nê* zu tun haben[1]). Hier folgt nun eine aufzählung der wich-

---

[1]) Anmerkungsweise muss ich hier einige worte über den germanischen auslaut beifügen, besonders über den vocalauslaut. — Hinsichtlich
der auslautenden kurzen vocale haben Paul (P.-B. B. IV, 468) und ent-
schiedener Sievers (P.-B. B. V, 111, 121) angenommen, dass ein unbetonter vocal im ursprünglichen auslaut urgerm. apocopiert worden sei.
Sievers hat diese regel jedoch dahin modificiert, dass idg. schlussbeto-
nung, z. b. in den praep. und adv., den kurzen auslaut in germ. zeit
bewahrt habe, und Paul (P.-B. B. VI, 124 ff.) urgerm. apocope später
geleugnet, worin J. Schmidt (KZ XXVI, 20 ff.) ihm beistimmt. In
bezug auf die zweisilbigen formen *ana, aba* u. s. w. kann man sowohl
die Sievers'sche als die Schmidt'sche erklärung gelten lassen; aber
man kann auch — und in vielen fällen ist dies notwendig — die zweisilbigen formen auf idg. formen mit langem auslautenden vocal zurückführen. Ist dies bisweilen notwendig, so können wir auch manche erscheinungen, die für urgerm. apocope (syncope) zu sprechen scheinen,
für schon idg. ablautserscheinungen erklären (wie ich oben angedeutet
habe). Man wende nicht ein, dass gewisse consonanten *(d, t, m)* durch
die auslautsgesetze geschwunden wären; denn es ist zu bemerken, dass,
wenn die auf diese weise einsilbig gewordenen wörter unter starkem ton
standen, wahrscheinlich auch diese consonanten blieben (vgl. oben s. *ád* =

tigsten mit *n*-suffix gebildeten localadverbia. Aus dem
Skr. habe ich schon *nūná-m*, *nāna-ná-m* (modal), *vind* verzeichnet; über den s. instr. s. unten. Aus dem Zd. haben
wir z. b. *pasne* (*-a+i*). Von griechischen beispielen werde
ich unten handeln. Im lat. *superne, inferne* (über die entsprechenden adj. vgl. unten), *pōne* (**posne* oder *pō-ne?*),
u. *perne, porstne, superne* (vgl umbr. adj. *pernaiaf, pust-
naiaf* acc., *pusnaies* abl., über deren bildung ich nichts
entscheide vgl. Bücheler Lex. it. XXI f., Umbrica 200 f.,
über andere s. bald unten). Aus dem Abg. habe ich schon
nynĕ genannt. Im Isl. hat sich — von welchem worte oder
welchen wörtern aus, weiss ich nicht — ein adv.-sufûx *na*, wie
ich glaube, aus *nĕ'* (> *nd* > *nà*) entwickelt: *núna, þdna, þarna,
hérna, svána, gœrna, þérna* „tibimet" (vgl. Cleasby-Vigfuson
XXVIII; Scherer ZGDS.² 503). Wenigstens scheinen sie von

anorw. *át*, ags. *ót*). So z. b. können die verschiedenen formen der
adv.-präp. g. *faur : faura* aus idg. verschiedenheiten folgerichtig erklärt
werden: g. *faur* = *náϱ*; as. *far* (vgl. *afar*) = *ποϱ-* (l. *por* vgl. *apor*);
g. *faura* = s. *purá*; g. *fra* = s. *prú, πϱό*; ahd. *fruo* — z. *frá* u. s. w.
Auch dieser gesichtspunkt hat mich bestimmt, die oben behandelten
formen, besonders die mit beibehaltenem auslaut (*fora, dara, unsara*
u. s. w.), auf idg. ablaut zurückzuführen. — Über die auf langen ge-
schützten oder ungeschützten vocal auslautenden formen haben seit
Westphal gehandelt: Paul (P.-B. B. IV, 335 ff., VI, 184 f., 209 ff.),
Sievers (das. V, 133; MU. I, 142), Osthoff (MU. I, 232 ff., 240, 276 ff.),
Mahlow (Die l. v. p. 48 ff., 56 ff., 62 ff. u. s. w.), Möller (P.-B. B.
VII, 482 ff., 534 ff.), J. Schmidt (KZ. XXV, 97, XXVI, 42 f.), Leskien
(Ber. d. k. sächs. ges. d. wiss. 1884, p. 100), Bremer (P.-B. B. XI, 38 ff.),
Burg Die älteren nord. runeninschr. Berlin 1885, passim; vgl. auch
Hansen KZ. XXVII, 612 ff. Hier ist nicht der ort — auch wenn ich
übrigens im stande dazu wäre — eine entscheidung zwischen diesen ver-
schiedenen meinungen zu treffen; am nächsten möchte ich mich an die
erörterungen Möller's und Bremer's anschliessen. Nur bemerke ich,
dass ich got. *a* in *inna, úta, iupa, dalaþa, faura, afta, aftra, nêhwa,
fairra, viþra, anda, ufta* weder auf *ê* aus *êi* (Bremer), noch auf *ai*
(J. Schmidt), sondern (in anbetracht von *hidrê, hwadrê, jaindrê, -þrô,
uftô, auftô*) auf idg. *-ê* zurückführe. Die Mahlow'sche part. *āā* lässt
sich wohl nicht mehr aufrecht erhalten (vgl. J. Schmidt KZ. XXVI, 29).
Wir können demnach behaupten, dass z. b. *unsara*, ags. *ûre*, ahd. *dara*
aus *ê* erklärt werden können; und Möller wird kaum recht darin haben,
dass der einzige repräsentant eines ausl. *ê* im ahd. *e* sei. Es ist wenigstens möglich, dass urspr. *ê* ahd. *a* wurde, wenn es noch im Ahd. nebenton
hatte, ganz wie im Nord., vgl. g. *hidrê : * aisl. *hêdra* u. s. w.

derselben art wie z. b. mhd. *rërne (fern)*, vgl. u. *perne*, zu
sein; *vërne : g. fair-ra* = zd. *nurem*, ahd. *nûra : s. nûndm*
u. s. w. Die genannten adv. sind deutlich localadv., und man
kann nicht umhin, das locativ-*n* in der nom.- und pron.-decl.
hierher zu ziehen: s. *asmi-n, tismi-n* u. s. w. (s. G. Meyer Gr.
gr.[2] § 416, 423; Baunack Mém. d. l. soc. d. l. V, 12 ff.), die
eigentlich doppelten locat.-character enthalten. Entsprechend
meiner auffassung des *r*-suffixes glaube ich dies *n* in den sogen.
endungslosen loc. auf -*n* im S., Gr., Zd. u. s. w. wiederzufinden
(Lanman On noun infl. p. 535 f.; Whitney Gr. § 425; Joh.
Schmidt KZ. XXVII, 306 u. s. w. s. oben), und gerade wie
das *r*-suffix nicht sowohl ursprünglich ein nur verstärkendes
locales wort war, sondern erst später zum localsuffix herab-
gesunken ist, ebenso ist es dem *n*-suffix ergangen.

Hier wäre vielleicht der ort, die *n*-bildungen der bekannten
pronominalstämme zu behandeln, doch will ich sie lieber unten
in einem andern zusammenhange zur sprache bringen. Das
eine sei indessen hier bemerkt, dass ich nicht glaube, die adv.
g. *þan, hwan : þana-mais* u. s. w. seien so zu erklären wie
Paul (P.-B. B. IV, 385 ff.) es getan. Jedenfalls, wie z. b.
en + nā, inna geworden ist, so sind *þan, hwan, hin* (wie ich glaube
aus urg. **þană*, kürzeablautsform zu **þana*. > g. *þana* u. s. w.)
mit -*nā* verstärkt worden, sei es dass dies in urgermanischer
zeit oder einzeldialectisch geschehen ist. In dieser weise möchte
ich nämlich einige formen mit doppeltem *n* erklären (vgl.
Scherer ZGDS.[2] 595 f.). Bezzenberger (Got. adv. p. 108
n. 2), nach Grimm III, 167, behauptet freilich, und Paul
(P.-B. B. IV, 471 f.) ist derselben meinung, dass ahd. *dunne,
denne* ein *i* in der endung enthalten habe. Die mhd. reime
sollen dafür entscheidend sein. Ich bin nicht im stande in
dieser frage entscheiden zu können. Nur muss hervorgehoben
werden, dass sowohl ahd. *danna*, als die unten zu erwähnenden
formen eine endung auf -*ni* ausschliessen, und Paul's vorschlag
*þanjai entbehrt jeden anhaltspunktes in den übrigen sprachen.
Ich möchte desshalb zur discussion bringen, ob nicht, wenn es
wirklich nötig ist, umlauts-*e* anzunehmen, es denkbar sei, dass
ein **danni* (vgl. *denni* bei Bezzenberger) aus *dunne* in gewissen dialecten entstanden sei, und dass dies *i* dann umlaut
bewirkt habe (vgl. J. Schmidt KZ. XXVI, 39). Ist umlauts-*e*
aber nicht geboten, so werden die betr. formen in demselben

verhältniss stehen, wie as. *hwëna* : g. *hwana*. Die adv. dieser art sind ahd. *danne, denne, danna*, as. *thanne*, ags. *þonne* (alt *danne*), *þænne* (ahd. *danne* > nhd. *dann*, mhd. *denne* > nhd. *denn*); ahd. *hwanne, hwenne*, as. *hwanne, hwanna*, ags. *hwonne, hwænne* (vgl. nhd. *wann, wenn*); ein ahd. **hinna, *hinne* müssen wir für *hinnana* voransetzen; übrigens sind ahd. *anne, anno* (: *ana*), g. *ainnô-hun* zu vergleichen.

Dass *na* den damit agglutinierten wörtern von anfang an keine specifische bedeutung gab, leuchtet sowohl aus den schon angeführten, als aus den folgenden gründen hervor. Es giebt, wie bekannt, in den germ. sprachen eine gewisse klasse von adv., die je entweder ruhe auf oder bewegung von einem ort, oder teils dieses, teils jenes ausdrücken. Jedenfalls sind sie als neuschöpfungen in anlehnung an solche wie die oben verzeichneten entstanden. Besonders möchte ich in den adv., welche auf die frage *wovon* antworten, eine derartige neubildung sehen, die bedeutungsveränderung ist durch *fona* veranlasst worden, wo *na* für das sprachgefühl leicht als träger der *von*-bedeutung aufgefasst werden konnte. Solche adv. sind: ahd. *obana*, as. *obana* und *oban* (im allgem. auch adv. -*ene* Behaghel Germania 1886, p. 388), ags. *ufan, ufane* (über dessen längere formen im Ags. s. Paul P.-B B. VI, 129; Sievers IX, 263; Ags. gr. § 351, von **upē* > ahd. *oba, obe, opa*, ags. *ufe-veard*); g. *ûtana*, ahd. *ûzana, ûzan*, ags. *ûtan, ûton* (: g. *ûta*, ahd. *ûze*, as. *ûta, ûte*, ags. *ûte*, isl. *ûte, -i*); g. *iupana*, ahd. *ûfana*, as. *opan, open*, ags. *open* (: g. *iupa*, ahd. *ûffa, ûfe*; vgl. ags. *uppan* : as. *uppa, uppe*, ags. *uppe*, isl. *uppe, -i*, wovon anderswo gehandelt wird); ahd. *nidana*, as. *nithana, niðana*, ags. *neoðane, neoðan*, isl. *niðan* (: ahd. *nida*, as. *niðe*); g. *aftana*, as. *aftan* (: g. *afta*); mhd. *unden*, ahd. *untana* (aus *untanân* zu erschliessen: vgl. s. *adhah*); g. *hindana*, ahd. *hintana*, as. *bihindan*, ags. *hindan* (: idg. **ki-n-tē* wie **aptē*, cfr. s. *uta* gebildet [1])); ahd. *forana*, ags. *foran* (: ahd. *fora* u. s. w.); as.

---

[1]) Der st. *ki-* : *kö-kë-*, vgl. *κῆνος*, lit. *szén* u. s. w. = g. *hi-n-dana* : isl. *ha-n-dan*; obwohl dies aus einem **andan* mit einem vorschlag von *h* nach andren adv. mit *h-* erklärt werden kann, wie Schagerström Ark. f. n. fil. III, 185 n. 1 es thut. Ich will hier beiläufig bemerken, dass ein aus der grundform für *fona* herausgebrochener stamm *afan (fan)* den ausgangspunkt der in urn. runeninschr. begegnenden form *afqtR* (Brate BB. XI. 182, 191 f.) ebenso abgegeben hat, wie von st. *hin-* aus

fĕrrana, fĕrran, ags. *feorran*, isl. *fjarran (fjæran : *perrăₛ,*
vgl. isl. *fjarre, -i : fora* — g. *þana :* ahd. *danna* u. s. w.); g.
innana, ahd. *innan, innân*, as. *innan*, isl. *innan (: g. inna*, ahd.
inna, inne, -i, as. *inna, inne*, ags. *inne*, isl. *inne, -i*, s. oben); ahd.
danân, as. *thanan*, ags. *đonan, đanon* (setzt ein g. *þanana*
voraus: *þana* wie), ahd. *dannana, dannân (: danna*, oben); as.
hwanan, ags. *hwonan (: g. hwana* =) ahd. *hwannana*, wovon
nhd. *wannen (: hwanna, -e*); as. *hinana, hinan*, ags. *heonun (:*
g. ahd. *hina*, ags. *hine* u. s. w. =) ahd. *hinnana, hinnan, hin-
nân (: *hinna : hina* — ahd. *danna :* g. *þana*); übrigens g.
samana, ags. *nêan*, isl. *hêđan* (und übrige auf *-đan), undan,
framan* u. s. w., g. *suman* („einst, ehemals" u. s. w.); im Ahd.
begegnet ausserdem *untanân* (etwa: **untana — innân : inna*).
Auf dieselbe weise sind folgende adv. zu verstehen: ahd. *ôstana*,
mhd. *ôstene*, ags. *êastan, êastene*, as. *ôstana, ôstan*, isl. *austan;*
ahd. *wëstan*, as. *wëstana, wëstan*, ags. *westan*, isl. *vestan;* ags.
norđan, isl. *norđan*, vgl. ahd. subst. *nordan;* ags. *sûđan*, isl.
sunnan, vgl. ahd. subst. *sundan* u. s. w. Dass die zuletzt angeführten formen mit dem s. suff. *-tana* oder *-tna*, das zur ableitung von adj. aus adv., welche zeit (und ursprünglich raum)
ausdrücken (s. Whitney § 1245, c), dient, einigermassen in
verbindung stehen, sehe ich als glaublich an. — Von dem ur-
sprunge der adv. wie *innana, innan, innân* hat besonders Paul
gehandelt (P.-B. B. IV, 470 f., VI, 128 f., 166). Zuerst muss
hervorgehoben werden, dass wir kaum g. *suman* der bildung
nach von g. *samana* scheiden können. Dies deutet auf ursprüngliche verschiedenheit der auslautenden vocale, und es liegt demnach die vermutung sehr nahe, dass die ahd. doppelheit *innana*
und *innan* auf derselben verschiedenheit beruht. D. h. wir
haben als urgerm. formen **innanăₛ* und **innanăₛ* anzunehmen.
Von der ersten form gehen die ahd. und as. formen auf *-ana*

---

hina, hindar, hindana oder von *jan-* aus *ja-na-* (s.unten), engl. *yonder*
u. s. w. gebildet sind, und dass es mir ebenso annehmbar scheint, die
umbr. part. *-hon-t (-on-t)*, st. *hontro-* „infero", o. *hu[n]truis* „inferis",
u. *hondra, hutra*, sup. *hondomu* „infumo" (Bücheler Umbrica p. 47, 49
u. s. w., Lex. it. XI) mit Bugge (KZ. III, 36) und Zeyss (KZ. XX,
187) auf einen pron.-st. *ho-* zurückzuführen, als sie mit BB. VI, 237,
Danielsson Pauli's Altit. stud. III, p. 142 f. und Brugmann Grundriss
I, p. 176, 294 aus dem in l. *humus*, χϑών steckenden stamm herzuleiten.

— ags. -ane, isl. -an aus. Ist dies richtig, so können wir kaum von einer angehängten part. ā. (Paul) oder āñ (Mahlow) sprechen. Aber wie verhalten sich die formen auf -án und -an zu einander? In beiden muss ein a abgefallen sein, aber warum ist nicht immer das vorletzte a zum ersatz gedehnt, was Paul für -án annimmt? Ich vermute, dass wir von den folgenden zwei urgermanischen ablautsformen auszugehen haben: *inné'-nă, und *innă.-nă,. Aus der ersten form entstand folgerichtig ahd. innán, und aus *innă-na, konnte wahrscheinlich nach dem accentwechsel sowohl *innă-n'a, als *inn'ă-nă, hervorgehen; diese beiden formen haben dann innana und innan gegeben. Diese entwickelung setzt voraus, dass der betreffende typus in urgermanischer zeit geschaffen worden sei, und dafür spricht nun auch der umstand, dass er in fast allen germ. dial. vorkommt. Auch wenn innán, wie Mahlow (Die l. v. p. 67) vorschlägt, aus inna + an zu erklären ist, so müssen wir wenigstens urgerm. innănă und *innă-na. annehmen. Gewissermassen wäre der von mir vorgeschlagene hergang mit dem verhältniss unsér : unsara parallel. Und ist meine vermutung richtig, so spricht sie für die ansetzung von idg. formen wie *ădă. : *ădē > g. ût : ûta u. s. w. Einigermassen mit inná-n : inna-n zu vergleichen ist ahd. gestarô-n : (êgester-n und noch mehr) ags. gistran-dæg; inna-na wäre ein got. *gistra-na gleich. Der vocalische unterschied zwischen innâ-n und gestarô-n ist eigentlich derselbe, wie in in l. extrē- (vgl. ahd. gestre, g. gistra?): extrā.

Ich werde nun einige adj. behandeln, die mit der bisher behandelten adv.-catagorie zusammenhängen. Mit den adv. inná-n : innan sind zu vergl. adj. s.sama-nă : sámana, sowie die aus loc.-stämmen gebildeten viṣu-na (vgl. ană-na), apăci-ná, parăci-na, nici-na u. s. w. (Whitney § 1223 d, 1245 d) vgl. s.dákṣiṇa (dakṣiṇú). Diese können von loc. wie asmín, tásmin ausgegangen sein; vgl. übrigens ἐαρινός, νυκτερινός (cf. nocturnus = *νυκτερ : νύκτωρ), χειμερινός (cf. hibernus), περυσινός, ὀπωρινός, θερινός, δειλινός (s. Persson St. et. p. 110 ff.). — Hiermit sind wir zu den n-adj. gekommen, die von r-stämmen (loc.) gebildet sind: g. fairneis, as. fern, mhd. virne, ahd. firni, u. s. w. (s. Kluge Wbch. unter fern und firn), lit. pérnas (von adv. vgl. u. perne, mhd. verne): s. purā-ṇa, praṇa (zd. parana), πρανός, πρανής, l. pronus u. s. w. (s. oben), vgl. s. úra-ṇa, *áraṇya* u. s. w.; l. *hornus, infernus, supernus, internus, externus: extraneus, subternus;* ferner s. *abhyarṇa, apārṇa* (etwa: ὀπωρινός == *nocturnus : νικτερινός*), l. *nocturnus, diurnus, aeternus, sempiternus, diuturnus, hodiernus, vernus, hibernus, Veliternus* u. s. w. Wie l. *exter-nus : extra-neus,* so ahd. *êgestern : gestarôn;* und adj dieser art sind ahd. *ôstrôni,* isl. *austrønn, westrôni, vestrønn, sundrôni, súdrønn, nordrôni, norrønn* (Kluge Nominale stammbildungslehre p. 92; Persson St.-Et. p. 101) [1]. Da die *n-* und *r-*suffix beide local waren, so ist es nicht zu verwundern, dass sie, um einander zu verstärken, gebraucht worden sind, und aus derartigen verstärkten adv. (loc.) sind die oben verzeichneten adj., sei es direct oder durch wachsende analogie (d. h. *-no* ist als suffix angewendet), gebildet worden. Andere adj. auf *-no* s. oben, wo auch bereits auf die besonders im Sskr. auftretenden auf *-tana* und *-tna* (s. *pratná* „alt", *nū'tana, nútna* „jetzig", *sanā-tána, sanátna* „dauernd", u. s. w., Whitney Gr. § 1245c) und ihr verhältniss zu den german. adv. auf *-tana, -dan* aufmerksam gemacht wurde. Verwant mit ihnen sind wahrscheinlich l. *crastinus, diutinus* (vgl. s. *divátana*) [2].

Die übrigen adverbiellen bildungen, welche von den bekannten pronominalstämmen ausgehen, werde ich im folgenden abschnitte behandeln.

Von local er zu instrumentaler anwendung ist der übergang, wie bekannt, sehr gewöhnlich und leicht: ich erinnere

---

[1] Wie *unsara :* vorauszusetzendes **unsrô == gestarô-n :* ahd. *gestre,* g. *gistra,* ags. *gistran dæg.* [2] Wie sind *matutinus vespertinus* zu deuten? aus **matutpin-* u. s. w.? (vgl. Bezzenberger Got. adv. p. 37). G. *sinteina-* „täglich" kann natürlich nicht hierher gehören; die richtige etymologie s. bei Schweizer KZ. II, 367, vgl. Kluge Anz. f. d. alt. VI, 200, Möller P.-B. B. VII, 301 u. 1. — Vergleichen wir die oben verzeichneten himmelstrichsadv. mit adv. und adj. auf *-tar(a),* so sehen wir wieder denselben parallelismus, der zwischen *r-* und *n-*suffixen in der wortbildung besteht: zd. *nurem,* ahd. *nôra :* s. *nūnám,* abg. *nyně == *nutara : nū'tana ==* isl. *austr,* ahd. *ôstar* (vgl. zd. *ushaçtara* östlich, l. *austrā-lis) : ôstan* und die übrigen isl. wörter *vestr, norðr, suðr,* ahd. *sundar-wint,* die vielleicht urspr. locat. (adv.) sind; ob ahd. *ôster* u. s. w. mit *r-*suffix (vgl. lit. *auszrà*) oder mit *t-r-*suffix (vgl. l. *auster, austrā-*) gebildet ist, ist fast unmöglich zu entscheiden, vgl. Kremer P.-B. B. VIII, 392 und die daselbst angeführte literatur.

nur an fälle wie *σύν*, 1. *cum* — 1) „simul cum“, 2) abl. modi und instr., 1. *per*, d. *durch* (vgl. *περί*, *παρά*) = 1) „à travers“ u. s. w., 2) „par“, vgl. d. *mit*, schw. *med* (*μετά*) und die bedeutung des sanskritischen instr. als mit-casus (Whitney Gr. § 278 ff.). Wir haben auch meiner meinung nach das schon behandelte *n*-suffix als specielles instr.-suffix zu betrachten. Nach J. Schmidt (KZ. XXVII, 292) findet sich ein suffix *na* als casussuffix in dem instr. s. *ē-ná*, welcher, wie ap. *tyanā*, *aniyanā* und zd. *kana* zeigen, nur so getrennt werden kann. Nun hält Schmidt *ēná* für den instrumental eines paradigma, in welchem z. b. der gen. von einem pron.-stamme *a* gebildet sei: *a-syá* u. s. w. Und durch das verhältniss *a-syá : ē-ná* soll zu *tá-sya* ein *tē'-na* geschaffen worden sein. Ein pron.-st. *a* hat jedoch nicht ganz sichere gewähr, denn der gen. *asyá* kann — und dies erscheint mir fast wahrscheinlicher — aus den pron.-stämmen *eso-* und *(e)io-* entstanden (Mahlow Die l. v. p. 164, vgl. Brugmann KZ. XXVII, 399 n. 2), *abhís (a'bhis)* u. s. w. aber sehr wohl nach der analogie *tē'bhyas : tá'bhis* u. s. w. zu *ēbhís* neugebildet sein. Jedoch auch angenommen, dass es einen pron.-st. *a-* gegeben hat (und z. b. das augment scheint dafür zu sprechen), so ist darum nicht ausgemacht, dass *tē'na* ausschliesslich als analogiebildung nach *ē-ná* zu erklären sei; denn dass ein pron.-st. *a- (asyá* u. s. w.) näher zu dem paradigma gehörte, welcher sich auf dem st. *ay(a)* aufbaute, als zu einem andern, und dass somit dies nähere verhältniss den anstoss zu der behaupteten analogiebildung gegeben habe, ist alles andere als sicher. Ich glaube nicht, dass *tē'na, yē'na, kē'na* einer solchen analogie, wie Schmidt vorschlägt, zuzuschreiben sei; wie sie auch entstanden sind, was ich dahingestellt sein lasse, so sehe ich sie wenigstens als gemeinidg. an. Persson hat (St. et. p. 74) angedeutet, dass *δεῖ-να* eine entsprechende formation sei, und ich werde unten mit mehreren beispielen meine vorstehende behauptung zu stützen suchen. Ich kann mich auch nicht mit Schmidt's erklärung von *ēná* befreunden. Ausser *ē-ná*, enclitisch *ē-na* vom st. *ē- (aya-* in *ayá-m)*, soll es ein oft gleichbedeutendes *ēna* vom stets enclitischen st. *ena-* gegeben haben (*oino- = ein). „Für das sprachgefühl wurden wohl die beiden ganz verschiedenen formen da, wo sie enclitisch waren, gleich. In folge dessen entstand zunächst auch neben dem betonten *ē-ná* ein *ē-ná*, weiter neben den übrigen pronominalformen *tŕ'na* u. s. w. ein *tĕ'na*, endlich auch neben den nominalformen wie *sū'ryĕ-na* ein *sū'ryēnā* (vedisch 872 *-ĕna*, 85 *-ēnā* L a n m a n 334 f.)". Abgesehen von der ansicht, dass es ursprünglich zwei verschiedenartige *ēna* gegeben habe, instr. und pron.-st. — was ich leugne, denn der pron.-st., der ja nicht einmal im nomin. vorkommt, ist wahrscheinlich aus eben dem statuirten instr. *ĕ-ná* ausgegangen — ist es kaum glaublich, dass man nur um der enclisis willen zu einem *ĕ-ná* ein *ĕ-nā'* geschaffen haben soll (nach dem verhältniss *ĕ-na : ēna*). Und übrigens: wo giebt es factische spuren eines sowohl enclitisch als volltönig gebrauchtes *ĕ-na* (urspr. instr.)? Wie L a n m a n die sache auseinandersetzt (On nouninfl. p. 332 f.), ist das sachverhältniss das folgende. In den fällen, wo *ĕ-na* mit kurzem *a* vorkommt, ist es enclitisch (an 4 stellen im pada), aber keine fälle von *ĕ-ná* kommen vor; und wenn der instr. accentuiert ist, so ist er immer lang: *ĕ-ná*, was andrerseits auch enclitisch sein kann *(ĕ-na)* (in saṁhitā). Also haben wir *ĕ-na* und *ĕ-ná* vom „st. *a*", aber vom st. *ĕna-* nur *ĕnā*, d. h. wir vermissen eben das glied der analogie, das den anlass zur bildung von *ĕ-ná* gegeben haben soll. Dies spricht wenigstens nicht für S c h m i d t's übrigens fein ausgedachte deutung.

Eher scheint mir die sache folgendermassen aufzufassen zu sein: die formen *ĕna*, *ĕnā*, *ĕnā'* sind eigentlich identisch und ursprüngliche instrumentale, und *-nă* und *-nā* sind gar nichts anderes als verschiedene ablautsstufen (s. oben) — vielleicht **oi̯nē̆ (*inē̆')*, **oi̯nā* und **ei̯nā*, **ei̯nŏ* —. Dasselbe verhältniss läge dann vor sowohl in *yĕ'nă*, *kĕ'nă*, *tĕ'nă*, *svĕnă*, als im nominalen *-ēnă* (ved. *-ēnă*, im classischen Sanskrit nur *-ĕna*). Wir können auch, so scheint mir, getrost behaupten, dass es im instr.-suff. auch quantitativen ablaut gab: *-nĕ̆*, *-nŏ*, *-nă*; *-nă* haben wir in *δεῖνα* und *ἵνα*. Nun fällt es leicht ins auge, dass wir nicht *ἵνα* von s. *yĕ'na* scheiden können; sogar die syntactische anwendung dieser beiden formen stimmt genau überein (vgl. B r u g m a n n Gr. gr. p. 120; D e l b r ü c k S. f. I, 45, wo jedoch mit unrecht, wie ich glaube, angenommen wird, dass die localbedeutung von *ἵνα* und *yĕ'na* secundär sei). Es ist demnach selbstverständlich, dass wir *i̯i-* (> *i-*) als eine schwächere stufe von *yĕ-* ansehen müssen. Sonach auch hier eine stütze für die annahme, dass *yĕ'na* idg. ahnen hat. Dies wird noch sicherer

dadurch, dass wir dieselbe bildung in den germ. sprachen antreffen. Wir finden hier nämlich g. *jains*, das aller wahrscheinlichkeit nach auf einen st. *jaina-* zurückgeht. Um nun behaupten zu können, dass ein nom.-st. *jaina-* aus einem sogen.
instr. wie s. *yĕ′na* hergeleitet werden kann, muss man hauptsächlich zweierlei glaublich machen: 1) Dass eine einzelne
casusform adjectiviert oder hypostasiert werden kann; dafür
aber habe ich oben bereits gründe und beispiele vorgebracht
(vgl. besonders was vom entstehen gewisser adj. und von *dĕr*,
*dĕr, *desĕr*, *jenĕr* gesagt worden ist; 2) dass eine casusform,
wie es ja **jai-* (idg. **ĭoĭ-*) zu sein scheint, mit noch anderen
suffixen hat ausgebildet werden können. Entweder fällt dieser
punkt mit dem vorhergehenden zusammen, insofern die hypostasierung einer casusform möglich ist, oder er fällt mit der frage
zusammen, ob eine casusform durch ableitungssuffix ausgebildet
werden kann. Auch hiervon sind beispiele oben gegeben;
natürlich geschieht dies nach schon befindlichen mustern. Und
wenn man nach diesen mustern fragt, so genügt es auf den
sehr gewöhnlichen vorgang hinzuzeigen, dass eine casusform
durch ein neues suffix der verstärkung oder modificirung wegen
ausgebildet worden ist (vgl. loc. mit und ohne -*i*, *σφι-σίν*, ved.
sogar *pṛtsúṣu*, u. s. w.). Kann nun eine so neuentstandene
casusform hypostasiert werden, so fällt dieser punkt wesentlich
mit 1 zusammen. D. h.: ein casus **ĭoĭ-* kann mit einem suff.
nă verstärkt sein > s. *yĕ′nă* < idg. *ĭoĭ-nă₂; dies aber kann
nachher hypostasiert, d. h. biegungsstamm werden: germ. **jaina-*.
Sieht man nun *ĭoĭ-* als einen flexionsstamm an, ohne nach
dessen ursprung zu fragen, so haben wir zu vergleichen s.
(*ĕ-bhĭs*), *ĕ′-bhyas*, *ĕ-ṣắm*, *ĕ-ṣú*, *tĕ′-bhyas*, *tĕ-ṣām*, *tĕ′-ṣu*, *yĕ′-bhyas*,
yĕ′-ṣām, *yĕ′-ṣu* u. s. w. und eine grosse menge europ. formen:
isl. *þeire*, *þeirar*, *þeira*, *þeim*, apr. *s-teison* (gen. pl.) u. s. w.
abg. *tĕchŭ*, *tĕmĭ*, *tĕmi* u. s. w. Jedenfalls wendet sich die frage
zu der tatsache zurück, dass biegungsstämme aus einzelnen
casusformen ausgehen können, vgl. s. *tĕ′-na* : *tắyā* : st. *tya-*
u. s. w.

Ich behaupte demnach, dass g. *jains* von einem loc.-instr.
*ĭoĭ-nă (= s. *yĕ′-nă*) ausgegangen sei. Freilich kommt *yĕ′na*
als stamm in den arischen sprachen nicht vor; dagegen haben
wir den stamm *ēna-* < **oĭno-*, der in derselben weise aus
einem instr. — s. *ēnă* ausgeht. Dies **oĭno-* ist teils zahlwort

($o\dot{i}v\acute{\eta}$, *unus*, got. *ains* vgl. $o\dot{i}o\varsigma <$ *$o\dot{i}$-μo- [1]), s. *ĕ-ka-* $<$ *$o\dot{i}$-ko-
u. s. w.) teils pron., das wahrscheinlich im mhd. gebrauch von
ein als dem pron. bewahrt worden ist (Braune P.-B. B. XI,
518 ff.).

Ich werde nun die formen jedes einzelnen stammes behandeln.

1. St. *(e)i̯o-i̯e-*. Neben den schon hervorgehobenen formen
yĕ'-nǎ, germ. st. *jaina-* und *íva* können wir auch andere sogen.
instrumentale erwarten. Wenn wir uns des verhältnisses zd.
ka-na : s. *kĕ'nǎ*, ap. *aniyana* : s. *anyĕ'-na*, apr. *tans* (vgl. unten):
s. *tĕ'-nǎ* erinnern, so können wir mit vollem rechte formen wie
i̯and. und *i̯end.* ansetzen. Als casusform finde ich dieselben
im germ. acc. wieder (s. unten); und als stammform in gewissen
formen, die mit dem germ. pron. *jener* zusammenhängen. Ausserdem muss auch ein st. *ja-ni-* angesetzt werden.

Um die germanischen formen des pron. *jener* zu deuten,
hat man im allgemeinen g. *jains* zum ausgangspunkt genommen.
Von den erklärungen dieser form ist die, welche sie aus einem
st. *je-no-* herleitet, abzuweisen, weil sie nicht nur das got. *ai*,
sondern auch die ahd. und ags. formen unerklärt lässt (Sievers P.-B. B. IX, 567 f.). Sievers schlägt vor, in *jains* echten
diphthong zu lesen, und lässt denselben durch epenthese entstanden sein. Weil aber eine derartige epenthese in den germanischen sprachen unerwiesen ist, so kann diese erklärung
ebensowenig gelten. Holthausen hat nachher (P.-B. B. XI,
552 f.) angenommen, dass g. *jains* eine neuschöpfung nach *ains*
sei. Diese analogiebildung scheint doch zu wenig begründet zu
sein. Singer hat nun jüngst (P.-B. B. XII, 211) einen germ.
st. *jaina-* angesetzt; eine ablautform dazu, *ina-*, soll durch
contamination mit der stammform *jaina-* „ahd. *jĕnêr* mit speciell
ahd. brechung" und durchgeführt ahd. *ĕnêr* u. s. w. gegeben
haben. Sievers hat aber gezeigt, dass *jenêr* umlauts-*e* gehabt
haben muss, weshalb diese deutung Singers fallen muss. Über
den ursprung des stammes *jaina-* hat Singer keine andeutung
gegeben, obwohl er mit recht ihn angesetzt hat. Schon vor

---

[1] Hängt wahrscheinlich mit den s. part. *íva* : *iva* zusammen, und
dann verhält sich $o\dot{i}o\varsigma$: *Ía* (speciell thess.-lesb.), *Iꙗ* — s. *ĕvá* (so), ap. *aiva*,
zd. *aéva* (unus): s. *iva*, s. Windisch C. St. II. 380, 411, Aufrecht
K. Z. XXVI, 520, 613; anders sowohl J. Schmidt K. Z. XXV, 36, als
Osthoff M. U. IV, 185 ff.

ihm ist er von Lidén (Ark. f. n. fil. III, 242) angenommen,
der darin eine weiterbildung eines locat. *joi mit dem suffixe
no sieht. Dies ist, wie ich glaube, bis zu einem gewissen grade
richtig; nur behaupte ich, dass die ausbildung eines loc. oder
st. *joi mit dem nđ.-suffix schon factisch im s. yē´nđ (ĭva)
vorliegt. Wir setzen demnach an

a) einen st. jaina-, dessen ursprung in idg. zeit liegt, ganz
wie der des st. *aina-, dem skt. ēnđ, ĭ°na- entspricht. — Der
griechischen form ĭva wegen (vgl. zd. cina : s. kē´nđ) glaube
ich (wie Singer), dass ēnér aus einem mit *jaina- ablautenden
stamm (*jina > urg.) ina- herzuleiten sei, obwohl es denkbar
ist, dass der st. ina- als schwache ablautsform sowohl zu *jena-,
*jana (vgl. unten) als zu *eina-, *aina- (idg. eị-no-, oị-no-, die
übrigens aus demselben stamme eịo-, eịe- > eị, oị – ie, ịo ge-
flossen sind) aufzufassen sei. Jedenfalls muss als germ. stamm auch

b) ina- aufgestellt werden (vgl. Lidén a. a. o.). Hiervon
gehen ausser ahd. ēnér (nach Noreen) isl. enn, inn (et, it)
aus (über den germ. acc. g. ina u. s. w. s. unten). — Aber
wie wir einen sogen. instr. *yanđ: s. yē´nđ (vgl. zd. kana, ap.
aniyanđ u. s. w.) ansetzen können, so müssen wir auch einen
stamm

c) jana- annehmen. Dieser st. liegt vor in ags. geonre
(Sievers P.-B.B. IX, 567), geond, geondan, begeondan (nordh.
geande), me. gond (Sievers P.-B.B. IX, 209; Brate X, 8, 18);
nach Schlagenström (Ark. f. n. fil. III, 135) gehört hierher
aisl. h + andan und agutn. h + andar (vgl. indessen oben).
Als eine schwesterform zu jana- können wir

d) jena- erwarten; auch hieraus können aisl. enn, inn erklärt werden. Sofern wir mit Sievers ahd. jenér als durch
umlaut entstanden ansehen müssen, so ist auch

e) jani- als st. anzusetzen. Dies ist nichts als die in germanischer zeit vorgenommene umwandlung des unter c) angeführten stammes in einen i-st. (durch einfluss eines movierten
femininstammes *jani-?). Hiervon gehen ausser ahd. jenér
mehrere ags. wörter aus: giend, gind, gend, begienda (s. Sievers
a. o.).

Hinsichtlich der ahd. formen enê- und jenê glaube ich,
dass sie am besten eben aus einer auf langen vocal ausgehenden idg. form i-nē´- oder ịi-nē´- zu erklären sind. In folge von
accentverschiebung ist ē nicht â geworden; *inē verhält sich

zu *inē-r wie *þė: *þė-r, oder aber das r ist nur nach analogie von *dėr, dër hinzugetreten. Wegen des überganges zur subjectsbezeichnung s. oben. Es verdient übrigens hervorgehoben zu werden, dass *jener* im Niebelungenliede „in verbindung mit einem substantiv stets rein locale bedeutung hat, also — 'der dort'" (Braune P.-B.B. XI, 525).

2. St. qŏ-qĕ-. Hier finden wir instr. zd. *kana*, vgl. auch s. part. *cana*: s. *kė'nå*: zd. st. *cina-* im acc. sg. *cinem* — germ. st. *jana-*: s. *yė'nå*: ἵνα. Mit zd. *kana* glaube ich germ. adv.- und acc.-formen, von welchen unten, formell identificieren zu können und zd. st. *cina-* (was doch zur not aus idg. *kena-* erklärt werden kann) finde ich in gr. τινα wieder [1]). Im Lit. begegnet eine form *kënó* „wessen", die einerseits formell an s. *kė'nå* erinnert, anderseits nicht bei der erklärung von *meina*, *þeina*, *seina*, ausser betracht gelassen werden kann.

3. St. kŏ-kĕ-. Der reihe nach bieten sich den vorher behandelten entsprechende formen dar. Einen instr. giebt es freilich nicht. Wir können ihn aber wohl erschliessen aus gr. κῆνος und lit. adv. *szén szénai* (vgl. κηνῶ˙ ἐκεῖ Hes.) obwohl mit langem vocal (κῆνος: zd. *kana* = τῆνος: pr. *tans*, s. unten). Hierher gehört aller wahrscheinlichkeit nach isl. *hann*, *hón* (s. Noreen Aisl. gr. § 381; J. Schmidt Voc. II, 422; Bersu Gutt. p. 180, wogegen kaum richtig Schagerström Ark. f. n. fil. III, 132 ff., wo die übrige von diesem pron. handelnde literatur verzeichnet ist). Aus einer erschlossenen form *keɨ-nå* stammt etwa gr. κεῖνος, ἐκεῖνος (wenigstens teilweise auf echten diphthong zurückgehend s. verf. Nord. tidskr. f. fil. VIII, 216 ff.), das eine stammform *keɨ-*: *ki-* zeigt. Die letztere, woraus auch abg. *sĭ*, lit. *szis* (vgl. l. *ci-tra*, *ci-terior* u. s. w.) finden wir im Germ. in dem adv. ahd. *hina* „weg", ags. *hine* und dem acc. g. *hina*, ags. *hine* vgl. unten, und als flectirten stamm in isl. *hinn* (vgl. g. *hindar*, *hindumists*, *hindana* u. s. w., s. oben); ἐκεῖ-νος: *hina*, *hinn* — s. *yė'nå*: ἵνα (*ënêr*, *enn*, *inn*).

---

[1]) Vgl. Scherer ZGDS², 512, Prellwitz De dial. thess. p. 41; es ist, wie ich glaube, nicht nötig mit G. Meyer (Gr. gr². § 439) anzunehmen, dass der *v*-st. erst auf gr. boden aus einem acc. *τιν* entstanden sei; noch ist es, beiläufig bemerkt, sicher, dass der acc. *Zῆνα* (wie G. Meyer Gr. ², § 324; Osthoff MU. IV, 235 u. a.) aus d. acc. *Zην* mit angeh. -*a* bestehe. Wir haben nämlich *n*-st. in abg. *dinĭ*, l. *nun-dinas*, g. *sin-teins* u. s. w.

4. St. *tŏ-tĕ-*. Wie oben *κῆνος*, isl. *hann*: st. *kŏ-kĕ* = *τῆνος* und lit. adv. *tén, ténai, ténais, tę*, apr. *tans*, f. *tennä*: st. *tŏ-tĕ-*; über die adverbialen und acc.-formen g. *þana, þan* u. s. w. s. unten; übrigens s. *tē'na* (: ap. *tyanā* [1]) — s. *ĭ̄nă*: st. *jana-*) und mit der kürzesten form des suffixes *τεῖν-δε* [2]); über g. *þeina* u. s. w. s. unten. — Von dem pron.-st. *dŏ-dĕ-* giebt es nur *δεῖνα* hauptsächlich als acc. (s. Persson St. et. p. 73 f. n., vgl. Baunack Studien auf d. geb. des Gr. und der ar. spr. I, 46 ff., dessen erklärung ich nicht annehmbar finde).

Ich werde jetzt die mit den genannten pron.-stämmen zusammenhängenden einzelnen adverbialen und casusformen etwas eingehender besprechen. Ich habe oben bei der behandlung von mit -*nă*, gebildeten adverbien betont, dass von anfang an die specielle bedeutung der einzelnen adv. nicht durch das suffix gegeben war, sondern dass sich dieselbe aus der ganzen betreffenden combination ergab; vgl. z. b. *fona*, das möglicherweise eine ganze klasse von adv. hervor gerufen hat, und *hina* „weg". — Wir haben eben die spuren vom instrumentalen gebrauch betrachtet. In den germanischen sprachen ist dieser gebrauch freilich weniger deutlich zu erkennen, aber es giebt hier doch einige adverbielle pronominalformen, die ihm am nächsten zu stehen scheinen. Wir finden hier nämlich von den pron.-st. *tŏ-tĕ-* und *qŏ-qĕ-* gebildete adverbia, die formell freilich nicht von den betr. acc.-formen geschieden werden können, deren bedeutung aber kaum von einer specifisch accusativischen ausgegangen sein kann. So erscheint im Got. *þan* sowohl mit adverbieller und conjunctioneller bedeutung (damals, dann, darauf; wann, während, als, da, wenn; aber, also, und, zwar, denn) als in instrumentaler anwendung *(miþþan, miþþanei);* so auch im Ags. *for, be đon* „deswegen", *seođđan, siđđan* u. s. w. (Sievers Ags. gr. § 109, 337; Paul P.-B. B. IV, 388); bei comparativen bedeutet es entweder „quam" oder „eo": so ags. *đon má* „mehr als das", ahd. *dan*, as. *than mér* (*than mer* Hel. 1395). Freilich lässt sich Pauls gleichstellung von *þan* mit lat. *tum* mit zwingenden gründen nicht widerlegen; aber wenn die schon verzeichneten formen unmöglich von got. *þana-*

---

[1]) Hiermit sind die lit. adv. *ezón, ezónai* zusammenzuhalten; der vocalquantität nach verhält sich *ezón : tyanā* = *τῆνος : apr. tans.* [2]) Was freilich nicht sicher bezeugt ist; bei Theocr. V, 32; VIII, 10 liest man nunmehr gewöhnlich *τεῖδε*.

mais, þana-seiþs, ahd. *dana halt, dana mêr* geschieden werden
können, so erregt dies doch den verdacht, dass wir in den genannten formen ein (instr.-)suffix *-nd,* zu suchen haben; und
dies wird beinahe notwendig erscheinen, wenn es sich zeigt,
dass auch *þana* nicht durch anhängung einer etwaigen part. *ā,
āñ* entstanden sein kann. Denn ist es notwendig, für das
Urgerm. sowohl kürzere als längere formen des auslautes anzusetzen, so wird die Mahlowsche erklärung von *þana* un-
glaubhaft, und die gewöhnliche [1]) ganz unwahrscheinlich. Auch in
physiologischer hinsicht ist jene nichts weniger als glaubhaft.
Mahlow (Die l. v. p. 62 f.) hat gewiss scharfsinnig der ansicht
opponiert, dass die partikel zum pronomen getreten sei, nachdem *-m* zu *-n* (**τομ = τόν*) geworden war. Aber sein eigener
vorschlag ist nicht ganz unanfechtbar. Zunächst besagen die
aus andern sprachen geholten analogien, auch wenn sie richtig
aufgefasst wären, was sehr fraglich ist, nichts mehr, als dass
derselbe hergang im Germ. möglich sei. Und aus den germ.
sprachen selbst ist kein anderes beispiel vorgebracht, in welchem
ein zwischen dem nasalvocal und dem hinzugetretenen vocal
eingeschobenes *n* mit einiger wahrscheinlichkeit sich annehmen
liesse. Können nun vollends sowohl die genannten adv. als der
acc. auf andere weise erklärt werden, so werden die angeführten
erklärungen dadurch ganz und gar unsicher.

Ich wage die ansicht zu vertreten, dass die got. adv. *þan*
und *þana* aus idg. formen wie **tonă,* und **tonē* zu deuten sind
und sich ziemlich nahe mit ap. *tyanā* und dem zum nom. gewordenen pr. *tans* berühren. Eben so glaube ich, dass g. *hwan,*
as. *hwanêr,* aisl. *hvenar hvener,* ags. *hwon hwan* und ags. *hwene,
hwane* sich zu einander verhalten wie *þan : þana;* sie reflec-
tieren genau idg. **qonă,* und **qonē,* welche in zd. *kana* auftreten. — Somit haben wir für die genannten wörter auf anderem wege als Paul a. a. o. eine verbindung mit dem instr.
hergestellt (Vgl. Bezzenberger Got. adv. p. 108).

Die jetzt angeführten wörter sind nur fast verschollene
reste einer nur in den arischen sprachen zu vollständiger casus-
funktion gelangten bildungsweise. In den germanischen sprachen
hat bei den prou. nur der acc. einen erweiterten gebrauch gefunden, und zwar wohl von wörtern aus, die eine richtung nach

---

[1]) Hier ganz dieselbe wie bei dem acc. (J. Schmidt KZ. XIX, 284;
Bezzenberger Got. adv. p. 7, 77; Paul P.-B. B. IV, 385 u. s. w.).

einem orte bezeichneten, z. b. ahd. *hina* „weg" (vgl. κηνῶ· ἐκεῖ
Hes., ags. *hine* „hiervon"). Dass der acc. als grammatischer
casus aus localen beziehungen herzuleiten ist, habe ich oben
hervorgehoben — ich verweise auf ausdrücke wie *einen zum
könig erwählen — aliqem regem creare, auf die tür klopfen:
einen klopfen, auf etwas nehmen* etwa — *etwas antasten* u. s. w.
— ja ein objekt kann mit den verschiedensten mitteln ausgedrückt sein. Ist etwa die locale adv.-bedeutung von s. *idá,
tadá, yadá* [1]) u. s. w. aus einem sogen. gramm. acc. zu verstehen? Eher kann man die acc.-bedeutung aus einem localen
gewinnen, ganz wie — nach userm obigen nachweis — ein
adv. z. b. für einen nom. substituirt werden kann: schw. *den
här* ist grammatisch sowohl nom. als acc. [2]).

---

[1]) Dass got. *þata, hwar-jatô-h, ita* mit den genannten s. wörtern zu
identificieren sind, hat Mablow (Die l. v. p. 66) gesehen; nur haben wir
in ihnen nicht eine angehängte part. *â* oder *âñ* anzunehmen, sondern
lediglich ablaut des *d*-suffixes: s. *i-dâ*, g. *ita*, isl. *it: Iðé* (=„et"), anreibende
part., wie z. b. schw. *sâ*, d. *dann*, s. *i-dá-m* sowohl „dies" als „hier, hierher,
jetzt" = l. *ide-m : s. t-d (sa id = „der da"),* l. *i-d = „das";* s. *tadâ*
„dann", g. *þata* „das", isl. *þat : τόδε* „dies" und „hierher" (δεῦρο τόδε): s.
tá-d sowohl „das" als „da, dahin, dort, dann, damals, nun, desshalb" wie
gr. τό, l. *is-tu-d;* s. *yadâ* (adv.), g. *hwar-jatô-h*, aisl. *at*, gottl. *et* (< *ₑedâ),
vgl. *idâ* (desselben stammes): vgl. *Iðé* u. s. w.: *yá-d* „welches" und „als,
nachdem, wann, wenn, wesshalb", wie *ô* „wesshalb, weil" vgl. *t-d* u. s. w.;
s. *kadâ*, lit. *kadù*, aisl. *hvat : s. kád*, g. *hwa* (von dem adv.-gebrauch dieser
formen vgl. Persson St. et. p. 91, wo übrigens s. *yátra — tád, yadâ — tád,
hoc noctis, aestatis, id temporis, aestatis, id* „desswegen" angeführt sind). —
Wie sind nun g. *þat-* (in *þat-uh),* ahd. *daz, hwaz*, ags. *ðæt, hwæt*, as. *hwat*,
ahd. *iz*, aschw. *hvæt* (< *ₑedâ), ags. *hit* (: g. *hita*), aisl. *hít* u. s. w. zu erklären? Kann man nicht (mit Tamm P.-B. B. VI, 400 ff.) die beibe-
haltung des *d* der einsilbigkeit (und der betontheit) zuschreiben, so kann
man die betr. sanskritformen auch nicht mit g. *þata* u. s. w. gleichstellen — denn daraus müsste ahd. **data, -u* werden u. s. w. Ich glaube
vielmehr, dass wir hier formen wie τόδε, *Iðé*, s. *idá-m* vor uns haben.
Möglicherweise ist auch lit., lett. *kad*, so zu deuten.   [2]) Es ist freilich
möglich, den adverbiellen gebrauch gewisser acc.-formen des neutr. zu
verstehen, aber wie steht es denn um adv. wie *im*, das vedisch als persönl. acc. angewendet worden ist (vgl.: l. *im, Iv);* hier ist wohl die möglichkeit ausgeschlossen, den adv. gebrauch aus dem persönl. acc. herzuleiten. Vielmehr verhält sich die sache so, dass urspr. adv. oder satz-
wörter von verschiedenen zufälligen anwendungen aus zu bestimmten
casusformen geworden sind: so die soeben angeführten neutralen und
adverbiellen formen, so überhaupt der acc. auf *-m*, der morphologisch

Ich behaupte sonach, dass z. b. der acc. g. *þana* nicht
formell, sondern nur functionell von *þana* in *þana-mais* zu
scheiden ist. Man vgl. gr. τόν δεῖνα und τίνα, das mit zd. st.
cina- (acc. n. *cinem*) zu identificieren ist. Natürlicherweise haben
wir auch hier ablautende formen zu erwarten: *-nă,* und *-na,;*
ebenso sind wir berechtigt, qualitativen ablaut anzuerkennen,
und ich halte dies sogar für notwendig. Im allgemeinen können
wir die längeren formen als **tonĕ* und **tēnō* ansetzen und
annehmen, dass dieselben von einander beeinflusst sind. Die
hauptsächlichsten formen des acc. sind: g. *þana*, as. *thana*,
thena, ahd. *den*, ags. *đone, đarne, đune*; g. *hwana*, as. *hwana*,
hwena, aschw. *hwan*, ags. *hwone, hwane, hwærne*; g. *hina* (vgl.
ahd. *hina* „weg"), ags. *hine* (vgl. *hine* „hiervon"); g. *ina*, ahd. *ene*,
une, ine, ini, as. *ina*; g. *hwar-janô-h*, isl. *hver-jan*; isl. rel.-part.
en (< **jenā* oder **inā*) [1]). — Nun fragt es sich, ob wir genötigt
sind, kürzere ablautsformen anzunehmen. Ich wüsste nicht,
wie man ahd. *in*, as. *in* und ahd. *(h)wën, dën* (vgl. auch g.
þan-ûh) anders als aus formen wie **tonĕ, *tenŏ* deuten könnte.
Möglicherweise ist dazu thess. τονε (obgleich n. = τόδε) eine
parallele [2]).

Nach den pronominal.-formen als muster sind die adjectivischen accusative gebildet: g. *blindana*, as. *hêlagana, hêlagna,*
(*hallaganà), ags. *hwætne*, aisl. *spakan (< *spdkùna)* und ahd.
blintan, das doch wohl auf eine kürzere form zurückgeht? as.
hêlagana, hêlagna : hêlagan, ahd. *blintan* — ahd. *ûzana : ûzan*,
as. *ûtan*, s. oben. Doch wage ich hier keine entscheidung (s.
Sievers P.-B. B. IV, 535 ff.; Paul VI, 65, 148, 156, 187
u. s. w.; Noreen Aisl. gr. § 134). Nach einem urg. **þenō* ist
urn. *minino* (Strand) gebildet (vgl. Burg Die älteren nord.
runinschr. p. 122 ff.) wie ags. *ænne < *aininō* (s. Sievers

___

wohl nicht von den adv. und von mehreren der übrigen kasus auf -*m* zu
trennen ist, s. Leskien Ber. der sächs. ges. d. wiss. 1884 p. 94 ff.

[1]) Nach Noreen sind hierher gehörig sowohl aschw. *in, æn* (= wenn)
als isl. *en* „als, denn" mit der nebenform *an* (< **janā*); ebenso *en* „aber",
das gleichfalls die nebenform *an* hat.   [2]) Mit Brugmanns erklärung
Gr. gr. § 94 kann ich mich nicht befreunden. — Dass wir es auch mit
verschiedenem quantitätsablaut der endsilbe zu tun haben, vermute ich
wegen g. *hwar-janô-h*, ahd. *inu;* ein ahd. **denu* könnte man wegen
aschw. *þün* (Noreen) voraussetzen, welche beide ich auf **tenŏ *tanō* zurückführe. Daneben vgl. ahd. *dene*, as. *thena*, ags. *done* u. s. w., die
möglicherweise ein **tonā *tenā* bezeugen.

Ags. gr.² § 324). Dies verhält sich zu g. *ainnô-hun* etwa wie
g. *þanana* : ahd. *danne*, d. h. das urspr. *ainô-hun* ist zu *ainnô-hun* umgebildet, weil *ain-* wie *þa-* als stamm gefühlt war. Ich
glaube auch, dass aisl. *mínn*, acc., aus **mǐnnō* entstanden ist;
mǐnino: *mǐnnō = **ainǐnō* (> ags. *œnne*) : g. *ainnô-* (aber
vgl. Bugge Aarbøger 1884, 90 f.; Burg a. a. o.). Nach den adj.
sind bei den pron. neugebildet ahd. *inan* (*nan*), ags. *inan*, ahd.
hwěnan, *wěnan* u. s. w. (vgl. Brugmann MU. III, 70; Osthoff
MU. IV, 235; hinsichtlich der lit. und der einschlagenden formen
vgl. Piper I, 401 f., 405, 411, 416; Braune Ahd. gr. p. 197,205).

Im engsten zusammenhang mit den oben behandelten adverbialen und local-instrumentalen formen und ihren ableitungen
stehen die als gen. verwendeten loc.-instr.-casus der gewöhnlichen pron. Wie nahe verwandt die genitivische und die locale
bedeutung sind, habe ich oben gezeigt. Die betr. formen sind
g. *meina*, *þeina*, *seina*, ahd. *mîn*, *dîn*, *sîn* u. s. w. Ich sehe in
ihnen, wie oben in *unsêr-*, *unsara* u. s. w., loc.-instr. casus der
pron.-stämme *emŏ-mĕ*, *tŏ-tĕ*, *sŏ-sĕ*. Man könnte statt der beiden
letzten formen *tǔŏ-tǔĕ-*, *sǔŏ-sǔĕ-* erwarten und mit Brugmann (KZ. XXVII, 404) nach dem vorgang anderer *þeina*, *seina*
als analogiebildungen nach *meina* erklären. Dies ist gewiss
möglich, nicht aber, wie ich glaube, notwendig. Warum können
wir nicht **tŏ-tĕ*, **sŏ-sĕ-* als die ursprünglichsten stämme der
betr. persönl. pron. betrachten und annehmen, dass aus denselben die gen. **toựo*, **teựo*, **soựo*, **seựo* gebildet und dass diese
später hypostasiert und als stämme (*t(e)ựo-*, *s(e)ựo-*) verwendet
wurden? (vgl. Fick G. G. A. 1881 p. 420 und oben). Die
persönl. pron.-stämme sind zum grössten teil wohl überhaupt
als ursprüngliche demonstrativ-stämme anzusehen. Wir haben
vorher angedeutet, wie besonders gewisse pron.-stämme als com-
plexe verschiedener stämme erklärt werden müssen (*to-*, *so-* :
tio-, *sio-* : *tựo-*, *sựo-* u. s. w.).

Ferner wie bei den oben behandelten pron.-stämmen können
wir uns vom st. *emŏ-* einen instr.-local. casus **mǎ_-nǎ_* denken.
Hiervon treten nun wirklich als gen. auf zd. *mana*, gāth. *měnâ*,
ap. *manâ*, abg. *mene;* dass eine ähnliche form auch im Lit.
vorhanden gewesen ist, geht aus dem gen. *màno* (lett. *mana*),
hervor, welches der gen. eines selbst aus einem gen. **mana*
hervorgegangenen possessivpronomens ist. Es kann wohl nie-
mandem entgehen, dass man *mana* hinsichtlich seines suffixes

in einen gewissen zusammenhang mit g. *mei-na* zu bringen hat;
und was ist dann natürlicher als folgende gleichungen: zd.
mana: g. *mei-na* = apr. *tans* (vgl. ap. *tyaná*): s. *tĕ́nă̆*, *τεί-*
ν-δε(?) = zd. *kana* : lit. *kĕnó* : zd. *cina-* = *χῆνος* : *ἐκεῖνος* :
g. *hina* = germ. st. *jana-* : s. *yĕ́nă̆*, germ. st. *jaina-*: *ἵνα* u. s. w.,
s. oben: kurz, *meina* ist ursprünglich ein local-instr. casus mit
der bedeutung *bei*, *mit mir* u. dgl. oder, noch genauer, ein loc.
(mei̯-moi̯-mī̆), mit *n*-suff. verstärkt (= *asmi-* : *asmi-n*, oder
umgekehrt *jmán* : *jmán-i*). — *þeina* ist gewissermassen mit s.
tĕ́nă̆ gleichzustellen. Es ist gewiss etwas kühn, diese formen
zu identificieren; man muss jedoch bedenken, nicht nur dass
tŏ-tĕ- wohl wirklich im Idg. die bedeutung der 2. pers. haben
konnte, sondern auch, dass die instr. auf *-nă̆ (tĕ́nă̆)* eine fast
ausschliesslich arische categorie bilden, deren entsprechungen
in anderen sprachen andre functionen übernommen haben; jedenfalls kann *þeina* als eine weiterbildung eines mit *τοι* (encl.)
ablautenden *tei-* angenommen werden. — In derselben weise
ist nun auch *seina* aufzufassen: *seina* (vgl. s. *svēnă̆*): abg. loc.
si = *þeina* : abg. *ti* [1]). Freilich meine ich nicht eigentlich, dass
ein loc. *mei* mit einem adjectiv bildenden suffix *-no* um ein
poss.-pron. zu bilden vermehrt sei (wie Lidén Ark. f. n. fil.
242) — wie wäre dann der gen. pl. der persönl. pron. zu erklären? — sondern ich glaube, dass das poss.-pron. durch hy-
postase eines ursprünglichen casus auf *-nă̆*, d. h. aus dem gen.
des persönl. pron. entstanden ist. Der unterschied der ahd.
und got. formen ist entweder in verschiedenem ablaut (*-nă̆* und
-ná) zu suchen oder es ist *minā́ > *minnă̆* und dann durch ahd.
apocope *mīn* geworden.

Was nun die got., ahd. u. s. w. adj.-stämme *mina-*,
þina-, *sina-* betrifft, so verhalten sie sich zum gen. des pron.
pers. (urg. *meină̆,*, *þeină̆,*, *seină̆,*) wie die adj.-st. *unsera-*,
unsara- zum gen. des pers. pron. *uns(a)ră̆,*, oder wie der
s. instr. *yĕ́nă̆* zum germ. pron.-st. *jaina-*.

---

[1]) Es verdient wohl hervorgehoben zu werden, dass lit. *kĕnó* „wessen"
als eine bildung wie *máno* angesehen werden kann. Entweder ist *kĕnó*
der gen. eines flectierten st. *kĕna-* (= *kàs*), oder es ist als ein ursprünglicher casus von *kàs* zu fassen, der gen.-bedeutung bekommen hat und
dann nach den gewöhnlichen gen. der *a*-st. umgebildet ist. — Hier nur
einige gleichungen: g. *mei-na* : *κτῖ-θεν* = zd. *mana* : *ἐμέθεν* (casus und
advorb), *meina* : *mana* = *mei* (in l. *meus*), *moi̯* (in abg. *moji̯*) = st.
me-mo-, *þeina* : *τοι* = *te-* : *to-* u. s. w.

Zum schluss noch einige beispiele, um zu zeigen wie pron.
poss. aus casus hergeleitet worden sind. L. *sovos*, *tovos*, zd.
hava, ἱός, τεός können kaum anders gedeutet werden, als aus
den durch zusammensetzung zweier stämme entstandenen und
demnächst als casus verwendeten idg. wörtern *seu̯o*, *teu̯o*, s.
sava, *tava*, zd. *tava*, gd. *taví*. Lit. *manas*, *tavas*, *savas* setzt
folgende entwickelung voraus: urspr. casus-formen vom subst.
mene (abg. *mene*), *teu̯e*, *seu̯e* > *mene*, *tove*, *sove* > durch
vocalübertragung aus *tove*, *sove* : *mone*, *tove* *sove*, woraus
dann *mana*, *tava*, *sava* und die pron. poss. *manas*, *tavas*, *savas*
(Leskien Decl. p. 144; Brugmann KZ. XXVII, 404). Es
verhält sich nicht anders mit den stämmen *emo-*, *tu̯o-*, *su̯o-*
(zd. *ma-*, *thwa-*, *qa-*, ἐμός, σός, ὅς): *emo-* : *mo-* = *teu̯o-* : *tu̯o-* =
seu̯o- : *su̯o-* (s. Brugmann a. o.; Osthoff MU. II, 12 und
oben). Auf dieselbe weise verhält sich l. *meus* (< *mei̯o-*),
abg. *moj̆ĭ*, apr. *mais* : loc *mei̯*, *moi̯* (abg. *mi*, μοι); abg. *tvoj̆ĭ*,
apr. *twais* : loc. *tu̯oi̯* (σοί, zd. *thwôi*, s. *tvě*); abg. *svoj̆ĭ*, apr.
swais : loc. *su̯oi̯*, Ϝοί, οἳ), obgleich die letzteren nach *moj̆ĭ*
analogisiert sein können. Die skr. loc. *mayi*, *tvayi* sind nichts
als gewissermassen vervollständigte loc. *moi̯*, *tu̯oi̯*. Diese verhalten sich zu *máyi*, *tváyi* = s. *adhvan* : *adhvani*, *agnāi* :
agnáyi = *sūnāú* : *sūnávi* = νύκτωρ : νυκτερι-, — *χειμερ* :
= χειμερι- u. s. w.

Ist es mir nun gelungen zu zeigen, einerseits dass *dĕr*,
dĕr, *dĕsêr*, *jenĕr* in der hauptsache als aus ursprünglichen
localadverbien entstandene subj.-casus aufzufassen sind, anderseits dass *unsĕr*, *iuwĕr* u. s. w., die als gen. des substantivischen pron. fungieren, zufolge der possessivischen bedeutung in
das paradigma des flectierten possessivischen adjectivs als nom.
eingefügt worden sind, so haben wir darin die muster zu sehen,
nach welchen die adj.-form *blintĕr* geschaffen ist. Auf derselben
stufe wie *unsĕr* im nom. des adj. stand *min*, *din*, *sin* in den
daraus gebildeten adj.-stämmen. Sowohl *unsĕr* u. s. w. als
min u. s. w. wurden nachher nach dem einmal konstituierten
adjectivparadigma *blintêr*, *blintiu*, *blintaz* flectiert: *unserér*,
unseriu, *unseraz*, *minêr*, *miniu*, *minaz* u. s. w. (s. übrigens
Braune Ahd. gr. § 284 ff.).

Anhang.

Möller hat (P.-B. B. VII, 475 ff.) eine regel aufgestellt, nach welcher „mittleres *a* vor einfachem geräuschlaut — in der gruppe ⏑⏑σ́, die dadurch — σ́ wird", schwinden soll, „d. h. 'urgerm. *a* in der zweiten von zwei unbetonten kurzen silben schwindet vor folgender hochbetonter silbe, die mit einfachem verschluss- oder reibelaut anlautet'". Dass dies gesetz weder stichhaltig noch für die erklärung der abgeleiteten verba nötig sei, haben sowohl Kluge P.-B. B. IX, 153 als Noreen (dieser in vorlesungen) und ich selbst De derivatis verbis contractis p. 171, 182 ff. gezeigt. Im zusammenhang aber mit seiner regel behauptet Möller ferner, (enklitische und) proklitische wörter von der gestalt ⏑⏑, die mit dem worte, an welches sie sich anlehnen, als ein wort behandelt worden sind, „haben ihr auslautendes *a* gemeingerm. eingebüsst und sind einsilbig geworden". Ist aber sein gesetz im obigen fall als urgerm. nicht aufrecht zu erhalten, so kann es bei der erklärung dieser erscheinung nicht angewendet werden. Höchstens könnte man bei unbetonten partikeln und adverbien von der form ⏑⏑ (d. h. wahrscheinlich ⏑⏑) eine gewiss sehr frühe apocope annehmen, aber vielleicht nicht eine „urgerm." (vgl. die oben erwähnten ansichten über auslautende vocale bes. in adverbien und partikeln). Um ein beispiel anzuführen, so ist urn. *ek* natürlicherweise, wie Möller und Noreen annehmen (Ark. f. n. fil. I, 175 ff., vgl. auch Burg Die älteren nord. runeninschriften p. 20 f., 50 f.), die proklitische form, die aus idg. *eg(h)o[-m]* hervorgegangen sein kann; dass aber das *a* aus *-ŏm* urgerm. apocopiert sei, kann durch nichts bewiesen werden. Dass die übrigen sprachen unabhängig vom Nordischen (niederd. *ec*, *ek*, as., g. *ik*, ahd. *ih* u. s. w.) zu einsilbiger form gekommen sein können, ist bei derartigen oft unbetont gebrauchten wörtern selbstverständlich. Das enklitische urn. *-ka* fasse ich mit Noreen und Burg als direkten fortsetzer eines idg. *[e]g(h)ŏ-m*. — Aber angenommen, dass der auslautende vocal in den proklitischen partikeln und pron. früher geschwunden sei als ursprünglich auslautendes unbetontes *a*, *e*, *i*, so hat man darum doch keinen sicheren grund anzunehmen, dass eine dehnung der somit einsilbig gewordenen wörter urgerman. sei; denn die dehnung kann kaum anders entstanden sein als durch neu hinzugetretene hauptbetonung der wörter. Sollte man gar urgerm. apocope völlig läugnen, so ist es, so scheint mir, unmöglich, mit Noreen (Spräkvetenskapliga sällskapets förhandlingar p. 125) die dehnung als urgerm. anzunehmen. Dagegen kann ich natürlich nicht läugnen, dass die fragliche dehnung z. b. von ags. *ôn, ôf* einem bestimmten friesich-englischen lautgesetz zuzuschreiben sein kann. Ich habe aber bei der aufzählung der wichtigsten ablautsformen der pronominalstämme, wie ich sie nach dem sogen. schwebe- oder gleichgewichtsablaut schon für das idg. nachzuweisen gesucht habe, angedeutet, dass mehrere derartige längen aus idg. zeit stammen können: ahd. *âno*, isl. *ṛ'n, án*, ags. *ôn, ôf, ĉf*, aschw. *aaf* (vgl. *ἠπεροπεύειν*), ags. *ôt*, afr. **êt* (nach Möller aus den fries. mundarten zu erschliessen), anorw. *át*, aschw. *aat* (vgl. s. *âd*, zd. *âṭ*) und möglicherweise andere fälle aus dem gebiet der pronominalstämme (vgl. in B. B. XIII, wo ich von aisl. *âðr, âduns* unter g. *aippau* handelte). Nun ist es aber ganz wohl denkbar, dass einsilbige wörter, wenn sie im satze betont waren, in fast jeder beliebigen periode gedehnt werden können. Somit glaube ich auch, dass gewisse von den unten zu besprechenden dehnungen einzeldialektisch sein können. Und wenigstens fürs Ags. und Fr. ist dies als lautgesetz von Möller behauptet worden (vgl. Sievers Ags. gr. § 121, 122). Von den sowohl für ein afr.-ags. als für ein urgerm. dehnungsgesetz in anspruch genommenen dehnungen glaube ich doch, wie gesagt, mehrere als schon idg. vermuten zu können; andererseits giebt es dehnungen, die unmöglich in die einzelsprachen verlegt werden können.

Unter den idg. durch ablaut einsilbig gewordenen wörtern können wir nach dem, was ich oben (im cap. II) hervorgehoben habe, sowohl längere als kürzere formen erwarten. Ich werde nun einige wörter der reihe nach, wie sie bei Noreen (Spräkv. sällsk. förh. p. 152) verzeichnet sind, kurz besprechen.

1. Idg. einsilbige wörter.

a) Die oben angeführten, wie ich meine, aus schwebeablaut entstandenen formen auf kons., die in ablautsformen, wie sie *ôf : of, ôn : on, ôt : isl. at* u. s. w. darstellen, als schon idg. zu gelten haben.

Sind die längeren formen als specifisch germ. anzusehen, so sind sie aus den soeben gesagten gründen als einzeldialektische aufzufassen. Das vorauszusetzende afr. **thêt* kann sogar

zur not aus einem hochbetonten idg. *tē-d hergeleitet werden
(sogen. abl. vgl. s. *mád* : l. *mĕ[d]* u. s. w.)

b) Die nach meiner oben (im cap. II) entwickelten meinung
aus schwebeablaut entstandenen formen auf vokal, die durch
ablautsformen wie l. *nē* : *ne*, *dĕ* : *δε*, s. *cā* : *ca*, as. *tô*, ahd.
zuo : *za* u. s w. vertreten sind.

c) Einige besonders zu behandelnde worte.

Aisl. *sá* ist entweder eine spec. nord. dehnung, sofern es
= *ó* ist; oder aber es beruht auf vollbetontem idg. *sē* (vgl.
s. *sá; hâ* neben *ghâ* beweisen quantitativen ablaut), und wir
können somit *sd* mit *-se* in *dë-se* (< *-sĕ?*) gleichstellen; zu
entscheiden bin ich nicht im stande.

Aisl. *þú* : *du*, g. wohl *þu* = *þú* und *þu*, ags. *dú* : *du*,
afr. *thú* und wohl auch *thu*, ahd. *dú*, *dŭ* leiten sich natürlich
von den idg. ablautsformen *tū* (gr. τυ'νη u. s. w.) und *tŭ*
(τύ, σύ) her (Osthoff MU. IV, 268 ff.), obwohl es denkbar ist,
dass ein ererbtes *tŭ* dialectisch zu *þū* (z. b. ags. und afr.)
gedehnt worden sein kann. Afr. *hwâ* „wer" kann kaum etwas
anderes als fries. dehnung sein.

Dass die den germ. adv. wie *þiъ-r* (ahd. *dá-r* u. s. w.),
hwâъ-r (ahd. *hwâr* u. s. w.) zu grunde liegenden formen *þœ,
*hwœ aller wahrscheinlichkeit nach auf idg. längen zurückgehen,
habe ich oben zu zeigen gesucht; demgemäss führe ich natürlich die langen *-r*-adv. auf entsprechenden idg. formen zurück
und finde zwischen urg. *þœ̂-r*, ahd. *dár* u. s. w. und ahd. *dara*
u. s. w. etwa dasselbe verhältniss wie zwischen den idg. adv. auf
-dŭ̥-r und auf *-trŭ̥*. In derselben beziehung zu ursprünglichen
idg. formen stehen auch g. *hê-r* u. s. w. (χη-ϱ-) und ahd. *hie*,
as., ags. *hê* u. s. w. Wie erklärt sich aber die ungleiche behandlung der vocale, urg. *þē-r* dh. *þœ̂-r* > ahd. *dár* u. s. w.,
aber urg. *hē-r* > ahd. *hear*, *hiar*, ags., as. *hér* (as. auch *hir*),
isl. *hér* u. s. w.? Ich glaube, dass urg. *hē, *hē-r* (= χῄ,
χη-ϱ-) und *þiʹ-, *þœ̂-r* (— τῄ, vgl. τῄ ϱα) aus denselben idg.
lauten stammen; aber es wäre denkbar, dass die idg. formen
*kĕ, *kē-r aus einem unbekannten grund auch in enclitischer
oder proclitischer stellung statt der in diesen fällen eigentlich
dafür zu gebrauchenden kurzen ablautsformen angewendet
werden konnten. In diesem falle konnte *ē*, das doch nicht verkürzt wurde, eine andere klangfarbe annehmen: es wurde geschlossen gesprochen. Dies begründe ich durch den vergleich

mit den endungen von *unsêr, iuwêr, fatêr* (vgl. oben) u. s. w.,
welche, obschon in nicht haupttoniger silbe, lang geblieben sind.
Bestand nun zu einem bestimmten zeitpunkte *œ́* in **þœ̀-r* und
ê in *hé, *hé-r, so ist es klar, dass sie sich in der entwickelung
schieden. Und wurden dann wieder **hē̆* und *hēr als vollbetonte
formen gebraucht, so entwickelte sich daraus, wie ich glaube,
ahd. *hear, hiar* u. s. w. Dies empfängt eine stütze aus dem
umstand, dass ein aus *ai* in nicht hauptbetonten silben ent-
standenes *ê* sowohl als *é* (in ahd. *dê, dêm*) wie als *ea (dea, dia,
die, thie* und *deam* u. s. w., s. Braune Ahd. gr. § 287) erscheint — das letztere, wie ich voraussetze, bei nun eingetretener
hauptbetonung.

    2. Wörter, die auf idg. zu erschliessende zweisilbige formen
zurückgehen, oder solche, die mit kurzen wechselnde lange
formen aufweisen, die nicht aus idg. zeit stammen können,
sondern einzeldialektische dehnungen sein müssen. Hier begegnen
zunächst die germanischen längen für *ich, mich*. Die dialek-
tischen formen *eich* (Mainz u. Trier Firmenich II, 52; I, 534)
und *meich* (Trier Firmenich I, 534; nach Brates mitteilung)
setzen ahd. formen mit langem *i* voraus (vgl. ags. *ic*). Diese
dehnungen aber können kaum urgermanisch sein, insofern wir
von idg. **eg(h)om* ausgehen müssen. Enclitisch gab diese form
ek, ik, ik, vollbetont, meiner meinung nach, *ihha*. Es sind die
unbetonten formen, die, nachher emphatisch angewendet, gedehnt
worden sind. Ebenso verhält sich die sache in den nord. sprachen.
Aisl. *ék* (Noreen a. o.), neuisl. *ég, ik (ig)* in mundarten der
schwed. landschaft Dalarne (Noreen Arkiv f. n. fil. I, 177 f.;
Svenska Landsmålen IV, 2 (1882) p. 92) sind kaum etwas anderes
als einzelnordische dehnungen des ursprünglich unbetonten
differentiierten *ek* aus **èg(h)om* (dagegen urn. *-ka* aus **[e]g[h]-
òm*); das vollbetonte **eg(h)om* (nicht *eghōm) sehe ich in dem
für aisl. *jak*, aschw. *iak* vorauszusetzenden urn. *eka* (s. oben).
Ahd. *ín*, woraus nhd. *ein (hin-ein* u. s. w.), ist wohl auch einzeldialektische dehnung von *in* (aus *én oder *eni). — Ob es
auch z. b. idg. formen **ēg(h)o[m]*, **mē-g(h)[e]*, **ēn-* gab, ob
dieselben unter den entsprechenden bedingungen wie *hêr (hir)*
behandelt seien und dazu beigetragen haben, ein *ek, ik* u. s. w.
zu dehnen, will ich natürlich weder verneinen noch bejahen. Dass
es übrigens eine idg. form **ēg(h)om* gegeben hat, ergiebt sich mit
hoher wahrscheinlichkeit aus der abg. form *azŭ* (vgl. Leskien

Ber. d. sächs. ges. d. wiss. 1884 p. 94). Dies *ĕg(h)*- ist, wie schon oben bemerkt, meiner meinung nach eine idg. schwebe-ablautsform zu den skr. part. *ghá, hā* (vgl. *gha, ha*), die beide aus einer stammform *eghe* zu erklären sind.

Upsala, 7. apr. 1887.

Karl Ferdinand Johansson.

Etymologien.

1. ὄβριμος — s. *agrimá*.

ὄβριμος ist verschiedentlich gedeutet worden: es hat sein laut für laut entsprechendes gegenbild in s. *agrimá* „vorzüg-lich". Bei einiger aufmerksamkeit erkennt man leicht eine ganze gruppe von wörtern, welche auf eine ursprüngliche basis *óg : og* mit der bedeutung „hervorgehen, wachsen" zurückgehen. Es sind dies: lat. *ûva* — lit. *û'ga* — ksl. *jaga* „die traube, beere", lit. *û'gis* „spross, sprössling", schon von Bezzenberger mit ὄζος zusammengestellt, ὄδελος = ὄβολος, vergleiche lit. *û'glis* „schössling", ὄβρια ὀβρίκαλα „frischlinge", lett. *agrs* „früh" und s. *ágra* „was hervorgeht", anfang, spitze. Hierher wird auch gallisch *abal* in *Aballo*, altir. *abal* „apfel" mit seinem germanischen abbilde *apla*- gehören; die litauisch-slavischen *óbûlas* und *j-ablûko*, „apfel" sind entlehnt und zwar vermuthlich den Kelten, welche an der untern Donau den Slaven einst nahe wohnten.

2. Lat. *aeruscáre* und ahd. *eiscôn*.

Lat. *aeruscáre*, nur im part. *aeruscans* vorkommend, heisst „betteln". Es ist wesentlich gleich mit ahd. *eiscôn* „heischen" (zu *eiscá* f. forderung). Der unterschied ist nur, dass lat. *aeruscô* auf *aisoská*, ahd. *eiscôn* auf *ais-ská* zurückgeht. Dieselbe diffe-renz besteht zwischen αἶσχος und goth. *aiviski* „schande"; αἶσχος ist αἰχ-σχος (vgl. μίσγω für μιγ-σκω), got. *aivisk* ist *aigh-e-sk* mit einem zwischenvocal vor der endung *sk*. Ob ahd. *eiscôn*, wie bisher geschah, ohne weiteres mit lit. *jĕszkóti* und ksl. *iskati* zu identificiren ist, bleibe dahin gestellt, jedenfalls kann ksl. *iska* nicht = s. *icchá* sein, wenn das praesenszeichen s. *-cha* auf *sça* zurückgeht. — „Heischen" heisst noch im Neuhochdeutschen geradezu „betteln“: man denke nur an Göthes Götz von Berlichingen, wo die zigeunermutter ihren jungen anredet „hast du brav geheischen?“

3. *ôsi-s* die esche.

Lit. *å'si-s* „esche“ entstand aus *ôsi-s;* davon ist sl. *jasi-ka,* wenn überhaupt verwandt, abgeleitet und nicht ohne weiteres mit an. *ask-r,* mhd. *asch,* nhd. *esche* gleich. Der alte baumname findet sich auch bei den Südeuropäern. Lat. *ornus* „die bergesche“ steht für *ôr-nus, ôrĭ-nus = ôsĭ -nus* und ist von *ôsi-* abgeleitet wie z. b. *al-nus* „erle“ von *alsâ* = holländisch *else* = ksl. *olīcha.* *al-nus* muss zwischen *l* und *n* einen consonanten gehabt haben, denn sonst wäre *al-lu-s* entstanden; dieser war *s,* grundform also *als-nus.* Vor dem suffix *-nus* fällt kurzes *ĭ* häufig aus wie in *fag-nus, quer-nus,* und so würde *or-nus* ganz regelrecht auf *ôri-nus, ôsi-nus* und damit auf *ôsi* = lit. *å'si-s* zurückzuführen sein. Vielleicht steckt das alte wort auch in *ἀχερ-ωίς* „weisspappel“.

4. *osqhú-s* und *osqhu-ro-s* „bein“.

ὀσφύ-ς „hüfte, hüftknochen“ kann zweifellos auf *osqhú-s* zurückgehen und ist dann identisch mit z. *açcu,* das mit „wade‘ übersetzt wird, vielleicht aber noch näher im sinne mit *ὀσφύς* stimmt. Die grundbedeutung ist „knochen“—„bein“ wie auch unser „bein“ beide bezeichnet. Dass dieses wirklich so ist, lässt sich beweisen. Cambrisch *ascurn,* cornisch, aremorisch *ascorn* „knochen“ (Ebel p. 827) geht auf *osqu-ró* oder *osqhu-ro-s* zurück. Auf dieselbe grundform lässt sich armenisch * oçkr* „knochen“ zurückführen, so dass wir also die wörter *osqhú-s* „bein“ und *osqhu-ró-s* „knochen“ unbedenklich wiederherstellen und das erste der grundsprache, das zweite wenigstens den Europäern zuweisen dürfen, doch waren die erweiterungen der wörter auf *ŭ* durch das suffix *-ro* von jeher beliebt, wie s. *asu : asura* und sonst.

A. Fick.

Prâkrit tâ, jâ, â.

Die einheimischen Prâkritgrammatiker lehren, dass in den wörtern *tâvat* und *yâvat* das *va* ausfallen kann und setzen

danach neben einander die formen *tâ, tâva* und *jâ, jâva* (Va-
raruci 4, 5. Hemac. 1, 271. Trivikr. 1, 3, 94. Caṇḍa 2, 21).
Lassen, Institutiones p. 222 leitete *tâ* von *tad* ab, was lautgesetzlich unmöglich ist; Weber ist geneigt, die herleitung von
tâvat zu billigen (Hâla, Leipzig 1870, p. 57). Die scholiasten
erklären *tâ* durch *tad, tadâ, tatas, tâvat* oder *tasmât* und so
lehren Hemac. 4, 278. Trivikr. 3, 2, 13, dass in der Çaurasenî
für *tasmâd* substituiert werde *tâ*.   In der Çaurasenî hat *tâ*
ganz, in der Mâhârâṣṭrî fast, ausschliesslich die bedeutung
„deshalb“, „darum“ und dass die herleitung von *tâvat* verkehrt
ist, zeigen (ausser der bedeutung) stellen wie Çak. 11, 1
tâ siḍhilehi dâva ṇaṁ und die häufige verbindung *tâ jâva*. *tâ*
ist ═ vedischem *tât* und *jâ* ═ *yât*, den nach der nominaldeclina-
tion gebildeten ablativen der pronomina *ta-* und *ya-*. Das beweist das bisher ganz missverstandene *â*. Es findet sich Hâla
747 wo *de â dumasu tumaṁ cia* zu lesen ist und Hâla A 5 *de
â pasia ṇiattasu*. Weber (Hâla p. 148 anm. und p. 202 anm.)
setzt *â* ═ *âḥ;* auf einen andern weg führt uns aber die einheimische erklärung.
       Die strophe *de â pasia ṇiattasu* habe ich auch citiert ge-
funden von Ânandavardhana im Sahṛdayahṛdayâloka fol. 39a
(anfang auch fol. 76a) (MS. Bühler, Det. Report no. 257), von
Hemacandra, Alaṁkâracûḍâmaṇi fol. 4b (MS. Kielhorn, Report 1880/81 p. 102 no. 265) und von Jayanta im commentar
zum Kâvyaprakâça fol. 6b (MS. Bühler, Det. Report no. 244).
Im commentar zu Ânandavardhana hat Abhinavagupta nun die
erklärung: *de iti nipâtaḥ prârthanâyâm | â iti tâvacchabdârthe
| tenâyam arthaḥ | prârthaye prasîda tâvat ||* Diese erklärung
wiederholt Ratnâkara in der Dhvanigâthâpañjikâ fol. 2a (MS.
Bühler, Det. Report no. 253) und so wird auch bei Jayanta
zu lesen sein, wo die sehr verderbte handschrift *â iti nâva-
sthâçabdârtho* hat. *â* steht also im sinne von *tâvat* und ist demnach ═ Sanskrit *ât*. Die im klassischen Sanskrit nicht vor-
handenen adverbialen ablative *ât, tât, yât* haben also dialektisch
fortgelebt und erscheinen im Prâkrit in lebendigem gebrauche.
Dieselben formen stecken auch in Prâkrit *kâlâ, tâlâ, jâlâ*, die
die prâkritgrammatiker (Hemac. 3, 65. Trivikr. 2, 2, 69. Mâr-
kaṇḍeya fol. 46a [MS. E. J. O. no. 70]) im sinne von *kadâ,
tadâ, yadâ* anführen. Das von ihnen gegebene beispiel *tâlâ
jâanti guṇâ jâlâ de sahiaehi gheppanti*, das auch die rhetoriker

sehr oft citieren, ist aus Ânandavardhanas Viṣamabâṇalîlâ (Sahṛdayahṛdayâloka fol. 89 b). Jayanta fol. 25 b). *tâlâ* ist = *tât
kâlât*, *jâlâ* = *yât kâlât*, *kâlâ* = **kât kâlât* oder analogiebildung
nach den beiden ersten.

Halle (Saale).   *R. Pischel.*

Vollname und kurzname bei denselben personen
überliefert.

Ficks schöne entdeckung, dass die einstämmigen eigennamen
der Griechen im grossen und ganzen aus zweistämmigen „vollnamen" hervorgegangen sind, wird gegen zweifel, wie sie von
Weck erhoben wurden, durch die thatsache am besten geschützt, dass wir in verschiedenen fällen mit hilfe unserer überlieferung nachweisen können, wie dieselbe person einen „vollnamen" und neben demselben einen aus dem vollnamen verkürzten „kosenamen" trug. Da nämlich bei dieser doppel-
namigkeit derselben person die annahme gänzlich ausgeschlossen
ist, dass der eigentliche und ursprüngliche name der einstäm-
mige gewesen, und aus diesem der zweistämmige durch verlängerung gemacht worden sei, so lässt sich schliessen, dass auf
dieselbe weise wie beim einzelnen in der namensgebung des
ganzen volkes verfahren worden ist, und nicht etwa die vollnamen aus den kurznamen, sondern die kurznamen aus den
vollnamen hervorgingen. Solcher beispiele überlieferter doppel-
namigkeit menschlicher personen hat Fick, Die griechischen
personennamen s. LXII drei angeführt; bei der wichtigkeit, die
sie für die erkenntnis des ganzen namenssystems beanspruchen
dürfen, wird es nicht überflüssig erscheinen, wenn ich im folgenden drei weitere hinzufüge. Der tyrann von Methymna
Κλεομένης (Theopomp bei Athenäus X p. 442 f.) führte auch
den kurznamen Κλέομις, wie wir jetzt nicht nur aus Isokrates'
brief an Timotheos (brief 7 § 8), wo die schreibung des namens
Κλέομμις ist, wissen, sondern auch aus einer steinurkunde,
nämlich dem zweiten fragment der inschrift CIA. II 141 (s. 61),
das von Nikitsky, Mitt. d. arch. inst. X (1885), s. 57 f. veröffentlicht worden ist; das verlangen Naucks, Hermes XXIV
(1889), s. 460, in der Athenäusstelle Κλεομένης in Κλέομις zu
„korrigieren", ist völlig ungerechtfertigt. — Ein Epirot wird
bei Polybios XX 10, 5 Μενέστρατος, derselbe bei Polybios

XXI 31 (XXII 14), 13 *Μενέστας*, bei Livius XXXVI 28, 3
Menestas genannt; wie Nauck den an einer stelle genannten
Κλεομένης nach zwei andern in *Κλέομις* zu verändern riet, so
schlug hier Ursinus früher vor den namen *Μενέστρατος*, der
an einer stelle sich findet, nach den beiden anderen in *Μενέστας* zu korrigieren. — Dass für den Theseussohn *Δημοφῶν*,
der mit seinem bruder *'Ακάμας* im kyklischen epos eine rolle
spielte, in der überlieferung auch der vollname *Δημόφιλος*
vorkam, lehrt Lysias frgm. gegen Polykrates (Or. att. II p. 204),
citiert in den Schol. Aristid. Panath. p. 327B (vgl. Maass, Gött.
gel. anz. 1889, s. 821, anm. 1). — Im allgemeinen wird man
annehmen dürfen, dass in älterer zeit es die regel war dem
kinde einen vollnamen zu geben und dass die kurznamen sich
von selber dazu fanden, einer oder mehrere, wie es die laune
der menschen fügte.   Ob, wer eigentlich *Φείδιππος* hiess,
Φείδων oder *Φειδίας* oder *Φειδύλος* oder wie sonst gerufen
wurde, darüber entschied ursprünglich wohl weniger die freie
wahl als der zufall, und viele leute wurden bald mit dem, bald
mit jenem kurznamen gerufen; der eine stamm wurde festgehalten, das hypokoristische suffix aber war unwesentlich und
daher wechselnd.   Einige beispiele habe ich hierfür bereits in
diesen beiträgen VI 65 gegeben.   Der Böoter in den Acharnern
nennt seinen sklaven bald *'Ισμηνίας* (v. 861), bald *'Ισμήνιχος*
(v. 954).   In der sklavenweihung aus Lebadoia GDI. 425 wird
der sklave viermal *'Ανδρικός*, einmal *'Ανδρώνικος* genannt
was nicht vollname ist — der hätte *'Ανδρόνικος* lauten müssen
— sondern ebenfalls ein kosename, für den *'Ανδρώνιχος* die
gewöhnlichere form sein würde.   Und wenn es bei Homer
Il. 15, 526 heisst: *Λαμπετίδης, ὃν Λάμπος ἐγείνατο φέρτατος
ἀνδρῶν*, so sehen wir ebenfalls zwei nebeneinander gebräuchliche
kurznamen: *Λάμπετος* und *Λάμπος*.

Leipzig.   *Richard Meister.*

Adolf Friedrich Stenzler [1]).

Am 27. februar 1887 verschied Adolf Friedrich Stenzler. Mit dem greisen gelehrten, den unsere hochschule betrauert, sank der letzte vertreter einer generation ins grab, die durch einführung und ausbreitung der sanskritstudien in Deutschland sich in der geschichte dieser wissenschaft ein glänzendes andenken gesichert hat.

Stenzler war am 9. juli 1807 zu Wolgast in Neuvor-, damals noch Schwedisch-Pommern, als sohn des dortigen superintendenten geboren und empfing seinen ersten unterricht in der schule seiner vaterstadt. Schon in dieser zeit trat seine neigung zu den orientalischen sprachen hervor. Im Hebräischen, dessen anfangsgründe der knabe aus eigenem antrieb lernte, unterrichtete ihn der dritte lehrer der stadtschule, Mag. Palmgrén, ein Schwede; im Arabischen fand er einen lehrer in dem als naturforscher bekannten, durch vielseitige sprachkenntnis ausgezeichneten Dr. Creplin. 15 jahr alt, wurde er auf das gymnasium zu Friedland in Mecklenburg gegeben, wo er mit Fritz Reuter auf einer schulbank zusammen sass. Im Oktober 1826 verliess er es, um die Universität zu beziehen. Seine familie war eine alte theologenfamilie, und so ward auch er bestimmt, den traditionen seines hauses folgend, theologie zu studieren. Mit dieser absicht bezog er die universität Greifswald. Seine sprachlichen interessen traten indess auch hier bald wieder hervor, und er folgte mit lebhafter aufmerksamkeit Kosegartens vorträgen über Arabisch, Persisch, Hebräisch. In diesen jahren fielen die ersten strahlen der jungen wissenschaft, der Stenzler bald ganz angehören sollte, auf Deutschland. 1808 war Schlegel's schrift über sprache und weisheit der Inder erschienen, Bopp hatte 1816 und 1818 seine ersten untersuchungen auf sprachwissenschaftlichem gebiet veröffentlicht und wirkte seit 1821, durch Wilhelm von Humboldt's einfluss dahin berufen, in Berlin. Stenzler ging 1827 nach Berlin. Zwar hörte er auch hier noch theologische vorlesungen bei Neander, Hengstenberg u. a., sein besonderes interesse aber nahm Bopp durch seine vorlesungen über Sanskrit, Arabisch und Persisch in anspruch. 1828 begab er sich nach Bonn, wo er Schlegel und Freytag hörte, in seinen sanskritstudien aber besonders von Lassen nachhaltig gefördert wurde. Nach Berlin zurückgekehrt, promovierte er daselbst am 12. september 1829 mit der herausgabe und übersetzung eines sanskrittextes, dem Brahmavaivartapurāni specimen. Der oktober desselben jahres führte ihn nach Paris.

Die französische hauptstadt war zu anfang dieses jahrhunderts bis in die dreissiger jahre ein hauptsitz der orientalischen studien. Ausgezeichnete lehrer und die reichen handschriftlichen schätze der Pariser bibliothek übten durch ganz Europa eine anziehungskraft auf alle aus,

[1]) [Aus der „Chronik der königl. universität zu Breslau für das rechnungsjahr 1886—1887" s. 19 ff. mit genehmigung des herrn rektors der Breslauer universität und des herrn verfassers auf meinen wunsch abgedruckt. B.]

die diesen studien sich widmen wollten. Stenzler nahm an Silvestre de Sacy's unterrichte im Arabischen und Persischen teil, hörte Rémusat's vorträge über chinesische sprache und hat der anregungen, welche er von diesen beiden lehrern empfangen, stets mit warmer anerkennung gedacht. Weniger sagte ihm Chézy's mehr ästhetische als gründlich philologische behandlung des Sanskrit zu und für seine sanskritstudien war er daher auf die benutzung der handschriften und den privatverkehr mit Eugène Burnouf angewiesen. In Paris trat er durch Schlegel in beziehungen zu Alexander von Humboldt, beziehungen, deren beide, der junge orientalist wie der berühmte naturforscher, auch in späteren jahren gern gedacht haben. Die bewegung der julitage des jahres 1830 setzten Stenzler's aufenthalt in Paris ein ende und veranlassten seine übersiedelung nach London. Eine menge von eindrücken strömte hier auf ihn ein. Die nahen beziehungen Englands zu Indien, die berührung mit männern, welche Indien mit eigenen augen gesehen, regte ihn mächtig an. Der erste Europäer, welcher Sanskrit wirklich gelernt hatte, Wilkins, lebte noch, Colebrooke, der grosse kenner Indiens und seiner kultur, ein ebenso vielseitiger als tiefangelegter mann, stand auf der höhe seines ruhmes, Wilson, der erste europäische verfasser eines sanskritwörterbuches, ging 1833 nach Oxford, Rosen ward Stenzler innig befreundet: so trat er gleichsam an die wiege der sanskritstudien und konnte verfolgen, wie aus einer halbmythischen zeit dieselben übertraten in das licht einer geschichte. Dem blick des jungen philologen entging es nicht, dass um die junge wissenschaft auf festem grunde zu bauen die notwendigste aufgabe war, brauchbare ausgaben zu schaffen, und er wandte seine erste thätigkeit dem indischen dichterfürsten Kālidāsa zu dessen feinsinnigen dichtungen er bis an sein lebensende besonderes interesse und verständnis entgegenbrachte.

1832 erschien von ihm mit unterstützung der Royal Asiatic Society und des Oriental Translation Committee text und übersetzung von Kālidāsa's berühmt gewordenem kunstepos, dem Raghuvança „dem stamm des Raghu", die erste ausgabe eines sanskritwerkes auf textkritischer grundlage. Ihm ward dafür die freude, dass die eine der beiden goldenen medaillon, welche König William IV. der gesellschaft bewilligt hatte, ihm in öffentlicher sitzung von dem sieger von Waterloo, dem herzog von Wellington, überreicht wurde. Stenzler wandte sich in demselben jahre an den preussischen minister v. Altenstein und erbat und erhielt eine anstellung in Preussen. Am 17. december 1832 wurde er ao. professor der orientalischen sprachen in Breslau und damit der erste professor des Sanskrit an unserer universität.

Wir werden nicht fehlgehen, wenn wir annehmen, dass bei dieser berufung Wilhelm v. Humboldt von einfluss war, an dessen namen — wie an den Altenstein's — die gründung der sanskritprofessuren sich anknüpft, weil die weite seines blickes zuerst die bedeutsamkeit der stellung der indischen philologie innerhalb der geisteswissenschaften erkannte. 1833 trat Stenzler seine professur an. Ihre geringe besoldung — 200 thaler — nötigte ihn seine zeit zu zersplittern und einen erheb-

lichen teil derselben der bibliothek zu widmen, an der er zuerst als
hilfsarbeiter, seit 1836 als kustos verwendung fand. Diesen zwiespalt der
pflichten, den er durch vierzig jahre tragen musste und als eine störung
seiner wissenschaftlichen thätigkeit tief empfand, hat er stets bitter be-
klagt, auch dann noch, als er bei reorganisierung der bibliothek im jahre
1872 von seiner bibliothekarischen thätigkeit entbunden wurde. Sein
warmes interesse hat er derselben gleichwohl bewahrt und mit inniger
freude ihr aufblühen unter Dziatzko's wissenschaftlicher leitung verfolgt. Durch das vermächtnis seines exemplars der wertvollen Bibliotheca
Indica an dieselbe hat er seinem anteil noch in seinem letzten willen
ausdruck gegeben.

Der textkritischen richtung seiner studien ist Stenzler auch weiterhin treugeblieben und vermöge seiner akribie und seines seltenen sprach-
gefühles war er für diese vorzugsweise geeignet. 1838 erschien seine
ausgabe von Kâlidâsa's Kumârasambhava, einem die geburt des kriegs-
gottes schildernden gedicht. Als er 1847 ordinarius wurde, trat er seine
professur mit einer methodisch auch heute noch lehrreichen kleinen
abhandlung „De lexicographiae sanscritae principiis" an, in der er
wichtige grundsätzliche gesichtspunkte für die indische lexicographie auf-
stellte und an beispielen zeigte, wie viel aus der richtigen benutzung
der einheimischen indischen lexicographie für das verständnis der schrift-
steller gewonnen werden könnte. Ganz besonders richtete er jedoch sein
augenmerk auf drama und rechtslitteratur. Noch in demselben jahre
erschien seine grosse, von lauger hand vorbereitete ausgabe des ältesten
und schönsten der indischen schauspiele, der Mṛcchakaṭikā, des „thon-
wägelchens", die glänzendste von Stenzler's arbeiten, eine musterarbeit
textkritischer methode und philologischen taktes, deren wert trotz der
grossen fortschritte, welche die indische dialektologie seither gemacht
hat, noch heut unbestritten ist. Was die herausgabe indischer dramen
erschwert, sind die präkritdialekte, in denen die frauen und untergeord-
neten personen des dramas reden. Die Mṛcchakaṭikā ist an solchen dialekten reich. Da die abschreiber, denen wir die texte verdanken, von
ihnen wenig verstanden und ihre feinen unterschiede gern verwischten,
so sind für den herausgeber die schwierigkeiten gross und sie waren es
besonders zu einer zeit, wo für die kenntnis jener mundarten noch so
wenig geschehen war, wie in den vierziger jahren. Stenzler hat seiner
aufgabe sich meisterhaft entledigt und, gestützt auf umfassende sammlungen und vorstudien, ein werk geschaffen, das seinen ruf fest begründete. Die goldene medaille für kunst und wissenschaft war der lohn
dafür. Die 1849 veröffentlichte ausgabe und übersetzung von Yâjñaval-
kya's gesetzbuch — die erste deutsche übersetzung eines indischen rechts-
buches — war eine frucht seiner ausgedehnten studien auf dem gebiete
der indischen jurisprudenz, der er schon 1842 durch seine auf Manu
beruhende abhandlung „Juris criminalis veterum Indorum specimen"
einen dienst erwiesen hatte, unter anderem 1855 durch seine darstellung
der gottesurteile, 1876 durch seine ausgabe des wichtigen Gautama auf's
neue nützte. Die indische medizin dankte ihm neues in Dietz' Analecta

medica und in Häser's Geschichte der medizin verwendetes material,
sowie einen scharfsinnigen aufsatz „Zur geschichte der indischen medizin",
in der er die legende von dem fabelhaften alter der indischen medizini-
schen schriften zerstörte. Besondere vorliebe hegte er für die indische
sitte. Die rede, welche or als rektor unserer universität am 22. märz
1863 hielt, lehrt seine schöne auffassung der volkssitte, die ihm nicht als
eine art von blossem gewohnheitsrecht galt, sondern als der unmittelbare
ausdruck des volksgeistes, gleichbedeutsam für die kenntnis eines landes
wie die sprache selbst. Schon in einer 1860 zu ehren Middeldorpfs,
des theologen, verfassten commentatio weist er auf die Gṛhyasûtra's der
Inder hin, die alten lehrbücher, in denen die Inder die häuslichen bräuche
ihrer väter bei allen vorkommnissen des lebens ihren nachkommen zur
nachachtung getreu überliefert haben. Einen abschnitt aus diesen hatte
er 1853, einen andern, der die gastlichen pflichten behandelt, 1855 in
einer Alexander von Humboldt (bei gelegenheit der erneuerung seines
doktordiploms durch unsere philosophische fakultät) dargebrachten fest-
schrift veröffentlicht. Durch herausgabe und übersetzung des Âçvalâyana
Gṛhyasûtra 1864 und 1865 und des Pâraskara 1876 und 1878 hat er
zwei dieser texte der wissenschaft zugänglich gemacht und die benutzung
derselben später durch ein wortverzeichnis noch erleichtert, das 1886 erschien und auch die beiden anderen bis dahin veröffentlichten gleichartigen werke des Gobhila und Çânkhâyana mit umfasste.

Was Stenzler veröffentlichte, trägt den charakter vollendeter sorgfalt und wissenschaftlicher reife. Er liebte keine flüchtige arbeit und
hingeworfene bemerkungen und hat seine schriften immer und immer
wieder geprüft, ehe er sie der öffentlichkeit übergab. Den durch seine
kenntnisse und gründlichkeit erworbenen ruhm, einer der ersten sanskritisten unserer tage zu sein, hat auch keiner angezweifelt. Mit dem, was
er publizierte, ist indess bei weitem das wissenschaftliche material, welches
er in unermüdetem fleisse zusammengetragen hat, nicht erschöpft. Seine
reichen sammlungen, welche er auf vielen gebieten unter weiten gesichts-
punkten angelegt und hinterlassen hat, sind durch die güte seiner gattin
der bibliothek der deutschen morgenländischen gesellschaft in Halle
überwiesen worden und damit der wissenschaft erhalten.

Der akademische wirkungskreis eines orientalisten ist nicht umfang-
reich, aber arm an freuden ist er darum nicht. Stenzler hing seinem
lehrberuf mit nicht geringerer liebe an als seiner wissenschaft. Zwar
machte er hohe ansprüche an seine hörer, die er gern mit den worten
Hesiods „vor die ἀρετή haben die götter den schweiss gelegt" zu ernster
arbeit mahnte, aber denen, die sich ihm hingaben, erschloss er gern dafür
die reichen schätze seines wissens. Er waltete mit gleicher pflichttreue
seines amtes, gleichviel ob nur einer zu seinen füssen sass oder mehrere,
wenn dieser eine ihm nur durch fleiss und fähigkeit die gewähr nicht
nutzlos verschwendeter mühe gab. Am liebsten unterrichtete er Sanskrit.
Die vergleichende sprachwissenschaft entsprach weniger seinen neigungen,
obwohl er einmal gegen 40 zuhörer zählte. Stenzler suchte und fand
in der intensität des unterrichts, in dem nahen persönlichen verhältnis

zwischen ihm und seinen jüngern ersatz für einen grössern wirkungskreis, auf den unter unsern verhältnissen ein orientalist nun einmal nicht rechnen darf. Der kleine kreis, den er um sich sah, lohnte ihm dafür mit um so herzlicherer dankbarkeit, und wohl sein schönster lohn war, dass er unter den hervorragendsten sanskritisten des in- und auslandes mehrere seiner schüler wiederfand.

Zu unterrichtszwecken verfasste er sein 1868 veröffentlichtes „Elementarbuch der sanskritsprache", das in musterhafter kürze abgefasst und in fünf auflagen in nahezu 6000 exemplaren verbreitet, viel zur erleichterung und ausbreitung der sanskritstudien nicht nur in Deutschland gethan hat. Den erträgen dieses werkes verdankt unsere universität die errichtung der Stenzlerstiftung, aus deren fonds an fleissige und begabte junge sanskritisten halbjährlich prämien zur ermunterung ihres strebens verteilt werden können. Für den akademischen unterricht in erster linie berechnet ist auch seine mit einem glossar versehene ausgabe von Kālidāsa's „Wolkenboten", die 1874 erschien.

Eine lebensskizze Stenzler's würde unvollständig sein, wollte sie nicht auch der persönlichkeit des seltenen mannes gedenken. Wohl kann wissenschaftlicher lorbeer zieren, aber ihm wohnt nicht der stille zauber inne, der die herzen zwingt. Stenzler besass den zauber. Er besass ihn, weil seine persönlichkeit sich aufbaute auf dem fundament einer ernsten, reifen und vornehmen weltanschauung. Wer das glück hatte ihm näher zu treten, wird von seiner liebenswürdigkeit nicht weniger bezwungen worden sein als von dem tiefen ernst, der ihn durchdrang. Es war ihm ernst mit seiner wissenschaft und ihren grossen zielen, und nicht minder mit dem scheinbar kleinen in ihr, das er stets als teil des ganzen empfand. Mit weitem, raschem und freiem blick suchte er in jeder auffassung das bleibende zu finden und jedem standpunkt gerecht zu werden. Gunst oder missgunst haben ihn nie beirrt. Seine hohe und humane auffassung des lebens sah keine kluft zwischen ihm und denen, die unter ihm standen, und die edle freudenspenderin seines lebens, die musik, lehrte ihn mit andrer menschen herzen fühlen. Gern spendete er, wo er loben konnte, ein freundliches wort der anerkennung dem anfänger, der seine erste gabe opferte, und wohl so mancher seiner jüngern fachgenossen wird dankbar einige zeilen aufbewahren, die ihm Stenzler's hand geschrieben. Das halbe, das leichtfertige konnte er nicht vertragen und er hielt alles von sich ferne, was mangel an ernst verriet. Immer aber blieb er in der form gewählt und er verlangte, dass auch andere es blieben. Mit Stenzler's gewissenhaftigkeit und unbestechlichkeit des urteils einte sich eine herzensgüte, deren oft rührende züge nur wenigen eingeweihten bekannt sind. Einst hatte er zu entscheiden, welchem von seinen drei zuhörern die prämie der Stenzlerstiftung zugeteilt werden solle. Die entscheidung fiel ihm schwer; denn der dritte, welcher leer ausgehen musste, weil er am wenigsten vorgeschritten war, war gerade ein armer student. Stenzler ging, fügte aus seiner tasche eine dritte prämie hinzu und verteilte drei prämien. Der so feinfühlend unterstützte hat den wahren sachverhalt wohl nie erfahren. Mit welcher freude er

die schätze seines wissens austeilte, wissen nicht nur seine schüler zu
sagen, sondern jeder, der mit ihm in wissenschaftliche berührung kam,
der lehrer wie der jünger der wissenschaft. Das denkmal, das er so sich
in den herzen errichtet, trat leuchtend in der allgemeinen teilnahme bei
seinem ableben hervor. „Die jähe kunde hat mich zu thränen gerührt",
so schrieb wenige tage nach seinem tode einer seiner letzten schüler
hierher, „und es ist mir kaum fasslich, unsern geliebten theuern lehrer
nicht mehr unter den lebenden zu wissen". Und wie hier ein jüngling,
der eben erst eingetreten war in die hallen der wissenschaft, so empfanden
die älteren, und wie diese, so hatte vor jahren ein mann über ihn ge-
urteilt, dessen name über alle glänzt. Bei gelegenheit der erneuerung
seines doktordiploms durch unsere philosophische fakultät schrieb Alexander v. Humboldt unter dem 15. August 1855 privatim an Stenzler:
„Wenn die ehrenvolle monumentale auszeichnung, welche ich gewiss
Ihrer ersten anregung und Ihrer alten anhänglichkeit verdanke, mein
teurer freund, mir schon an sich grosse freude machen musste, so hat
diese freude noch dadurch eine höhere weihe bekommen, dass mein name
durch Ihr wohlwollen an eine der arbeiten geknüpft ist, die Ihnen einen
immer wachsenden, weit verbreiteten ruhm und, am frühesten, die tiefste
achtung von Wilhelm von Humboldt verschafft haben. Sie gehören,
teurer Stenzler, zu den wenigen menschen, die nicht bloss durch geistes-
gaben und gelehrsamkeit, sondern durch liebenswürdigkeit des charakters
und anmut der sitten unverlöschliche eindrücke lassen. In diesen worten
liegt keine schmeichelei, sie entstehen aus dem lebensfrischen andenken
an unsern aufenthalt in Paris, und welche vorliebe hat mein teurer
bruder nicht bis zu seinem hinscheiden für Sie und Ihre arbeiten genährt.
Völlig sprachunwissend im Sanskrit; im Persischen, das ich unter André
de Nerciat und Sacy drei jahre ernsthaft trieb, aus mangel an übung
ganz zurückgekommen, ist mir doch das innigste interesse für indisches
altertum, arische namenverschiedenheiten, gestaltung und richtung der
gebirgsketten von Inner-Asien, aufgeklärt durch die wundervolle topo-
graphische genauigkeit chinesischer werke, geblieben. In diesem interesse liegt durch association der ideen und der gefühle wie ein duft,
der dunkel an den mir unvergesslichen Wilhelm mahnt, Ihre individua-
lität und Ihre arbeiten gehören in dasselbe bereich . . ."

In den letzten jahren seines lebens hat Stenzler, durch kränklich-
keit und zunehmende beschwerden des alters genötigt, sich mehr und
mehr in die stille seines arbeitszimmers zurückgezogen und damit den
kreis derer verengt, die das glück hatten, seine persönlichkeit ganz und
voll auf sich wirken zu lassen. Die ihn aber kannten und ihn verstanden,
werden bei seinem namen gern mit seinen schülern der an ihm erfüllten
worte gedenken, dass die lehrer leuchten werden wie der sterne glanz.

Möge das gedenkblatt, welches die universität auf das grab des
grossen gelehrten, des ausgezeichneten lehrers und trefflichen menschen
niederlegt, ein zeichen sein, dass das andenken ihres ersten professors
des Sanskrit allezeit in ehren bleibt.   [*Alfred Hillebrandt.*]

Zur lateinischen lautlehre.

Über die dehnung kurzer vocale zum ersatz für ausge-
fallene consonanten im Lateinischen handelt Corssen im zusammenhange Voc. I² 633 ff. nebst nachträgen II 1017 f.
Die letzteren sind gegen Goetze gerichtet, der in einer besonderen abhandlung „De productione syllabarum suppletoria
lingvae latinae" in Curtius' Studien II 141 ff. den gegenstand
einer sorgfältigen untersuchung unterwirft. Corssen macht
Goetze den vorwurf, dass er vielfach ersatzdehnung annehme,
wo der vocal schon an sich lang war, nicht selten auch seine
auffassungen auf unrichtige oder doch unerwiesene etymologien
stütze. Gegenwärtig, wo die gesetze der sprache in weiterem
umfange erkannt und das etymologische verfahren in strengere
und sichrere bahnen geleitet ist, werden auch zahlreiche annahmen Corssen's, weil sie mit den sprachgesetzen nicht im
einklang sind, unhaltbar erscheinen, und es ist gerechtfertigt,
die für die lateinische lautlehre höchst wichtige frage von
neuem zu erörtern. Die folgende abhandlung, welche diesen
zweck verfolgt, zerfällt, der sachlage entsprechend, in zwei
teile, von denen der erste, mehr negativer natur, eine reihe
von fällen, in denen man den ausfall von consonanten unter
dehnung vorhergehender kurzer vocale nach meinem dafürhalten fälschlich angenommen hat, einer genaueren prüfung
unterziehen, der zweite die wirklichen fälle der ersatzdehnung
auf ein bestimmtes gesetz zurückzuführen versuchen wird.

I.
Kritik irrtümlicher annahmen.

Ersatzdehnung ist unrichtig angenommen worden in folgenden fällen:

1. In den formen *divisi — viso — câsus êsus ôsus visus*,
die aus *dividsi — vidso — cad-tus* u. s. w. erklärt worden sind
in der weise, dass in ihnen *ds dt* zunächst in *ss* übergegangen
und dieses unter dehnung des vorhergehenden vocals zu *s* vereinfacht worden sei. Allein *ss* bleibt im Lateinischen nach
kurzem vocale regelmässig erhalten, sowol wenn es ursprünglich

(*gessi*) als wenn es durch assimilation entstanden ist (*quassi, fossa* u. s. w.). Die in dem zusammengesetzten *disertus* in tieftoniger silbe ohne ersatzdehnung eingetretene vereinfachung des *ss* ist für andere verhältnisse ebenso wenig beweisend wie etwa die des *mm* in *omitto* (Löwe Prodr. 368) aus *ob-mitto*, falls hier nicht *b* unmittelbar ausfiel. In welchem lautlichen verhältnis *rosa* zu gr. ῥόδον steht, ist nicht klar; aber auch wenn es aus *rod-sa (Corssen I 812) hervorgegangen sein sollte, würde es als lehnwort nicht in betracht kommen. Unrichtig ist die annahme, dass *casa* „hütte" aus *cassa entstanden und zu skt. *chad* zu ziehen sei; ich stelle das wort jetzt zu dem gleichbedeutenden griechischen σκηνή dor. σκᾱνᾱ́ und führe beide auf eine grundform *skansā́* [1]) (vgl. χᾱ́ν : *anser*) zurück, so dass im Lateinischen das *n* vor *s* vor dem hochton ausfiel wie in *quasi* aus *quansei* (l. agr. 27) aus *quamsei* (Schmidt Voc. I 101) und das anlautende *s* wegen des folgenden aufgegeben wurde wie in anderen fällen, die ich weiter unten behandele. Bei Isidor or. 15, 2, 13 wird *casa* zusammengebracht mit *castrum* urspr. „kriegsbaracke" *castra* „lager", wozu umbr. *kastru-* praedium, eigentlich wol „landhaus" (vgl. den gebrauch von *castellum* bei Liv. XXII 11, 4); diese zusammenstellung gewinnt bei meiner auffassung an wahrscheinlichkeit, vgl. gr. σκηνή „lagerort" σκηνέω „lagern" σκήνωμα „kaserne" und dazu ndd. *schans* „castell des schiffes" mhd. *schanz* (entlehnt) „schutzbefestigung, reisbündel".

Sonach ist es von vornherein unwahrscheinlich, dass die aufgeführten wortformen in der bezeichneten weise zu ihrer länge gekommen seien; diese muss vielmehr, wie Osthoff Zur geschichte d. perf. i. Indog. an verschiedenen stellen ausführt, einen anderen grund haben. Was zunächst *dīvīsi* betrifft, so ist für dasselbe mit Osthoff (s. 526 ff. 561) *dividsi als vorstufe anzusetzen. Dass die lateinischen praeterita auf *si* den altindischen aoristen von der form *árautsam* und den griechischen auf σα (ἔδειξα = *deixi*) entsprechen, ist längst erkannt. Im Griechischen stimmen diese aoriste im wurzelvocalismus in der regel mit dem praesens überein und dieser weise folgt auch das Lateinische: *quassi gessi coxi pinxi junxi laesi lūsi dixi dūxi*; das ursprüngliche bildungsprincip war dies indessen nicht,

---

[1]) Das aeolische σύνσκανοι in einer inschrift aus später zeit bei Bechtel ob. V 159 hindert diese annahme nicht; s. Meister Dial. I 137.

vielmehr conjugirte das tempus im Indogermanischen ursprünglich ablautend, so dass den auf der wurzelsilbe betonten formen
die starke, den übrigen die schwache wurzelform zukam
(G. Meyer Gr. gramm.² § 530). In *dīvīsi* erscheint die starke
wurzelform; es verhält sich zu *dīvido* wie skt. *drautsam* zu
rudhát. Genau entsprechende fälle der art finden sich sonst
im Lateinischen allerdings nicht, vergleichbar aber, insofern
sich hier ebenfalls neben starkem *s*-aorist eine praesensform
mit kurzem wurzelvocal zeigt, ist das verhältnis von *jubeo* zu
joussi und das von *vigeo* zu *vīxi veixi*. Über die ansicht, dass
jubeo aus *joubeo* entstanden sei, handle ich in einem besonderen
excurs; *vīxi* fungirt als praeteritum zu *vivo*, kann aber, wenn
dieses dem altind. *jīvāmi* entspricht, lautlich nicht zu demselben gehören, denn wollte man auch zugeben, dass *x* hier
an stelle des unmöglichen *vs* getreten sei, so würde noch
immer das von *vīxi* nicht zu trennende *victus* bleiben, welches
nach analogie von *vīta* aus **vīvita*, wenn es zu *vivo* gehörte,
*vitus lauten sollte, man müsste denn meinen, dass es erst von
vīxi aus neugebildet worden wäre. Nach der gewöhnlichen
ansicht ist *vigeo* nur variante von *vegeo*, allein einmal hat
dieses die transitive bedeutung „in starke bewegung setzen,
erregen" (z. b. aequor), *vigeo* dagegen die intransitive „in kraft
stehen, lebenskräftig sein, leben, blühen", sodann ist kein grund
ersichtlich, weshalb das *e* in *vegeo* erhalten blieb, in *vigeo* aber
in *i* überging. Vielmehr gehört *vigeo*[1]), wie Pott Wurzel-
wörterb. I 560 gesehen hat, zu altn. *veigr* altsl. *věkŭ* lit. *věkà*
„kraft" *wikrùs* „lebhaft" und sein *g* ist aus *c* entstanden wie
das von *viginti triginta mūgio digitus negotium* u. a., das sich
in *pervicus pervicax* „standhaft, hartnäckig" (vgl. ahd. *weigarôn*
„sich widersetzen") erhalten hat. Dass sich nun bei der ähnlichkeit der bedeutungen beider wurzeln das zu *vigeo* gehörige
praeteritum *vīxi* im sprachgefühl zu *vivo* stellte, ist begreiflich.

Minder einleuchtend ist mir Osthoff's auffassung der form
viso. Die ältere erklärung derselben, nach der es dem altindischen desiderativum *vivitsate* entsprechen soll (Curtius
Grundz.⁵ n. 282), wird allerdings aufgegeben werden müssen;
sie liesse sich nur unter der wenig wahrscheinlichen annahme
halten, dass das zunächst zu erwartende **vivisso* sich etwa

---

[1]) Schmidt Die pluralbildungen d. indogerm. neutra 144 stellt das
wort zu altbaktr. *vadjô*.

nach analogie von *stipendium* zu **visso* zusammengezogen habe.
Aber auch Osthoff's versuch, das wort mit lit. *wýstu* zu
identificiren und beide auf ein bereits indogermanisches *vid-tó*
zurückzuführen, dessen *i*, aus *ei* entstanden, die übergangsstufe
von *ei* zu *i* darstellen soll (Morph. unters. IV 77 Perfect. 631),
überzeugt mich nicht. Dass die im Litauischen sehr gewöhnliche länge des wurzelvocals in dergleichen bildungen (*slýstu
sprústu búgstu* u. s. w.) aus dem Indogermanischen stammt, ist
nicht zu erweisen; sie steht auf gleicher stufe mit der dehnung
in *témstu* und diese ist speciell litauisch (vgl. gr. πέκτω κλέπτω
lat. *plecto flecto necto pecto* germ. *flehtan*). Osthoff's ansicht
lässt aber auch die bedeutung des lateinischen wortes unerklärt; dieses hat in der älteren sprache entschieden desidera-
tiven oder futurischen sinn, es bedeutet „wohin gehen, um zu
sehen (vgl. ἐπόψομαι ἐπιείσομαι), zu jemand gehen, um sich
zu erkundigen, jemand besuchen" und steht bei Terent. z. b.
Andr. 535 geradezu für *visam*. Meines erachtens ist *viso* auch
formell ursprüngliches futurum, das in das praesenssystem auf-
genommen ist in ähnlicher weise wie die ursprünglich dem
aorist angehörigen formen *pacit tagam* u. s. w. (ob. VI 161)
praesentisch verwendet, oder im Griechischen vom perfectum
aus praesentia wie πεπλήγω ὀρώρομαι u. a. gebildet worden
sind. Ähnlicher art sind lit. *kláusiu* „hören wollen, fragen"
und lat. *quaeso*. Letzteres habe ich ob. VI 176 aus **quaesjo*
erklärt; hat aber Brugmann recht, in formen wie δείξω con-
junctive aoristi zu sehen, so würden auch *viso* und *quaeso* als
solche zu fassen sein.

Auch die formen *vīsus cāsus ēsus ēsor ōsus ōsor* haben,
wie Osthoff erkennt, nicht *vid-tus* u. s. w. sondern *vid-tus*
zur vorstufe. Der grund der dehnung ist derselbe wie in *āctus
lēctus rēctus tēctus*. Lachmann's erklärung derselben wird
von Osthoff (a. o. 112 ff.) mit recht verworfen; der vocal in
sessus (ed. Diocl.) *fissus fossa jussus russus scissus* war sicher
kurz wie in allen formen, die zur zeit Quintilians (vgl. I 7, 10)
das *ss* erhalten und nicht zu *s* vereinfacht hatten (Corssen
Voc. I 282 f. Osthoff Perf. 526) mit ausnahme der contrahirten silben wie *amāsse delēsse audīsse nôsse*. Nach Osthoff
stammt die länge aus den praeteritis *ōdi ēdi vīdi*, während in
fissus scissus sich die kürze erhalten hätte wegen *fidi scidi*.
Auf die angeführten fälle passt diese erklärung, auf andere

aber nicht: es heisst *sessus fossus* trotz *sédi fódi*, — *cásus tâctus* trotz *cecidi tetigi*, und ähnlich *dictus ductus jussus* trotz *dîxi dûxi joussi*. Verwandter art scheint die dehnung in *réxi téxi illêxi* (Prisc. IX 28), zu deren begründung man schwerlich die in altindischen aoristen wie *ábhâksham áchântsam* heranziehen darf; denn diese, von Schmidt (KZ. XXVII 322 a.) allerdings zur erklärung der länge in griechischen formen wie ἔφηνα verwendet (vgl. dagegen Solmsen KZ. XXIX 65), wird von anderen für speciell indisch gehalten. Osthoff ist der ansicht, dass das *ê* in *réxi téxi rêctus têctus* von verlorenen praeteritis *régi* [1] *têgi* herrühre, stützt somit eine hypothese auf eine andere, was doch etwas bedenkliches hat. Vielleicht sind als ausgangspunct für diese dehnung formen wie *únxi únctus sênsi sénsus* anzunehmen, in denen sie lautgesetzlich war; freilich würde auch so das unterbleiben derselben in *dictus ductus jussus* unerklärt bleiben. Jedenfalls ergibt sich aus dem bemerkten, dass die länge in *visus* u. s. w. nicht auf ersatzdehnung beruht, einmal weil sie ihrer natur nach verwandt ist mit der in anderen formen, die solche erklärung nicht zulassen, sodann weil eine derartige ersatzdehnung nicht erwiesen ist.

2. Ersatzdehnung hat ferner nicht stattgefunden in fällen, wo *n* vor *s* nach von natur kurzem vocale ausfiel; hier wurde vielmehr schon vor dem ausfalle des nasals der vocal lang gesprochen (Corssen Voc. I 257 Curtius Stud. II 168 Schmidt Voc. I 100 ff. Seelmann Ausspr. d. Lat. 88 Stolz Lat. gramm. 169 u. a.). Demnach ist keine ersatzdehnung anzunehmen in folgenden fällen:

a) in den acc. plur. *equôs ovîs bovês fructûs* : gr. ἵππους ὄις βόας ἰχϑῦς aus *ons ins ns uns*.

b) in den zahladverbien auf *és* wie *sexiês totiês* aus und neben älterem *êns* (Neue Formenl. II² 171 Brambach Neugest. d. lat. orthogr. 268 f.). Die natur der endung ist zwar noch nicht sicher erklärt, wahrscheinlich aber war ihr *e* von natur kurz (vgl. Stolz Lat. gramm. s. 219).

---

[1] *régi* scheint allerdings in der älteren sprache vorhanden gewesen zu sein; vgl. Festus p. 297: surregit et sortus antiqui ponebant pro surrexit et ejus participio, quibus L. Livius frequenter usus est; wäre hier das praesens, die vorstufe von *surgo*, gemeint, so würde die form wol durch dieses erklärt sein.

c) in den ordinalzahlen *vicêsimus* u. s. w. aus und neben *vicênsumus*. Letzteres entstand aus ursprünglichem **vicent-tumo-* entweder so, dass sich das zweite *t* assibilirte und aus **vicent-sumo- vicensumo-* hervorging wie aus *lâdsi lûsi, oder so, dass sich zwischen den beiden *t* nach *n* ein *s* entwickelte, wie es bei folgendem *r* geschehen ist, und das so entstandene **vicen-stumo-* weiter zu *vicensumo-* wurde. Dass *t + t* nach *n* zu *st* werden kann, lehrt *potestas* aus *potent-tas, mit dem wahrscheinlich *egestas* gleicher bildung ist. Hier wurde der nasal der vorstufe *potenstas ausgestossen, weil *nst* vor dem vocale nicht geduldet wurde (vgl. *Môstellâria* neben *monstrum*), das suffix *tât* aber eine assibilirung nicht zuliess; dagegen wandelte sich *nst* zwischen vocalen in alter zeit in *ns*: *vênsi-ca* — skt. *vastí*, *cênsus cênsor cênsûra* = osk. *an-censto- censtur, pinsum* aus *pinstum, während *pistum* = skt. *pishṭá* aus der urzeit stammt; ausgenommen von dieser regel sind natürlich die composita wie *insto consto;* das eben besprochene *Môstellâria* ist jüngeren ursprungs und von *monstrum* aus gebildet. Consequenz dieser zweiten auffassung der entstehung von *vicênsumus* würde die annahme sein, dass in allen formen wie *pênsus tônsor scânsio utênsile*, so weit sie nicht nach der analogie gebildet sind, das *ns* aus *nst* hervorgegangen ist.

d) in folgenden einzelnen wortformen:

âlum hâlo anhêlo aus **ans-lum :* altsl. *anchati* odorari (Fick Wörterb. II 15), fortbildung von w. *an* mit dem häufigen wurzeldeterminativ *s*, welches vielleicht aus dem aorist stammt; aus *anhenlo, welches Osthoff (Perf. 115 a.) als vorstufe von *anhêlo* betrachtet, hätte im Lateinischen *anhello werden müssen.

frêsus aus *frênsus* (vgl. *dêfrênsa* bei Paul. epit. 74).

mâsûcius aus *mânsûcius* von *mando* (Corssen Ital. sprachk. 343).

piso aus *pinso* = skt. *pináshmi*, *pisum* „erbse" nebst *Piso* = gr. πίσος πισόν aus *πίνσος, wol auch *pilum* aus *pinslum.

scâla aus *scânsla *scandsla (ob. III 288).

prôtêlum „zug zusammengespannter ochsen, zug, fortsetzung" *prôtêlo* „forttreiben, ausdehnen, aufschieben" aus *prôtênslum von w. *tens* in lit. *tęsiù* „recken, ziehen, ausdehnen, hinziehen" (vgl. prówą tęsti : causam prôtêlare) *pratęsu* „verzug, aufschub" mhd. *dinse* „ziehen, schleppen, führen". Die lateinischen wörter liessen sich auch zu *tenere* oder *tendere* ziehen und aus *tēn-slo-* (vgl. altn. *þensla* tensio) oder *tend-slo-* erklären, aber die gegebene erklärung scheint der bedeutung wegen vorzuziehen. Zu derselben wurzel gehört

tōlēs „kropf am halse" aus *tōns-lēs* (bildung wie *mōlēs*), wie das deminutivum *tonsillae* „mandelgeschwulst" beweist; vgl. die ähnliche bedeutung von nhd. *gedunsen* „aufgeschwollen".

tōsilla „pfahl zum festbinden der schiffe" (Pacuv. 218 Ribb.) neben *tōnsilla* (Att. 574 Ribb.), vielleicht ebenfalls zu w. *tens* gehörig, vgl. oberd. *dünsel* „ziehstange".

Der vocal der suffixverbindung *ōsus* aus *ōnsus* war, weil durch contraction entstanden, schon von natur lang; *silvā-vent-to-* (Osthoff bei Brugmann Grundriss d. vergl. gramm. I s. 202) — ὑλήϝεντ- wurde *silvāont-to-* *silvōnt-to-* *silvōnso-*. Kein eigentlicher ausfall des nasals hat stattgefunden in inschriftlichen schreibungen wie *Pisaurese* (C. I. L. I 177) *cosoleretur* (sct. de Bac.) *cosol cosentiont cesor* (tit. Scip.) und vielen anderen, die Corssen Voc. I 251. 254 zusammenträgt; vgl. darüber Schmidt Voc. I 98.

3. Ersatzdehnung ist fälschlich angenommen worden in zahlreichen wörtern, in denen *c* oder *g* vor *n* oder *m* nach von natur kurzem vocale ausgefallen sein soll, wie in *ānus cōmis cōnor flāmen flēmen līma ōmen plānus vānus* u. a., die man aus *acnus *cocmis *cocnor *flagmen *flegmen *licma *ocmen *placnus *vacnus erklärt hat. Die sämmtlichen etymologien bedürfen der berichtigung. Über die behandlung von *cn cm gn gm* im inlaut lateinischer wörter ergeben sich folgende regeln:

a) *cn cm* werden nach von natur kurzem vocale *gn gm*: *agna* „ähre" : ahd. *ahir* „ähre" gr. ἄκαινα „dorn" von w. *ac*, *dignus* — altn. *tign* „ehre" von w. *dic* (nach anderen von w. *dec* in *decus*), *ilignus larignus salignus*, bildungen wie *acernus quernus faginus populnus*, von *īlec- laric- sulic-*, *segmentum* von w. *sec* in *seco*, *magmentum* neben *macto macellum*, wahrscheinlich *sagmen*, das ich ob. XIV 108 mit mhd. *saher* vereinigt habe; *cycnus*, neben dem ebenfalls *cygnus* besteht, ist lehnwort, ebenso muss das der rusticalsprache angehörige *acna acnua* „messrute" (vgl. ἄκαινα) fremd sein, da *cn* keine lateinische lautverbindung ist. In *conquinisco* für *conquicnisco* ist *c* ausgestossen zur vermeidung des missklangs der vier einen guttural enthaltenden silben.

Thurneysen (KZ. XXVI 301 ff.) leitet die substantiva auf *âgo igo ûgo* gen. *-ginis* von nominalstämmen auf *âc- âco- âca-, ic- ico-, ôc- ûco- ûca-* her, indem er annimmt, dass durch antritt des suffixes *ôn* beispielsweise aus *vorâc- *vorâco* gen. **vorâcnis* entstanden, letzteres durch übertritt des nasals in die wurzel, wie er in *pango* aus **pacno* stattgefunden habe, **vorancnis *vorangnis*, dieses durch den ausgleichenden einfluss des nominativus **vorâgnis*, später *vorâginis* geworden sei und sein *g* dem nominativus mitgeteilt habe; er stützt diese auffassung durch eine analoge der stämme auf *ûdo* gen. *ûdinis*, der zu folge z. b. *testûdo* gen. *testûdinis* aus ursprünglichem **testût-o* (von **testû-tus*, gebildet wie *verûtus* von *veru*) gen. **testûtnis* hervorgegangen sein soll, indem sich letzteres zu **testuntnis *testundnis* entwickelt habe und daraus durch ausgleichung *testûdo *testûdnis testûdinis* entstanden seien. Was zunächst diese letztere erklärung anbetrifft, so sehe ich keinen grund, von der älteren ansicht, dass das suffix *dô dinis* (aus **donis*) in tierbezeichnungen wie *testû-do hirûdo alcêdo hirundo torpêdo* „zitterroche" dem griechischen δώ*ν* δόνο*ς* in χελιδών ἀηδών τενθρηδών ἀνθρηδών πεμφρηδών τερηδών (*terêdo* entlehnt) entspreche, abzugehen; s. Leo Meyer Vergl. gramm. II[1] 366. Ebenso scheinen mir mit diesem gelehrten (a. o. KZ. VI 369) die lateinischen abstracta auf *êdo*, wie *frîgêdo livêdo dulcêdo putrêdo*, denen die auf *îdo* und *ûdo* gleichen, griechischen wie ἀλγιδών μελῃδών κλεϝηδών χαιρηδών genau zu entsprechen und Thurneysen's abweichende erklärung derselben (a. o. 306 f.) auch wegen der annahme, dass im Lateinischen *tn dn* zu *ndn* werden können, mislungen. Dagegen nimmt Thurneysen mit recht an, dass die bildungen auf *âgo îgo ûgo* durch den antritt des suffixes *on* an gutturale stämme entstanden seien (vgl. *harpago* : ἅρπαγ-), auch ist seine ableitung von *vorâgo* von *vorâc-* ansprechend; es wäre nur der nachweis einer grösseren anzahl passender grundstämme der art — für die nomina auf *igo* bietet sich überhaupt keiner — wünschenswert, auch verdient die ansicht Leo Meyer's, der diese bildungen mit den griechischen auf αγγ- ιγγ- υγγ- wie σῆραγξ στροφάλιγξ[1]) σπῆλυγξ zusammenbringt (Vergl. gramm. II 413)

---

¹) So liesse sich *stribligo* (: dicebatur a versura et pravitate tortuosae

beachtung. Gesetzt aber, Thurneysen's auffassung wäre sicher, so würde die für den genetivus *voráginis* angenommene vor- stufe **vorágnis* unmittelbar aus **voráenis* hergeleitet werden müssen, denn die ansicht, dass *cn* auf lateinischem sprachboden sich zu *ncn ngn ng* entwickelt habe, ist aus mehrfachem grunde unhaltbar: einmal weil die oben angeführten wörter wie *dignus* beweisen, dass *cn* im Lateinischen vielmehr *gn* wird, sodann weil auch *ncn*, wie sich unten zeigen wird, eine andere be- handlung erfährt. Das von Thurneysen zur stütze seiner auffassung herangezogene *pango* teilt die nasalinfigierung mit dem germanischen *fanhan* praet. *fefang* (ags. alts. *fênc* ahd. *fianc*), woraus sich ergibt, dass dieselbe schon vorlateinisch war (s. u.).

b) *gn gm* bleiben zwischen vocalen, sowol wenn sie ursprüng- lich als wenn sie aus *cn cm* entstanden sind, mit ausnahme des folgenden falles nach von natur kurzem vocale erhalten: *agnus* = gr. ἀμνός, *gigno* = γίγνομαι, *ignis* = skt. *agni* altsl. *ognĭ*, *benignus malignus privignus* (aus *bene°* u. s. w.), *lignum* (aus **licnum*, wofern *sublica sublicius* verwandt sind), *signum* (nach Corssen zu got. *insakan* „anzeigen", nach anderen zu skt. *sañj* „sich anheften" gehörig, vielleicht aus **svicnum* entstanden und zu gr. εἰκών zu ziehen) *tignum* (ge- wöhnlich aus **tecnum* erklärt) *pignus, pugna pugnus* — *agmen* = skt. *ajmán, coagmentum, fragmen tegmen, figmentum pig- mentum strigmentum; antepagmentum* und *propagmen* neben gr. πῆγμα und *propágo* haben vielleicht naturlänge; *aprúnus* ist schlechte schreibung für *aprugnus* (Plaut. Lucil.). Unklar ist mir das verhältnis von *púmilus* (bei Stat. silv. I 6, 64 *púmilus*) praenest. *poumilionom* zu πυγμαῖος (Corssen It. sprachk. 97); ebenso weiss ich den wegfall des *g* in *exámen*, falls es com- positum von *agmen* ist, und in *exámino* „abwägen" (vgl. ἄξιος) nicht zu begründen.

Priscian I p. 82 H. bezeugt, dass der vorletzte vocal der in *gnus gna gnum* endenden wörter lang gesprochen wurde, und führt als beispiele dafür an *régnum abiégnus stágnum benignus malignus privignus Paelignus*. Von diesen hat *régnum* (skt. *ráján*) naturlänge, *abiégnus* ist von *abiés* aus nach falscher analogie (*ilignus* u. a.) gebildet, *stágnum* ist etymologisch nicht

sicher erklärt, so dass sich über die quantität seines *a* nicht
bestimmt urteilen lässt, für *benignus* und *malignus* wird die
länge des *i* durch die romanischen sprachen bestätigt: ital.
span. *benigno maligno* prov. *maligne* franz. fem. *bénigne maligne,*
für *privignus* durch die schreibung mit hohem I C. I. L. VI
3541 (Marx Hülfsbüchlein für d. ausspr. d. lat. vocale in
positionslangen silben s. v.). Was die übrigen hierher gehörigen
wörter betrifft, so wird für *dignus* und *signum* die länge des
wurzelvocals bezeugt durch die schreibung mit hohem I in inschriften (Seelmann a. o. 91), während ihre reflexe in den
romanischen sprachen keine übereinstimmung zeigen: span. port.
digno signo ital. *signore* franz. *digne signer* aber ital. *degno
segno* span. *deñar* (dignari) *seña señor* prov. *denh senh* franz.
daigner seign enseigner seigneur wal. *semnu.* Sonst weisen die
romanischen sprachen dem lateinischen vocale vor *gn* meist
kürze zu: ital. *pegno* altfranz. *pan* (pignus), ital. *legno* wal.
lemn altfranz. *laigne,* prov. *ponh* franz. *poing* aber ital. *pugno*
span. *puño.* Entschieden durchgedrungen scheint hiernach die
dehnung des vocals vor *gn* nur in einigen wörtern zu sein;
Terent. Eun. IV 7, 7 misst *ĭgnáve,* Diomedes II 470 K. *dĭg-
nĭtâs* (Corssen Ital. sprachk. 281) und C. I. G. I 1060 steht
κοχνιτου (Seelmann a. o.). Corssen (a. o.) will der aussage
Priscians überhaupt kein gewicht beilegen, worin er zu weit
geht; jedenfalls aber bestand zur zeit der bildung der deminu-
tiva *pugillus sigillum tigillum* noch die kürze. Vor *gm* wurde
der vocal lang gesprochen in *ségmentum* und *pigmentum* (Marx
a. o. l. 53. 62); Marx nimmt an, dass diese weise allgemeine
regel war.

Auf die mehrzahl der oben angeführten wörter, in denen
man ausfall eines *c* oder *g* vor *n* oder *m* mit ersatzdehnung
angenommen hat, komme ich im laufe dieser betrachtungen
zurück; an dieser stelle mögen nur einzelne derselben kurz
erörtert werden.

cômis „freundlich, willig, liebreich“ wird von Fick Wörterb.
I 56 mit skt. *çagmá* „hilfreich, gütig“ identificirt. Wenn in
der freilich noch sehr unklaren Dvenosinschrift richtig *cosmis*
gelesen und als *cômis* gedeutet wird, so wäre in dem worte
vielmehr ein *s* ausgefallen; andrenfalls bietet sich skt. *kam*
„wünschen, lieben“ *kâma* „wunsch, wille, liebe“ zur vergleichung.

dêni entstand jedenfalls nicht aus *decni* (Corssen a. o.),

welches *digni ergeben hätte. Nach analogie von septéni no-
véni wäre *decéni zu erwarten; der historischen form sind
tricéni trécéni u. s. w. vergleichbar. Die zahlwörter zeigen
zahlreiche unregelmässigkeiten, deren grund nicht ermittelt ist
(vgl. quartus octâvus septuâginta), und bilden keine sichere
grundlage für die feststellung von lautgesetzen.

flamma wird allgemein zu *flagro* gezogen und aus *flâma
*flagma erklärt. Lautgesetzlich entsteht *mm* im Lateinischen
durch zusammenrückung zweier ursprünglich durch einen vocal
geschiedener *m* (vgl. *nummus : νόμιμος*) oder durch assimilation
aus *p*-laut +*m* (vgl. *summus*). Eine auf einen *p*-laut auslautende wurzel, von der sich *flamma* herleiten liesse, ist in
keiner sprache nachzuweisen. Aus *flami-ma* erklärt, liesse es
sich zu mhd. *glimme* wozu *glamme* „flamme" stellen. War
die vorstufe *flâma, so wäre auch vereinigung mit ags. *blase*
mhd. *blas* „fackel" oder mit mhd. *gluo-t* „glut" möglich.

flémina plur. stimmt im übrigen allerdings gut zu φλέγμα
φλεγμονή (Fick Wörterb. II 171), wird aber dennoch von
diesen fern gehalten werden müssen; es ist vielleicht mit got.
blesan ahd. *blâsa* (vgl. *blutbase*) zu verbinden.

frâmen „kohle" vereinigt Fick (ob. I 63) ansprechend mit
altn. *barki*, von dem sich φάρ-υγξ (vgl. λάρυγξ) durch den
fehlenden guttural unterscheidet; das *râ* des lateinischen wortes
kann durch metathesis aus *or ur* entstanden sein, wie *ré* in
extrémus aus *er* (Schmidt Voc. II 352).

limâre „feilen", von mir (ob. III 16) von skt. *rikh likh*
hergeleitet, identificirt Kluge Wörterb. 295 mit ahd. *slimen*
„glatt machen, blank schleifen"; vgl. auch λίστρον „schurf-
eisen" λιστρόω „glätten, ebenen".

témo „deichsel" wird man nicht gern von dem gleichbedeutenden ahd. *diksala* trennen, kann aber nicht für *tecmo*
stehen; einen anderen weg, die beiden wörter zu vermitteln,
betritt Kluge s. 48.

Die vorstehenden bemerkungen beweisen wenigstens die
möglichkeit, die besprochenen wortformen ohne die annahme,
dass in ihnen ein guttural unter ersatzdehnung ausgefallen sei,
zu erklären.

c) *g* fällt vor *m* aus, aber ohne ersatzdehnung, in bildungen
mit dem ursprünglich auf der endsilbe betonten suffix *mu-ló*:
stimulus aus *stigmulus* — gr. στιγμός, *cumulus* aus *cug-mulus*

von w. *cug* in lit. *kúgis* nhd. *hocke* got. *hiuhma* „haufen" (mit *hm* für *km* wie in *milhma* (Wiedemann ob. XIII 301), da *km* im Gotischen nur in dem lehnwort *drakma* vorkommt), und wahrscheinlich *famulus*, das Leo Meyer (Got. spr. 47) nebst *faveo* und got. *andbahts* passend zu skt. *bhaj* „jmd. angehören, sich zu jmd. hingezogen fühlen, jmd. gewogen sein, verehren, lieben" gezogen hat. Die beiden letzten auf die wurzeln *cû* in gr. *κῦμα* und *fû* = skt. *dhâ* zurückzuführen, hindert die kürze des wurzelvocals, da in solchen bildungen nach analogie von *fâma fûmus lîmus rûmor* u. a. die länge zu erwarten wäre. Selbst *tumulus* liesse sich trotz des folgenden unter den angenommenen accentverhältnissen mit gr. *τύμβος* skt. *tuṅga* vermitteln, wird aber von *tumeo* nicht getrennt werden dürfen.

d) *c* und *g* fallen vor *n* und *m* nach von natur langem *û*, vielleicht auch *i* aus, nach anderen langen vocalen geht *c* in *g* über und dieses wird wie das ursprüngliche *g* erhalten: *lûmen* aus *loucmen* = germ. *leukmen* (altn. *ljómi*), *jûmentum* aus *jougmentum* = gr. *ζεῦγμα*, *frûmentum* aus *frûgmentum* neben *frûges* germ. *brûkan*, *sûmen* aus *sûgmen* von *sûgo*, *rûminari*, falls zu *ἐρεύγω* *ê-rûgo* gehörig und nicht zu skt. *romantha*, *frûniscor* neben *frûgi frûges*, *prûnus* „pflaume" aus *prougnus* = gr. *προῦμνον* mit *μ* aus *β* = *g* — *spinus spina* neben *spica spiculum*, falls diese eine wurzel *spic* und nicht *spi* enthalten, dagegen *augmentum* von *augeo*, *rêgnum*, wahrscheinlich *antepâgmentum propâgmen*, *sêgnis*, dessen auch sonst bezeugtes *ê* (Marx s. v.) von natur lang gewesen sein muss, da ursprüngliches *ĕ* in *i* übergegangen sein würde, neben gr. *ἧκα* „sacht, langsam, schwach" *ἥκιστος* att. *ἥκιστος* lat. *sêcius*. Die tatsache, dass *g* vor *m* gerade nach langem *û* schwindet, könnte auch für die erklärung von *pûmilus* in betracht zu ziehen sein.

4. Ersatzdehnung ist nicht anzunehmen in fällen, wo nach von natur kurzem vocale *nc* und *ng* vor *n* und *m* wegfielen wie in *quîni*. Dass kurze vocale vor *nc* und *ng* vielfach lang gesprochen wurden, ist durch sichere beweise festgestellt. Für *ûnctus ûnctito* ist die länge durch Gellius IX 6 bezeugt, für *fûnctus sânctus* (osk. *saahtum*) *conjûnx* durch inschriftliche schreibungen mit i longa oder apex (Seelmann a. o. 90), ebenso für *quinque quînctus* (Marx a. o. 58), deren *i* durch

die romanischen sprachen bestätigt wird. Auf grund der letzteren ist ferner länge des vocals anzunehmen in *pingvis* (Marx 54) *ungvis* (Marx 74) *propinquos* (Marx 56, nur prov. *probenc*) *delinquo*, für welches franz. *délinquer* neben *vaincre* zu beachten ist, *stingvo* (ital. *distingvere estingvere*, span. *extingvir distingir* neben *ceñir* u. s. w., franz. *distinguer distinct* neben *feindre feint*). In einigen fällen herrscht keine übereinstimmung; z. b. ital. *lingva* wal. *limbë* span. *lengva* franz. *langue* = lat. *lingva*, andrerseits span. *hongo* ital. *fungo* = lat. *fungus*. Von besonderer wichtigkeit ist hier das verbalsystem. Im Lateinischen hiess es *ungo* (Gell.) *ünxi ünctus* (Gell.); dieses verhältnis wird reflectirt durch span. *ceñir* (cingere) *cinxo* (cinxit) *cinto* (cinctus). Sonst erscheinen hier die formen in verschiedener weise ausgeglichen: ital. *ungere mungere pungere giugnere fingere pingere* nach *unsi unto, finsi finto* u. s. w., prov. *jois joint, ois oint, peis peint, feis feint* = *jünxi jünctus, ünxi ünctus, pinxi pinctus* (Plaut.), *finxi finctus* (Neue II 563) nach *jonher onher penher fenher* = *jungere* u. s. w., denen sich auch *estenher esteis esteint* (exstingvo) zugesellt hat; ebenso franz. richtig *oindre ceindre* u. s. w., analogistisch (alt) *oins* (ünxi) *ceins* (cinxi) *oint ceint*. Es scheint sich hieraus das gesetz zu ergeben, dass im Lateinischen kurze vocale vor *nc ng* bei folgendem vocale erhalten blieben, bei folgendem consonanten [1]) (*v s t*) gedehnt wurden. Die kürze ist noch sonst erwiesen für *congiarius longus plancus* durch griechische schreibungen (Marx s. v.), für *frango pango tango* durch die schwächung in den compositis *infringo impingo contingo*. Ausnahmen von dieser regel sind selten; *juncus* (ital. *giunco* span. *junco*) ist etymologisch nicht aufgeklärt, der eigenname *Jüncus* (Marx s. v.) ist aus *Juvencus* contrahirt (vgl. *Jünius*), in *princeps* war das *i* von natur lang; andrerseits wird *ingven* im Spanischen durch *engle* reflectirt; dass dagegen *cünctâri* kurzes *u* habe, wie Marx annimmt, ist nicht erwiesen, denn wenn das wort wirklich mit gr. ὄκνος, welches für *ὄγκνος stehen könnte, zusammenhängt, so ist es compositum und sein *ü* aus *û* vor *nc* aus *oo* contrahirt nach art von *côpia prôles*. Sicher ausgenommen von der aufgestellten regel sind die compositia mit *con* und *in* wie *conclûdo inclûdo*.

---

[1]) Ähnlich schon Thurneysen KZ. XXX 501. Der letzte band der Zeitschr. f. vgl. sprachf. ist für diese abhandlung noch nicht benutzt.

Die lautverbindungen *nc ng*+*n m* sind dem älteren Latein fremd; auf spätlateinische schreibungen wie *ingnes singnifer congnato* (Seelmann s. 285) kommt hier nichts an, doch begegnet schon in der lex. Jul. (a. u. c. 709) mehrmals *ingnominia*. Auch das Griechische meidet γγν γγμ γχν γχμ völlig, duldet jedoch γχν in ὄγχνη (später ὄχνη) und σπλάγχνα. Wo die ersteren hätten entstehen müssen, wurde γ ausgestossen: φϑέγμα[1]) σφίγμα σφιγμός ἔσφιγμαι ἐλήλεγμαι : φϑέγγω σφίγγω ἐλέγχω ἐλήλεγκται; die wurzel von δάκνω war nasalirt (skt. perf. *dadáṁça daṁçá dáṁshṭra daṁçman*), dass hier γ ausgefallen, nicht a aus „nasalis sonans" entwickelt ist, machen die formen δήξομαι δέδηχα δῆγμα wahrscheinlich, die auf gleicher stufe stehen mit solchen wie λήψομαι εἴληφα λῆμμα von λαμβάνω. Auch in den übrigen indogermanischen sprachen begegnen die bezeichneten lautgruppen nicht allzu häufig, finden sich aber, im Sanskrit besonders in der verbalflexion in formen wie *yuñjmás yuñjmáhe áyuñjma*, während in *akná* particip zu *añc* „biegen", dem lateinisch *ánus* entspricht, der nasal ausgefallen ist, ebenso in °*buhn-á*, wenn ich dieses ob. XIV 81 richtig mit germ. *bungan-* vermittelt habe. Eine vollständige sammlung des materials vermag ich nicht zu bieten und weise nur noch auf das verhältnis von lit. *bugna* „trommel" zu lett. *bunga* und ndd. *bunge* „pauke" bair. *punken* „pauken" hin, denen eine grundform *bungna* zu grunde zu liegen scheint, obwol das Litauische *ngn* nicht meidet (z. b. *druñgnas*).

Im Lateinischen nun erscheinen die in rede stehenden lautgruppen zu *n m* reducirt mit vorhergehendem langem vocal, der aber nach der dargelegten auffassung nicht auf ersatzdehnung beruht:

quini aus *quincni, von *quinque* durch das distributiva bildende *ni*, das auch in lit. *dwynu* „zwillinge" vorliegt, abgeleitet.

finis aus *fingnis von w. *feng* in lit. *bengiù baigiù* „endige" (Bezzenberger-Fick ob. VI 239); *bengiù* enthält jedenfalls die ältere wurzelform.

ánus ánulus „ring" = skt. *akná* „gebogen" von w. *añc*.

vánus aus *vancnus skt. *rañcáyati* „täuschen" (Corssen

---

[1]) Herr prof. Bezzenberger macht mich darauf aufmerksam, dass hier wol vielmehr mit Ebel KZ. XIII 264 Westphal Method. gramm. I l. 17 Havet Mém. de la soc. de ling. IV 275 gutturaler nasal anzunehmen sei.

Voc. I 637). Das wort passt begrifflich weder zu *vacuus*
„herrenlos“ noch zu skt. *ûná* got. *vans* „ermangelnd“ altn.
vanr „fehlend“ ahd. *wanôn* „vermindern“; es „enthält immer
eine beziehung zu der gesinnung, täuschend, trügerisch“ ähnlich
wie *fallax fustra*, vgl. *vûna* spês, *vânne* litterae, *vânus* haruspex,
vâna pollicêri und anderes der art.

hâmus aus **âncmus* von derselben wurzel wie *ânus* (Leo
Meyer ob. III 155). Das einzige, was man gegen diese erklärung einwenden könnte, wäre die Hesych'sche glosse: χαμόν·
καμπύλον, der jedoch Leo Meyer bei der unsicherheit der
quelle des Hesych. mit recht kein besonderes gewicht beilegt.

limus „schräg, queer“ aus **lincmus *lencmus* von *linqui*
lit. *lènkti* (Schmidt Voc. I 108). Zu derselben wurzel werden
limes „queerweg, gränzlinie“, *limus* „gürtel“ (Gell. XII 3: licio
transverso, quod limum appellatur, qui magistratus praemini-
strabant, cincti erant) und *limen* „schwelle“ gezogen. Auch
licium „faden eines gewebes“ stellt Schmidt mit Corssen zu
dieser wurzel; vgl. ἠλάκατα „fäden, die abgesponnen werden“
ἠλακάτη „spindel“ lit. *lenktuwė* „garnwinde“ (Bezzenberger
ob. IV 330). Der ausfall des nasals in **lincjom* gleicht dem
in *obliquos* aus **oblinquos*.

contâminâre kann, wenn das *g* von *tango* ursprünglich und
nicht aus *gh* entstanden ist, lautgesetzlich nur aus **tangmino*
erklärt werden; vgl. dagegen *figmentum pigmentum °pagmentum.*

Wenn *plânus* zu *plancus planca* zu stellen ist (Corssen
Voc. I 637), so muss es mit Stolz Lat. gramm. s. 188 auf
*plancnus zurückgeführt werden; es ist aber ebensowol möglich,
dass es dem lit. *plonas* „flach“ entspricht (Fick Wörterb.
I 682). Ähnlich lässt sich *rima* nur bei annahme einer grundform **ringma* von *ringi* herleiten und ebenso sind *lâma* „sumpf,
pfütze“ und *râna* „frosch“ zu beurteilen, wenn sie zu lit. *lankù
lénkė* „vertiefung, tal“ und lat. *runcare* (Corssen a. o. 636),
das, im carm. de philomela vom tiger gebraucht, nicht einmal
sicher steht, gehören sollten.

Eine andere weise der behandlung des *ng* vor nasalen
haben anscheinend die composita *cognâtus cognôsco — ignârus
ignâvus ignôro ignôsco ignôtus ignôbilis ignôminia* erfahren.
Allein dass diese aus **con-gnâtus *in-gnârus* u. s. w. hervorgegangen seien, ist nichts weniger als erwiesen. Das auslautende *m* der praeposition *com* hatte einen so schwachen klang,

dass es in der composition vor vocalen (*coeo* u. s. w.) mit ausnahme von *comes* und *comitium* sowie vor *h* (*cohaereo cohortor*
u. a.) überhaupt nicht erscheint, und es lässt sich sehr wol
denken, dass auch *cognātus* und *cognôsco* diese form der praeposition enthalten. Dagegen müssen *cóniveo* (got. *hneivan*)
cónitor (alt *gnitor*) (Lachmann Comm. Lucr. p. 136) nach
art von *quini* erklärt werden (*cónecto* und *cónûbium* sind etymologisch nicht hinlänglich aufgehellt); die differenz in der
form der praeposition zwischen ihnen und *cognātus* gleicht der
zwischen *comes* und *coeo*. Was ferner die angeführten composita mit *in* betrifft, so enthalten sie nicht die praeposition
in = gr. εν, sondern dasjenige *en*, dem gr. vor consonanten α
skt. *a* germ. *un* entspricht („nasalis sonans"), dessen natur
streitig ist. Die entsprechenden composita mit der praeposition
in lauten *innasci innecto innitor innôtesco innubo;* diese sind
entweder von *nascor* u. s. w. aus gebildet oder haben, wenn
sie für *in-(g)nascor* u. s. w. stehen, die praeposition intact erhalten (vgl. *insto adsum attero* und ähnliches). In *ignômínia*
u. s. w. nehme ich mit Schmidt Voc. I 103 nasalvocal (*ignômínia*) an.

5. Irrtümlich ist ferner die ansicht, dass im Lateinischen
ein *t*-laut vor *n* unter dehnung eines vorhergehenden kurzen
vocals schwinde, wie man es für *fīnis fūnis māno plānus* u. a.
angenommen hat, die aus **fidnis *fudnis *madno *platnus* erklärt worden sind. Dass im Lateinischen *tn* und *dn* vielmehr
zu *nn* werden, lehren folgende beispiele:

annus = got. *aþn* „jahr". Die späte schreibung *perennis*
scheint durch *sollemnis* hervorgerufen; hätte sie berechtigung,
so müsste *perennis* von *annus* getrennt werden und würde zu
ahd. *emiz emazzig* „beharrlich, beständig, fortwährend" passen,
mit dem sich auch *sollemnis* vereinigen lässt.

cunnus aus **cutnus* : gr. κυσός. Die beiden schwer von
einander zu trennenden wörter lassen eine andere vermittelung
nicht zu; das σ des letzteren ist jedenfalls unursprünglich und
kann aus *t*-laut + *j* entstanden sein wie das von μέσος αἶσα
τόσος ἀσάω u. a. Lit. *kuszýs*, dessen *sz*, wie das *ż* der nebenform *kużys* wahrscheinlich macht, guttural ist, und das auch
mit seinem *k* zu skt. *çushi* nicht stimmt, gehört zu skt. *kukshi*
„bauch, höhlung, mutterleib, scheide"; wegen *sz* = skt. *ksh* vgl.
aszis tuszýti u. a.

penna aus **petna*. Das beide formen vermittelnde durch Festus bezeugte *pesna*[1]) erklärt Thurneysen (KZ. XXVI 314) richtig aus **pet-s-na;* es entwickelte sich, als die lautfolge *tn* unbequem wurde, zwischen beiden lauten ein *s* in ähnlicher weise wie in der für *pedestris* aus **pedet-tris* vorauszusetzenden mittelstufe **pedet-s-tris* (Verner Anz. f. deutsch. alterth. IV 341). Da nun ursprüngliches *sn* immer *n* wird mit ersatzdehnung eines vorhergehenden kurzen vocals, so ergibt sich, dass zu der zeit, wo dieser lautwandel sich vollzog, *tn* noch erhalten blieb; ähnlich erfahren im Attischen die urgriechischen lautverbindungen *σν* und *τν* eine verschiedenartige behandlung. Später wurde dann *sn* zu *nn*.

mercennārius aus **merced-nārius;* das wort wird auch mit einem *n* geschrieben, indem sich nach dem von natur langen vocale die doppelconsonanz vereinfachte.

Die übrigen wörter mit *nn* sind teils noch nicht sicher erklärt, teils ist ihr *nn* besonderer art und irregulär. Letzteres gilt von den der volkssprache angehörigen *grunnio dispennite distennite* (Plaut. mil. 1407), sowie für *annulus* und *annôna* aus *ânulus* und **ânôna* (W. Meyer KZ. XXVIII 165), wol auch für das auch im gebrauch mit dem etymologisch ganz verschiedenen *penna* vermengte *pinna pinnula* aus *pinula* (Plaut. Amphitr. 143) — ags. *finn*, falls dieses, wie Kluge (Wörterb. s. v.) für möglich hält, aus **fisnâ* entstanden ist. Das *nn* von *hinnio* „wiehere" neben skt. *heshati*, welches ebenfalls für einfaches *n* steht, kann in dem schallworte nicht auffallen. Unsicher ist die erklärung des jedenfalls zusammengesetzten *antenna* „segelstange"; gehört das grundwort zu *τείνω tendo*, wie man annimmt, so ist es aus **tenda* (vgl. *distennite*) oder aus **tendna* oder auch aus **tetna* (vgl. gr. *τετανός* „gespannt") hervorgegangen; *transenna* „netz, fallstrick, gitter", von W. Meyer a. o. 164 schwerlich richtig zu skt. *ath* „gehen" gezogen, lässt sich auf **transtenna* zurück führen. Nicht minder schwierig ist das urteil über *vanno vannus* f. „futterschwinge"; dass letzteres mit dem gleichbedeutenden ahd. *wanna* f., von der endung abgesehen, identisch ist, gilt mir für zweifellos,

---

[1]) Schmidt Pluralbild. 175 hält *pesna* „überhaupt nicht für zuverlässig überliefert"; indes lautet die zweite Festusstelle bestimmt und ein ursprüngliches *sn* ist sonst nicht überliefert.

und wenn Kluge (Wörterb. s. v.) recht hat, das nur deutsche,
früher für entlehnt angesehene wort, weil es sich aus germanischen sprachmitteln deuten lässt, für einheimisch zu erklären,
so wird sich kaum ein anderer weg, dasselbe mit lat. *vannus*
zu vereinigen, bieten als der, dass beide auf *vantno*- zurückgeführt werden. Zweifelhaft ist der ursprung des *nn* in *pannus*
„tuch, fetzen, gewand", dat. abl. pl. *pannibus*, das sich allerdings mit got. *fana* „tuch, zeug" vereinigen lässt (W. Meyer
a. o. 162), aber auch zu mhd. *vetze* „fetzen, kleid" altn. *föt*
„kleider" gehören kann. Zu gunsten dieser letzteren combination spricht folgende erwägung. Von *pannus* können nicht
wol getrennt werden *palla* „kleid, bes. frauenmantel" und *pal-
lium* „mantel", diese aber erinnern wieder an *paludamentum*
„feldherrnmantel", dessen *l* weder aus *ll* noch aus *n* entstanden
sein kann, wol aber aus *d*, und um so mehr, als das *d* der
folgenden silbe einen dissimilirenden einfluss ausüben konnte.
Die germanischen stämme *fanan*- und *fatan*- stehen dem lateinischen *pann-us* gleich nahe; das griechische πῆνος würde für
die ältere erklärung entscheiden, wenn es, was mir wegen der
länge des wurzelvocals und wegen der bedeutung nicht für ausgemacht gilt (s. u.), desselben ursprungs wäre. Die übrigen
lateinischen wörter mit *nn* wie *concinnus*, das schwerlich zu
concido gehört, da dieses eine entsprechende begriffsübertragung
in seinem gebrauche nicht zeigt, *hinnuleus* „junger hirsch",
vinnulus sind etymologisch unklar.

Es ist somit lautgesetzlich nicht gerechtfertigt, in den oben
angeführten fällen den ausfall eines *t*-lautes vor *n* mit ersatzdehnung anzunehmen. Über *finis* und *planus* ist schon gehandelt; *funis* wird von Fick ob. II 188 treffend mit lit. *geinis*
(aus *gainis*) „strick, tau" identificirt, und wenn ich für *mano*
eine andere sichere erklärung nicht zu geben vermag, so wird
dadurch seine zusammengehörigkeit mit *madidus* nicht erwiesen.

Mit dieser auffassung nun steht im widerspruch die fast
allgemein angenommene ansicht, dass im Lateinischen, wenigstens in einigen fällen, *dental*+*n* zu *nd* werde. Dieselbe stützt
sich auf die gleichungen *fundus* = skt. *budhná* und *unda* =
gr. Ἁλοσ-ύδνη skt. *udn*-, auf grund deren ferner in jüngster
zeit *pando* aus *patno* = gr. πίτνημι, *tendo* aus *tetno* und
die endung der gerundiva *-ndo-* aus *-tno-* erklärt worden sind.

Schon Osthoff Perf. 548 anm. bezweifelt die richtigkeit dieser ansicht, indem er unter anderem darauf hinweist, dass auch altir. *bond* — lat. *fundus* den nasal in der wurzelsilbe zeige, dass also der lautprocess der nasalinfigierung wenigstens ins Indogermanische zurück verlegt werden müsste, wobei aber noch immer das gesetz zu ermitteln bleibe, nach welchem dieser vorgang in der indogermanischen grundsprache bald eintrat, bald aber auch unterblieb. Ich gehe noch einen schritt weiter als Osthoff und bestreite die ansicht, dass in *fundus* und *unda* der nasal ursprünglich suffixal gewesen und in die wurzelsilbe übergetreten sei, überhaupt. Meines erachtens ist vielmehr der nasal in diesen wörtern wurzelhaft und ihr verhältnis zu altind. *budhná udn* u. s. w. folgendermassen zu denken. Wie *fundus* mit altir. *bond* so teilt *unda* die „nasalinfigierung" mit lit. *wandû'* gen. *wandéns*. Dieses kann den wurzelhaften nasal weder auf lautlichem wege erhalten noch auch von anderen verwandten formen bezogen haben, da solche nicht existiren; es repraesentirt vielmehr die älteste gestalt des stammes, der, von der hier nicht in betracht kommenden vocalfarbe abgesehen, auch indogermanisch *vandán-* gelautet haben muss. Nun erscheint in den sogenannten schwächsten casus neutraler *n*-stämme das suffix als *n*, es hatte also z. b. der genetivus des wortes ursprünglich **vandnás* zu lauten. So entstand die schwerfällige lautfolge *ndn*, die im Sanskrit, Griechischen, Lateinischen, Litauischen überhaupt gemieden wird[1]), im Gotischen sich nur in den bildungen *blindnan bundnan svinþnan tundnan* findet. Sie wurde beseitigt, indem bei betonter endsilbe der nasal der wurzel ausgestossen wurde: skt. *udnás* gr. ὕδατος. So trat die wurzelform *vad ud* ins leben, die sich dann selbständig machte und den stamm *vatan-* (got. *vato*) neben *vandan-* hervorrief, welchem sich nach vielfacher analogie (ob. VII 105) *vatar* (germ. *vatar-* gr. ὕδωρ

---

[1]) Überhaupt ist die lautfolge *nasal + cons. + nasal* in den sprachen unbeliebt. Im Lateinischen findet sich, von späteren schreibungen wie *singnifer* (s. o.) *contempno sollempnis* abgesehen, nichts der art. Das Griechische erhielt ὄγχρη σπλάγχνα (s. o.) und ὄμπνη hom. ἄμπνυτο ἀμπνύνϑη ἄμπνυε ἀμπνύσαι. Im Litauischen sind mir noch *kąsnóju kramsnóju kumpnóju kumsnóju* aufgestossen, von denen *lanksmas linksmas plùnksna tranksmas ùnksna winksna* schon verschieden sind; in *drigné* neben ϑριγκός (Bezzenberger ob. I 68) ist *n* ausgefallen.

ΰδρο- skt. °*udra*) zur seite stellte. In lat. *unda* hat der nasal
wie in lit. *vandā́* von jeher in der wurzelsilbe gestanden. Das
griechische ἴδνη, welches sicher auf dem *n*-stamme beruht,
kann eine verschiedene bildung sein und sich zu ihm verhalten
wie z. b. skt. *tŕshṇā* zu *tŕshā*. Sind aber beide identisch, so
führen sie auf eine grundform **undṇā́* zurück, die eine doppelte behandlung erfuhr in folge verschiedener betonung: bei
suffixbetonung fiel der wurzelhafte, bei wurzelbetonung der
suffixale nasal weg (vgl. altspan. *dandos* aus *dandnos* bei
Thurneysen KZ. XXVI 303). Ähnlich erkläre ich skt. *budhṇá*
altn. *botn* neben lat. *fundus* altir. *bond* gr. πύνδαξ aus **bhundṇá*,
wobei auch die auffälligen und gewiss begründeten unregelmässigkeiten der lautverschiebung in den germanischen wörtern
(altn. *botn* ags. *botm* ahd. *bodam*) begreiflich werden. Ein
drittes beispiel der ·art möchte frz. *blond* sein, welches dem
altindischen *bradhná* „blond“ begrifflich genau entspricht. Der
oben angeführten erklärung von *vanno* aus **vantno* kann bei
ihrer unsicherheit eine massgebende bedeutung für die beurteilung dieser verhältnisse nicht beigelegt werden.

Im Sanskrit erscheinen mehrere wurzeln der *ná*-klasse, die
ausserhalb des praesenssystems einen mehr oder minder festen
nasal haben, vor dem klassenzeichen ohne diesen (Whitney
Ind. gramm. § 730): *grathnā́ti badhnā́ti mathnā́ti skabhnā́ti
stabhnā́ti* von den wurzeln *granth bandh manth skambh stambh*.
Brugmann, der KZ. XXIV 287 ff. die genaueren nachweise
für die ursprünglichkeit des nasals in diesen wurzeln beibringt,
denen auch *dambh* praes. *dabhnóti* gr. ἀτέμβω (Bezzenberger
ob. I 68) hinzuzugesellen ist, führt das *a* der altindischen
praesensformen auf „nasalis sonans“ zurück, und gegen diese
auffassung wüsste ich etwas entscheidendes nicht einzuwenden;
andrerseits aber verlangen die zu den wurzeln *skambh* und
stambh gehörigen lat. *scamnum* aus **scabnum* (vgl. *scabellum*)
und altn. *stafn* (vgl. skt. *stambhá*) sowie altind. *ubhnā́ti* „in
verschluss halten, bedecken“ neben *umbháti unápti* und lat.
umbra „schatten, bedeckter ort, abgeschlossener raum“, wenn
man es nicht für analogiebildung halten will, eine andere erklärung, und es bleibt immerhin möglich, dass die nasallose
wurzelform, wie es Bopp (s. Brugmann a. o.) annahm, aus
der nasalierten durch den einfluss des nasals der klassensilbe
in derselben weise entstand, wie die erörterte *rad* aus *vind.*

Wäre meine gleichstellung von lat. *mando* und skt. *mathnā'mi*
(ob. VII 330) gesichert, so würde sie für diese auffassung
sprechen, da bei einer vorstufe *mathnā'mi* im Lateinischen der
wurzelvocal *e* zu erwarten wäre. Wie dem aber auch sein
möge, so viel gilt mir für sicher, dass in *fundus* und *unda* der
nasal, wenn er wirklich ursprünglich suffixal war, nicht erst
auf lateinischem sprachboden in die wurzel getreten ist, dass
also diese beispiele nicht geeignet sind, ähnlichen annahmen
zur stütze zu dienen. Auch in *pando* muss die nasalierung
der wurzelsilbe vorlateinisch sein, und das würde ohne weiteres
als bewiesen gelten dürfen, wenn *pandus* „gekrümmt, gebogen"
= altn. *fattr* (Bugge KZ. XIX 437), wie Corssen Ital. sprachk.
324 annimmt, sicher zu *pando* gehörte; jedenfalls entstand es
nicht unmittelbar aus *patno, da dieses *panno ergeben hätte.
Was ferner *tendo* betrifft, so sehe ich keinen stichhaltigen
grund, von der alten ansicht, dass es eine bildung wie *fendo*
frendo (ags. *grinde* lit. *gréndu*) *claudo cūdo* sei, abzugehen und
es mit Thurneysen KZ. XXVI 302 als reduplicierten aorist
der wurzel *ten* zu fassen. Dass endlich die endung *-ndo-* der
lateinischen gerundia und gerundiva aus *-tno-* entstanden sei
und der litauischen *tina-* der participia necessitatis entspreche,
wie Brugmann (Grundriss d. vergl. gramm. II 152) behauptet,
würde mir auch abgesehen von dem von mir bestrittenen lautwandel von *tn* zu *nd* nicht glaublich erscheinen, denn diese
auffassung macht die annahme nötig, dass die bezüglichen bildungen von verbis dritter und vierter conjugation auf falscher
analogie beruhen, ohne dass sich irgend eine spur der alten
correcten bildungen erhalten hätte. Die formen *oriundus*, dem
lābundus und *secundus* völlig gleichartig sind, *faciendus sper-*
nendus plectendus eundum audiendus u. s. w. legen die vermutung nahe, dass die gerundiva auf dem praesensstamm beruhen, und ich halte die ansicht Thurneysen's (a. o.), dass
sie von dem stamme des part. praes. activi durch antritt des
passivischen suffixes *no-* (vgl. *plēnus* skt. *pūrņá bhinná* u. s. w.
got. *bundnan blindnan* u. a.) weitergebildet, dass also beispielsweise *dandus* aus *dantnus* entstanden sei, wenn auch wegen
der bildungen auf *cundus* (*fācundus fēcundus jūcundus rubi-*
cundus u. a.), die solche erklärung nicht zulassen, nicht für
sicher, so doch für viel wahrscheinlicher; die bildungen auf
bundus würden so vom futurstamm ausgehen (*venerābundus* :

venerábor) oder das *b* (aus *dh*) von *nôbilis flêbilis* neben *ûtilis*
u. a. enthalten.

6. Ungerechtfertigt ist ferner die annahme der ersatzdehnung für den ausfall eines *p*-lautes in den wörtern *rûmentum*
âmentum glûma lâmentum squâma, die aus *rupmentum **ap-*
mentum *glubma *lapmentum *squabma erklärt worden sind.
Wie *summus* aus *supmus beweist, gibt *p*-laut +*m* vielmehr
mm, das nach langem vocale einfach gesprochen und geschrieben
wurde.   Daher ist *rûmentum* (— abruptio Fest. p. 270) auf
*rûpmentum zurück zu führen und verhält sich zu *rumpo* (vgl.
altn. *rjúfa* ags. *reófan*) wie *jûmentum* zu *jungo; glûma* enthält
das *û* von *glûbo* = germ. *kleuban; âmentum* passt begrifflich
zu gr. ἄμμα und würde sich, falls das φ der wurzel ἀφ auf
gh zurückginge (vgl. ob. X 295) auch lautlich mit ihm vereinigen lassen, doch weist das von Löwe Prodr. 367 nachge-
wiesene *admentum* diese combination zurück; gehört *squâma*
zu dem gleichbedeutenden abd. *scuoppa* ndl. *schob*, so hindert
nichts, ihm von natur langes *â* zuzuerkennen; *lâmentum* weicht
auch im vocale von gr. ὀλόφυς ab und bedarf noch der erklärung; *âmitto* enthält nicht die praeposition *ab*, sondern *â*. —
Auf die unregelmässigkeit in *omitto* aus *obmitto wurde schon
oben hingewiesen.

7. Nicht minder unbegründet ist die ansicht, dass im
Lateinischen *c* und *g* vor *l* und *r* mit ersatzdehnung ausfallen
können; vielmehr werden *cl* und *gl* erhalten (z. b. *saeclum*
figlinus) oder durch entfaltung des stimmlautes der liquida zu
cul gul (saeculum figulus); cr und *gr* verbleiben (z. b. *sacro-*
aegro-) oder erweitern sich in bestimmten fällen zu *cer ger*
(*sacer sacerdos sacellum*, *aeger*).   An der trennung von *filum*
„gestalt, bildung" von *filum* „faden" und der herleitung desselben von *fingo* (ob. I 249) halte ich fest, gebe aber unten
eine andere erklärung der form; *cûlus*, das ich ob. V 276 mit
gr. κύκλος identificieren zu dürfen glaubte, entspricht dem altir.
cúl (Stokes ob. XI 70. KZ. XXVI 518); auch *mûlus* entstand
nicht aus μίκλος sondern auch μύχλος; *exîlis*, wol gleicher
wurzel mit *exiguus*, passt auch begrifflich nicht zu *exigo*
(eher zu ἀχήν); falls *têlum* zu gr. τόξον oder zu mhd. *degen*
(Corssen a. o. 638) gehört, entstand es aus *texlum, jedenfalls nicht aus *teclum, wie Corssen annimmt; Corssen's
etymologie von *môles* (: gr. μόχλος a. o. 640) ist, als vorstufe

mohles nicht *mogles* vorausgesetzt, möglich, doch steht ihr die ältere verbindung des wortes mit gr. μῶλος als gleichberechtigt gegenüber; dass endlich *várus* init altind. *vakrá* identisch sei, habe ich schon ob. VIII 141 bestritten.

Eine abweichende behandlung hat *cl* in *villa* und *vervélla* (Lachmann Comm. Lucr. p. 204) erfahren, falls man sie richtig auf *vicla* *vervécla* zurückführt. Von dem *ll* des ersteren wüsste ich eine andere erklärung nicht zu geben; aus *xl* (vgl. got. *veihs-a-*) kann es nicht entstanden sein, da dieses, wie schon Lachmann erkennt, stets zu *l*[1]) wird. Über *vervélla* möge noch eine vermutung hier platz finden. Nicht selten zeigen tiernamen die endung nom. *es* gen. *is*: *canes féles martes palumbes verres volpes;* auf solchen stämmen beruhen *alcé-do acré-dula ficédula monédula nitédula* (woraus *nitélla nitéla) mustélla mustéla* (ob. III 287) *turdéla*. Von einem derartigen stamme ist meines erachtens auch *vervé-c-* ausgegangen, mit demselben *c* weitergebildet, welches in gr. μύρμη-ξ ἀλώπη-ξ erscheint. So gut nun wie gr. μύρμηξ und μυρμηδών, können auch *vervex* und *vervélla* suffixal verschieden sein.

8. Endlich vermag ich mich der ansicht nicht anzuschliessen, dass *úvo-* in *úveo úvidus (údus) úvor úligo* aus *ugvo-* entstanden und unmittelbar mit gr. ὑγρός altn. *vökr* zu verbinden sei. *G* und *h* fallen vor *v* sonst ohne ersatzdehnung aus, wie *avilla nives* u. a. zeigen. Der grund ist der, dass *v* in verbindung mit den *k*-lauten keine position bildet; vgl. *aqua equos coquo* u. s. w. Auch *úmor* ist, wie oben gezeigt wurde, aus *ugmor* lautgesetzlich nicht erklärbar. Von *úvor* leiten die alten (Varro l. l. V 104: uvae ab úvore) *úva* her, dem lit. *úga* genau entspricht und in dem die vocallänge daher voritalisch ist. Wäre diese ableitung sicher, so würde über das *ú* von *úvor* ebenso zu urteilen sein; ich gebe indes unten eine andere erklärung desselben. Eine besondere bewandtnis hat es mit den formen *mávis mávolt*, in deren *á* Corssen (a. o. 640) ersatzdehnung für weggefallenes *g* erblickt. Sie entstanden aus *mage vis, mage volt* und unterscheiden sich schon so von dem eben besprochenen fall. Es kommt aber dazu, dass in den sämtlichen übrigen formen des verbums die erste silbe durch con-

---

[1]) *paullus,* welches wegen *pauxillus* aus *pauxlus* erklärt worden ist (Fick Wörterb. I 679), verhält sich zu gr. παῦρος wie *púllus rállus stílla* zu *púrus rárus stíria*.

traction entstand (*málo* aus **magvolo*) und daher notwendig lang sein muss; diese formen können für *mávis mávolt* massgebend gewesen sein.

II.
Gesetz der ersatzdehnung.

Ich komme nun auf die feststellung des gesetzes der lateinischen ersatzdehnung, das sich kurz dahin formulieren lässt: bei wegfall der spiranten *s (z)* und *h* vor consonanten, mit denen sie position bildeten, werden betonte kurze vocale gedehnt, d. h. die positionslänge wird durch naturlänge ersetzt. Nach dieser fassung des gesetzes erfährt die ersatzdehnung eine dreifache beschränkung. Sie tritt erstens nur ein bei wegfall eines *s* oder *h*. Die unhaltbarkeit der annahme, dass auch *g c b p d t* in solcher weise ausfallen, ist im vorhergehenden für eine reihe von fällen dargetan. Es bleibt nur noch eine zugleich mit der zweiten bestimmung des gesetzes, der zufolge ersatzdehnung immer beseitigung einer positionslänge voraussetzt, collidierende ansicht zu widerlegen, die in neueren, die lateinische orthoepie betreffenden schriften für die bestimmung der quantität positionslanger silben mit massgebend ist, nach meinem dafürhalten aber der ausreichenden begründung entbehrt. Man nimmt an, dass in wörtern wie *disco sescenti, suscipio asporto ostendo, testa tostus fastus, Tuscus posco, surgo pergo, spinter fulmen*, weil sie vor der doppelconsonanz eines *c b r g* verlustig gegangen sind, die vorhergehenden vocale lang gesprochen worden seien. Bouterwek-Tegge Die altsprachliche orthoepie u. die praxis führen dieses princip mit consequenz durch, setzen also ganz folgerichtig auch in wörtern wie *fortis* aus älterem *forctus* (Φόρτις Plut. span. *fuerte*), *tortus* von *torqueo* (span. *tuerto*), *ursus* — skt. *ŕksha* (span. *oso*), *fultus fulmentum tormentum mulsus* von *mulceo* u. a. den vocal als lang an, während hier Marx (Hülfsbüchlein s. v.) auf grund der griechischen schreibung und der romanischen reflexe, in den letzten fällen wol mit rücksicht auf das Lachmannsche gesetz kürze annimmt. Dass *vástus* zu sprechen ist, macht ahd. *wuosti* wahrscheinlich, nicht aber die vermeintliche entstehung des wortes aus **vaxtus* (Marx s. v.). War das *i* von *misceo mistus* (ital. *misto*) lang, so ist für seine beurteilung gr.

μίγνυμι (Schmidt Vocal. I 123. Marx a. o.) in betracht zu
ziehen. Für *riscum* aus *vicscum ist die länge durch ital. port.
visco span. *hisca* bezeugt (Marx a. o.), kann aber, da die
quantität des vocals von *ἰξός* nicht bekannt ist, ebenfalls vorlateinisch sein. Dass *fúscus* (ital. *fusco;* vgl. *Fouscius* C. I. L.
V 1818) zu *furvus* gehört, ist unerwiesen. Die einmalige
schreibung *maniféstus* in den Fast. Praen. C. I. L. I p. 319 ist
nicht ausreichend, um die länge des *e* sicher zu stellen und
meine erklärung des wortes aus *ferstus (ob. I 191) zu widerlegen, eher steht das *ú* von *fústis* (ital. span. port. *fuste* frz.
fút) der verbindung desselben mit gr. *ϑύρσος* (ob. I 196) entgegen. Wäre die in rede stehende ansicht richtig, so müssten
auch die vocale von *Osci* (*"Οσκοι* Strabo u. a.) *perna* (span.
pierna) *restis* (*'Ρεστίων* Appian) und manchen anderen, die
ebenfalls einbusse an consonanten erlitten haben, lang sein.
Zu ihren gunsten scheinen dagegen folgende drei wörter zu
sprechen: *Esquiliae* (*Ησχυλῖνος* Strabo) *Séstius* (*Σήστιος*, nom.
gent.; sonst *Sextus Sextilis*) *péjero* aus *perjúro*. Wenn man
indes bedenkt, dass vor *x* und *r*+cons., wenn auch nur örtlich
und zeitlich beschränkt, kurze vocale in einzelnen wörtern lang
gesprochen wurden (Seelmann s. 90 ff.), so wird man auch
hier annehmen dürfen, dass die dehnung nicht zum ersatz für
den ausfall des *c* und *r* eingetreten ist, sondern schon vor
demselben bestand; so begreift sich auch die ausstossung des *r*
vor *j* in *péjero*, die ohne analogie ist, leichter. — Die zweite
bestimmung des gesetzes, dass auch bei dem ausfall eines *s*
oder *h* ersatzdehnung nur eintrat, wenn durch denselben vor-
herige position zerstört wurde, betrifft nur den einen, schon
besprochenen fall *hr;* es heisst also *brevis levis nives favilla.*
Die dritte beschränkung des lautvorganges als eines regelmässigen auf betonte silben ist hinzugefügt in rücksicht auf
Caména Camillus aus älteren *Casména, Casmillus, corpulentus,*
vidimus (nach Schmidt KZ. XXVII 328), *satin potin,* falls
hier nicht, *viden rogan abin* aus *vidésne rogásne abisne* entsprechend, *satin *potin vorausgingen.

1. Ersatzdehnung bei wegfall des *s*.

Der spirant *s* erhält sich im Lateinischen nur vor sich
selbst und vor folgender tenuis, vor allen übrigen consonanten

fällt er meist schon in vorhistorischer zeit weg oder wird anders
behandelt.

Sichere beispiele für den wegfall des *s* vor *b*, welches nicht
ursprünglich sein könnte, fehlen. Ist Schmidt's erklärung von
sédibus mólibus (a. o.) aus **sédesbos* im übrigen richtig (vgl.
jedoch formen wie *generibus puberibus*), so bleibt immer noch
zweifelhaft, ob nicht hier wie in dem ähnlichen falle bei *nóbis*
und *vóbis* (für **nós-bhis *vós-bhis*) der schwund des *s* schon
vor der verschiebung des *f* zu *b* eingetreten ist. *sf* ist zwar
in compositis wie *differo effero difficilis* zu *ff* geworden; die
composita nehmen aber in dieser frage eine besondere stellung
ein, und es folgt daraus keineswegs, dass auch sonst das *sf* in
solcher weise behandelt wurde. — Ich habe ob. I 204 *púbeo
púber púbes* mit skt. *pushpá* verglichen, halte auch die verwandtschaft der wörter noch für wahrscheinlich (vgl. ὀπυίω),
da aber *sp* im Lateinischen sonst erhalten bleibt und *b*, abgesehen von dem besonders zu beurteilenden *bibo* — skt. *píbámi*
altir. *ibim*, nur vereinzelt vor *r* und *l* (*vibro* skt. *vip, scabro*
aus *scapro-*[1]), *públicus* aus *poplicos*) aus *p* entsteht, so muss
das verhältnis derselben zu einander ein anderes sein, vielleicht
ist *púbes* eine bildung wie *plébes* : πλῆθος.

Von *sg (zg)* nimmt man an, dass es in *mergo* nebst *mer-
gus*, verglichen mit altind. *májjámi* lit. *mazgóju*, zu *rg* geworden sei; da indes *mergo* auch zu gr. βρέχω gehören kann
und andere beispiele für den wandel von *s* zu *r* vor consonanten im Lateinischen sich nicht finden, so scheint mir diese
annahme zweifelhaft. Andrerseits lässt sich auch der ausfall
des spiranten vor *g* nicht begründen, denn die composita *digero
égero* u. a. sind für andere fälle nicht beweisend und *frigo* —
skt. *bhṛjjá'mi* aus **bhṛzgámi* kann durch die formen **firsgo
firgo* hindurch zu seinem *g* gelangt sein.

sj ist erhalten in *disjectus *disjecio (disicio) disjungo;*
neben letzterem besteht *dijungo*, und es heisst regelmässig *dí-
júdico éjectus éjecit* (Lucret.) *éicit;* in *dissicio* (Lachmann
Comment. Lucret. 128. 188) ist assimilation eingetreten, wie

---

[1]) Corssen Ausspr. I 128; das *b* wurde von hier auf *scabo* übertragen, denn *b* ist sonst zwischen vocalen nie aus *p* entstanden; vielleicht
aber schwankte der auslaut der wurzel zwischen *bh* und *ph*, da auch
germ. *skaban* und lit. *skabù* auf *skabh* weisen.

ich es oben auch für *viso* und *quaeso* für möglich erklärt
habe.

sr wird nach der mir wahrscheinlichsten der darüber vorgetragenen ansichten im anlaut zu *fr* in *frigus* — *ῥῖγος* und
frágum — *ῥάξ* (Collitz ob. III 322 f.), im inlaut weiter zu
br in *tenebrae* = skt. *támisrâ*, *sôbrínus* — lit. *seserynas* skt.
svasrí'ya, *crâbo* : lit. *szirszû'* altsl. *srüšenï* ahd. *hornaz* ndl.
horzel (Bezzenberger-Fick ob. VI 237 Kluge Wörterb.);
vgl. Brugmann in Curtius' Stud. X 393 Collitz a. o. Curtius Grundz. 545 Stolz Lat. gramm. 187. Minder sicher ist
die annahme für *cerebrum fênebris fûnebris* von den stämmen
**ceres-* — skt. *çíras fênes- fûnes-*, da diese auch mit den
suffixen *bro bri (lûgubris muliebris salûber)* gebildet sein können.
Eine andere weise der behandlung des *sr* ist nicht mit sicherheit nachgewiesen, denn *ûrus* = skt. *usrâ* ist lehnwort und
die erklärungen von *vêris*[1] — *ἔαρος* aus **vesris* (Curtius
Zur kritik d. neuesten sprachf. 68), *nâres* : lit. *nasrai* altfr.
nostern (Bezzenberger ob. I 341), *sevêrus* aus **sevesrus* von
σέβας sind zwar im übrigen ansprechend, aber doch nicht
zwingend; wäre ein solcher ausfall des spiranten vor *r* erwiesen,
so würde sich auch *ârea* „grund und boden, dreschtenne, hof-
raum" mit ahd. *astrih estirih* „festgestampfter oder mit steinen
belegter boden" lit. *aslà* „fussboden, hausflur" (Bezzenberger
G. g. a. 1883 s. 389) vereinigen lassen. Die erhaltung des *sr*
in *disrumpo* (Plautus) beweist für andere fälle nichts.

Vor den übrigen consonanten ist *s*, in der regel mit ersatzdehnung, geschwunden.

1) vor *d*:

dîdo dîdúco aus *disdo* (Cato) **disdúco*, *édo édisco* u. a. aus
**esdo **exdo* u. s. w.

idem aus *isdem* (Neue Formenl. II 198), *quídam* aus
**quis-dam* (Stolz Lat. gramm. 184); die lose verbindung der
enklitischen partikeln mit den pronominibus zeigt sich in der
erhaltung des *sd* in *ejusdem cujusdam eisdem quibusdam*.

nîdus = ahd. *nëst* skt. *nidâ*.

nôdus zunächst aus **nosdus* = ahd. *nestila* „nestel"
(Kluge KZ. XXV 315). In seinem wörterbuche s. 238 lehnt
Kluge die wörter an lat. *necto* an, neben dem in der älteren

---

[1] Ähnlich Schmidt „Pluralbildungen" s. 201, der *vér* dem altn.
vâr gleichsetzt und dieses aus *vesrom* oder *vésrom* erklärt.

sprache auch *nexo* bestand (vgl. Liv. Andron. bei Priscian IX 6: nexebant multa inter sese flexu nodorum dubio), im übrigen passend, doch macht die oben besprochene eigenheit des anlautes (*cônecto*) schwierigkeit.

pêdo pôdex aus *pesdo = slov. *pezděti* *posdex (Fick ob. VII 270 Schmidt KZ. XXVII 320). An die nahe verwandten altn. *fisa* mhd. *visten* altpr. *peisda* podex lassen sich lat. *paedico* (vgl. πυγίζω) *paedor paedidus* anschliessen.

sêdecim aus *sexdecem.

Die ansicht Kluge's (a. a. o.), dass in *prôles mâlus* und *miles* ein solches *d* weiter in *l* übergegangen sei, teile ich nicht; *prôles* (vgl. *prôlêtarius*) ist compositum wie *suboles* und hat mit got. *frasts* nichts gemein; *mâlus* kann von altn. *mastr* suffixal verschieden sein, und die bedenken, die sich gegen die verbindung von *miles* mit μισϑός erheben, macht schon Corssen Krit. nachtr. 259 geltend.

In *hordeum* und *turdus* aus *horsdeum *tursdus (Bezzenberger ob. IV 346) ist keine ersatzdehnung eingetreten (Marx a. a. o. 36. 70).

2) vor *l* unmittelbar oder nach vorherigem wegfall eines *c* oder *t*:

dîligo êligo u. a. aus *dislego *exlego.

âla : axilla ahd. *ahsala*.

âlea : skt. *akshá* „würfel im spiel" (Leo Meyer Vergl. gramm.² 484).

îlia „weichen : gr. ἰξύς (ob. VII 162).

mâla : maxilla.

mâlus aus **maslus : altn. *mastr*.

pâla „spaten" *: pastinum* „hacke" ksl. *pachati* „beackern"; an sich wäre auch entstehung des wortes aus *pand-sla möglich, dann wäre es zu beurteilen wie *scâla* (s. o.).

pâlâri „sich von anderen, zu denen man gehört, entfernen, sich zerstreuen, umherschweifen" auch übertragen auf das geistige, ahd. *fasôn* „hin und her suchen" nhd. *fasen* „mit dem geiste irrend umherschweifen" *faseln*, welches ahd. *fasalôn germ. *faslôn* voraussetzt.

pâlus : paxillus.

quâlum : quasillum, nach Fick Wörterb. II 74 aus *quaslum und zu lit. *kaszus kaszele* altsl. *koša* „korb", mit denen gr. χᾱμός χημός „korb, maulkorb" (vgl. φῑμός : lat.

fiscus) zu verbinden sein dürfte, nach Doederlein Syn. VI 295 zu dem von Hesych. durch σπυρίς erklärten κάϑος gehörig, also aus *quat-slus* entstanden. Beide etymologien sind nicht frei von bedenken, die erstere, weil sie die erhaltung des *s* in dem deminutivum unerklärt lässt, die letztere wegen der differenz der anlaute der verglichenen wörter, die auch einer verbindung von *quâlum* mit gr. κάνεον, also einer zurückführung desselben auf *quan-slum* nicht günstig sein würde.

tâlus : taxillus.

têla „gewebe“ aus *texla;* dazu wol *subtilis*, obwol dasselbe von *subtexo* in der bedeutung abweicht; wegen des *i* aus *ê* vgl. *delinio convicium.*

vêlum : vexillum.

vilis aus *vixlo-* — germ. *wihsla-* alts. *wehsal* „handel, geld, tausch“ ahd. *wëhsal* „tausch, handel“; wegen der bedeutungsentwickelung vgl. altn. *falr* ahd. *feili* „feil“ *:* skt. *paṇ* „tauschen, handeln, kaufen“. Früher habe ich das lateinische wort zu w. *vas* in skt. *vasná* gestellt, doch ist diese nur in dem abgeleiteten nomen mit sicherheit nachgewiesen; altn. *vara* „waare“ und skt. *vaṇij* „preis, kaufmann“ weisen auf eine wurzel *var* altind. *val.*

Möglicher weise ist die gleiche ersatzdehnung auch anzunehmen in *filum*, falls das *y* des lit. *gýsla* „sehne“ nur accentuelle dehnung ist, *hêluo*, wenn mit skt. *ghasá ghasmará* „gefrässig“ verwandt, suffix *êla êlo* in *luêla fidêlis famêlicus* u. s. w. in dem falle dass die stämme von *lues fides fames* wirklich *s*-stämme sind, und *vêlare* „umhüllen“ *:* gr. εἱλύω „umhüllen“ (nach Buttmann Lexil. II 163 von ἐλύω lat. *volvo* verschieden) nebst *vêlûmen* (— vellus bei Varro r. r. 2, 11, 19) — εἴλυμα, die sich zu w. *vas* „umhüllen“, allerdings auch zu *var* (vgl. *cêlâre sêdâre sôpire*) ziehen lassen.

3) vor *m*:

dimôtus êmitto u. s. w. aus *dismotus* (ep. de Bacch.) *exmitto.*

dûmus „dornstrauch“ adj. „dornicht, struppig“ *dûmôsus* id. *dûmetum* „dickicht, gestrüpp“ aus *dusmus* (Paul. ep. 67: dusmo in loco apud Livium significat dumosum locum; Placidus p. 452: dusmum incultum dumosum vel squalidum): mhd. *zûse zûsach* „gestrüpp“ *zûsen* nhd. *zausen* dial. *zussen zusseln* „hin und her schüttelnd ziehen“. Das *û* kann allerdings, wenn diese

zusammenstellung richtig ist, schon vorlateinisch sein; erklärt
man es aus *uns*, so würde sich auch gr. *δαδύσσεσθαι δαι-
δύσσεσθαι* (— *σπαράττεσθαι ἕλκεσθαι* Hesych.) dazu stellen
lassen.

sufflâmen „hemmschuh" — gr. *θλάσμα φλάσμα* „druck,
quetschung" (nach Pott KZ. XXVI 170).

ômen aus *osmen* (Varro de l. l. VI 76. VII 97). Dass das
wort nicht zu *ôs* gehören kann, zeigt Götze (a. o. 165). Ich
stelle es zu gr. *οἰωνός* „wahrzeichen, weissagevogel", später
„vogel" überhaupt; vgl. die übereinstimmung der formeln *δέ-
χομαι οἰωνόν* und accipio omen. Hintner KZ. XXVII 608
verbindet *οἰωνός* auf grund von Od. *α* 200 richtig mit *ὀΐω*
„vermuten, ahnen, glauben"; dieses führt auf einen stamm *ὀι-*
(vgl. *μηνίω κληΐω ἰδίω* u. a.), den aus *ὀσι-* zu erklären nichts
im wege steht; *οἰωνός* enthält das suffix von *υἱωνός κολωνός*
u. a. Eher könnte *oscen* mit den alten (Varro a. o.: quod
ore faciunt auguria) zu *ôs* zu ziehen sein, obwol sich auch
dieses als *ômen canens* deuten lässt.

pômeridiânus pômêrium aus **posmeridiânus* **posmêrium*
(*posimêrium* Paul. p. 248). Vgl. Ritschl Op. II 541 f. Götze
a. o. 164.

impômenta aus **imposmenta* von *pôno* aus **posno* (Corssen
a. o. 650).

sêmestris aus **sexmestris*.

sub-têmen aus **subtexmen*.

ûmor aus **uxmor*, bildung wie *clâmor rûmor*, von w. skt.
uksh „besprengen, benetzen".

So würde sich auch *têmo* aus **texmo* erklären und von
skt. *taksh* herleiten lassen.

In gleicher weise wird dasjenige *sm* behandelt, welches
nach art des griechischen *σμ* in formen wie *πέπεισμαι* aus
t-laut +*m* durch die mittelstufe *tsm* secundär entwickelt ist,
doch findet sich hier mehrfach neben dem einfachen geminirtes
m, wie das ähnlich entstandene *sn (pesna)* aus *tn* (s. oben)
weiterhin zu *nn* geworden ist. Ein solcher entwicklungsgang
ist anzunehmen in folgenden wörtern:

rêmus aus *resmos *retsmos *retmos* — gr. *ἐρετμός; resmos*
ist zwar nur durch die wiederhergestellte col. rostr. bezeugt,
aber als ältere form von *rêmus* nicht anzuzweifeln.

âmentum ammentum aus *admentum* (s. ob.)

cacŭmen = skt. *kakudman.*

lâmina lammina „dünnes brett, scheibe von metall oder holz“ aus **latmina* : mhd. *lade* „brett, laden“ *late* „latte“.

Hiernach kann auch *râmus* „ast“ dem griechischen ῥάδαμ-νος entsprechen. In *mamma* demin. *mamilla* (vgl. *Camillus Camêna*), gleicher wurzel mit gr. μαζός μαστός (Fick Wörterb. II 183), ist *mm* constant; eine verbindung dieser wörter mit *mânâre* wäre nur möglich, wenn als wurzel derselben *mas* angesetzt würde.

Die ansicht, dass *sm* auch zu *rm* werde, widerlegt schon Bersu Guttur. 170.

4) vor *n*:

dinumero ênumero u. a. aus *dis- ex-numero.*

aênus aêneus : umbr. *ahesnes.*

avêna aus **avesna* : ksl. *ovĭsŭ* (Fick I 502).

cêna aus *cesna* (Festus p. 209), weiterhin, wie sabin. *scensa* (Festus p. 339) beweist, aus **scesna* mit abstossung des anlautenden *s* wie in *coruscus* aus *scoruscus*, *castra casa* (s. ob.), *cerro* aus **scerso* (vgl. die umgekehrte weise der dissimilation in formen wie *spopondi*). Die sabinische form *scensa* (s. Immisch ob. XII 139) lässt sich mit der lateinischen nur so vereinigen, dass letztere auf **scensna* zurückgeführt wird. So ergibt sich die möglichkeit, die wörter in beziehung zu setzen zu gr. ξένος aus ξέν-ϝος (**ξένσ-ϝος?*) ξενίζω, das zunächst von der bewirtung gebraucht wird; *silicernium* (vgl. lit. *szerù* gr. κορέννυμι) liegt ihnen jedenfalls fern, wol auch umbr. *cersnatur.* Trifft diese auffassung das richtige, so braucht die dehnung in *céna* dem obigen zufolge nicht ersatzdehnung zu sein.

dê-gûno aus **dê-gusno* : *gustâre* = ahd. *kostôn;* den praesensbildungen auf *no* kommt kurzer wurzelvocal zu.

pânicula „herabhängender büschel, franse bei pflanzen“ (Plin. 16, 10: e ramis panicularum modo dependent) aus **pasnicula* von *pasn-o-* — germ. *fasan-* ahd. *faso* mhd. *vase* „herabhängender saumfaden, franse, fadenartige wurzel, faser“ gr. πᾶνος πῆνος aus **πάσνος* „einschlagsfaden“ πηνοειδής „fadenartig“ πηνίζω „garn abhaspeln, weben“; dazu *pannivellium* „das abgehaspelte garn“ mit *nn* statt *n* in anlehnung an *pannus* „fetzen“.

pênis : πέος πόσ-ϑη skt. *pâsas* u. a.

pône : *post* umbr. *pus*.

pôno : *postis impômenta*.

prûna aus **prusna* : skt. w. *prush* ahd. *friosan*.

sacêna (Festus p. 318) aus **saces-na* = germ. *sahs-a-* ahd.
sahs „messer"; vgl. ahd. *säh* „hacke" alts. *segisna* „sense" und
lat. *secespita* „opfermesser".

séni aus **sexni*.

rênum : skt. *vasná;* ksl. *věno* „fraucnkaufpreis" lässt sich
nicht wol aus **vesno* erklären (s. Solmsen KZ. XXIX 81)
und wird vielmehr zu gr. *ἕεδνον* ags. *veotuma* „frauenkaufpreis"
gehören.

Dass *sn* auch zu *rn* werde, ist von vornherein unwahrscheinlich und wird durch die dafür angeführten beispiele nicht
bewiesen; denn *verna* (bildung wie *sculna*), das man zu w. *ves*
in *Vesta* u. a. gezogen hat, lässt sich leicht mit lit. *wérgas*
„leibeigner" *werginné* „leibeigenschaft" vermitteln, *veternus* ist
von *veter* aus gebildet wie *pubertas* von *puber*, und *hodiernus*
ist entweder nach mustern wie *vesperna hesternus hibernus* neu
geschaffen oder verhält sich zu *diurnus* wie *νυκτερινός* zu
nocturnus.

5) vor *v*:

divido êvello u. a. aus **disvido *exrello*.

sêvir sêviralis sêvirâtus aus *sexvir*.

ûvo- in *ûveo* u. a. aus **ux-vo-* von w. skt. *uksh* wie *ûmor*
(s. ob.).

Für die annahme, dass *sv* im Lateinischen in *rv* übergegangen sei, scheint der name *Minerva* zu sprechen, den man
von skt. *mánas* gr. *μένος* ableitet; da aber die lateinische
sprache auch andere bildungen auf *ervo- erva-* besitzt (*acervus
caterva*) und kein grund vorhanden ist, in deren *er* ein anderes
element zu erblicken als in dem von *caverna lucerna Laverna
lanterna* (*λαμπτήρ*) *acerbus* u. a., so hat diese erklärung nichts
zwingendes. Noch weniger sind die übrigen beispiele, die man
für diesen lautwandel anführt, zum beweise desselben geeignet.
Ist *furvus* — über das angebliche *fusvus* s. Jordan Krit. beitr.
s. 358 — wirklich mit *fuscus* verwandt, so entstand letzteres
aus **furscus*, zusammenhang von *larva* und *Lares* alt *Lases*
ist auch der bedeutung wegen unwahrscheinlich, und dass *torvus*
für **toscus* stehe (Bersu Guttur. 142), braucht man selbst
dann nicht anzunehmen, wenn man das wort von *terreo* her-

leiten zu dürfen glaubt (vgl. *perna hordeum* u. a. aus **persna*
*horsdeum).

2. Ersatzdehnung bei wegfall des *h*.

Der hauchlaut *h*, in wörtern der classischen sprache mit
ausnahme von einzelnen fällen, in denen er keine etymologische
berechtigung hat, wie *haurio* stets aus gutturaler aspirata
hervorgegangen, ist im anlaut vor vocalen in der regel erhalten, zuweilen geschwunden wie in *anser*. Vor *r* und *l* ist
er abgeworfen in *rāvus raudus rēs reus rēnes* (gr. φρήν) *laena*
(lehnwort) *lendes lūridus*. Inlautend ist er zwischen vocalen
teils erhalten (z. b. *mihi incoho traho veho*) teils erloschen wie
in *via* aus *veha* (Corssen Ausspr. I 98), *lien* — skt. *plīhán*,
nēmo aus **nehemo*. Einem vorhergehenden *l* hat er sich assimilirt in *follis* für **folhis* — germ. *balgi-* und in *vello*, welches,
wie ich mich jetzt überzeuge, im Petersburger wörterbuche mit
recht zu dem gleichbedeutenden altindischen *vṛháti (bṛháti)*
„ausreissen" gestellt wird; wäre hier die gutturale aspirata zunächst zur media gesunken, so würde sich diese ebenso wol
erhalten haben wie in den übrigen wörtern, welche *lg* enthalten, in denen, soweit sie etymologisch klar sind, die media
ursprünglich ist. Aber nicht durchweg haben sich die gutturalen aspiratae zum hauche verflüchtigt, sie werden, abgesehen
von dem wechsel mit *f*, auch durch die übrigen gutturale vertreten und zwar vor *s* und *t* durch *c* (z. b. *vexi traxi, vectus
tractus*), sonst durch *g (gv)*. Anlautendes *gh* ist vor *r* zu *g*
geworden nach allgemeiner annahme in *grando* neben skt. *hrā-
dúni* ksl. *gradŭ*. Die sonstigen beispiele, die für diese laut-
vertretung angeführt worden sind: *grātus grāvastellus gradus
grāmen grandis* verglichen mit χάρις altn. *grār* got. *grids* ahd.
gras ags. *great* sind mehr oder minder anfechtbar; *grātus* wird
von anderen zu altind. *gūrtá* „willkommen", *grāmen* zu gr.
γράστις gestellt, *gradus* und *grandis* stimmen zu den verglichenen germanischen wörtern im wurzelvocale nicht ganz,
und was *grāvastellus* betrifft, welches die bedeutung von senior
(Paul. p. 96) hat, so kann dasselbe sehr wol zu gr. γραῦς γρηΰς
gehören. Ist das richtig, so fällt die stütze der ansicht
Corssens (Ital. sprachk. 101), dass auch in *rāvus lendes* u. s. w.
der ursprüngliche anlaut *gh* zunächst zu *g* geworden und dieses
dann abgefallen sei, eine auffassung, die um so weniger wahr-

scheinlich ist, als sich *gr* und *gl* doch sonst erhalten. Nach *n* und *r* werden die gutturalen aspiratae regelmässig zu *g (gv)*: *ango lingo longus mingo ningvit ungvis* u. a. *tergus gurges* (: ὑπόβρυχ-), denn *barrus* „elephant" nebst *barrio* : skt. *barh* ist nicht lateinisch, überdies schallwort. Auch zwischen vocalen ist die verschiebung der aspirata zur media mehrfach eingetreten besonders in wortformen, denen solche mit *ng* zur seite standen wie *figûra figulus* neben *fingo, ligúrio ligula* neben *lingo*, aber auch sonst zuweilen z. b. in *magis* (neben *magnus*), *adâgium indigitâmenta* von w. *ah, rigáre* falls zu got. *rign*; es zeigt sich also hier eine verschiedenheit in der behandlung desselben lautes, die sich auf eine feste regel nicht zurückführen lässt.

Für die vorliegende frage kommt allein der fall in betracht, dass inlautendes *h* nach vocalen vor folgendem *j l m n r* stand. Von diesen lautverbindungen wurde *hr* wie es scheint zu *gr* (vgl. *flagrum* : got. *bliggvan?*), wenigstens finde ich kein beispiel für den wegfall des spiranten. Ursprüngliches *ghl* und *ghn* erfuhr eine verschiedene behandlung: entweder sank die aspirata zur media herab oder sie verflüchtigte sich zum hauchlaute, der dann mit ersatzdehnung schwand. Ersteres gilt von *figlínus*, wofern es nicht aus *figulínus* gekürzt ist, und von *magnus* neben skt. *mahânt*; letzteres nehme ich an in

filum „gestalt" aus *fihlum [1]) von w. *dhigh*.

mûlus = gr. μύχλος (lehnwort).

vêlâtûra (*vellâtúra* bei Varro r. r. I 2, 14) „das fuhrwesen" von *veho*.

vêles „plänkler" *vêlitâtio* „das necken", bildung wie *mî-les satel-les*, von derselben wurzel; vgl. got. *gavigan* ἐρεθίζειν. Auch *vêlox* „beweglich, flink, schnell" kann so erklärt werden, lässt aber auch andere auffassungen zu.

arânea = gr. ἀράχνη (lehnwort); *culigna* dagegen reflectirt das griechische κυλίχνη, nicht κυλίχνη.

lâna = gr. λάχνη „wolle, flaum". Die wörter decken sich formell und begrifflich und sind daher identisch; an und für sich liesse sich *lâna* auch mit dem zu *vellus* im vocale nicht stimmenden griechischen λῆνος λᾶνος vermitteln. Sollte, was nicht unmöglich wäre, auch *lâna* entlehnt sein, so würde kein

---

[1]) Schmidt Pluralbild. 144 erklärt es aus *fixlum, was auch möglich ist.

beispiel für den ausfall des *h* vor *n* in lateinischen wörtern nachgewiesen sein, und es liesse sich auf grund des bisher ermittelten die regel aufstellen, dass ursprüngliches *gh*, wie n a c h *r* und *n*, so auch v o r diesen lauten zu *g* werde.

Regelmässig mit ersatzdehnung geschwunden ist der gutturale spirant vor *j* und *m;* denn *figmentum*, welches zu widersprechen scheint, tritt erst spät auf und ist in jüngerer zeit nach der analogie von *pigmentum*: *pingo* von *fingo* aus gebildet. Die in betracht kommenden fälle der art sind folgende:

ájo aus **ahjo* w. skt. *ah.* Dass dieses die vorstufe war, nicht **agjo*, lehren die formen *ais ait* (ob. XIV 115), die aus **agis *agit* nicht entstanden sein können, da *g* zwischen vocalen nicht ausfällt; *stria* und *striga* müssen, wenn sie wirklich identisch sind, auf **striha* zurückgehen. Auf grund dieses beispiels ist man berechtigt, dieselbe annahme zu machen für

mâjor mâjus mâjestas von w. skt. *mah.* Sicher ist dieselbe nicht, da in den übrigen zugehörigen formen (*magis magnus*) die aspirata zur media geworden ist und sich nicht beweisen lässt, dass dieser lautvorgang jünger ist, als der wandel von **mahjos* zu *mâjos; mâjor* aus **magjos* liesse sich stützen durch *pulêjum* (s. u.).

mêjo aus **meihjo* w. *migh* (s. Schmidt Voc. I 135). Auch *miâre* kann nur aus **mihâre* entstanden sein, während in *mingo* lautgesetzlich *g* eintrat.

flâmen aus **flahmên* = skt. *brahmán* „priester" (L e o M e y e r Vergl. gramm. II 275). Die übereinstimmung der wörter ist eine vollkommene, sie erstreckt sich auch auf den accent; das masculine suffix *men* nom. *men* aus **mên* gen. *minis* aus **menos* entspricht dem griechischen μήν μένος in ποι-μήν ὑ-μήν -μένος altind. *mấ mánas;* ähnlich verhält sich *liên* gen. altlat. *liênis* zu skt. *plîhấ plîhánas*, *ingven* (neutrum geworden) zu gr. ἀδήν (Schmidt KZ. XXV 155), *pater* zu πατήρ u. a.

plûma „flaum, geflock" aus **pluh-ma* von w. *plugh* = germ. *fluy* in ahd. *fliogan;* dazu ahd. *floccho* mhd. *vlocke* „flaum, flockwolle, schneeflocke" aus germ. *flugjan* (K l u g e Wörterb.). Minder gut in begrifflicher beziehung würde das lateinische wort zu mhd. *vlûs vlûsch* passen, mit dem B e z z e n b e r g e r ob. XII 241 lit. *plùskos* „haarzotten, haare" vereinigt.

trâma „aufschlag, die zum gewebe aufgezogenen fäden" aus **trah-ma* von **traho* (lânam, vellera) „spinnen, abspinnen".

vômis vômer „pflugschar" : gr. ὅφατα ὅφνις = preuss. *wagnis* (Fick ob. XII 162. 168).

So liesse sich auch *fômes* „zunder, brennstoff" aus **fohmet* erklären und zu skt. *dah* lit. *degù* „brenne" *degimmas* „brand" *degas* „feuerbrand" stellen, zu denen es begrifflich besser stimmt als zu *fovêre*. Ausfall eines *h* vor *m* hat auch stattgefunden in *aemulus*, wenn es mit Leo Meyer Vergl. gramm. 912 * zu skt. *ihate* „streben" gr. *ἰχανάω* lit. *igiti* zu ziehen ist, doch bieten sich auch andere möglichkeiten der erklärung, ich erinnere noch an mhd. *ifer* „eifer, eifersucht".

Das dargelegte gesetz umfasst so ziemlich alle fälle der ersatzdehnung im Lateinischen, nur wenige sind anderer art und als anomalien anzusehen. So die oben erörterten *exámen* und *pûmilus;* ferner entstand *pûlêjum* aus *pûlegium* (s. Götze a. o. 180), das wort ist jedoch auch sonst unregelmässig gebildet, denn vom stamme *pûlec-* sollte die entsprechende bildung **pûlicium* heissen. Der comparativus *péjor* kann von dem superlativus *pessimus* nicht getrennt werden (Leo Meyer ob. VI 294), das *ss* des letzteren aber weist auf entstehung aus *t*-laut+*t*. Ich habe KZ. XXII 253 *cája* „prügel" *cájáre* „prügeln" aus **carja* erklärt und zu germ. *havan* „hauen" gestellt (vgl. auch ahd. *hacchôn*), mich auf *Cájus* neben osk. *Gaariis* berufend; in diesem aber war der vocal schon von natur lang, und meine erklärung wäre daher mindestens zu modificiren. Anderes ist noch zweifelhafter.

Excurs zu seite 183.

Von *jubeo* wird allgemein angenommen, dass es in älterer zeit *joubeo* gelautet habe, und diese ansicht würde ohne weiteres als richtig zugegeben werden müssen, wenn Benfey's identificirung des wortes mit avest. *yaozdháiti* (Abh. d. königl. ges. d. wissensch. zu Göttingen bd. XVI 3 ff.) zutreffend wäre. Ich habe meine ansicht über den etymologischen ursprung desselben, der zufolge es von einer wurzel *judh* stammt, weiterbildung von *ju* „binden" (wozu *jus*), wie z. b. *πλήθω*, wozu lat. *plêbes*, von *plê*, mehrfach ausgesprochen und halte diese erklärung noch jetzt, wenn auch nicht für sicher, so doch für wahrscheinlicher als die übrigen, welche von dem worte gegeben sind. Das griechische *εὐθύς* „gerade" wozu *εὐθύνω* „richten, prüfen, untersuchen", welches Bezzenberger ob. IV 345 ff mit *jubeo* vergleicht, scheint mir dem litauischen *súdas*[1] „gericht, richterliches erkenntnis" *súdyju* „richten, beurteilen" zu entsprechen, und die jüngst von Bugge (ob. XIV 58) versuchte zusammenstellung desselben mit lit. *jundù* „in zitternde bewegung geraten" *jùdinu* „bewegen, schütteln" auch „aufmuntern" skt. *yódhati* „wallen" sowie mit *juba* „mähne" lässt in begrifflicher beziehung zu wünschen. Die folgenden auseinandersetzungen verfolgen den zweck, die existenz eines altlateinischen *joubeo* zu bestreiten.

Gesetzt, die form *joubeo* wäre in der älteren sprache vorhanden gewesen, so würden sich über ihr verhältnis zu *jubeo* zunächst zwei möglichkeiten denken lassen: entweder bestanden beide formen neben einander wie im Sanskrit z. b. *rocáyati* und *rucáyati*, oder eine von beiden ist jüngere bildung. Das erstere ist noch nicht behauptet worden und sehr unwahrscheinlich, da sich im Lateinischen nichts analoges findet. Das letztere würde sich sowol von *joubeo* als von *jubeo* denken lassen. Nun konnte die diphthongische form aus der kurzvocalischen auf lateinischem sprachboden lautgesetzlich nicht mehr entstehen — fälle wie *poublicos poumilio* von *populus* πυγμαῖος sind verschieden — sie müsste also wol der analogie ihr dasein verdanken, entweder dem aorist *joussi* oder auch einem verlorenen wurzelverbum *joubo* aus *jeudho*, zu dem sich *jubeo* verhalten konnte wie *liqueo* zu *liquor*, *videor* zu gr. εἴδομαι. Beide annahmen wären wiederum höchst unwahrscheinlich, denn eine beeinflussung des praesens durch das praeteritum im wurzelvocalismus, wie sie die erste voraussetzt, lässt sich sonst nirgends wahrnehmen — es heisst z. b. *video* trotz *vidi* —, und „contamination" von einem überdies nur construirten *joubo* und *jubeo* zu *joubeo* wäre ebenfalls ein beispielloser und daher unglaublicher vorgang. Es bliebe also · nur die dritte möglichkeit, dass das verbum in älterer zeit *joubeo* lautete und später zu *jubeo* geworden ist, und dies ist auch die gewöhnliche ansicht. Nach der älteren auffassung, die besonders Corssen Ausspr. II 516 ff. vertritt, entstand letzteres aus ersterem durch vocalverkürzung. Zum beweise dafür, „dass vocale, welche aus vocalsteigerung entstanden sind, sich im laufe der zeit wieder verkürzt haben" führt Corssen ausser

---

[1] Herr prof. Bezzenberger weist mich darauf hin, dass lit. *súdas* russ. lehnwort ist (*sudъ* = poln. *sąd*); der vergleich ist also hinfällig.

jubeo noch zwei beispiele an, nämlich *jocus*, das er wie *juval* und *júcundus* von skt. *div* „spielen" herleitet, und *fimus* neben *suffio foeteo*. Dass das erstere vielmehr zu lit. *jū'kas* gehört, wird gegenwärtig wol allgemein angenommen; die beiden wörter verhalten sich entweder zu einander wie z. b. σώραχος zu σορός oder sind, da das litauische *ů'* accentuelle dehnung eines früheren *ŏ'* sein (vgl. *ů'dźu* = ὄζω) und auf gleicher stufe stehen kann mit *á é ý* aus früheren *ă' ĕ' ĭ'* (s. Bezzenberger ob. IV 359), identisch. Die herleitung von *fimus* von *suffio* ist nicht zwingend und eben wegen des kurzen wurzelvocals (vgl. dagegen *fâma fûmus lîmus rûmor* u. a.) nicht möglich. Die beiden von Corssen weiter beigebrachten beispiele für die verkürzung des betonten wurzelvocals, *strigibus* (Ovid.) neben *strígibus* (Plaut.; vgl. Lachmann Comm. Lucret. p. 36) und *glomus* neben *glómus* (Lucret. I 360) sind für *jubeo* nicht beweisend. Das schwanken der quantität in *strigibus* könnte seinen grund darin haben, dass die wurzelsilbe einst nasaliert war (gr. στρίγξ), begreift sich aber in einem derartigen namen auch so, vgl. *côturnix* (Plaut.) und *coturnix* (Ovid), *cucúlus* und *cûculus* (Plaut.), *sôrex* und *sorex*. Was den Lucretius veranlasst hat, *glomus* an der bezeichneten stelle mit langem *o* zu gebrauchen, während alle anderen dichter vor und nach ihm nur die kürze kennen und er selbst sonst nicht anders misst, ist nicht klar. Die länge ist jedenfalls nicht das ursprüngliche und eine prosodische eigenheit dieses dichters wie die lautlich allerdings erklärbaren messungen *flúvidus súbus vâcillo*. Anderer art und der in *jubeo* angenommenen nicht vergleichbar sind die übrigen verkürzungen langer wurzelvocale, die Corssen an der angeführten stelle behandelt. In den compositis *déjero éjero péjero* liegt das unregelmässige weniger in der verkürzung des wurzelvocals als darin, dass sie sich dem jüngeren accentgesetz entzogen, insofern der ton trotz der länge der paenultima auf der drittletzten silbe blieb; ein *dé'- jouro* war nicht möglich, es musste notwendig zunächst zu *dé'juro oder *dé'joro werden. Ob über *nihilum* neben älterem *nihílum* ähnlich zu urteilen ist, oder ob hier die verkürzung zuerst in dem abgestumpften *nihil* aus *nihíl* eintrat und dann auf *nihilum* übertragen wurde (Corssen a. o. II 858), mag dahin gestellt bleiben. Ebensowenig für *jubeo* beweisend sind natürlich solche formen, in denen der vocal der wurzelsilbe sich kürzte, „wenn durch herantreten eines suffixes an den stamm des grundwortes der hochton um eine silbe vorrückte und somit die wurzelsilbe tieftonig wurde" (Corssen a. o.), und selbst die hierfür beigebrachten beispiele sind grösstenteils nicht stichhaltig. So ist es sehr unwahrscheinlich, dass *scribilita* „torte" von *scribo* stammt (s. Schmidt Voc. II 362). Wenn ferner *conscribillo* kurzes *i* zeigt, so ist doch zu bedenken, dass dieses verbum denominativer natur ist und dass dem zu grunde liegenden nomen das *i* lautgesetzlich zugekommen sein kann, wie es ähnlich z. b. bei *migro* : *ἀμείβομαι*, *vibro* : skt. *vépati* der fall ist. Auch geht *molestus* nicht von *môles* aus; ich habe schon ob. I 187 darauf hingewiesen, dass von bildungen dieser art adjectiva auf *estus* nicht abgeleitet werden; wenn also die beiden wörter zusammengehören (vgl. jedoch gr. *μόλις*), so verhalten sie sich zu einander wie *sêdes nûbes* (vgl. *ambâges compâges contâges strâges rûpes* u. a.) zu *ἕδος νέφος*. Selbst gegen die annahme, dass in *acerbus* neben altl. *âcro-* die kürze hysterogen sei, erheben sich bedenken; in bildungen mit dem suffixe *ro* begegnet die länge höchst selten (s. Lindner Altind. nominalbild. s. 100), im Lateinischen in *aegro-* und *âtro-*, regel ist die kürze, und da nun dem lat. *âcer* das griechische *ἄκρος* entspricht, so fragt es sich, ob hier nicht vielmehr die länge unursprünglich ist etwa wie in *pûblicus* neben *populus*. Es bleiben *pusillus* neben *pîsus*, deren bildung noch der aufklärung bedarf, und das nur an einer stelle des Martial erscheinende *mutôniátus* von *mûto*. Verschiedener art ist *solûtus*, das von *solvo* aus *sêluo* nach analogie von *volûtus* : *volvo* gebildet ist.

Es ergibt sich, dass, wenn *jubeo* auf lautlichem wege aus früherem *joubeo* entstanden wäre, es in der ganzen älteren latinität vereinzelt dastehen würde. Osthoff Perf. 532 ff. verlässt daher diesen weg, die kürze aus der länge zu erklären, mit recht, setzt aber doch nur an stelle einer singularität eine andere, die kaum leichter zu begreifen ist. Er nimmt an, dass *jubeo* nach *jussimus* und *jussus*, denen *u* gesetzlich zukam, neugebildet sei und das ältere *joubeo* verdrängt habe. Allein eine derartige beeinflussung des praesensvocalismus durch das praeteritum ist, wie schon oben hervorgehoben wurde, im Lateinischen sonst nirgends zu beobachten und ebenso wenig eine solche durch das participium, es heisst *úro cêdo* trotz *ussimus*

cessimus cessum, *dico dûco* trotz *dictus ductus*. Auch ist der
ursprüngliche unterschied zwischen singularis und pluralis des
aorists im vocalismus im Lateinischen nicht mehr erkennbar;
zu der zeit, wo *joubeo* verdrängt sein müsste, bestand er
schwerlich noch. Es sind folgende formen überliefert: *jousit*
decr. Aem. Pauli a. 565 (Schneider Dial. ital. exemp. sel. 96),
jousiset epist. de Bacchan. a. 568 (zweimal), *jousit* tit. Aletr.
a. 600/664 gränzstein vom jahre 613 (C. I. L. 547), *jouserunt*
sent. Minuc. a. 637, *jouserit jousiset* (aber *jubeto*) lex rep. a.
631/32. Nach aller wahrscheinlichkeit also war dieser unterschied zu der zeit, wo *joubeo* noch bestanden haben müsste, in
der weise beseitigt, dass der vocalismus der starken formen
zur herrschaft gelangt war. Gesetzt aber, es hätten die
schwachen aoristformen das praesens *jubeo* hervorgerufen, so
würde es doch auffällig erscheinen, dass sie ihren einfluss nicht
auch auf den singularis *joussi*, der ihnen viel näher lag, geltend
machten.

Das praesens *joubeo* ist nur ein einziges mal überliefert
und dies in der epistula de Bacchanal. (*joubeatis* z. 27). Dieses
denkmal aber enthält in orthographischer . beziehung so viele
incorrectheiten — das *dqvoltod* z. 15 enthält deren allein zwei
(s. Bersu Die gutturalen u. s. w. 41) —, dass Mommsen
geneigt ist, dem graveur die kenntnis des Lateinischen abzu-
sprechen. Mögen aber diese fehler in unkunde oder in einem
mangel an sorgfalt ihren grund haben, einem zeugen, der sich
so vielfach unzuverlässig erweist, ist man berechtigt, auch in
diesem falle, wo seine angabe den tatsachen entschieden widerstreitet, den glauben zu versagen. Die form der zeit kann
joubeo nicht gewesen sein, denn das denkmal stammt aus dem
jahre 568, während die archaischen dichter, welche früher
schrieben, wie Plautus, der das wort sehr häufig gebraucht,
nur *jubeo* kennen. Ein *joubeo* also hätte in jener zeit nur
durch ältere urkunden bekannt sein können, und wenn sich
diese annahme an und für sich auch nicht widerlegen lässt,
so ist sie doch andrerseits nicht weiter zu begründen. Der
fehler in *joubeatis* könnte überdies durch das zweimal vorhergehende *jousiset* veranlasst worden sein.

Liegnitz.   *F. Froehde.*

Sandhi oder ton?

Kuhn's Zts. XXVIII. 232 habe ich auf den unterschied von ai. *ashṭāú*, got. *ahtau* und ὀκτώ, *octō* hingewiesen und erklärt, dass damit der ·idg. sandhi *ō*, *ōu* erwiesen sei, „dessen spiegelbild im sandhi des Rik noch ganz klar ist, wenn es VIII. 2. 41 heisst *ashṭhā parāḥ*, aber I. 126. 5 *ashṭāv arídhayaso*".

Bezzenberger's Beitr. XV. 17 anm. fügt nun herr prof. Bartholomae diesen meinen worten folgendes bei: „Ich bitte Meringer R.V. I. 35. 8a und X. 72. 8a nachzuschlagen und frage, ob er auch dann noch von der völligen treue des spiegelbildes im sandhi des R.V. überzeugt ist".

Ich erlaube mir Bartholomae zu antworten, dass er mich missverstanden hat, woran wohl meine nicht ganz klare ausdrucksweise schuld sein mag. Der ausgehobene satz soll natürlich keinen andern sinn als den haben: Jene verschiedenheit von auslautendem *ō*, *ōu* bei den entsprechungen der achtzahl erklärt uns der R.V., wenn es an einer stelle vor cons. *ā* heisst, an einer andern vor voc. *āu*. Den beweis suchte ich aus den zahlenverhältnissen der gleichen bildungen im R.V. zu erbringen. Wäre ich überzeugt gewesen, dass bei *ashṭāu* meine sandhiregel im R.V. immer befolgt wird, so hätte ich das als etwas auffälliges unzweideutig hervorgehoben und mich nicht auf jene zwei stellen beschränkt. Ich hoffe, dass Bartholomae diese meine erklärung annehmen wird.

Doch zu etwas sachlichem [1]). Bartholomae zweifelt überhaupt an dem von mir aufgestellten lautgesetz und fragt: „Wie aber erklären sich dabei ai. *yāús*, *dyāús*, *nāús* = βοῦς, Ζεύς, ναῦς?" Ich erlaube mir auf Zts. für d. österr. gymn. 1888 s. 136, 139 hinzuweisen, wo ich selbst diese fälle besprochen habe und ihre beweiskraft richtig abzuschätzen bemüht war. Neben Ζεύς ist Ζής (gramm.) [2]) und *diēs*, neben βοῦς nicht βῶς

---

[1]) Die obigen ausführungen sowie meine aufsätze in Kuhn's Zts. XXVIII. 217 ff., Zts. f. österr. gymn. 1888 s. 132 ff., 770 ff enthalten bruchstücke und auszüge aus einer grösseren arbeit über die idg. deklination, welche ich im winter 1885 herrn prof. Joh. Schmidt vorlegte, die ich aber wegen ungünstiger äusserer verhältnisse heute noch nicht abzuschliessen im stande war.   [2]) Vgl. Baunack, Studien I. 2 s. 252.

($b\bar{o}s$) zu vergessen. Ich erwähnte damals als eine zu beach-
tende möglichkeit, dass $*Z\eta\nu\varsigma$ aus $*Z\eta\varsigma$ nach voc. $Z\varepsilon\tilde{v}$ gebildet
sei und daran glaube ich noch immer festhalten zu können;
wenn irgendwo wäre bei dem namen dieses gottes eine beeinflussung des nom. durch den voc. denkbar [1]). Im ai. voc. *dīaus*
R.V. scheint der nom. den voc. sich assimilirt zu haben — bis
auf die betonung. Vgl. jetzt zu der ganzen frage Brugmann
Gr. II s. 454 anm. 3. Auch Joh. Schmidt leitet in seinem
neuen buche (Plur. der neutra s. 221) lat. *ōs* aus $*\bar{o}us$ ab und
ebenso acc. pl. ai. *gds* aus $*g\bar{o}(un)s$.

Bartholomae sagt weiter: „Vielleicht spielt der accent
oder die accentart dabei eine rolle". Auch daran habe ich
gedacht (vgl. a. a. o. s. 136), bin aber davon abgekommen.
Als ich meine anzeige des Brugmann'schen Grundrisses I an
herrn prof. Bezzenberger schickte, antwortete mir dieser in
einem freundlichen schreiben, er habe bedenken gegen meine
sandhi-theorie, er glaube, es spiele der accent bei den betreffenden erscheinungen eine entscheidende rolle. Dabei verwies
er mich auf seine Beiträge XII. 79 f. anm. Ich muss gestehn,
dass mir diese stelle bis dahin entgangen war. Bezzenberger
schrieb mir damals: „Setzen wir als nom. *dyáus* ($Z\varepsilon\acute{v}\varsigma$) an und
supponirt man, dass die slavisch-lit. zurückziehung des accents
im accus. ursprünglich ist, so würde der acc. dazu *$*dy\acute{a}um$*
(also mit gestossenem ton) gelautet haben und dies ergab wie
im dualis *dyám* $Z\tilde{\eta}\nu$".

Bezzenberger's deutung ist gewiss sehr beachtenswert
und es ist verlockend nach dem, was Leskien über die litauischen endsilbenvocale ermittelt hat, ein ähnliches gesetz dem
Idg. zuzuschreiben. Dass ich es für meine pflicht gehalten
habe, Bezzenberger's anregung zu folgen und seine vermu-
thung zu prüfen, ist selbstverständlich.

Für diese prüfung nehme ich als ausgemacht an, dass das
Idg. den unterschied von geschliffenem und gestossenem tone
kannte entsprechend der betonungsart des Lit. und dem gegensatze von circumflex und acut im Griech., obwohl die beweise
dafür derzeit noch etwas dürftig sind. Gleichwohl wird das
heute gerne eingeräumt werden vgl. Brugmann Grundr. I
§ 671, wobei ich bemerken will, dass ich über den interessanten

---

[1]) Vgl. jetzt Bartholomae Bezzenberger's Beitr. XV. 195 anm. —
Aeol. $Z\varepsilon\acute{v}\varsigma$ beweist nichts.

versuch Hanssen's Kuhn's Zts. XXVII. 612 ff. so denke wie
Brugmann.

Die frage, welche ich demnach aufwerfe, ist folgende:

Hat im Idg. gestossener ton bei den „langen" diphthongen
den verlust von *i, u*, geschliffener die erhaltung derselben bedingt? [1])

Da bietet sich nun sofort ein fall dar, der dieser regel zu
widerstreben scheint. Bei der gleichung *dyaùs Ζεύς*, voc. *dyāùs
Ζεῦ* hat sich augenscheinlich die alte idg. betonungsverschieden-
heit getreulich erhalten und trotzdem finden wir sowohl bei
gestossener als bei geschliffener betonung hüben und drüben
den diphthong. Das war einer der gründe, warum ich selbst
den gedanken an tonverschiedenheit aufgegeben habe, bevor
mir noch Bezzenberger's meinung bekannt war.

Voc. *dyaùs* (vgl. W. Haskell, Vocative-accent in the Veda.
Journ. of the American oriental soc. vol. XI. s. 58 anm.) wird wohl
allgemein aus **dīāus* erklärt und ebenso mag *Ζεῦ* = **dīeu,
djèu sein, also hier wie dort ein jātyasvarita. Misteli, Über
griech. betonung s. 95. Das Lat. hat die entsprechende form
in *diēspiter*, das durch seine gestalt eine uritalische betonung
*diēspiter (dem ai. *dīāushpitar* R.V. VI. 51. 5a entsprechend)
erweist; vgl. Georges, Lex. d. lat. wortformen s. v. Juppiter.

Hinderlich ist bei diesen fragen vor allem der umstand,
dass wir keine nachricht von dem vorhandensein einer differenz
ái und *āí* etc. im Arischen haben (natürlich ebenso wenig über
ái und *āí*). Trotzdem wird man gewiss gerne annehmen, dass
einst auch der arische zweig diese unterschiede kannte. Das
vorausgesetzt, lassen sich gegen die accenthypothese weiters
anführen:

I. loc. ai. *agnd (áu)*, lit. *ugnè* (nach *szalè*), griech. *αἰή?*
Johannes Schmidt, Kuhn's Zts. XXVII. 298 ff.

II. loc. ai. **ṛbhdu* = gr. **Ορφῆϝ(-ι)* mit auffälligem
accent.

III. *ὀκτώ* = *ashtáu*.

IV. ai. nom. du. *devá, áu* vgl. *θεú'* und lit. *gerù, dù* neben
gerù'-ju, δώδεκα.

V. *Λητώ(ι)*. Aber voc. *Λητοῖ*.

[1]) Es sei gestattet, diese hypothese zum unterschiede von der sandhi-
theorie die accenthypothese zu nennen.

Mindestens 3 dieser zusammenstellungen sind allgemein angenommen. In vier fällen ist gestossene betonung mehr weniger sicher und trotzdem ist überall das *i, u*, das nirgendwo erscheinen dürfte, noch nachweisbar. Ferner ist zu beachten, dass bei den gleichungen

1. ai. *pitá* — πατήρ (*svásā* — *soror*)
2. ai. *plihá* V.S. XIX. 86 — σπλήν (*tákshā* — τέκτων)

mit wahrscheinlichkeit auf gestossene betonung des suffixalen vocals, wie für πατήρ schon Misteli a. a. o. s. 58 es behauptet hat, geschlossen werden kann. Wie es sich mit lit. *motė̃, duktė̃, sesā̃* und *akmū̃*, die allerdings auf ein *mōtḗr ... *akmōn zurückzugehen scheinen, verhält, ist mir nicht bekannt.

Zu diesen sieben beispielen respective kategorien sind noch einige bemerkungen zu machen.

Ad I. Den loc. der *i*-st. auf *ē̃* citirt Bezzenberger XII. 79 anm. gerade als beweis für seine meinung. Ved. *agná*, avest. *gara* entsprächen einem gestossenen *ḗi* der grundsprache. Aber diese ansicht lässt sich kaum halten, da das Altind. einst wohl auch loc. auf *ai* gehabt hat. Zts. für d. österr. gymnas. 1888 s. 135 habe ich die auffällige endung des *āu* im loc. der altind. *i*-st. so erklärt, dass hier ein alter sandhi *ā āi* von dem bei den *u*-st. herrschenden *ā āu* verdrängt wurde. Die gemeinsame form *ā* ermöglichte die vermischung. Ähnlich spricht sich jetzt auch Bartholomae Bezzenberger's Beitr. XV. 241 anm. 4 aus [1]).

Ich möchte hier noch mit einigen worten auf die ai. loc. der *i*-st. zurückkommen. Ein typisches beispiel ist der loc. von *agní*. Der Rigveda zeigt die form *agná* nur vor consonant oder vor *u*, und zwar an 7 stellen vor consonant I. 59. 3, IV. 8. 6, V. 37. 5, VI. 14. 1, VII. 94. 4, VIII. 27. 3, X. 45. 10; an 3 stellen vor *u* I. 124. 1 *agná udyánt*, IV. 6. 4 *agná ūrdhvó*, IV. 39. 3 *agná usháso*. Die form *agnáu* erscheint (mit hinweglassung der nichts beweisenden stellen am pada- oder versende) regelrecht vor vocal an 4 stellen: III. 55. 3 *agnáv ṛtám*, VI. 11. 5 *agnáv áyāmi*, X. 6. 3 *agnáv árishṭarathaḥ*, II. 16. 1 *agnáv iva;* an 9 stellen schon eingeschmuggelt vor consonant: II. 15. 4,

---

[1]) Bartholomae scheint meinen aufsatz nicht gekannt zu haben. Seine arbeit trägt die redactionsnote: Eingesant 30. dezember 1888, die meinige erschien bereits im II. hefte des jahres 1888.

VI. 40. 3, III. 59. 5, IV. 25. 1, V. 1. 12, VI. 52. 17, X. 88. 7, X. 165. 4, X. 179. 3. Man bemerke, dass im X. buche nur 1 mal vor cons. *ā* erscheint, 3 mal *āu*.

Auf die Lanman'schen zählungen (Noun-inflexion s. 385, 411) habe ich schon a. a. o. s. 136 bedacht genommen, möchte aber hier eine kleinigkeit nachtragen. L. zählte von *i*-stämmen 109 locative auf *ā* vor cons. und 50 *av* vor vocalen. *ā* erscheint nur 3 mal mit folgendem vocale verschmolzen, aber es erscheint 9 mal mit hiatus vor *u*. 156 *āu* erscheinen am pada-ende[1]) (das sich der regel entzieht, die im innern herrscht) und nur 66 mal erscheint *āu* vor consonanten im innern eines pada; davon sind, nach Lanman, 21 im X. mandala, die anderen im allgemeinen ebenfalls in jüngeren partien; vgl. s. 386 unter II. 3.

Also *ā* erscheint nur vor consonanten, 109 mal, wogegen die 3 fälle, wo es mit folgendem vocal verschmilzt, gar nicht in rechnung kommen. Dagegen erscheint *ā* 9 mal mit hiatus vor *u*. Wie kommt es hieher? Alt kann es nicht sein, denn es findet sich vor vocal so gut wie gar nicht. Der hiatus zeigt aber, dass etwas verloren gegangen, dass statt des *ā* etwas anders ursprünglich vorhanden war, vielleicht zur zeit der abfassung der lieder noch hörbar war. Das kann aber wohl nur *āi* gewesen sein. Die form *au*, welche sich sonst vor vocalen festgesetzt hat, drang nicht ein, weil die lautfolge *āv u* womöglich gemieden wird. Ich glaube demnach, dass diese fälle einen deutlichen hinweis auf ehemaliges *āi* enthalten.

Dass das Idg. von *i*-stämmen nur loc. auf *ē̆ ō* gehabt, ist nach dem stande der indischen überlieferung sehr unwahrscheinlich. Hätte das älteste Indisch solche reine *ā*-formen gehabt, dann müssten wir *ā* nicht allein vor consonanten, sondern auch vor vocal, mit diesem verschmolzen finden, was blos in 3 fällen statt hat, von denen wieder einer dem X. buche angehört: R.V. VIII. 80. 1, VI. 12. 2b, X. 101. 11b. Deswegen kann man auch nicht sagen, in jenen 9 fällen birgt sich hinter dem *ā u*- eigentlich ein -*āv u*- d. h. statt des alten -*ā u*- ist von den *u*-st. *āu* hieher übertragen worden, denn *ā* wäre mit dem *u* des folgenden wortes verschmolzen, gewiss nicht mit

---

[1]) Darnach wird Bartholomae's frage Bezzenb. Beitr. XV. 17 anm.: „War der wandel von *āu* zu *ā* ursprünglich etwa auf den absoluten auslaut beschränkt" wohl mit nein zu beantworten sein.

hiatus gesprochen worden und zu einer übertragung des *āv* von
den *u*-stämmen wäre es gar nicht gekommen.

Und warum soll das Indische das nicht gehabt haben, was
doch andere sprachen noch zeigen! Ich bin überzeugt, dass
loc. auf *ēi, ōi* sich noch in den europäischen sprachen werden
nachweisen lassen. Got. *anstai* bietet uns wohl eine form auf
ēi dar, wenigstens müsste ich keine erklärung, die einfacher
wäre. Diese überzeugung hatte ich, bevor sich Bremer im
selben sinne geäussert Paul-Braune Beitr. XI s. 50.

Ad II. Während Bezzenberger für die loc. sg. der *i*-st.
ursprachlich gestossenen accent annimmt, spricht er den loc.
der *u*-st. geschliffenen accent zu und in folge dessen erhaltung
des diphthongs im Arischen. Dagegen ist hervorzuheben, dass
es schwer ist an eine solche bereits ursprachliche verschiedenheit der *i*- und *u*-stämme zu glauben, dass aber auch der that-
bestand theilweise wiederspricht. Der R.V. hat *r̥tā matīnām*
IX. 97. 37, der A.V. *vanishṭhā* XX. 131. 12; vgl. Lanman
s. 411.

Ich bin auch der festen überzeugung, dass es im Idg.
ebensowohl loc. sg. der *u*-st. auf *ē′ ē′u* als auf *ō, ōu* gegeben
hat. Die loc. auf *ē* sind noch nachzuweisen. Mahlow, Die
langen vocale s. 54 hat erkannt, dass *rite* loc. sg. des *u*-stammes
ritu ist. Wenn man *ritus* und *r̥tú* mit recht zusammenstellt
(Fick I³. 20), so würde sich *rite* vollständig mit dem *r̥tā* des
R.V. decken, gewiss ein beachtenswertes zusammentreffen. Auf
eine urform *sunē* führt auch das ahd. *suni* zurück. Es findet
sich bei Is. neben *suniu* und *sune* vgl. auch altsächs. *suni* (wozu
noch ahd. *henti*, as. *hendi*?); die belege in Paul-Braune's Beitr.
IV. 429[1]). Die schlagende übereinstimmung von loc. *diē (hodiē)*
mit altind. *a-dyā* heute beseitigt den zweifel. In *noctu aut die*
Plautus merc. 13 haben wir loc. auf *ōu* und *ē* (auf *ēu*) neben
einander. Gegen Schmidt's auffassung von *noctu* (= ai. *aktāú*)
Zts. XXVII. 304 anm. jetzt Bartholomae Bezzenberger's
Beitr. XV. 22 f.[2]). Hieher gehören auch die loc. auf *-ηϝ-ι*
der griech. *ευ*-stämme.

---

[1]) Im loc. sg. der *u*-st. sind die germ. sprachen sehr conservativ gewesen. Ahd. *suniu* = ved. *sūnávi*, got. *sunau* = ai. *sūnāú*; ahd. *suni*
wäre nach dem obigen = ai. *sūnā*. [2]) Mahlow sagte mir 1885, er
finde auch in lat. *necesse* den loc. eines *u*-stammes, was ich dahingestellt
sein lasse.

Ich kann also Bezzenberger nicht beistimmen, wenn er
dem Idg. nur loc. auf *öu* zuschreiben will. Gött. nachr. 1885
s. 162 sagte er: „Ist hiernach *ů* als ehemalige endung des loc.
sg. im preuss.-nordlit. und žemaitischen anzusetzen, so ist damit
die richtigkeit der voraussetzung, dass der indogerman. ausgang
dieses casus *öu* gewesen sei erwiesen; denn nur hierauf, nicht
auf *ēu*, kann ... jenes *ů* zurückgeführt werden“. Es ist aber
ausserdem nicht ausser acht zu lassen, dass die daselbst angeführten loc. möglicherweise auf *ō* zurückgehn (aus idg. *ōu*),
also ein *u* auf lit. boden gar nicht verloren haben. Doch sieh
unten. Bezzenberger's annahme der geschliffenen betonung
im loc. *ōŭ* stützt sich blos auf seine herleitung des *ů* aus
åu, ōŭ.

Bartholomae erklärt Bezz. Beitr. XV s. 17 ἄνευ aus -*ēu*.
Das vermag ich nicht zu glauben. ἄνευ wird wohl, woran B.
auch gedacht hat, aus -*ĕu* zu erklären sein wie ai. *sāno*, das
ich a. a. o. 771 besprochen habe. *sāno* hat sich erhalten in
sānav avye, sānav avyaye und zwar ist die form mit *i* *sānavi
(vgl. *sūnávi*) nicht eingedrungen, weil der dissimilationstrieb es
verhinderte (**sānavy avyaye!*). Die indischen loc. auf *āu* sind
in regelrechter entsprechung im Griech. nur bei den *ευ*-stämmen
zu finden, sonst nirgends, und dort vermehrt um das gewöhnliche loc. -*i* : -*ηϝι*. Zu lat. *diū* (Bartholomae u. a. o. s. 23)
liegt eine dem ἄνευ vielleicht ganz entsprechende bildung vor.
Freilich kann *ū* auch aus *ēu, ōu* entstanden sein. Für das
wahrscheinlichste halte ich die herleitung aus *dieu vgl. ai.
dyáv-i. Bartholomae's erklärung aus **divū'* ist eine möglichkeit, die keinesfalls in erster linie in betracht kommt.

Ad III und IV. Wenn irgendwo, so ist bei dem zusammen-
klange aller uns bis jetzt zur verfügung stehenden criterien
gestossene betonung für das auslautende *ō'u* der achtzahl (vgl.
auch lit. *asztůnì*, fem. *asztů'nios*) und des nom. dualis der o-st.
(im masc.) erwiesen. Trotzdem sind die formen mit *āu* im
Arischen belegt. Mehr gewicht ist hiebei noch auf die achtzahl
als auf die auch später noch als duale erkannten formen zu
legen. Natürlich bemerkte Bezzenberger diese für seine ansicht bedenkliche erscheinung. Seine annahme, dass *öu* in
beiden fällen sowohl gestossenen als geschliffenen accent in
ursprachlicher zeit hatte, kann ich aus sachlichen und me-
thodischen gründen nicht theilen. Dass Bezzenberger davon

nicht befriedigt ist, was ich über das verhältnis der duale auf
$\bar{o}$ und $\bar{o}u$ sage, ist mir begreiflich; aber das eine sollte jetzt
wenigstens feststehen, dass man bei der erklärung von $\bar{o}u$ aus-
zugehn hat, um zu $\bar{o}$ zu gelangen[1]) und mir ist es nicht klar,
wie G. Meyer in der 2. aufl. der Griech. gr. beim dual auf ω
noch des alten märleins von der verbindung von o mit e erwähnung thun konnte. Brugmann hat ja seinerzeit die contraction von $o + e$ hauptsächlich herbeigezogen um das alt-
indische $\bar{a}u$, nicht um das $\bar{a}$ — idg. $\bar{o}$, zu erklären. Die vocal-
qualitäten sind hier, glaube ich, vorerst ohne alle rücksicht auf
zusammensetzungstheorien festzustellen.

Ad. V. Auf $\Lambda\eta\tau\acute{\alpha}(\iota)$ und auf sein männliches seitenstück
ni. *sákhā* möchte ich wegen der vielen unklarheiten, die noch
an ihnen haften, weniger gewicht legen. Zu bemerken ist nur,

---

[1]) Herrn dr. A. Torp steht das allerdings auch nicht fest. Vgl.
Beiträge z. lehre von den geschlechtslosen pron. s. 45 anm. Ich kann
nicht finden, dass es ihm gelungen ist, meine aufstellungen zu widerlegen. „Das *u*, so hebt er an, als einen integrirenden theils (sic) der
dualform, als dem stamme zuhörend (sic) zu betrachten, wie es Meringer
thut, scheint mir nicht gerathen. Man dürfte dann nicht mehr von *o*-
stämmen sprechen, denn ein auf $\bar{o}u$ auslautender stamm ist, was man
sonst einen *u*-stamm nennt". — Sind das gründe? „Man dürfte dann
nicht mehr von *o*-stämmen reden?" Wenn es falsch ist, werden wir es
uns, für den dual wenigstens, abgewöhnen, wie wir uns schon so vieles
abgewöhnt haben. Und Torp thut so, als ob er erst die entsetzliche
consequenz von dem *u*-stamme im dual zöge. Ich habe sie selbst gezogen Zts. XXVIII. s. 233, babe selbst behauptet, dass der mascul. dual
„eine durchaus singularische flexion eines $\bar{o}u$-stammes" zeigt. Nach dem
lesen von Schmidt's neuem buche möchte ich von einem collectiven
singular reden. Gegengründen werde ich meine überzeugung opfern,
aber nicht redensarten. Er vermuthet, „dass die beiden formen, auf $\bar{a}$
und $\bar{a}u$, von altersher neben einanders (sic) gingen, und dass die erstere
vorzüglich vor consonanten, die letztere vor vocalen, als die bequemere
allmählich ihre verwendung fand". Also das thatsächliche meiner arbeit
leugnet T. nicht, er erklärt es blos anders, mit der alten partikel *u* und
dem bequemlichkeitsstandpunkte, der leider wegen seiner bequemlichkeit
noch immer anhänger hat, gegen den aber jedes wort verschwendung ist.
Meine fälle wie *tā ū* beweisen nichts, denn *u* in *tāu* wurde schon längst
nicht mehr als die part. gefühlt. „Übrigens können die beiden partikeln
u auch verschiedenen ursprungs sein". Also 2 partikeln *u*! Und im
gen. *ous* steckt auch die part. *u*? Dieser sei entstanden, als „$\bar{o}u$ nicht
mehr auf zusammensetzung beruhend gefühlt wurde". Da finde ich meine
erklärung doch — mindestens — einfacher.

dass es gar nicht unmöglich ist, dass das Griech. einst noch
ω und ωι im nom. nebeneinander hatte, und dass es nicht als
erwiesen gelten kann, dass die ωι des nom., welche noch überliefert sind (Schmidt Zts. XXVII. 376 f.), ihr ι dem voc. verdanken. Wenn das ωι des nom. organisch sein kann, dann
bedünkt es mich für methodisch richtig von der annahme einer
analogie abzusehn. Dass das ai. *sakhā* aus *sakhāi entstanden, dafür bietet
das lat. *socius* einen nicht zu unterschätzenden beweis. Zwischen
den *i*-stämmen und denen auf *jo, io* gab es uralte bezüge, zu
deren richtiger deutung ein guter gedanke Streitberg's den
weg gewiesen. Vgl. Brugmann, Grundr. II s. 116 note 1 und
Paul-Braune's Beitr. XIV s. 166 ff. Demnach gibt es von den
i-st. eine brücke zu den *jo*-stämmen, nämlich den nom. *is*, acc.
im, der unter nicht genauer bekannten umständen bei beiden
gleich war. Nun haben aber die *āi-, āu*-stämme ebenfalls nom.
auf *is, us* acc. *im, um*, woran accentverhältnisse schuld sind
vgl. *gā́us* und *saptágu-* (R.V. *saptógum bṛhaspátim*), wonach
man δεσπότης und ai. *dámpatis* wohl richtig auf idg. **poté(i)*
aber *dénspatis wird zurückführen können. So mag aus
**sókhō(i)* gegen *-*sokhis* wegen der zweideutigkeit des letzteren
das Latein. zu seinem *jo*-stamme *socio-* gekommen sein [1]).

Auch von anderer seite sind wichtige ideen zu dieser frage
ausgesprochen worden. Walther Prellwitz hat in einem
geistvollen aufsatz Gött. gel. anz. 1886 s. 765 gesagt: „Meiner
meinung nach sind die nom. auf ευς einfache ηυ-stämme mit
endbetonung und entsprechen ganz regelmässig den ωυ-stämmen
mit anfangsbetonung". Das steht auch mir schon seit langem
fest, nur gehe ich noch weiter und sage, sie repräsentiren uns
die älteste form der *u*-stämme überhaupt und wer sie verstehn
will, der muss ai. *sákhā*, acc. *sákhāyam*, *gā́us* (acc. *gā́m*) ins
auge fassen. Diese bildung hat allerdings im Griech. eine späte
nachblüte erlebt, ist vielleicht auch lautgesetzlich mit irgend
einer nominalbildung zusammengefallen und das ist der grund,
warum man so lange den uralten grundstock von formen in

---

[1]) Die *io-, ie*-stämme sind nur sozusagen umgekehrte *oi-, ei*-stämme.
Es ist sehr verführerisch an gleiche bezüge der *uo-, ue*-st. mit den *ou-,
eu*-stämme zu denken und dasselbe auf *no-, ne- : on-, en*-st., *ro-, re- :
or-, er*-st. auszudehnen. Diese ganze perspective eröffnet Streitberg's
glückliche combination.

der declination der εν-stämme gänzlich verkannt hat. Den lehrreichsten εν-stamm hat Prellwitz aber auch übersehen: Ἄρης.

Nach der accenthypothese müsste **geschliffener ton den diphthong erhalten**. Nun gibt es beispiele, wo aller wahrscheinlichkeit nach geschliffener ton herrschte: *ōi* im dat. sg. der *o*-st.: gr. *Θεῷ*, lit. *děvui*. Und trotzdem ist auch hier wieder die form ohne *i* zahlreich nachweisbar. Joh. Schmidt, Festgruss s. 100. Ich habe unabhängig von ihm darauf hingewiesen Zts. f. öst. gymn. 1888 s. 134 u. 770. Vgl. jetzt betreffs der arischen dative, deren ersten Kluge Kuhn's Zts. XXV. 309 nachgewiesen hat, Bartholomae Bezzenberger's Beiträge XV. 221 ff. In die reihe dieser männer ist Bezzenberger zu setzen, denn seiner etymologie ai. *ṛ́tha* — žem. *reltui* steht nichts im wege (Beitr. XII. 79).

āi im dat. sg. der *ā*-st.: Griech. *τῇ*, lit. *tai, anai* etc. Aber trotzdem lässt sich auch *ā* nachweisen, vgl. Joh. Schmidt, Festgruss s. 3 anm. 1, worauf auch ich aufmerksam gemacht habe in Zts. f. österr. gymn. 1888 s. 134.

Wenigstens das eine scheint mir darnach bewiesen zu sein, dass der ton **allein** nicht zur erklärung der sprachlichen thatsachen hinreicht.

Dagegen könnte man die erhaltung des halbvocals nach langem *a*-vocal aus geschliffenem ton mit der accenthypothese in zwei fällen erklären:

I. Instr. plur.: lit. *děvais*, ai. *devāis*.

II. Nom. plur. der masc. (ursprünglich neutr.) *o*-stämme: lit. *děvai* vgl. lat. *haec*. Vgl. Leskien in Jagic's Arch. V. 190,

wozu auch noch *Ζεῦ* = *Δjiu*, ai. *dyāus* zu stellen wäre, und vielleicht *ναῖς, βοῦς*[1]).

Man könnte an eine verschmelzung der sandhi- und der accenttheorie denken und folgende regel aufstellen: Gestossener

---

[1]) Zu bemerken ist, dass von den angeführten fällen nur der erste, der instr. pl. der *o*-st. der sandhihypothese grössere schwierigkeiten macht. Vgl. Zts. f. österr. gymn. 1888 s. 136. Brugmann, Gr. I s. 138 hat eine möglichkeit erwähnt die erhaltung des *i* in *āis* zu erklären, wozu auch Bartholomae Bezzenberger's Beiträge XV s. 16. note 4 heranzuziehn ist. Darnach kommt allmählich licht in die auffällige endung.

„langer" diphthong verlor im Idg. vor consonant desselben
wortes oder consonantischem beginne des nächsten im satze
den halbvocal (und ebenso bei *r n*), während geschliffener ihn
immer erhielt.

Aber auch das geht schwer, denn es widerspricht vor
allem andern Ζεύς, ai. *dyáus*, eine gleichung auf die man ja
so viel giebt.

Noch etwas anderes könnte man vermuthen. Man könnte
sagen: I. Die langen diphthonge des hochtons *ē'i*, *ē'u* und ebenso
ē'r, *ē'n* verloren vor conson. den 2. bestandtheil. II. Die langen
diphthonge des nachtons *ōi*, *ōu* und ebenso *ōr*, *ōn* dagegen er-
hielten diesen unter allen umständen. Aber auch das geht
nicht. Eine masse von analogien wären notwendig, die ai. *ā*
des duals der *o*-stämme müssten von *ēu*-formen herrühren, von
denen keine spur vorhanden ist, ein idg. **oktē'u* müsste es gegeben haben u. s. w. . .

Kurz ich kann nicht finden, dass uns die heutige kenntnis
des idg. accents irgend etwas bei der aufklärung der in frage
stehenden erscheinungen nützt und bleibe bei meiner sandhihypothese, weil man mit ihr weitaus die meisten erscheinungen
erklären kann und weil sie noch in der überlieferung des Veda
einen halt hat.

Anmerkung. Hier sei mit wenigen worten der verhältnisse
des Litauischen, soweit sie in betracht kommen, gedacht. Im
Lit. wird aus auslautendem (oder letzsilbigem):

1. *ē'* (loc. sg. der *i*-st.) . . . . . *è*
   ō' (nom. du. der masc. *o*-st.) . . *ù*
2. *ē'r* (nom. sg. der *r*-st.) . . . . *ē̃*
   ō'n (nom. sg. der *n*-st.) . . . *ū̃*
3. *ai* (nom. instr. pl. der *o*-st.) . . *aĩ*
   (dat. sg. der *a*-stämme ebenso)
   ōi (dat. sg. der *o*-st.) . . . . *uĩ*
   ōm (gen. pl. der *o*- und *ā*-st.) . *ũ*

Es handelt sich jetzt darum, wohin die Bezzenberger'-
schen loc. der *u*-stämme auf *ů* zu stellen sind. Die erhaltung
der länge bei *ů* kann blos aus geschliffenem tone erklärt werden,
wonach also *ů̃* (oder tieftonig) anzusetzen ist. Dieses *ů̃* ist
aber entweder nachfolger eines alten *ō* oder geht auf altes *ōu*

zurück, welches seinerseits aus $\bar{o}'u$ entstanden sein kann, wie
$-\bar{e}$, $-\bar{u}$ aus *$-\bar{e}\tilde{n}$, *$-\bar{o}\tilde{n}$ und $-\bar{e}'n$, $-\bar{o}'n$ entstanden sein mögen.
Zwischen diesen beiden möglichkeiten zu entscheiden, ist nicht
leicht. Im letzteren falle stände $\bar{o}'u$ mit seiner entwicklung
*$\bar{o}\tilde{u}$, $\bar{u}$ im gegensatze zu $a\bar{i}$, $u\bar{i}$, welche das i festhielten [1]).

In den Arischen forsch. III. 39 anm. hat Bartholomae
Schmidt's erklärung von ai. $p\acute{a}nth\bar{a}$ aus *$ponth\bar{o}i$ angenommen,
was für Brugmann noch nicht sicher erwiesen ist. Joh.
Schmidt hat Kuhn's Zts. XXVII. 372 den mittleren stamm
des wortes in ai. $pathe$-$sht\underline{h}\acute{a}$- gefunden. Mich dünkt, dass
dieser stamm sich auch im Griech. vorfindet und zwar im
namen des meeresgottes. Nach Prellwitz (Bezz. Beiträge
IX. 327) ist das erste glied des compositums als $Ποτει$-, $Ποτοι$-,
$Ποτι$- in ältester, erreichbarer gestalt anzusetzen; das zweite
ist $-δᾱϝων$. Ich sehe in $Ποτει$-, $Ποτοι$- nichts anders als ai.
$pathe$-. Der ausfall des nasals in der wurzelsilbe ist vielleicht
durch eine — in der art allerdings singuläre — contamination
von $Ποντ$-, $Ππατ$- entstanden, oder o ist hier ebenso vertreter
von $ṇ$ wie in $ὄπατρος$, $ὄζυξ$ von m (etwa hierher $εἴκοσι$?).
$Ποτει$-, $οι$- : $Ποτι$- = ai. $pathe$-$(sht\underline{h}\acute{a}$-) : $pathi$-$(sht\underline{h}\acute{a}$-).
Das zweite glied ist $-δαϝων$. Als eigner name belegt im
Thessal. Collitz Dial. inschr. no. 325. $δᾱϝων$ kann sein $\bar{a}$
von der kürzeren form des namens haben, vgl. dor. $Ποτιδᾱς$
(Prellwitz a. a. o. s. 330). *$δᾱϝων$ stimmt aber mit $d\acute{a}tus$
$δάνος$ (G. Meyer Gr. gr. § 56) zu w. $δω$ geben; alsdann wäre
also *$δᾱϝων$ der im vocal noch unausgeglichene nom. zu dem
dat. $δoϝεναι$, ai. $d\bar{a}v\acute{a}ne$.
Auch zu einer annehmbaren deutung des namens ist auf
diese weise zu kommen, die ich von pr. Friedr. Müller zuerst
hörte. *$Ποτεί$-$δαϝων$ ist „der den weg gebende, bahn machende".

---

[1]) Der dat. sg. der $\bar{a}$-stämme hatte idg. geschliffenen accent nach
ausweis von $τῇ$, lit. tai, $mergai$, $anaĩ$, $katraĩ$, $jaĩ$. Die formen auf $\bar{a}$,
welche Kurschat Gram. § 599 beibringt ($t\bar{a}$, $alg\bar{a}$), kommen zwar aus
jenen gegenden, wo auch die dat. sg. masc. auf $\bar{o}$ $\bar{u}$ zu hause zu sein
scheinen (bei Memel: $pano$, $árkliu$, aber ebenso in dem weitabliegenden
Onikszty in S. O. Sam. $pónu$), sind aber nicht alt, sondern erst aus ai
entstanden. Vgl. südl. von Memel $r\bar{a}k\partial$ $(vaikaĩ)$ Kurschat § 529,
Memel $re\check{z}im\bar{a}s$ = $re\check{z}imais$ § 533.

Es entspräche dem sinne nach dem ai. *pathi-kŕt*, und war wohl
wie dieses ursprünglich epitheton mehrerer gottheiten. Im R.V.
wird *pathi-kŕt* von Indra, Soma, Bṛhaspati und den Ṛshi's gesagt. Aus dieser richtung wird wohl auch licht auf die frage
fallen, wie πόντος im Griech. zum sinne „meer" kam. Gewiss
gehört auch *pontifex* hierher, dessen obsorge die wege über
die gewässer, die brücken, anvertraut waren.

Über diese zusammenhänge wird zu reden sein, sobald die
etymologie etwas wahrscheinlicher gemacht ist. Die ursprüngliche declination stelle ich mir in idealer regelmässigkeit so
vor: nom. *Ποτεί-δαϝων, voc. *Πότοι-δαϝον, gen. etwa *Ποτοι-
δαϝνός; ein *δοινι aus *δοϝνι (vgl. δοϝεναι) scheint im Thessal.
Ποτειδουνι vorzuliegen, wenn es nicht eine analogiebildung ist.
Lautgesetzlich, aus contraction, ist sein *ου* nicht zu erklären.
Prellwitz, De dial. thess. p. 21. In der stammabstufung besteht eine schöne analogie zu *Ἀπέλ-jων voc. *Ἀπολ-jον, gen.
*Ἀπλ-jόν-ος? Prellwitz Bezz. Beitr. IX. 327, Joh. Schmidt
bei Schröder Kuhn's Zts. XXIX s. 193 anm. 2.

Sollten sich weitere anhaltspuncte finden für die von mir
vertheidigte etymologie, so erhielte dadurch auch die gleichung
idg. *pónthōi — ai. *pánthā* neue festigung [1]).

Den loc. sg. des stammes *ponthōi* suche ich im avestischen
vispatha, ein loc. auf arisch *ā*, idg. *ō* zum *ōi*-st. wie *diē, adyā*
zu *dieu-, *rē zu *rēi-. Die form ist belegt y. 10. 4. 8. Die
stelle hat nach der Geldner'schen ausgabe folgenden wortlaut:

> *uta mazdâo huruthma*
> *haoma raoçé gara paiti*
> *uta frâdhaêsha vishpatha*
> *haithîmca ashahe khâo ahi.*

Da mir nicht bekannt ist, dass diese stelle neuerdings
übersetzt wurde, will ich es versuchen, sie selbst zu übertragen:
„Und als ein gutes Mazda-gewächs, o Hom!, wuchsest du auf
dem berge. Mögest du dich entfalten auf der bahn der
vögel! Wahrhaftig, du bist der reinheit quelle". Die bahn
der vögel ist die luft, sinn des segensspruches wohl nur der:
„Werde recht gross und gedeihe!" [2]).

---

[1]) πόντος πάτος, ai. *pánthā pathí* hat wohl Kuhn in seiner Zts.
IV. 74 ff. zum erstenmale zusammengestellt. Über *pontifex pathikŕt* vgl.
daselbst s. 76.   [2]) Gegen die lesart *mazdâo-huruthma* hatte Justi schon

Auch y. 10. 11. 1 ff. finde ich unseren locativ. Geldner bietet folgenden text:

> Âaṭ thwâ . . .
> meregha vizhvañca vibaren . . .
> avi paurâna vishpatha
> avi çpitagaona gairi.

Ich übersetze: „Dich haben vögel, überallhinwandernde, fortgetragen zu . . . ., zu den gipfeln, auf dem wege der vögel, zu den weissfarbigen bergen".

Zu *paurâna* vgl. Yidghah *pérer* gebirge. W. Tomaschek Bezzenberger Beitr. VII s. 197.

Wien.   *Rud. Meringer.*

Die indogermanischen gutturalreihen.

Nach heut herrschender ansicht besass die indogermanische grundsprache abgesehen von ihrem sonstigen consonantenbestand zwei consonantenreihen, von welchen die eine teils als palatale (so von Brugmann) oder ç-reihe (so von Fick), teils als k-reihe (Collitz), die andere teils als q- (Collitz) oder velare reihe (Brugmann), teils als k-reihe (Fick) aufgefasst wird, und welche in den einzelnen indogermanischen hauptsprachen im allgemeinen folgendermassen auftreten sollen (vgl. Collitz o. III 194):

I. „palatale" reihe:

	tenuis	media	media-aspirata
Sanskr.	ç	j	h
Avest.	ç	z	z

begründete bedenken, da die übersetzung „grosses gewächs" gibt. Er vermutete daher, dass an der stelle von *mazdâo-* einst ein adj. von 1. *maz* im texte stand. Da läge dann nom. *maza* = ai. *mahán* (acc. *mazdoñtem* = *mahántam*) am nächsten. Der vers bedarf aber einer 3-silbigen form. Ich denke an den instrum. **mazata* = ai. *mahatá. huruthma* als instr. könnte eine bildung sein wie *drāghmá* im R.V. oder man hat **huruthmna* zu lesen wie *airyamná* (yt. 32. 1). Der instr. steht wie y. 70. 4: *yói narô ashavanô humatâis mainimna hûkhtâis mrcatô hvarstâis verezyantô,* welche frommen männer denken mit guten gedanken, reden mit guten worten, handeln mit guten werken (Hübschmann, Casuslehre s. 259). Dann wäre zu übersetzen: „Und mit aufstrebendem wachstum wuchsest du . . . .".

	tenuis	media	media-aspirata
Slav.	*s*	*z*	*z*
Lit.	*sz*	*ż*	*ż*
Griech.	*x*	*γ*	*χ*
Latein.	*c*	*g*	*h*
Kelt.	*c*	*g*	*g*
German.	*h*	*k*	*g;*

II. „velare" reihe:

	tenuis	media	media-aspirata
Sanskr.	k, c	g, j	gh, h
Avest.	k, c	g, j	g, j
Slav.	$k, \check{c}, c$	$g, \check{z}, z$	$g, \check{z}, z$
Lit.	k	g	g
Griech.	x, π, τ	$γ, β, δ$	$χ, φ, ϑ$
Latein.	q, c	gu, v, g	f, gu, v, h
Kelt. { Brit.	p, c	b, g	b, g
Ir.	$\cdot c$		
German.	hv, f, h	q, p, k	$gv, g.$

Es unterliegt keinem zweifel, dass diese lehre, soweit sie
die erste dieser beiden reihen [1] betrifft, richtig und im grossen
und ganzen wissenschaftlich abgeschlossen ist. Was dagegen
die „velare" reihe anlangt, so sind in ihr zwei ursprünglich
und zum teil auch noch einzelsprachlich ganz verschiedene
reihen zusammengefasst, deren principielle sonderung aufgabe
dieser seiten ist, nämlich eine *k*- und eine *q*-reihe [2]. Die notwendigkeit einer solchen unterscheidung hat bereits Scherer
Z. geschichte d. deutschen sprache [2] s. 150 geahnt, und andere
sind ihr so nahe gekommen (vgl. Fick Spracheinheit s. 11,
Windisch KB. VIII 35, J. Schmidt KZ. XXV 140 anm.,
Bersu a. a. o. s. 191, Brugmann Grundriss s. 303, tabelle a,
ss. 313, 343, Griech. gramm.[2] s. 54), dass das nachstehende
nur als ein letzter schritt betrachtet werden kann.

Der vereinigung der von mir behaupteten *k*- und *q*-reihe

---

[1] Ich nenne dieselbe mit Fick ç-reihe, weil sie teils als eine spiran-
tische, teils als eine gutturale reihe auftritt, ursprünglich aber nicht guttural gewesen sein kann, da die zu ihr gehörigen gutturale im allgemeinen nicht palatalisiert werden. Zudem wird jene benennung von den
lituslavischen und arischen sprachen gefordert (vgl. J. Schmidt Jen.
literat.-zeitung 1877 art. 247 [s. 11 des separatabdrucks]).   [2] Die aufstellung einer ç-, *k*- und *q*-reihe erinnert an das system Ascoli's (Vorlesungen s. 27 ff.), welches bekanntlich ebenfalls drei reihen enthält. Dies
numerische zusammentreffen ist aber ganz äusserlich (vgl. die tabelle
unten s. 259 mit Collitz o. III 181, Bersu Gutturale s. 1 f.).

zu einer einheitlichen grundsprachlichen reihe steht bekanntlich
die schwierigkeit entgegen, dass die fortsetzer einer solchen
reihe in gewissen sprachen ohne erkennbaren grund teils labialisiert, teils nicht labialisiert auftreten würden. Dies hinderniss
mag vom isolierten griechischen, lateinischen oder germanischen
standpunkte aus nicht gross erscheinen; geht man ihm aber in
den „sprachen mit labialisierung" planmässig nach, so ergibt
es sich bald als bündige widerlegung einer solchen vereinigung
und zwingt, zwischen ursprünglichen k- und q-lauten scharf zu
unterscheiden.

Im Umbrisch-Oskischen und in den britannischen sprachen
erscheinen an stelle von ar. k (k'), g (g'), gh $(g'h)$[1]), lituslav.
k (k), g (g)[2]), soweit diese laute dort überhaupt entsprechung
finden und abgesehen von hier nebensächlichem, entweder
labiale (p, b, bez. f'), oder reine gutturale consonanten (k
[bez. c, ϱ], g [bez. z?], bez. h). Mit den britannischen
sprachen stimmt in dieser hinsicht, soweit ich sehen kann, das
Gallische völlig, das Irische aber nur bezüglich der vertretung
von ar. g (g'), gh $(g'h)$, lituslav. g (g) überein. — Belege hierfür sind[3]):

A.

1) umbr. *po-i* „welcher", acc. pl. fem. *paf-e*, osk. *pu-i*
„welcher", *pa-i* „welche", *pod* „was". + cymr. *pa*, corn. bret.
pe, pronom. interrog. (dagegen ir. *co-te*, *ca-te* „quid est"?).

Skr. *ka-s*, avest. *kṓ*; lit. *ka-s*, asl. *kъ-to* ⚊ lat. *quo-d*;
gr. $\pi\acute{o}\text{-}(\varkappa\acute{o}\text{-})\tau\varepsilon\varrho o\varsigma$, got. *hva-s*.

---

[1]) Von ar. *kh* und *kṭ* = gr. *χτ* sehe ich aus naheliegenden gründen
ab. [2]) Man darf nicht lituslav. *ke*, *ge*, *ki*, *gi*, muss hierfür vielmehr
ke, *ge*, *ki*, *gi* ansetzen, da das lit. *k*, *g* in diesen verbindungen palatal
gesprochen wird, und da diese consonanten im Lettischen und Slavischen
vor *e*, *i* noch stärker palatalisiert sind. Auch im Preussischen hat
man sicherlich nicht z. b. *ketwirta*, sondern *ketwirta* gesprochen, und
wenn dem auch nicht so wäre, so wird doch gewiss niemand den historischen zusammenhang von z. b. lit. *ketwirtas* (oder *k'etwirtas*, wenn man
diese schreibung vorzieht), lett. *zeturtáis* und asl. *četvrütü* hinsichtlich
ihres anlautenden palatals leugnen wollen. [3]) Die in dieser arbeit vorkommenden keltischen wörter und ihre etymologien sind mit verschwin-
dend wenigen ausnahmen dem im druck begriffenen „Urkeltischen sprach-
schatz" Whitley Stokes' entnommen, dessen manuscript derselbe mir
anvertraut hat. — Auch den nächstens erscheinenden I. band der 4. auflage des Fick'schen wörterbuches habe ich bis bogen 22 vielfach benutzt.

umbr. *panu-pei* „quandocunque", vgl. cymr. bret. *pan*
„wann" (= ir. *can*).

Vgl. skr. *kadâ'*, avest. *kadha;* lit. *kadù*, lett. *kad*, asl.
kъde, kъdê. — Lat. *quando*, got. *hvan*, as. *hwanda*.

umbr. *(pum-)pe, (nei-)p*, osk. *(nei-)p*. + cymr. brct. *-p*,
relativ und indefinit machende partikel (= ir. *-ch*).

skr. *(kaç-)ca* („irgendwer") = gr. *(ŏç-)τε*, lat. *(quis-)
que, (ne-)que*, got. *(hvô-)h* („jedo").

umbr. *pis-i*, osk. *pis* „wer". + cymr. *pui*, corn. *pyu*, bret.
piu „wer?" (grundform nach Stokes *quei;* ir. *cé, cia*).

skr. *ki-s*, *ci-d*, avest. *ci-s*, nom. pl. *cayô;* asl. *čь-to* =
gr. *τί-ς* (thessal. *κι-ς*), lat. *qui-s*.

2) cymr. *pair* „kessel, topf", bret. *pêr* (= ir. *coire*).

skr. *carú* „kessel, topf". Vgl. an. *hverr*, ags. *hver*
„kessel", gr. *κέρνος* „*ἀγγεῖα κεραμεᾶ*" (Hesych).

3) cymr. *pâs, pesиch*, bret. *pas* „husten" (ir. *casad*).

skr. *kâ'sate* „hustet"; lit. *kósiu* „huste", *kosulэs* = asl.
kašьlь „husten". Vgl. ags. *hvósta*, ahd. *huosto*.

4) cymr. *pиyll* „sinn, verstand", corn. *pull* in *gor-bulloc*
(gloss. „insanus"), bret. *poell* „einsicht" (ir. *ciall*).

skr. *cétate* „wahrnehmen, verstehen". Vgl. gr. *ἐπίσ-
ταμαι*[1]).

5) lat. *popina* „garküche" (entlehnt aus einem südostital.
dialckt, s. Ascoli a. o. s. 67). + cymr. *popuryes* „bäckerin",
corn. *peber* „bäcker", bret. *pibi* „kochen".

skr. *pácâmi* „koche, backe"; asl. *pekq* „backe, brate",
lit. *kepù* dass. = lat. *coquo*. Vgl. gr. *πέσσω* „koche"
(*τεπτά · ἑπτά* Hesych.), *πεπτός, ἀρτο-κόπος* „bäcker".

6) umbr. *petur-(pursus)*, osk. *petora* „vier". + cymr.
petguar, pedиar, corn. *pesиar*, bret. *peиar* „vier", gall. *petor-
ritum* „vierrädriger wagen" (ir. *cethir*).

skr. *catvá'ras*, avest. *cathиârô;* asl. *četyrije*, lit. *keturi*
= gr. *τέσσαρες* (hom. *πίσυρες*), lat. *quattuor*, got.
fidvôr.

7) umbr. **pompe* „fünf" (in *Pompeрio*), osk. *Ποππτιες*
= lat. *Quinctius*. + cymr. *pimp, pump*, corn. *pymp*, bret. *pemp*
„fünf", gall. *πεμπέ-δουλα* „*πεντάφυλλον*" (ir. *cóic*).

----
[1]) Sind skr. *ketú* „helle" u. s. w., got. *haidus* „art, weise", an. *heid*
„klarheit" hiermit verwaut, wie man annimmt, so stehen sie für *qoitu-*,
s. o. V 175.

skr. *páñca,* avest. *pañca;* lit. *penkì* = gr. πέντε, π ε μ π - ώβολον, lat. *q u i n q u e,* got. *fimf.*

8) cymr. *prynu* „kaufen, loskaufen", corn. *prinid* „emptus", bret. *prenaff* „kaufen" (ir. *crenim* „emo" [1])), **pero-* in cymr. *go-br* „lohn, belohnung, wert", corn. *go-ber,* bret. *go-pr, go-br* „lohn", bret. *go-pra* „mieten" ┆= cymr. *gobruryo* „belohnen" (ir. *taid-chur* „redemptio").

skr. *krīṇā'mi* „kaufe"; aruss. *krъnuti* „kaufen", alit. *krieno* „pretium pro sponsis". Vgl. gr. π ρ ί α σ ϑ α ι.

9) umbr. *upetu* „spectato" (s. Bücheler Lex. ital. unter *opi-*). + cymr. bret. *enep* „antlitz", corn. *eneb* (gloss. „pagina"). skr. *ánika,* avest. *ainika* „angesicht", avest. *âka* „offenbar"; asl. *oko,* lit. *akìs* „auge". Vgl. gr. ὄ π - ω π α, ἐνώπ ι α „antlitz, blick", lat. *oculus* (auch got. *aha* „sinn", *ahma* „geist"?).

· 10) acymr. corn. bret. *hep* „ohne" (ir. *sech* „praeter, ultra, supra, extra").

avest. *haca* „weg von, aus, wegen" = skr. *sácā* „zusammen, mit" (s. Hübschmann Casuslehre s. 326, J. Schmidt KZ. XXV 103 anm.). Vgl. lat. *secus, seques-ter?*

11) umbr. *e-betraf-e* (Bücheler a. a. o. unter *bait-*), osk. *baiteis* „kommst, gehst". + cymr. *moes* aus **boes,* bret. *boas* „gewohnheit", ir. *fo-blth* „wegen".

avest. *ǧaêth* „kommen"; lett. *gaita* „gang" (die freilich auch zu gr. φοιτάω gehören können). Lat. *b a e t e r e* „gehen".

12) cymr. *bun, benaig,* corn. *benen* (gloss. „sponsa"), *benen rid* (gloss. „feminina"), ir. *ben* „frau".

skr. *gnâ,* avest. *jéni, ghena* „weib"; asl. *žena,* preuss. *genno* dass. = gr. γυνή, böot. β α ν ά, got. *qinô, qêns.*

13) umbr. *benust* „venerit", osk. *kom-bened* „convenit". +

---

[1]) Dio formen *in chridi, dou chridiu, a chride-n, iu dá chride, a chride* Stokes o. XI 73 beweisen durch die aspiration des *c,* dass die lautstellung *cri* in ir. *cride* „herz" nicht ursprünglich ist. Dass sie aus *kir* umgestellt sei, lässt sich nicht wahrscheinlich machen, und so wird als urkelt. und urir. form des wortes *krdio-,* also mit r - v o c a l, anzusetzen sein. Ebenso scheint *prynu, crenim* auf *qrn* zurück zu gehen.

cymr. *by-ch* „seist", *be-icn* „war" = corn. *be-n*, bret. *be-nn*, ir. *béim* „schritt".

skr. avest. *gâ, gam* „gehen". Vgl. gr. βαίνω, ἔβην, lat. *venio* (für *gu-nió* wie *tenu-is* für *tu̯-nú-*, vgl. o. X 72), got. *qiman*.

14) umbr. *beru* „spiess". + corn. *ber* (gloss. „ueru"), bret. *ber*, ir. *bir* „spiess, stachel".

apreuss. *garian* „baum", lit. *glrė* „wald". Vgl. gr. βαρύες, βδαροί· δένδρα, lat. *veru*.

· 15) osk. *bivo-* „lebendig". + cymr. *byw*, bret. *beu*, ir. *biu*, *beo* „lebendig".

skr. *jivá* „lebendig", avest. *jivya; asl. *živ*, lit. *gywas* „lebendig" = lat. *vivus*, got. *qius*. Vgl. gr. βίος „leben".

16) umbr. *bum* „bovem" u. s. w., osk. *Bovaianod*. + cymr. *buw* „vacca", abret. *bou-* in *bou-tig*, ir. *bó* „kuh".

skr. *go*, avest. *gâo* „rind, stier, kuh"; lett. *gûws* „kuh", asl. *govędo* „ochs", lit. vielleicht in dem ortsnamen *Ga-iodlė* „Gawaiten". Vgl. gr. βοῦς, lat. *bôs*, ahd. *chuo*, as. *kô* „kuh".

17) cymr. *breuan* „handmühle", corn. *brou* (gloss. „mola"), bret. *breou* = ir. *bró* „mühlstein, handmühle" (grundform *brevon-*).

skr. *grâ'van* „press-stein"; lit. *girnos*, asl. *žrьny* „hand-mühle". Vgl. got. *qaírnus*, ags. *cveorn*, ahd. *chwirna* „mühlstein, handmühle".

18) umbr. *umen* „unguen" aus *umben* (Brugmann Gruud-riss I 373). + cymr. *ymen-yn*, ir. *imb, imm* „butter".

skr. *añjana* „salben, salbo"; preuss. *anctan* „butter". Vgl. lat. *unguen*, ahd. *anco* „butter".

19) acymr. *du-beneticion* (gloss. „exsectis"), bret. *benaff* „schneiden", ir. *benim* „schlage".

skr. *han*, avest. *jan* „schlagen, jagen"; asl. *ženq, gnati* „treiben", lit. *ginti* „jagen, treiben", *genéti* „(äste) ab-hauen". Vgl. gr. θείνω, ἔπεφνον, an. *gunnr* „kampf".

20) umbr. *fameria* „familia", osk. *famelo* dass., *famel* „servus".

lit. *giminė* „familie", *gamlnti* „(kinder) zeugen, (vieh) ziehen, etw. anschaffen, -legen", *į-gamlnti* „einbürgern",

lett. *dſi'mts* „angeboren, erbgehörig, leibeigen", *dſi'mts
-ku'ngs* „erbherr", *dſimums* „geschlecht, nachkommenschaft".

21) cymr. *am-mrawdd* „circumlocution", *brawddegg* „redens-
art" (grundform *brado-*). Dazu cymr. *bard,* corn. *barth,* ir.
bard = gall. *bardos* „barde"?
preuss. *gerdaut* „sagen". Vgl. gr. φρά ζω (μῦϑον πέ-
φραδε).

B.

1) acymr. *o coilou* (gloss. „auspiciis"), *coil, coel* „augu-
rium", corn. *chuillioc* (gloss. „augur") (ir. *cél* [gloss. „omen"]).
— Dazu osk. *kaila?*
asl. *cêlъ* „heil, ganz", preuss. *kailûstiskan* „gesundheit".
Vgl. gr. κοῖλυ · τὸ καλόν (Hesych; nach Hoffmann),
got. *hails,* ahd. *heil* u. s. w., an. *heill* „günstiges vor-
zeichen", ags. *hælsian* = ahd. *heilisón* „augurari".
2) umbr. *kateramu* „congregamini". + (ir. *cethern, cether-
nach* „trupp").
asl. *ćeta* „schaar"[1]). Vgl. lat. *caterva* „truppe, schaar".
3) cymr. *caraf* „ich liebe", bret. *quaret* „lieben", *quer*
„lieb", cymr. corn. bret. *car* „freund" = ir. *cara,* vgl. gall.
Carantus.
skr. *câ'ru* „lieb" (vgl. *kâ'yamâna* „begehrend, liebend");
lett. *kârs* „lecker, lüstern", *mlsas kârîba* „fleischeslust".
Vgl. lat. *cárus,* got. *hórs* (gr. τηλύ-γετος?).
4) umbr. *karetu* „calato". + cymr. *ceiliog,* corn. *chelioc*
„hahn" (ir. *cailech;* gall. *Caliácos?*).
lit. *kal-bà* „sprache", lett. *kaŁût* „schwatzen". Vgl. gr.
καλέω, lat. *calare,* ahd. *halôn* „berufen". — Der
anklang der obigen keltischen wörter an skr. *kalâdhika,
kalâvika, uṣâkala* „hahn" und an gr. κάλλαια „bart,
kamm des hahns" (vgl. κάλλαϊς, καλλάϊνος) ist wohl
nur zufällig.
5) cymr. *celli,* corn. *kelli* (gloss. „nemus").
skr. *kaḍambá* „spitze, stängel einer gemüsepflanze"; asl.

---

[1]) Bei seiner zusammenstellung von ἔτετμον und *ćeta* (KZ. XXV 139)
scheint J. Schmidt Fick's besprechung von τέτμω o. I 59 übersehen
zu haben.

klada „balken, block". Vgl. gr. *κλάδος* „zweig", an. *holt*, ahd. mhd. nhd. *holz*.

6) cymr. *call*, corn. *cal* (gloss. „astutus").

skr. *kaláyati* u. a. „bemerken, warnehmen", avest. *airi-kareta* „aufmerkend". Vgl. lat. *callere* „verstehen", *calli-dus* „geschickt, schlau".

7) cymr. *celydd* (ir. *cêle*) „genosse, gefährte".

lit. *kêlias* „weg", *keliáuti* „reisen". Vgl. gr. *κέλευθος*, *ἀκόλουθος*, lat. *callis*.

8) acymr. *cilurnn* (gloss. „urnam"), mcymr. *celorn*, bret. *quelorn* „eimer" (ir. *cilornn* [gloss. „urceous"]; grundform *kel-purno-*). Dazu *Cilurnum*, altbrit. ortsname.

skr. *karpara (kharpara)* „schale, topf". Vgl. gr. *κάλπη*, *κάλπις*, lat. *calpar*.

9) cymr. *côy* (ir. *cúach*) „kuckuck".

skr. *kóka*, *kokilá* „kuckuck"; asl. *kukavica* dass., lit. *kaukalė* ein bestimmter wasservogel. Vgl. gr. *κόκκυξ*, lat. *cucûlus*[1]).

10) cymr. *crau*, corn. *crow* „blut" (ir. *crú*).

skr. *kravís*, *kravya* „rohes fleisch, aas"; asl. *krъvь* „blut", lit. *kraújas* dass. Vgl. gr. *κρέας*, lat. *cruor*.

11) cymr. *claddu* (ir. *claidim*) „grabe", cymr. ir. *clad* „graben", bret. *cleuz* „grube", ncorn. *cledh* „graben". Dazu wahrscheinlich der abrit. name *Vindocladia*.

asl. *kladivo* „hammer", russ. *kladu* „verschneide, ent-manne". Vgl. gr. *κλαδαρός* „zerbrechlich", *κλαδεύειν* „zweige beschneiden", lat. *clâdes* „schaden, unheil".

12) cymr. *cainge* „zweig" (grundform *kanki*).

skr. *çankú* „pfahl, pflock"; asl. *sǫkъ* „zweig".

13) bret. *techet* „fliehen", *tech* „flucht" (ir. *techim* „ich fliehe"), gall. *Ticinus*, flussname.

skr. *tákti* „eilen", *táku* „eilend, rasch", avest. *tac* „lau-fen, eilen, fliessen"; asl. *tekǫ* „laufe, fliesse", lit. *tekёti* „laufen".

14) cymr. *brag* „malz", acorn. *bracaut* (gloss. „mulsum"),

---

[1]) Als wurzel ist also nicht *keuq-* (o. s. 120), sondern *keuk-* anzu-setzen, woraus aber jenes im Germanischen durch einfluss des voraus-gehenden vocals entstand (vgl. an. *ropa* o. V 172 aus *rug*, s. u. s. 247 unter 27). — Auf gleichlautender wurzel beruht wohl auch got. *haubiþ*, vgl. lit. *káukolė* „schädel".

corn. *brag* (gloss. „bratium"), bret. *bragezi* „keimen" (ir. *mraich,*
braich „malz"). Dazu gall. *brace* „genus farris" (Plinius), *ἐμ-*
βρεκτόν: ἔντριτον. τὸ διονίου (l. δι' οἴνου) ἔμβρωμα, ὃ Γα-
λάται ἐμβρεκτόν φασιν (Hesych).

lit. *mèrkti* „einweichen", *linùs ịmérkt* „flachs wässern",
márka, lett. *márka* „flachsröste", klr. *morokva* „morast".
Dazu lat. *marcêre, marcidus?* Über gr. *βρέχω* s. o.
VI 213.

15) umbr. *sek* „schneiden" in *pru-seçia* „prosicia", *a-seçeta,*
i-seçetes, pru-sektu, pru-sekatu.

asl. *sêkǫ* „schneiden", *sêkyra (sekyra)* „beil", lit. *sýkis*
„hieb", lett. *sêks* „sichel, säge". Vgl. lat. *secâre, sa-*
cêna (Fröhde o. s. 212), ags. *secg* „schwert", ahd.
seh „pflugmesser", *segansa* „sense", ags. ahd. *saga*
— isl. *sög* „säge".

16) cymr. corn. bret. *garan* „kranich" — gall. *(Tarvos*
tri-)garanus.

lit. *garnýs* „reiher, storch", *gérwé* „kranich", asl. *žeravъ*
dass. Vgl. gr. *γέρανος,* lat. *grŭs,* ags. *cran,* nd.
krâneke — ahd. *chranuh, chranih,* nhd. *kranich.*

17) cymr. *galw* „rufen, nennen", br. *galu* „zuruf" (ir.
gleter dála „assemblies are summoned").

asl. *glasъ* „stimme" — russ. *golosъ,* russ. *nagalъ* „parole",
asl. *glagolati* „reden". Vgl. an. *kall* „rufen, schreien",
kals „aufforderung, spott, hohn", ahd. *kallacen* „laut
schwatzen, zanken, prahlen", mnd. *kolsen* „plaudern,
schwatzen".

18) osk. *gela* „reif".

asl. *golotъ* „eis", vgl. *želd* Miklosich Etym. wbch. s. 407,
lit. *gêlmenis* „heftige kälte", *geluma* „strenge, prickelnde
kälte". Vgl. γελανδρόν· ψυχρόν (Hesych; nach Hoffmann), lat. *gelu, gelâre,* germ. *kalda-* „kalt".

19) umbr. *zeri (zeref kumultu).* Vgl. preuss. *gaydis*
„weizen" (?).

20) acymr. *tig,* abret. *teg-, -tig* — ir. *teg, tech* „haus".
Vgl. umbr. *tehterim* „tectorium".

lit. *stëgti* „(dach) decken", *stógas* „dach"; skr. *sthag* „ver-
hüllen". Vgl. gr. στέγω, τέγος, lat. *tego,* an. *þak,*
þekja, nhd. *dach.*

21) cymr. *gafael* „prehensio“, corn. *gavel* (ir. *gabim* „1. ich gebe 2. ich nehme“).

lit. *gabénti* „bringen“. Vgl. germ. *geban* „geben“.

22) umbr. *habetu, habitu* „habeto“, *haburent* „habuerint“ u. s. w., osk. *hafiest* „habebit“, *hipid, hipust* „habuerit“.

skr. *gádhya* „festzuhalten“, *(á-, pári-)gadhita* „gehängt, geklammert“; asl. *godъnъ* „genehm“, lett. *gâds* „habe, vorrat“. Vgl. gr. *ἀ-γαθός, χάσιος* (Legerlotz KZ. VIII 416, Fick o. I 174), lat. *habeo, habena, habilis*, german. *góda-* „gut“, as. *gaduling* „genosse“, ags. *gadorian* „vereinigen“, nhd. *gatte* (s. Fröhde o. VIII 165).

23) cymr. *dleu, dyleu*, corn. *dylly* „debere“ = ir. *dligim* „ich verdiene“, bret. *dle* „schuld“, *dleout* „schuldigkeit“.

asl. *dlъgъ* „schuld“ = got. *dulgs* dass.

24) cymr. *lle* „ort“, *gwe-ly* „bett“ = bret. *lec'h, gwe-le*, acorn. *gue-li* (ir. *lige* „lager, grab“), acymr. *lo* in *Trenaccat lo — loga* (inschrift von Todi o. XI 113 ff.), vgl. *legasit* (inschrift von Bourges, das. s. 137).

asl. *lęgǫ*, inf. *lešti* „sich legen“, *lože* „lager“, *sq-ložь* „consors tori“, lit. *at-lagaí* „lange brach gelegner acker“ (Miklosich a. a. o. s. 163). Vgl. gr. *λέχος, ἄλοχος*, *λέχεται · κοιμᾶται* (Hesych), lat. *lectus* „bett“, got. *ligan* „liegen“ u. s. w.

Diese beiden listen lassen sich nicht unbeträchtlich vermehren, zumal wenn man ihnen die nur aus dem Irischen zu gewinnenden belege für die zwiefache keltische vertretung der betr. media und media-aspirata hinzufügt; z. b.

ir. *bine* „übertretung, sünde“ : skr. *jináti* „überwältigen“, avest. *jináiti* „er erschöpft“ (Zand-Pahlavi Glossary s. 94); gr. *βινέω*; lat. *violare*,

ir. *drabh* „siliquiae“ : preuss. *dragios*, alit. *dragges*, asl. *droždiję* „hefen“; an. *dregg*, engl. *dregs* — ags. *drabbe*, engl. *draff*, nhd. *treber* (vgl. Bugge o. III 100, Fick o. XII 162),

ir. *lóeg* „kalb“ : skr. *réjati* „hüpfen, beben“; lit. *láigyti* „wild umherlaufen (z. b. junge pferde, rinder auf der strasse)“; gr. *ἐλελίζω* „erzittern machen, schwingen“; got. *laikan* „springen, hüpfen, frohlocken“,

ir. *in-grennim* „verfolge“ : skr. *gṛdhyati* „ausgreifen, streben nach", avest. *garedh* „angeben, unternehmen, nach etwas trachten" (Hübschmann a. a. o. s. 169); asl. *grędą* „ich komme"; lat. *gradior;* got. *grids* „schritt, stufe",

ir. *logaisi* .i. *brégi* (mendacii) : asl. *lъgati* „lügen"; got. *liugan* dass.

Man wird dadurch aber nur die sätze bestätigt finden, welche sich betreffs des Keltischen aus A und B jedem meiner leser bereits ergeben haben werden, dass nämlich: 1) die vertretung der arischen und slavolettischen gutturale und der hieraus entstandenen palatale durch gemeinkeltische reine gutturale durchaus nicht als etwas ausnahmsweises oder principiell unwesentliches betrachtet werden darf, 2) dass in allen fäl-len, in welchen diese vertretung oben nachgewiesen ist, auch das Griechische, Lateinische und Ger-manische, sofern sie überhaupt vergleichbares aufweisen, reinen guttural zeigen, während diese sprachen um-gekehrt fast überall da, wo das Gallisch-Britannische (bez. das Keltische überhaupt) jenen arisch-slavoletti-schen lauten den betreffenden labial entgegenstellte, einen *q*-laut anwenden, bez. vorauszusetzen gestatten. — Man wird sich ferner auch bereits überzeugt haben, dass diese sätze mutatis mutandis auch für das Südost-Italische gel-ten, und dass eben dies und das Gallisch-Britannische sich hinsichtlich der bezeichneten zwiefachen ver-tretung in genauer übereinstimmung befinden (vgl. o. A 1, 5—7, 9, 11, 13—16, 18, B 4). Ist dies alles aber richtig, so ist diese doppelte vertretung älter als das sonder-leben nicht nur des Italischen und Keltischen, sondern auch des Griechischen und des Germanischen, und es bestanden in der gemeinsamen grundlage aller „sprachen mit labialisierung" neben der alten *φ*-reihe eine *q*- und eine *k*-reihe, welche beiden wir nun auch beispielsweise in den folgenden fällen zu unterscheiden haben werden.

A.

1) lat. *quercus;* langob. *fereha,* ahd. *uereh(-eih)* „ilex", ahd. *foraha,* nhd. *föhre.*

2) ir. *cin* „schuld"; gr. ποινή = avest. *kaêna* „strafe, rache", gr. τίνυμαι „büssen, büssen lassen"; skr. *cáyate* „sich rächen".

3) gr. *τέλος* „schaar“, *ἀπέλλαι · σηκοί. ἐκκλησίαι* (Hesych)
(Fick o. VIII 331); lat. *vulgus;* nhd. *volk;* cymr. *plant* „liberi,
filii, parvuli“ = ir. *cland* „nachkommenschaft, geschlecht, clan“;
asl. *čeljadь* „familie“, lit. *kiltis* — lett. *zi'lts* „geschlecht, stamm“;
skr. *kúla* „geschlecht“.

4) ir. *sesc* „trocken, unfruchtbar“ = kymr. *hysp;* lat.
siccus „trocken“; avest. *hisku* dass.

5) gr. *βαρύς;* lat. *gravis;* got. *kaúrus;* skr. *gurú* „schwer“.

6) umbr. *bio,* pälign. *biam;* an. *kvl* „saeptum, caulae“
(Bugge Altital. stud. s. 45).

7) lat. *bitûmen* „erdpech“; an. *kváda* „baumharz“; skr.
játu „lack, gummi“.

8) umbr. *(ar-)putrati,* lat. *(ar-)biter;* an. *(at) kveđa,* got.
qiþan „sprechen“ (o. XII 239).

9) gr. *ὠδίνω* „schmerz empfinden, jammern“; got. *qainôn*
„weinen, trauern“.

10) mhd. *chrage, krage* „hals, schlund“; cymr. *breuant*
„kehle“, corn. *briansen* (gloss. „guttur“), ir. *bráge* (gloss.
„cervix“).

11) *ὄφατα · δεσμοί ἀρότρων. Ἀχαρνᾶνες, ὀφνίς · ὕννις.
ἄροτρον* (Hesych); lat. *vómer, vómis* „pflugschar“; an. *vangsni,*
ahd. *waganso* dass.; preuss. *waynis* „pflugmesser“. Vgl. indessen u. s. 253 anm. 2.

B.

1) skr. *kévaţa* „grube“; gr. *καίατα · ὀρύγματα* (Hesych)
(Saussure Mémoire s. 119).

2) skr. *kakúd* „gipfel“; lat. *cacúmen.*

3) lat. *caput;* ags. *hafola, heafola* „kopf“; skr. *kapá'la*
„schale, schädel“.

4) gr. *κᾶρυξ* „herold“; lat. *carmen* „lied“; skr. *kârú* „sänger“.

5) gr. *καρκίνος* „krebs“; skr. *karkaţa, kárkin* dass.

6) gr. *κάρταλος* eine art von korb; lat. *crâtes;* ir. *certle*
„knäuel“; got. *haúrds,* nhd. *hürde;* preuss. *korto* „gehäge“;
skr. *kṛṇátti* „spinnen, drehen“, *cṛtáti* „binden, heften“.

7) gr. *καρπός* „frucht“, *κρώπιον* „sichel“; lat. *carpo*
„pflücke“; ahd. *herbist,* nhd. *herbst;* lit. *kìrpti* „scheeren“; skr.
kṛpâṇa „schwert“, *kṛpâṇi* „scheere oder dolch“.

8) gr. κάλιξ „knospe"; skr. *kalī* dass.

9) lat. *callus*, -*m* „verhärtete, dicke haut"; skr. *kiṇa* „schwiele".

10) osk. *casnar* „senex", lat. *cânus* „grau"; ir. *ad-cíu* „sehe", *ad-chess* „visum est", *cuis* „auge"; an. *hūss*, ags. *hasu* „grau", ahd. *hasan* „politus, venustus"; lett. *kŏss* „klar, durchsichtig"; avest. *kahvân* „blinken"(?).

11) gr. κελαινός „schwarz, finster", κιλίς „fleck, schmutz", κηλάς· νεφέλη ἄνυδρος. καὶ χειμερινὴ ἡμέρα. καὶ αἴξ, ἥτις κατὰ τὸ μέτωπον σημεῖον ἔχει ιυλοειδές; lat. *câlidus* „weiss-stirnig" = umbr. *kalero-*, lat. *câligo* „nebel, finsterniss"; asl. *kalь* „kot"; skr. *kâlu* „blauschwarz, schwärze, schwarz aufziehende wolkenmasse".

12) lat. *coxa* „hüfte, einbiegung"; ir. *coss* „fuss", cymr. *coes* „crus, tibia"; mhd. *hahse* „kniebug"; russ. *kositь* „krümmen"; skr. *kâkṣa* „achselgrube".

13) an. *hŏggva*, ags. *heávan*, ahd. *houwan* „hauen"; asl. *kovati* „schmieden", lit. *kauti* „kämpfen"; lat. *cûdo*.

14) gr. κροτέω „klatschen, schlagen"; lit. *kertù* „ich haue"; skr. *kṛntâ'mi* „schneide" (perf. *cakárta*).

15) cymr. *crúg* „cippus, tumulus", corn. *cruc* (gloss. „collis"), abret. *cruc* (gloss. „acervum"), ir. *crúach* „schober" (grundform: *kroukâ*); an. *hraukr*, ags. *hreác*, engl. *rick* „schober, haufen von heu o. dgl."; lit. *kráuti* „aufeinandersetzen, -legen", *krūvà* „haufen", asl. *kryti* „decken, bergen".

16) gr. ὀγκάομαι = lat. *uncâre* „brüllen"; asl. *jęčati* „gemere".

17) an. *þvinga* „niederdrücken", nhd. *zwingen;* skr. *tvanâkti* (unbelegt) „zusammenziehen".

18) lat. *scamnum* „bank, schemel", *scabellum* „fussbank"; bret. *skaon*, *skanv* „bank" = ir. *(for-)scamun* (grundform *skabno-*); skr. *skabh* „befestigen, stützen, stemmen".

19) lat. *scando* „steige", *de-scendo;* ir. *scinnim* „ich springe, springe auf"; skr. *skándati* (perf. *caskanda*) „schnellen, springen, spritzen".

20) ir. *ro-selach* „ich schlug"; got. *slahan*, nhd. *schlagen;* skr. *sṛká* „lanze", avest. *harec* „werfen".

21) gr. γαυλός „rundes gefäss, schöpfeimer"; germ. *keula-z* „kiel"; skr. *gola* „kugel", *golâ* „ball, runder wasserkrug".

22) gr. *γαγγανεύειν* „verhöhnen“, *γογγύζειν* „murren“; asl. *gǫgnati* „murmeln“; skr. *gañjana* „verachtend“.

23) gr. *ἐγείρω* „wecken“; an. *karskr* „lebhaft, kühn“, nhd. dial. *karsch* „munter, keck“; skr. *jágárti* „wachen, wachsam sein“, avest. *gar* dass., *ghriç* „erwachen“.

24) lat. *augeo* „vermehre“, umbr. *uhtur* „auctor“; got. *aukan* „sich mehren“; lit. *áugti* „wachsen“.

25) gr. *ἄγος* „frevel“; skr. *á'gas* „sünde, unrecht“ [1]).

26) gr. *ζεύγνυμι* „anschirren, verbinden“; lat. *jungo* dass., *jugum* „joch“ = got. *juk;* cymr. *iau*, acorn. *iou*, mbret. *yeu* „joch“, ir. *ughaim* „pferdegeschirr“; lit. *jùngas* „joch“, *jùngti* „jochen“, asl. *igo* „joch“; skr. *yunákti* „schirren, anspannen“ u. s. w., avest. *yuj* „verbinden“.

27) gr. *ἐρεύγεσθαι* „ausbrechen“; lat. *e-rugo, ructo* „ausspeien“; nhd. *ita-ruchjan* „wiederkäuen“, ags. *rocetan* „rülpsen“ [2]); asl. *rygati* „rülpsen“, lit. *ráugéti* dass.

28) gr. *χανδάνω* „fasse“ = lat. *(pre-)hendo;* got. *bi-gitan* „finden, erlangen, antreffen“; preuss. *sen-gidaut* „empfangen“ (das aber vielleicht besser zu lett. *sa-yaidlt* gestellt wird, vgl. lit. *su-láukti*), asl. *gadati* „vermuten, meinen, conjectura assequi“.

29) gr. *κίσσα* „gelüst“; got. *gaidv* „mangel“, nhd. *geiz;* lit. *geìsti* „begehren“ (Fick o. I 173).

30) gr. *κοχώνη* „stelle zwischen den schenkeln“; got. *gaggan* „gehen“; lit. *žeñgti* „schreiten“; skr. *jáṅghá* „das untere bein“, *jaghána* „schamgegend“, *jáṅgahe* (redupliciert wie *ártathat* u. a.?, o. III 310) „zappeln“, avest. *zaṅga* „fuss“.

31) got. *dugan* „taugen“; lit. *daúg* „viel“; skr. *duh* „melken, nutzen, vorteil ziehen aus“.

Wenden wir uns nun zu den arischen und lituslavischen sprachen — von dem Armenischen, Phrygischen und Albanesischen sehe ich vor der hand ab — so ist in ihnen keine sichere spur des süd- und westeuropäischen unterschiedes zwischen *k-* und *q-*lauten zu erkennen. Allerdings gilt seit Grassmann KZ. IX 11 ff. bei vielen für feststehend, dass die arische palatalisierung nur solche *k-*laute betreffe, welche im

---

[1]) Ebenso gr. *ἄγχος* = skr. *áṅkas*, aber *ϝέπος* = skr. *vácas*, *ϝέρθος* = skr. *rájas*.   [2]) Über an. *ropa* s. o. s. 241 anm.

Griechischen, Italischen, Keltischen und Germanischen durch
q- oder *p*-laute vertreten werden, allein dass diese vorstellung
irrig ist, und dass — was ich besonders zu beachten bitte —
auch im Griechischen gutturale, welche sich nicht auf *q*-laute
zurückführen lassen, palatalisiert sind, ergibt sich ausser durch
skr. *cá'ru* (o. s. 240), *c_rtáti* (o. s. 245), *cakárta* (o. s. 246),
caskanda (das.), *jágárti* (o. s. 247), *yuñjáte* (vgl. *yunákti* das.),
duh(é) (das.), *jáṅgahe* (das.), avest. *tac(aiti)* (o. s. 241), gr.
τη-λι- (? o. s. 240), (*εὐ-)ϑ_ηνέω* (neben *ἄφενος* u. s. 253), *ϑέρος*
und *ϑερμός* (u. s. 257), *τέλϑος* (u. s. 253), *δελφίς* (das.) aus:

1) skr. *cátant* „sich versteckend", *cátana* „verscheu-
chend", *calválu* „höhlung in der erde"; gr. *κοτύλη* „höhlung";
lat. *calinus* „napf, topf"; got. *héþjō* „kammer".

2) skr. *candrá* „glänzend, schimmernd"; gr. *κάνδαρος*
„kohle"; lat. *(in-)cendo, candidus;* cymr. *cann* „albus, candidus", mbret. *cann* „vollmond", gall. *Canto-* (grundform *kansto-s,*
kandto-s), cymr. *cynneu* „anzünden", ir. *condud* „brennholz".

3) skr. *yá'cate* „flehen, heischen, betteln"; gr. *αἰτέω*
„fordern, verlangen, bitten", *προ-ίσσομαι* „betteln" : *αἰζάζει*
καλεῖ (Hesych); lett. *áizinât* „herbeirufen, einladen"; got. *aih-*
trôn „erbitten, erbetteln, beten".

4) skr. *járate* „knistern, rauschen, rufen" : *abhi-gará*
„loblied"; gr. *δειριᾶν· λοιδορεῖσϑαι. Λάκωνες : γαρριώμεϑα·*
λοιδορούμεϑα (Hesych); lat. *gerro* „possentreiber", *garrio*
„schwatze, plaudere"; lit. *gársas* „schall"; vgl. ir. *ad-gaur* „be-
schreie", *air-gaur* „verbiete", *for-gaur* „befehle", abret. *di-uuo-*
hart „nullo contradicente", ir. *gairm* „ruf, rufen, geschrei" =
cymr. corn. bret. *garm*, ir. *gáir* dass. = cymr. *gair* (vgl. gr.
γῆρυς); ahd. *kerran* „schreien, grunzen, wiehern, knarren,
rauschen"[1]).

5) skr. *jartú* „vulva"; gr. *δέλτα* „αἰδοῖον γυναικεῖον";
got. *kilþei* „mutterleib".

6) skr. *ha*, partikel, neben *gha;* as. ahd. *gi-* neben got.
ga-; asl. *-že, -go*.

7) gr. *Τελχῖνες : χαλκός* „erz"; lit. *geležis*, asl. *želézo*
„eisen" (Prellwitz o. XV 148).

---

[1]) Von *kerran* ist *chueran* „seufzen" zu trennen. Dass es aus lat.
queri entlehnt sei (Bersu a. a. o. s. 164), ist wegen nhd. *quarre, quärren*
nicht wahrscheinlich.

Wenn man ferner in skr. *ap* „wasser“, *kvaṇ* „klingen,
tönen“, *kvath* „kochen, sieden“ (= got. *hvaβ-ô* „schaum“),
poln. *kwakać* „quaken“ = lit. *kwakéti*, asl. *cviléti* „klagen“,
cvisti „blühen“, *gvozdь* „nagol“, lit. *kwêsti* „einladen“ — preuss.
quoit- „wollen“ (lat. *in-vitáre?*), *kwápas* „hauch, atem, duft“
(= gr. καπ-νό-ς „rauch“, lat. *vapor*, skr. *kapi* „weihrauch“),
preuss. *queke* „stakel“ (= lett. *tschaka* „knüttel“), *quai quoi*
„welche“ (nom. sing. fem. und nom. plur. masc.), *is-quendau*
„woher“ u. dgl. (s. Bersu a. a. o. s. 5 anm. 1) alte *q*-laute
hat erkennen wollen, so ist hierüber kaum ein wort zu ver-
lieren. Will man die betreffenden fälle — von *ap* abgesehen —
einheitlich erklären, so lässt sich wohl nur annehmen, dass ihr
kv, bez. *gv* morphologisch entstanden sei, d. h. ganz auf einer
linie stehe mit dem *çv* von skr. *çvit* „leuchten“, dem *hv* von
skr. *hvâ* „rufen“ = avest. *zbâ* (gr. φᾱ- „sprechen“, φωνή?),
dem *sv* von skr. *sva* „selbst“, dem *tw* von preuss. *stwen* (vgl.
preuss. *stwendau*, *stwi*, *stu-* : *ku-* : skr. *kva*) u. s. w. Allein
es ist fraglich, ob diese einheitliche erklärung das richtige
treffen würde, und ich will die möglichkeit nicht ganz ver-
reden, dass in einigen der betr. lituslav. formen spuren einer
„welle“, d. h. contacterscheinungen anzunehmen sind.

Nimmt man hierzu, dass die arischen und lituslavischen
sprachen die *ç*-reihe am frischesten erhalten haben und auf
dem gebiet des consonantismus überhaupt im allgemeinen
maassgebender sind, als das Griechische, Italische, Keltische
und Germanische, so mag es etwas bedenklich erscheinen,
schon der indogerman. grundsprache neben der *ç*-reihe ein *k*-
und eine *q*-reihe zuzuschreiben. Aber trotzdem muss dies geschehen, da diese beiden reihen in Süd- und Westeuropa
deutlich geschieden sind, und nicht der mindeste grund
aufzuspüren ist, welcher hier ihr hervorgehen aus einer ihnen
beiden zu grunde liegenden einheitlichen reihe oder die entstehung der einen aus der anderen veranlasst haben könnte.
Die an sich sehr beachtenswerte bemerkung de Saussure's
„que les langues classiques évitent, devant *a*, de labialiser la
gutturale vélaire“ (Mémoire s. 119 anm. 2) lässt sich hiergegen
nicht einwenden, denn die o. s. 236 ff. A 1, 3, 11, 20 gegebenen zusammenstellungen sowie böot. βανά, gr. πάσσω — lat.
quatio, gr. πάλαι : τῆλε, πάλλαξ : asl. *člověkъ* „mensch“, gr.
φαιός : lit. *gaisas* „ferner lichtglanz“, φαιδρός „leuchtend, heiter,

vergnügt", ir. *báes* „lust, laune" : lit. *gaidrùs* „heiter, wolkenlos", φαλίζει · θέλει u. s. w. lehren, dass in den „sprachen mit labialisierung" *q*-laute vor *a* erlaubt sind. Wer demnach die von Saussure berührte erscheinung, dass die laute der *k*-reihe vorwiegend vor *a* erscheinen, zum versuch einer vereinigung der *k*- und der *q*-reihe benutzen, wer also etwa vermuten wollte, dass aus einer einheitlichen gutturalreihe vor *ĕ*, *ĭ* *k̑*, *g̑*, *g̑h*, vor *ă* (und etwa vor und nach *ŭ*) *k*, *g*, *gh*, vor *ŏ* *q*, *g*, *gh* entstanden seien, würde damit eine zeit des sprachlichen werdens treffen, welche nicht nur lange vor der trennung der süd- und westeuropäischen spracheinheit, ¹ sondern auch vor der ersten grösseren spaltung des indogerman. urvolkes gelegen haben müsste (vgl. skr. *kakúd* : lat. *cacûmen;* skr. *kapaná'* „wurm, raupe", lett. *kàpe* „kohlraupe" : gr. κάμπη „spannenraupe"; avest. *kamara* „gürtel, gewölbe" : gr. χαμάρα „gewölbe" u. s. w.). Er würde dadurch also die annahme indogerman. *q*- und *k*-laute keineswegs umgehen können. — Im übrigen ist in den o. s. 240 ff., 245 ff. und s. 248 aufgeführten fällen die ansetzung von bez. grundsprachlichem *q, g, gh* objectiv nicht zu begründen, und die arischen und lituslavischen sprachen streiten am allerwenigsten dagegen, in diesen und allen derartigen fällen indogerman. *k*-laute anzusetzen, da sie ja — abgesehen von skr. *kva* u. s. w., o. s. 249 — überhaupt keine anderen als reine gutturale kennen. Aus demselben grunde lassen sie auch die z. b. von J. Schmidt KZ. XXV 134 angenommene entstehung der gräco-italo-kelto-germanischen *q*-laute aus *k*-lauten, zumal vor hellen vocalen, nicht eben glaubhaft erscheinen. Hängt indogerm. *qnā* „weib" wirklich mit avest. *zizananti* u. s. w. zusammen und ist es hiervon nicht ebenso zu trennen, wie z. b. nach J. Schmidt a. a. o. s. 171 ahd. *bano* „mörder" u. s. w. von gr. φόνος u. s. w., so beweist es mir nur eine lücke unsres verständnisses der indogerman. lautverhältnisse, keineswegs aber die unursprünglichkeit der *q*-reihe.'

Ich hoffe, dass das vorstehende keinem principiellen widerspruch begegnen wird, halte mich aber gerade deshalb für verpflichtet hervorzuheben, dass die scheidung der *k*- und der *q*-reihe sich keineswegs ganz leicht und glatt durchführen lässt, und eine anzahl der schwierigkeiten aufzuzählen und zu besprechen, welche ich bei einem ersten versuch einer solchen scheidung bemerkt habe.

1) osk. *Nuvi-kir-inum*, *Nuvkrinum* „Nucerinorum"; lat.
creare „erschaffen, zeugen", *bu-cera saecla*, *lůdi-cra*, *-crum* (s.
Bücholer a. a. o.). + gr. *κρααίνω* „ausführen, vollenden".
+ asl. *krъčь* „faber"; lit. *kůrti* „bauen", preuss. *kёrmens*
„körper". + skr. avest. *kar* „machen". — Dagegen: cymr. *par*
„mache", *peri* „machen", corn. *pery* „facies", ir. *cur* „ponere",
cymr. *prydydd* „poeta", ir. *cerd* 1. „kunst, handwerk", 2.
„künstler, schmied".

Die unregelmässigkeit ist nur scheinbar und findet durch
Bersu a. a. o. s. 123 ff. seine erledigung. Wir haben für das
Italische von *kre* aus *qre* auszugehen. *Nuvkrinum* ist besser
als *Nuvikirinum*, s. Thurneysen KZ. XXVII 181. — Hiernach können auch umbr. *krenga-* „umgürten" (vgl. asl. *krǫgъ*
„kreis", an. *hringr* „ring, kreis") und *krema-* = lat. *cremare*
(vgl. skr. *kalmalí* „glanz" und lit. *kársztas* „heiss") altes *q* enthalten, während die zusammenstellung von osk. *brateis* mit lat.
grâtus bedenklich erscheint. Vollends widerlegt wird sie durch
ir. *grád* „liebe" und *goire* „pietät", welche das *g* von *grâtus*,
gr. *γέρας*, lit. *girti* „rühmen", skr. *grṇá'ti* „preisen" als altes
reines *g* erweisen.

2) ir. *cimbid* „gefangener", bret. *camhet* (grundform *kam-
bito-s*) an *rot* „radfelge" [1]). + gr. *κόμβος* „band, schleife",
ὄχχαβος „armband" (äolisch?). + lit. *kéngě* „klinke, krampe
an der tür". + norweg. *hempa* „angesetztes band oder schleife
etwas damit zu knüpfen oder aufzuhängen, haken, klammer".
— Dagegen lat. *cingere* mit festem *g*.

Offenbar hat hier eine art von assimilation des wurzel-
auslautes an den wurzelanlaut stattgefunden; vgl. gr. *μάρπτω* :
skr. *mrçáti* und ir. *mairg* „wehe, unglück" : gr. *μάργος* „rasend,
wütend" (? Bury o. XI 332) : lat. *morbus*.

3) ir. *cacc* „kot", cymr. *cach* „fimus", corn. *caugh*, bret.
cauch „excremente". + lat. *cacâre*. + gr. *κακκάω*, *κάκκη*.
+ lit. *szìkti*. + skr. *çákṛt*, *çakán* „kot". — Hierzu stellt Fick
gr. *κόπρος* „mist, dünger". Allein wie die angeführten britan-

----

[1]) Nimmt man als bedeutung der diesen wörtern zu grunde liegenden
wurzel „winden" an, so erlaubt die bedeutungsentwicklung von gr. *τροπή*
(„wende, kehre" — „veränderung" — „abwechselung der rede", vgl. *τρο-
παῖα* „vereinbarung, wechsel") auch gall.-lat. *cambiare* „wechseln, tauschen" (woher frz. *changer*, it. *cangiare*), ir. *cimb* „tribut", bret. *quem*
„délai, exception, différence", jetzt *kemm* „changement, différence" von
ihr abzuleiten.

nischen wörter lauten müssten, wenn der wurzelauslaut *q* gewesen wäre, ergibt sich aus dem *cacc* parallelen (s. Brugmann Grundriss I 327) ir. *macc, mac* „knabe, sohn" — cymr. bret. *map*, corn. *mab* (air. genit. *maqui*, Windisch a. a. o. s. 47) (got. *magula, mavi*). Demnach ist die verbindung von κάκκη und κόπρος, so ansprechend sie auch erscheinen mag, nicht aufrecht zu erhalten, es sei denn, dass in dem κκ von κάκκη, κακκάω eine möglichkeit ruht, sie zu halten, oder dass das Keltische und Lateinische in diesem falle eine ebensolche assimilation vorgenommen haben, wie das letztere in *cingo* (s. o.). Vgl. übrigens u. s. 255.

4) ir. *búachaill* „hirt", cymr. *bugail*, corn. *bugel*, bret. *bugel* „schäfer". + gr. βουκόλος „rinderhirt" : αἰπόλος „ziegenhirt".

Diese abweichung von der regel erklärt sich, wie Stokes (brieflich) bereits bemerkt hat, daraus, dass im Keltischen ebenso, wie im Griechischen (de Saussure Mémoires de la société de linguistique VI 161), „labialisation does not occur after *u*". Im Irischen hat *u* in gleicher weise auch rückwärts gewirkt, vgl.:

ir. *guth* „stimme, wort" : gr. βοή „ruf", γόος „klage";

ir. *guidiu* „ich bitte" : gr. ποθέω „wünschen", θέσσασθαι „anflehen"; germ. *bidjan* „bitten"; avest. *jaidhyêmi* „ich bitte";

ir. *guin* „wunde", *gegon* „interfeci", vgl. o. s. 239 no. 19[1]).

Auch dies ist schon bekannt, s. Ascoli Sprachwissenschaftl. briefe s. 165 anm. 1, Brugmann a. a. o. s. 328. Es verbietet, etwa ir. *bus* .i. *bél* („lippe"), cymr. *gwe-fus* „labium, labiolum", bret. *gweus* „lippe" zu ahd. as. *cus*, ags. *cus*, nhd. *kuss* zu stellen; diese keltischen wörter gehören vielmehr zu lit. *buczú'ti* „küssen" (vgl. lett. *mute* 1. „mund", 2. „kuss").

5) Wie in cymr. *bugail* u. s. w. (s. o.) ist das fehlen der labialisierung vielleicht auch zu erklären in cymr. bret. *moch* — ir. *mucc* „schwein", wenn dies wort zu lat. *mūcus* „schleim", gr. ἀπομύσσω „schnäuze", skr. *muñcáti* „loslassen" gehört. Was dagegen betrifft

cymr. *(am-, cyf-, eg-)lwg* „sichtbar", *llûg* „licht" — ir.

---

[1]) Aus *guidiu* ist *g* in das perf. ir. *ro-gád*, aus *guin, gegon* in ir. *goite* „verwundet", *gaetas* „qui occidit" verschleppt.

lúach (in *lúach-té* „weissglühend"), cymr. *llugorn*, corn. *lugarn*
= ir. *lócharn* „lucerna", cymr. *lluched*, corn. *luhet*, bret. *luc'hed*
„blitz", gall. *Leucetius, Loucetio, Λουκοτιος, Luccios.* + osk.
Lovkanateís, Λουκανομ, Luvkis; lat. *lúx, lúcére.* + gr. λευκός
„licht, glänzend". + got. *liuhaþ, liuhadei* „licht". + asl. *lučь*
„licht"; lit. *laúkas* „blässig", preuss. *lauxnos* „gestirne", lett.
lúkůt „schauen". + skr. *róka* „lichterscheinung", *roká* „licht,
helle", *rocaná* „leuchtend", *rócate* „scheinen, leuchten"; avest.
ruc „leuchten", *raocanh* „glanz", *raokhşna* „glänzend",
so ist hier indogerm. reiner guttural anzunehmen, da im Germanischen *q*-laute nach *u* nicht labiallos, dagegen gern zu
labialen werden (vgl. an. *gleypa*, ags. *heáp*, got. *hups*, mnd.
knôp, ags. *sleópan*, ags. *steáp*, ags. *súpan* u. s. w. o. V 171 ff.,
got. *haubiþ* o. s. 241 anm., nhd. *sinke : sumpf, hinken : humpeln*
und Kluge PBB. XI 560). Kypr. λοφνίς, λοφνίδια kommen dem
gegenüber nicht in betracht, da innerhalb der dialektgruppe,
zu welcher das Kyprische gehört (s. Fick Ilias s. 563 ff.), die
labialisierung eines urgriechischen reinen gutturals nicht befremdlich ist; vgl. homer. ὕβρις (skr. *ugrá;* anders Bugge o. XIV 62),
ὑψηλός (Fick o. II 188), βαστάζω (lat. *gestáre, gerere*, ir. *ticsath*
[aus *tu-aith-gestátu*] „tollat" [vgl. Zimmer KZ. XXX 156], an.
kasta), (ἀπο-)νίπτομαι (χέρ-)νιβον (ir. *ro-caom-nagair* „er wusch",
nigther „lavatur", *fonenaig* „he purified"[1])), βιός (grundform
g'ió-s aus *g'ió-s*, vgl. cymr. *gi* „nervus", lit. *gijů* „faden", s.
indessen Fick o. II 188)[2]), πένομαι und πένθος (grundform *q'én°* aus *k'én°* [Fick o. VIII 331], vgl. cymr. *cennad*,
ir. *cét* „erlaubniss"), ἄφενος (o. XII 78), ὀφέλλω „bin schuldig,
soll" (neben τέλθος Fick u. s. 290; ir. *gellaim* „verspreche",
gell „pfand", got. *fra-gildan* „vergelten", *gild* „steuer", lit. *ge-
liů'ti* „gelten", asl. *žlédą* „zahle, büsse", s. Fick o. VI 212)
und namentlich: äol. βέλφις, Βέλφοι, böot. Βελφοί (Meister
Dial. I 118) = δελφίς, Δελφοί, vgl. δελφύς „gebärmutter"
á-delphoí „geschwister" : gall. *galba* „praepinguis"; got. *kalbô*
„kalb", ahd. *chilburra* „lamm".

Es liegt nahe, diese erscheinung mit dem in derselben

---

[1] Dasselbe ausweichen des perfects zeigt *snigid* „es tropft, regnet",
perf. *ro-senaich : skr. *snéhati* „geschmeidig, feucht werden" (von νίφει
u. s. w. zu trennen, wie sich aus ir. *nimb* „tropfen", cymr. *nŷf* „schnee"
ergibt). [2] βιός wird als ambrakiotisch bezeichnet (Kleemann [s. s. 254]
s. 11). Dies ist bei ὄqατα o. s. 245 zu berücksichtigen.

dialektgruppe häufig vollzogenen übergang palataler *q*-laute in labiale (homer. ἄμπελος [Johansson KZ. XXX 430], πέλω, πέπων „traut" [skr. *ca-kán-*, *kan* „beliebt sein", nach Fick], πέσσω o. s. 237 [als äolisch und arkadisch bezeichnet, Klee-mann Vocabula Homerica in Graecorum dialectis et in coti-diano sermone servata, programm des lyceums in Colmar, 1876, s. 26], πέτρα [lat. *tri-quetrus*], πινυτός [vgl. kypr. Πνυταγόρας], πίσυρες [äol. πέσσυρες, böot. πέτταρες], ἄσπετος, ἀσπίς [lit. *skýdas*], βέλος, βέλεμνον, βιάζω, βιβάω, βίος, ὀβελός, φέρτερος, -τατος [lit. *géras* „gut"], φίλος [lit. *gailùs* „mitleidig"], ὄφις [skr. *áhi*] — äol. πέμπε, πήλυι [böot. Πειλεστροτίδας, Τειλε-φάνειος], πεπτήνας · περιβλεψάμενος [Hesych, nach M. Schmidt äolisch, vgl. παπταίνω, skr. *cakṣ* „erscheinen, sehen"], Πιτάνη, [u. s. 282], σπέλλω, ἴμβηρις · ἔγχελυς. Μηθυμναῖοι [lit. *ungurýs*, Saussure Mémoires de la société de linguistique VI 178], αὐ-φένα — böot. βειλόμενος [thess. βέλλομαι], Θιόφεστος — -θεστος [Blass Rhein. mus. XXXVI 607], Περμησσός [Fick u. s. 282], Πευμάτιος — thess. Πέτθαλος, ἀππεισάτου [Prellwitz o. XIV 301], Πελεθρόνιον [u. s. 282] — kypr. πείσει, ὀπι- [s. Hoffmann o. XIV 277]; vgl. Brugmann a. a. o. s. 319 oben, Hoffmann De mixtis graecae linguae dialectis s. 11 f., Gött. gel. anz. 1889 s. 883 ff.) zu vereinigen, und gewiss lassen sich ἄφενος, βιός, ὀφέλλω, πένθος und βέλφις (Βέλφοί) hinsichtlich ihrer labiale nicht anders beurteilen, als z. b. βίος und πέτρα. Während jene denselben aber erst nach vorherigem übergang von bez. *g'*, *k'* in *g'*, *q'* erhalten haben, ist der anlaut der letzteren je aus ursprünglichem *q*-laut entstanden, und während βαστάζω auf *gastaljó*, ὕβρις auf *ugri-s*, λοφνίς auf *luqnis*, (χέρ-)νιβον auf *-niqo-n* beruht, gehen βίος, πέτρα u. s. w. auf *g'ᵒ*, *q'ᵒ* zurück und sind also von βαστάζω, ὕβρις, λοφνίς, -νιβον lautgeschichtlich ganz zu trennen.

Wie meiner ansicht nach der labial von πέλω, πέπων, πέτρα u. s. w. entstand, habe ich eben schon angedeutet. Er ist meines erachtens aus palatalem *q* u. s. w. hervorgegangen und der regelrechte vertreter eines solchen. Wenn wir neben πέλω, βέλφις z. b. τε, δελφίς, neben πείσει meist τ(ε)ίσει finden, so sind, wie πέτρα, βιός, φίλος und andere isolierte formen lehren, nicht die *p*-formen, sondern die *t*-formen un-regelmässig und diese entstanden nicht durch formübertragungen, sondern nachdem sich ihr compliciertes *q'* bez. *g'*, *g'h* zu *k'*,

g', $g'h$ verschoben hatte. Dass eine solche verschiebung auch in der achäischen dialektgruppe selbst vorkommen konnte, lehren z. b. thessal. κις (vielleicht auch Κιεριειων; vgl. Prellwitz De dialecto thessal. s. 23) und arkad. ἐσ-δέλλοντες, ἀπυ-τειέτω. Zu den letzteren stimmt δεύάσθαι (= γεύσασθαι aus zeus-), zu βέλος, πέτρα u. s. w. θεοπροπέω (-προπίη, böot. θιοπροπίοντος, aus -proç-).

Wenn ich nicht nur πέλω, πέπων, πέτρα u. s. w., sondern auch ὕβρις für mundartlich halte, so spricht dagegen durchaus nicht, dass einige dieser wörter in ganz Griechenland vorkommen, denn in irgend einem dialekte müssen doch βιάζω, πέτρα, φίλος, ὕβρις u. s. w. ihre dem allgemein-griechischen lautstande widersprechende form erhalten haben und gewiss in keinem wahrscheinlicher, als in dem ausgebreiteten achäischen dialekte, der muttersprache des griechischen epos. Auch der befremdliche accent von φίλος und βίος mag daher stammen.

Dass auch κόπρος ein achäisches wort sei, erscheint mir seiner bedeutung wegen sehr unwahrscheinlich. Eher lässt sich dies von ἐλαφρός = as. ahd. lungar „rasch, rüstig" annehmen. Man stellt diese wörter zu ἐλαχύς, lat. levis [1]), lit. léngvas „leicht", asl. l'gъkъ „leicht", skr. laghú „rasch, leicht", welche in die k-reihe gehören, falls nicht schon im Urkeltischen q-laute vor u zu k-lauten wurden; vgl. ir. lugu, laigiu = cymr. llei, llai „kleiner" (ir. lú „klein").

6) umbr. pru-sikurent „declaraverint", sukatu „dicito" stellt man zu: lat. inseque (Bersu a. a. o. s. 125 anm. 1), gr. ἔνι-σπε-ν, cymr. hepp „inquit" (ir. in-cho-sig „significat"), an. segja, saga (vgl. Sievers PBB. V 149 anm. 1), nhd. sagen, lit. sakýti „sagen". Ich glaube, dass diese zusammenstellung aufzugeben ist, zumal da nichts zu ihr zwingt. Man kann jene umbr. wörter auch mit lat. signum, asl. sočiti „indicare", bulg. po-soka „wunderzeichen" (s. Miklosich a. a. o. s. 313), zur not auch mit ir. saigim „ich sage, spreche", got. sakan „streiten" vereinigen.

Ebenso halte ich die verbindung von umbr. eikva(-sese, -satis), wenn man darin nicht einen eindringling aus dem

[1]) levis, brevis, velim, bene, severus bilden das genaue gegenstück zu der von mir o. IX 261 besprochenen lituslavischen erscheinung (vgl. dazu Jagić Archiv f. slav. philologie V 534). Das von ihnen abweichende novem hätte Mahlow Die langen vocale s. 4 f. unterstützen können.

Lateinischen sehen will, mit lat. *aequos* (skr. *éka*) für unhaltbar
(vgl. Bersu a. a. o. s. 38 anm. 2).

Über umbr. *Akeruniamem*, osk. *Akudunniad* „Aquilonia"
s. Bersu a. a. o. ss. 38, 118; über umbr. *ekvine, tekvias* Brugmann a. a. o. s. 322.

7) cymr. *gallu, gallael* „können, vermögen", corn. *gallos*
„macht", br. *galloet* dass., ir. *gal* „tapferkeit" gehören offenbar
zu lit. *galëti* „können". Hierzu pflegt man aber lat. *valere*
„stark sein", gr. *βούλομαι* zu stellen. Es ist indessen nicht
abzusehen, weshalb *valére* von cymr. *gwaladr* (grundform *vala-
tro-s*) „oberherr", ir. *flaith* „herrschaft" — cymr. corn. *gulad*
„patria", preuss. *waldnika-* „könig", asl. *vlastъ* „macht", got.
valdan „walten" getrennt werden müsste, und die etymologie
βούλομαι: *galëti* wird niemand für mehr als einen notbehelf
halten wollen.

Ein ebensolcher notbehelf ist die verbindung von *βάλλω*
mit ahd. *quellan* „quellen" (vgl. *βλύω*), skr. *gal* „herabträufeln,
-fallen", *gâlayati* „abgiessen, schmelzen" und *jala* „wasser,
nass". Bei der beurteilung des lautlichen verhältnisses dieses
wortes zu ir. *gil* „wasser", an. *kelda* „quelle" kann sie nicht
in betracht kommen.

8) ir. *galar* „krankheit, kummer", cymr. *galar* „luctus,
planctus" erinnern sehr an ahd. *quelan* „schmerzen leiden"
(daneben *chelôn*, jedoch allemannisch), as. *quelan*, ags. *cvelan*
„sterben", ahd. as. *quâla* „qual", lit. *gélia* „schmerzt". Da
hierauf aber ir. *at-bail* „perit", *at-ru-balt* „mortuus est", corn.
bal „pestis" grösseren anspruch haben, so wird *galar* von *quelan*
u. s. w. zu trennen sein. Es gehört vielleicht zu umbr. *holtu*.

9) In dem folgenden falle weisen Griechisch und Lateinisch
auf *g*, Keltisch und Germanisch auf *g*: gr. *δέλεαρ* — äol. *βλῆρ*
„köder", *καβλέει · καταπίνει* (Hesych), *βλέτυες · αἱ βδέλλαι*
(ders.), *βλωμός* „bissen", *βδέλλα* „blutegel"(?); lat. *gula* „kehle",
glûtire „verschlingen": ir. *gelim* „verzehre, fresse, grase"; ahd.
anfr. *kela* „kehle, hals"; asl. *-glъtati* „verschlingen".

Ich weiss diese verschiedenheit nicht zu erklären.

10) ir. *gorim* „ich wärme", *gor* „wärme, eiter", cymr. *gori*
„eitern", bret. *gor* „(feu) ardent, furoncle", ir. *gorm* in *ruad-gorm*,
ir. *grîs* „feuer, glühende asche", bret. *groez* „ardeur" (aus *grisso-,
grenso-*); got. *varmjan* „wärmen"; lat *formus* „warm", *furnus*
„ofen"; gr. *θέρος* „sommerhitze", *θερμός* „warm", *φαρύει ·*

λαμπρίνει (Fick u. s. 289); asl. *gorêti* „brennen“, russ. *gorъ*
„heerd“, preuss. *gorme* „hitze“; skr. *háras* „flammenglut“,
gharmá „wärme, glut“, *ghramsá* „sonnenglut, -schein“, avest.
garema „warm, hitze“.

Hier kommt alles in ordnung, sobald man *carmjan* zu
armen. *varem* „zünde an“, asl. *varъ* „glut“, *variti* „kochen“,
lit. *wìrti* dass. und φαρίνει entweder zu lat. *ferveo*, ir. *berbaim*
„siede, koche, schmelze“, oder zu ahd. *brûn* „glänzend, braun“
stellt und, was erlaubt ist (s. Bersu a. a. o. s. 131, o. s. 248),
das *f* von *formus*, *furnus*, das θ von θέρος, θερμός aus *gh* entstanden sein lässt. Als indogerman. wurzel ergibt sich so
g'her-, nicht *g'her*.

Bei dieser auffassung macht auch das verhältniss von cymr.
llyngyr „lumbrici“, bret. *lencquernenn* „eingeweidewurm“: lat.
lumbrícus keine schwierigkeit. Grundform ist *lenghro-* (vgl.
Bersu a. a. o. über *nebrundines*).

11) ir. *ingen* „ungula“, cymr. *eguin*, corn. *euuin* „unguis“,
bret. *iuin* „ongle“; ahd. as. *nagal*, ags. *nägel*, an. *nagl* „nagel“,
got. *(ga-)nagljan* „nageln“; lat. *unguis*, *ungula*; gr. ὄνυξ; lit.
nágas „nagel, klaue“, asl. *noga* „fuss“; skr. *nakhá* „nagel, kralle“.

Der indogerman. grundform pflegt man tenuis aspirata
zuzuschreiben. Dieser annahme fügt sich das Griechische,
Lateinische und Germanische, für welches letztere mir das
gesetz zu gelten scheint, dass inlautende tenuis-aspirata nach
consonanten zu der entsprechenden tenuis, sonst zu der entsprechenden media oder, je nach dem accent, spirans wird
(hinsichtlich des ersten teiles dieses gesetzes vgl. die bekannten
beispiele II sg. perf. ind. *namt*, *kannt*, superlativsuffix *-ista-*
[Zubatý KZ. XXXI 6], engl. *flint*: gr. πλίνθος, ahd. *sterz*:
gr. στόρθη, στόρθυγξ, sowie: an. *hlekkr* „kette“, ags. *hlence* dass.,
lat. *clingit* „cingit, cludit“: skr. *çṛńkhala* „kette, fessel“). Es
widerspricht ihr aber das Litu-Slavische (vgl. Kozlovskij
Archiv f. slav. philologie XI 388). Auch über die qualität
des betr. gutturals lässt sich zur zeit keine entscheidung treffen.
Auf einen *k*-laut weisen das Keltische (vgl. o. s. 239 unter A 18)
und das Germanische (welches anlautende *q*-laute vor *r*, *l*
öfters in *k*-laute verwandelt [vgl. o. s. 245 unter A 10, as. *hlior*
„wange, backe: gr. πλευρά „seite“ Saussure Mémoire s. 132
anm. 2, an. *kleiss* „lispelnd“ = lat. *blaesus* Bugge KZ. XIX 433;
gegenbeispiele o. V 169 ff.], inlautende dagegen, abgesehen von

späteren vorgängen und vielleicht von got. *ahma* [o. s. 238; ¦*aha* aus *ὁϙό*?], vor liquiden nicht angetastet zu haben scheint, s. Kluge Beiträge z. geschichte der german. conjugation s. 44); dagegen setzt das Lateinische einen *q*-laut voraus, und *ὄνυχ-ος* widerspricht dieser voraussetzung nicht (vgl. *εὔχομαι*: lat. *voveo* und *βου-κόλος*: *αἰ-πόλος*).

Demnach scheint hier ein ähnlicher, aber complicierterer fall vorzuliegen, wie o. unter 9.

12) germ. *daga-z* „tag" (lit. *dágas* „ernte", preuss. *dagis* „sommer") neben gr. *τέφρα* „asche", lat. *favilla* „glutasche" (skr. *dáhati* „verbrennen", lit. *degù* „brenne").

daga-z (aus *dogho-s*) steht auf einer linie mit as. *kô* (o. s. 239), an. *kaun* „geschwür mit starkem schwulst": gr. *βοι-βών* „schamdrüse" (Bugge KZ. XIX 432), got. *halks* „gering, dürftig" : gr. *κολοβός* „gestutzt" (Fick o. VI 214). Vgl. o. s. 237 anm.

13) got. *hvaírnei* „hirnschädel" neben ahd. *hirni* „gehirn", an. *hjarni* dass.

Mir scheint *hvaírnei* von *hirni*, *hjarni* etymologisch zu trennen zu sein. Jenes stelle ich zu gr. *κρᾱνίον* (*κύρνα* Fick o. VI 160; vgl. cymr. *pair* u. s. w. o. s. 237, Kluge PBB. VIII 523), diese zu gr. *κάρηνον*, skr. *çíras* „haupt". Man beachte an. *hvern (hvörn)* „die zwei bootförmigen weissen knochen im fischgehirn", das von Cleasby-Vigfusson zu *hvaírnei* gezogen wird.

14) ahd. *quarter, quartir, cortar* „heerde, gemeine", ags. *corder* „schaar" neben ir. *graig* „pferdeheerde, pferde", lat. *grex*, gr. *γάργαρα* „haufen, menge", *γέργερα · πολλά* (Hesych). Das ahd. *qu* ist mir unklar.

Die scheidung der *k*- und der *q*-reihe stösst also nicht nur auf erhebliche schwierigkeiten, sondern lässt auch einen rest übrig. Ich bezweifle nicht, dass derselbe grösser ist, als er mir im augenblick erscheint, bin aber überzeugt, dass er den o. s. 236 ff. aufgeführten tatsachen an bedeutung nicht gleichkommt, oder die aus ihnen gezogenen folgerungen zu erschüttern vermag, und dass er nicht erheblicher ist, als die summe der berührungspunkte zwischen der *ç*-reihe einerseits und der *k*- und *q*-reihe andrerseits.

Die einzelsprachliche vertretung der grundsprachlichen

ç-, k- und q-reihe stellt sich nun, tabellarisch geordnet und von nebensächlichem im allgemeinen abgesehen, folgendermaassen dar:

	ç-reihe			k-reihe			q-reihe		
	ç	=	zh	k, k'	g, g'	gh, g'h	q, q'	g, g'	gh, g'h
Sanskrit	ç	j	h	k, c	g, j	gh, h	k, c	g, j	gh, h
Avestisch	ç	z	=	k, c	g, j (=h)	g, j (=h)	k, c	g, j (=h)	g, j (=h)
Phrygisch	s	?	= (g?)	k	?	?	k	?	?
Armenisch	s, š	c	j, =	k? (g)	k (c)	g	k, c (k', g)	k	g, j'
Albanesisch . . .	s	δ	δ (=, d)	k, k'	g, g'	g, g'	k, k'	g, g'	g, g'
Slavisch	s	z	=	k, č, c	g, ž, dž	g, ž, dž	k, č, c	g, ž, dž	g, ž, dž
Litauisch	sz	ž	ž	k, k	g, g	g, ž	k, k	g, g	g, g
Griechisch	χ	γ	χ	χ, κ	γ, δ	χ, θ	π (χ) (τ)	β (γ) (δ)	φ (χ) (θ)
Lateinisch	c	g	h	c	g	h	q (c)	b (v, g)	f (b, gu, v)
Umbrisch-Oskisch .	c	g	h	c	g	h	p	b	f
Britannisch	c	g	g	c	g	g	p	b	b
Irisch	c	g	g	c	g	g	c	b	b
Germanisch . . .	h	k	g	h	k	g	hv (f, b, v) (h)	q (p) (k)	v (b) (g)

In den arischen sprachen, dem Litu-Slavischen, Phrygischen, Armenischen und Albanesischen sind also die *k*- und die *q*-reihe, in den übrigen indogermanischen sprachen die *ç*- und die *k*-reihe zusammengefallen. Aus dem umstand, dass im Griechischen *ç*-laute nur ganz ausnahmsweise palatalisiert sind, kann nicht geschlossen werden, dass es die *ç*-reihe noch als solche besessen habe, da man doch wohl wird sagen müssen, dass die griechischen palatale aus der indogerman. grundsprache stammen (J. Schmidt KZ. XXV 179), das Lateinische, Keltische und Germanische aber die ursprachliche palatale affection der *k*- und *q*-laute aufgegeben haben.

A. Bezzenberger.

Zu den pluralen auf īhā im Pahlavi etc.

Die plurale auf *īhā* erkläre ich folgendermassen: Beispiel *kūpīhā*. *kūp-i-hā;* *i* ist die iḍhāfet, *hā* der pronominalstamm *ha* (cf. Kurd); ein vollkommenes analogon bieten uns die kurdischen plurale auf *-i-tę* : *keleš-e-tę*, *ševûn-i-tē* etc. Im Neupersischen steht statt *īhā* mit ausfall der iḍhāfet *hā*. Im Pārsi haben wir: *ṽadardi . hā*, *kōhihā*, *dāriš . hā* (cf. Neupers.). Im Kurdischen fällt das *h* aus (ein ähnlicher fall kommt schon im Pārsi vor z. b. *kerebahyā* = *kerebah* [pahl. *karefak*] + *i* + *ha*, *kerebah* + *i* + *ā* = *kerebahyā*), ebenso die iḍhāfet (cf. Pārsi, Neup.). Für die möglichkeit meiner auffassung scheint mir der ausfall des *i* in den neueren dialekten sowie die schreibweise des Pārsi zu sprechen.

Wesel.

W. Bang.

Zur flexion der nt-partizipien.

Seit ich meinen aufsatz hierüber, beiträge, s. 125 ff. geschrieben, sind zwei bücher erschienen, die sich mit dem gleichen thema beschäftigen: Brugmann's grundriss II, s. 378 ff. und J. Schmidt's pluralbildungen, s. 185 ff. Ich habe behauptet, dass die *nt*-partizipien in der ursprache sämmtlich one ablaut flektirt wurden. Dem gegenüber halten die beiden gelehrten an der alten anname der abstufenden flexion fest[1]). Und der letztere hat meiner gegenteiligen ansicht auf s. 422 ff. eine ausfürliche widerlegung zu teil werden lassen. Es will mir aber scheinen, als ob J. Schmidt die gründe, die ich für meine aufstellung beigebracht habe, nicht in vollem masse gewürdigt hätte.

Er beginnt seine widerlegung mit dem hinweis auf die beiden altavestischen lokative *pišjasū* und *fšujasū*, die einzigen formen der gatha's aus *nt*-partizipien thematischer tempusstämme, welche keinen nasal zeigen. Sie seien eine bestätigung dafür, dass im indischen, nicht im iranischen die alte flexionsweise bewart sei. Man mag aber *pišjasū* und *fšujasū* drehen und wenden, wie man immer will: ausnamen bleiben sie auf jeden fall. J. Schmidt meint freilich den schlüssel zur erklärung gefunden zu haben. „Übertragen wurde der nasal . . überhaupt nur auf die formen, in welchen durch ihn derselbe stammausgang gewonnen wurde, welchen die übertragenden hatten, d. h. *ant*. Daher behielt der lok. plur. *pišjasū* .., bei welchem allein dies nicht der fall war, die aus der ursprache ererbte form = skr. *-atsu*". Dabei bleiben aber die *bh*-kasus unverständlich: *ƫbišjanbjö*, *eṇerezinibjö* (und *berezanbja*), und nicht minder die superlativbildungen u. s. w., wie *tauryająste-mem*, *razjąstara*, *uƫšjąstātö*, *būšjąsta* etc.; s. verf., a. o., s. 82, 127. Auf sie passt doch offenbar jene erklärung nicht. Sie haben ja *an, ą*, nicht *ant!* Und dennoch hat die übertragung

---

[1]) So auch O. Hoffmann, das praesens der indogerm. grundsprache, s. 22 f. Neue gesichtspunkte werden nicht beigebracht. — — Nachdem dieser aufsatz bis auf ein par kleinigkeiten abgeschlossen war, erhielt ich die zweite auflage von Iw. Müller's handbuch der altertumswissenschaft, band II. Ich ersehe daraus zu meiner freude, dass sich Brugmann meiner darstellung angeschlossen hat.

stattgefunden? Die anname, die ja freilich nahe liegt, es sei
tauruaiqstema- eine bildung wie *spentotema-*, d. h. aus dem
nom. sing. mask., wird durch den hinweis auf *hastemq* widerlegt; zu *hant-* lautet ja der nom. ebenfalls *hqs;* warum nun
nicht auch hier *hqstema-? Nur einmal findet sich beim
thematischen partizip -*ast°* statt -*qst°*, in *ashrapwastemō* jt.
10. 141, das einem partizip *hrapw-a-nt-* entstammt, vgl. *fɩanhu-
a-nt-* und *hrapw-e-mnahe.* Der grund der abweichung liegt
aber hier klar zu tage. *hrapwant-* wurde mit den *uant-*stämmen
vermengt, wozu der superlativ ganz regelrecht *ama-uastemem*
lautet. Ich verweise deswegen auf meine bemerkungen zu ai.
svátavadhbjas, a. o., s. 107 f., 162.

Die gathischen *nt-*partizipien der *a-*konjugation haben sonst
in allen andern kasus -*an-* oder -*q-*, nur im lok. plur. nicht.
Wenn der nasal in alle jene formen, da er im indischen fehlt,
durch neubildung hineingekommen ist, warum hat sich dieselbe
denn nicht auch auf den lok. plur. erstreckt? Es wird also
doch das *q* gewesen sein, das die form unterdrückte oder nicht
aufkommen liess. Und wie steht es mit den oben angefürten
*bh-*kasus? Aus welcher zeit soll denn deren bildung stammen?
Und wie soll man sich deren verhältnis zu *hšaraiaββiō* und
hadbiš denken? Im urarischen hatten einmal alle *nt-*partizipien
der *a-*konjugation in allen genera und kasus -*ant-*. Dieses *ant*
musste im iranischen vor dem *s* des nom. sing. und lok.
plur. und vor dem *i* des feminins, da wo es spirantisch gesprochen wurde [1]), zu *q*, vor den *bh-*suffixen und im akk. sing.
neutr. zu *an* werden. Der nom. sing. mask. auf -*qs* : *fšuiqs*
u. s. w. blieb erhalten, weil er an den nominativen gleichen
ausgangs von unthematischen partizipien: *hqs* u. s. w. und von
gewissen *uant-*stämmen: *pwāuqs* eine stütze fand [2]). Die übrigen
formen dagegen werden allmälich, nach dem muster der unthematischen partizipien, durch formen mit nasallosem ausgang
ersetzt, und zwar beginnt diese ersetzung bei jenen partizipien,
welche die suffixsilbe betonten. Ihr nom. sing., du., plur. und
akk. sing. des maskulius traf mit den gleichen kasus der suffix-
betonenden unthematischen partizipien in jeder hinsicht zusammen: *peresq́s*, **peresántem* $>$ **jq́s, jántem.* Ich sehe somit

---

[1]) Wo war das der fall? Ich werde anderswo auf diese frage zurückkommen. [2]) Die formen wie *tauruaiqstema-* blieben erhalten, gestützt
von *tauruaiqs* und von *spentotema-*, s. oben.

in den beiden gathischen lokativen *fšuįasū* und *pišįasū* die
ersten ansätze zu der später fortschreitenden umgestaltung der alten flexionsweise; s. verf., a. o., s. 126 f., 129.
Beide gehören der *įa*-klasse an, welche ursprünglich — trotz
der abweichung im indischen — gewiss, wenn nicht überall,
so doch bei jenen stämmen, da die wurzel in tiefstufenform
auftritt, den suffixvokal betonte. Es ist sicher nicht zufällig,
dass von den neun jungavestischen nasallosen formen thematischer stämme alle ausser dem einen *hšāraįaþþįō* der *į*- oder
der inchoativklasse angehören, bei welchen eben der suffixvokal
den ton hatte. *hšāraįaþþįō* aber weist sich schon durch sein
þ als eine ganz junge bildung aus, die von den andern streng
zu scheiden ist.

———

Im indischen werden die partizipialstämme: 1) *bhárant-*
„tragend“, 2) *tudánt-* „stossend“ und 3) *usánt-* „wollend“ in
jeder hinsicht völlig übereinstimmend flektirt. Die indische
flexion aber ist nach J. Schmidt u. a. die gerade fortsetzung
der arischen. Da frage ich nochmals, wie schon a. o., s. 130:
Ist es denkbar, dass die im arischen völlig gleich flektirten,
zur gleichen bedeutungsgruppe gehörigen stämme im altaveste-
schen hinsichtlich der flexion derart auseinander gehen konnten,
dass bei allen stämmen von der 1. und 2. formation eine durch-
gehende, auf alle obliquen kasus — mit ausname des lok. plur. —
sich erstreckende neubildung platz zu greifen vermochte, bei denen
der dritten aber auch nicht in einem einzigen fall? Und eben
so wenig bei den stämmen auf *įant-* und *mant-*, deren flexion
im indischen bis auf ein par kasus mit jener der *nt*-partizipien
zusammentrifft? [1])

J. Schmidt antwortet darauf folgendes: „Die ursache der
verschiedenen maskulinflexion ist in dem zu suchen, was allein
beide partizipialklassen im indischen scheidet, in der feminin-
bildung. Das altbaktrische bewarte die schwachen formen mit
at, wenn nur die starken kasus des mask. und der nom. plur.
neutr. . . *nt* hatten, fürte aber das *nt* in die schwachen formen

———

[1]) Zu *dreguantō* j. 31. 21, der einzigen a. o., s. 69, 71 aufgefürten
ausname s. jetzt Jackson, s. hymn, s. 15, Geldner, Bezzenberger's
beiträge XIV, s. 13. Auch sie kommt also noch in wegfall; *dr°* ist
vok. plur.; statt *tẽm vā* ist *tẽm vå* zu lesen.

da ein, wo ausserdem das ganze feminin *nt* hatte, d. h. wo
die *nt*-formen mit schwererem gewichte auf die nasallosen
drückten, wo sie, wenn wir die im mask. und neutr.
gleichen kasus nur je einmal zälen, von vornherein in der überzal
waren". In der folge aber heisst es weiter: „.. die arische
regel, dass die feminina der *ont*-partizipia in allen kasus den
starken stamm haben, braucht gar nicht die indogermanische
gewesen zu sein ..." „(Es) hat sich ergeben, dass die stämme
auf indog. *ont*- im mask. und neutr. deklinationsablaut hatten,
.. ihre feminina aber die starken kasus sämmtlich aus dem
starken stamme der maskulina ableiteten (nom. *-ont-ia*), in den
schwachen kasus aber warscheinlich je nach der betonung (I.
und VI. klasse) teils ablaut hatten teils nicht (gen. *-entjās*
oder *-óntjās*)".

Im anschluss an J. Schmidt hätte man für die verschiedenen klassen der thematischen konjugation, für die 1. und
10. und für die 4. und 6. indischer zälung als indogermanische
kasusformen des mask. nom., akk., gen. sing. und fem. nom.,
gen. sing. folgende anzusetzen:

a) *péto-nt-s* *péto-nt-ṃ* *pét-ṇt-os* *péto-nt-i* *petó-nt-χās ;*
b) *tudó-nt-s* *tudó-nt-ṃ* *tud-ṇt-ós* *tudó-nt-i* *tud-ṇt-χás.*

Im indischen wurden bei der klasse a) alle urformen (bis auf
den akzent) unverändert gelassen; im iranischen aber wurden
die kasus mit *ṇt* beseitigt und durch solche mit *ant* ersetzt,
und zwar desshalb, weil die formen mit *ant* im maskulinum
und femininum zusammen die majorität hatten. Die klasse b)
wurde aber anders behandelt. Das indische beliess *ṇt* im
maskulinum, ersetzte es aber im femin durch *ant*, und das
iranische liess in beiden genera *ant* an stelle von *ṇt* treten,
obwol hier die *ant*-formen nicht die mehrzal bildeten. Nachdem das geschehen, wird aber merkwürdiger weise die bewegung in beiden sprachen rückläufig. Im indischen schiebt sich
an stelle von *tudánti, tudántjās* wieder *tudatjās* und auch *tu-*
datī́; im avestischen tritt bei b) im mask. und fem. statt des
für *ṇt* eingefürten *ant* späterhin wieder *at* auf. Dass solche
rückläufigen bewegungen vorkommen können, stelle ich nicht in
abrede. Ich meine aber, dass wir uns nur durch schwerwiegende
gründe bestimmen lassen dürfen, eine solche anzunehmen. Jede
einfachere erklärung verdient den vorzug. Insbesondere im
vorliegenden fall, wo die selbe rückläufige bewegung gleich in

zwei sprachen, aber unabhängig und zu verschiedenen zeiten
vollzogen wäre, müssten es schon ganz besonders zwingende
verhältnisse sein, die jene unname rechtfertigen könnten. Sind
solche vorhanden? J. Schmidt bejaht diese frage: der ursprüngliche ablaut in der deklination der *nt*-partizipien aus thematischen stämmen sei eben erwiesen, und zwar durch gr. *νήφοσι*,
θέρμασσα (und *θερμάστρα*), durch die herakleiischen dat. plur.
wie *πρασσόντασσι*, durch die verschiedenen formen des worts
für *zan*, endlich durch die vokaldifferenz von *φέροντ-* == skr.
bháront- und lat. *ferent-* == skr. *bhárat-*.

- - - - - -

Ich will im folgenden zu zeigen versuchen, dass von diesen
fünf genannten beweismitteln kein einziges auch wirklich beweiskräftig ist.

Ich beginne beim vorletzten. A. o., s. 427 f. schreibt
J. Schmidt: „In keiner sprache wird das wort noch als partizip empfunden. Wir haben daher nicht das mindeste recht
anzunehmen, dass es in der ursprache etwas anderes als 'zan'
bedeutet habe". Das ist durchaus auch meine meinung. Dann
wird fortgefaren: „Wenn irgendwo, so haben wir bei diesem
früh isolirten, aber zweifellos partizipialen worte die gewär,
dass es die indogermanische flexion der partizipien oxytonirter
'thematischer verbalstämme' überliefert". Hier kann ich leider
nicht mehr folgen. Das wort hat schon in der ursprache nichts
andres als „zan" bedeutet, soll aber doch „zweifellos" partizipial sein? S. dazu auch Brugmann, a. o., s. 371, 373.
Wie will man das beweisen? Ist es vielleicht etwas selbstver-
ständliches, dass alle wörter, deren stamm irgendwo auf *nt*-
ausgeht, die *gent*- und *ment*-stämme allein ausgenommen,
partizipial sind? Also auch die bei verf, a. o., s. 144 angefürten, wie ai. *pŕṣant*- „bunt", av. *eregant*- „dunkel" u. s. w.?[1])
Man sehe sich doch die arische flexion von *mażhánt*- „gross"
an. Wie steht es denn damit? Und wie mit der ebenda nach-
gewiesenen differenz zwischen *gáratì*- „die alte" und *gáranti*-
„die alternde" im indischen? — Neben den suffixen *gen*- und
men- findet sich in gleicher bedeutung und verwendung auch
en-. So z. b. ai. *pátran*- „fliegend", *júdhran*- „kämpfend,

- - - - - -

[1]) S. noch unten s. 270 zu got. *þúsundi* u. s. w.

kämpfer", *ádhvan-* „weg" [1]); — *bhásman-* „kauend", *ǧē'man-*
„siegend", *ó'man-* „freund", *vípalman-* „wegliegend"; — *prati-
dí'van-* „(im spiele) gegenhaltend", *tíkṣan-* „zimmermann" etc.;
vgl. Lindner, nominalbildung, s. 38 f., 91 ff., 106 ff. Entsprechendes auch im griechischen u. s. w.; s. Brugmann,
a. o., s. 324 ff., 340 ff. Kann es da nicht auch neben ɥent-
und *ment-* ein gleichbedeutendes *ent-* gegeben haben? Der hinweis auf die bekannte unterscheidung zwischen primären und
sekundären suffixen hilft nicht viel. Wer in ai. *dasmánt-,*
djumánt-, r̥kvant- u. s. w. das suffix für ein sekundäres an-
sieht, der kann es allenfalls auch bei *mahánt-,* av. *eregant-*
u. s. w. tun. Ein nomen *mah-* „gross" kommt ja auch wirklich vor.

J. Schmidt setzt als indogermanische starke stammform
für „zan" *ed-ó-nt-* an, d. i. das part. aor. (!) zur wurzel *ēd-*
„essen". Dieser ansatz stützt sich auf die angabe griechischer
grammatiker, dass die Lesbier ἔδοντες statt ὀδόντες gesagt
hätten, zugleich aber auch auf die voraussetzung, dass die
assimilation von ε an ein ο der folgenden silbe durch die in
Kuhn's zeitschrift XXV, s. 51 gegebenen zusammenstellungen
erwiesen sei. Andre sind hierüber andrer meinung. G. Meyer,
griech. grammatik [2], s. 32 sagt „ἔδοντες für ὀδόντες .. ist gewiss
nur volksetymologische anlehnung an ἔδω". Ebenso urteilen
Meister, die griech. dialekte I, s. 45 und Brugmann, a. o.
II, s. 373. Ich wünschte, J. Schmidt hätte sich auch über
das arm. *atamn* geäussert, dessen anlaut von Hübschmann,
arm. studien I, s. 58 dem griech. ο gleichgesetzt wird. Ich
gestatte mir, in dieser hinsicht auf einen demnächst in Bezzenberger's beiträgen erscheinenden aufsatz „arm. *a* > eur. *o*" zu
verweisen, der übrigens schon geraume zeit geschrieben und
aus der hand gegeben war, ehe ich J. Schmidt's pluralbildungen erhielt. — Die flexion der wörter für „zan" kann, da
ihr partizipialer ursprung äusserst unwarscheinlich ist, nicht
das geringste dazu beitragen, die ursprachliche flexion der
partizipien aufzuhellen.

---

[1] Der weg gibt auskunft über die einzuschlagende richtung. Ich
stelle daher *ádhvan-* zu der in Bezzenberger's beiträgen XV, s. 287 aufgestellten wurzel *adh-*.

Weiter zu *νήφοσι* bei Theognis, v. 481 und 627. Pluralbildungen, s. 423 wird davon gesagt, dass es „augenscheinlich
ein älteres *νηφασι voraussetzt". Nach meiner meinung kann
auch *νήφοσι* für die alte ansicht über die flexion der *nt*-parti-
zipien nicht das mindeste beweisen. Auf s. 185 heisst es: [Es]
„hat die gleichheit des nominativausgangs -*ων* für die *n*- und
nt-stämme einige der erstern veranlasst, ihre kasus obl. nach analogie der letztern zu bilden: hom. *Σαρπηδών, Σαρπηδόνος* und
Σαρπήδοντος; aeol. *θερράπων, θερράπονος* .. entsprechend den
fem. *θεράπνη, θεράπαινα*, sonst *θεράποντος; λέων, λέοντος*
neben *λέαινα*, lat. *leōnis* ..[1]). Ebenso ist durch das zusammenfallen von nom. -*αν-ς* und -*αντ-ς* in -*ᾱς* .. die heteroklisie
τάλαντι .. neben *τάλανες*, .. *τάλαινα* hervorgerufen". Sollte
die umkehrung dessen, nämlich dass *nt*-stämme sich nach den
n-stämmen richteten, ganz ausser dem bereich des möglichen
liegen? Wir haben es gar nicht nötig, weit herum zu suchen.
Bei Hesych steht *νήφονες· νήφοντες*. Zu dem hier überlieferten
nom. plur. bildet *νήφοσι* den dat.-lok. Es ist also ganz und
gar überflüssig, ein *νήφασι voraus zu setzen. Übrigens findet
sich die zusammenstellung von *νήφοσι* mit dem Hesych'schen
νήφονες schon im thesaurus; ich wundre mich, dass J. Schmidt
ihrer keine erwänung getan hat. — Ein analogon dazu sehe
ich in *περικτίονες*, das Hesych mit *πέριξ οἰκοῦντες* erklärt.
Der partizipialstamm *περικτίοντ-* — ai. *parikṣijánt-* ist schon
bei Homer völlig in die *n*-deklination übergetreten. Entscheidend dafür war allerdings, dass die *νt*-formen im daktylischen
versmass nicht brauchbar waren. Es können aber auch für
die bildung von *νήφοσι* metrische gründe massgebend gewesen
sein.

Ich möchte übrigens auch noch auf eine andere möglichkeit aufmerksam machen. Es scheint mir ganz gut denkbar,
dass die flexion *νήφων, νήφονος* sogar die ältere ist. Das
verbum *νήφειν* könnte recht jungen ursprungs sein. Die älteste
stelle finden wir Theognis, v. 478: *οὔτε τι γὰρ νήφω οὔτε
λίην μεθύω*. Es ist sehr wol möglich, dass aus *νήφων* (gen.
νήφονος) εἰμί nach dem gegensatz *μεθύω* ein *νήφω* neu ge-

---

[1]) Anders freilich wäre das verhältnis von *leonem* und *λέοντα* zu beurteilen, wenn Lefmann, Bezzenberger's beiträge X, s. 301 ff. mit seiner
etymologie des worts recht hätte. Das ist aber meines erachtens nicht
der fall.

schaffen wurde. So mag auch das verbum ϑέρμειν entstanden
sein. Bei Homer steht ϑέρμετο und ϑέρμετε, formen, die
L. Meyer, vergl. grammatik I², s. 769 sich nur als „ver-
kürzte" zu erklären weiss; s. dagegen G. Curtius, verbum
I², s. 336[1]). ϑερμαίνειν lässt einen nominalstamm auf *men*-
vermuten. Es mag neben ϑερμός ein ungefär gleichbedeutendes
*ϑέρμων oder *ϑερμών, gen. -ονος bestanden haben, von dem
auch ϑερμός neben lat. *formus*, ahd. *warm* sein *s* entlehnt
haben wird; cf. Brugmann, a. o., s. 160, G. Meyer, a. o.,
s. 9, 204. Man vergleiche ἐπίστημος — ἐπιστήμων, ἄπειρος
— ἀπείρων u. a. *ϑέρμων aber fürte, den partizipien gleich-
gestellt, zu dem verbum ϑέρμειν.

Ich komme damit auf den dritten von J. Schmidt's belegen: ϑέρμασσα „ofen", das von ihm, und ebenso früher schon
von Prellwitz, gött. gel. anzeigen 1886, s. 763 mit ἔασσα,
ἀέκασσα, Ἐπίασσα zusammengestellt wurde, als einer der
wenigen überbleibsel der alten femininalbildung beim part.
praes. Zur erklärung der letztgenannten drei formen habe ich
natürlich nichts zu erinnern. ἔασσα, aus *ἄσσα entstanden,
stellt sich zum ai. *satí*. ἴασσα ist mit der 3. plur. ἴασι zusammen zu nehmen. Es entspricht entweder dem ai. *jati'*, in
welchem fall es für *ἄσσα steht und sich ebenso erklärt, wie
ἔασσα; s. Brugmann, Iw. Müller's handbuch II, s. 76. Oder
es gehört dem reduplizirten praesensstamm an; s. verf., ar.
forschungen II, s. 74. Jedenfalls sind sowol ἔασσα als ἴασσα
an unthematischen praesensstämmen erwachsen. Das gleiche
gilt von ἀέκασσα, sofern es nicht, was mir allerdings wegen
der bedeutung und wegen des maskulinen nominativs ἑκών noch
warscheinlicher dünkt, einem adjektivthema auf *nt*- entstammt[2]). Dagegen wäre ϑέρμασσα, wenn es wirklich mit

---

[1]) G. Meyer hat sich nicht darüber geäussert.   [2]) Entscheidend
sind freilich beide momento nicht. — Der nom. sing. mask. des partizips
lautet im arischen *uídn* im ai., *rasas* (*rasase*) im av. (s. Geldner, Kuhn's
zeitschrift XXX, s. 326 zu j. *13*. 8). Danach wäre im griechischen *ὑκάς
oder *ϝίκᾱς zu erwarten. Wegen des verhältnisses von *uídn* zu *rasas*
vgl. *stuván — stayas* (verf., beiträge, s. 132) und auch ai. *huvé' — stávē
RV. *10*. 22. 2, an dem Delbrück, ai. verbum, s. 70 des akzents wegen
anstoss nam. — Woher hat J. Schmidt den avestischen stamm *stayah-*

θέρμετε, θέρμετο unmittelbar zusammengehört, allerdings das partizip eines thematischen praesensstamms, das einzige mit α statt sonstigem ω (ov, οι). Es ist schon nicht sehr günstig für J. Schmidt's ansicht, dass diese einzige α-form einem praesensstamm zugehören soll, der selber nach seiner bildung wieder fast ganz vereinzelt steht und sicherlich recht jungen ursprungs ist. Brugmann, grundriss II, s. 375 hat bereits seinen zweifel ausgesprochen. Er verweist auf πρόφρασσα neben πρόφρων und zugleich auf θερμαίνω. So viel steht fest: es liegt nicht das geringste hindernis vor, θέρμασσα ebenso wie πρόφρασσα zu πρόφρων, Περσέφασσα zu Περσέφων als analogische neubildung zu einem adjektiv *θέρμων anzusehen, für dessen ehemalige existenz ja auch das denominativ θερμαίνω spricht; s. oben. Das gibt ja J. Schmidt selber, a. o., s. 431 auch ausdrücklich zu. Die ebenda, s. 186 angeführten wörter θερμάσσαιο bei Nikandros al. 587 (599) — variante φαρμάσσαιο — und θερμάσθραι, θερμαστρῇθεν bei Hesych können nach meinem dafürhalten nur das erweisen, dass neben θερμαίνειν auch ein θερμάζειν im gebrauch war, wozu es eine gewönliche ableitung darstellt; cf. στέγαστρον zu στεγάζειν, ποδίστρα zu ποδίζειν u. s. w. Verba auf -αίνω und -άζω stehen ja nicht selten neben einander; s. ὀνομαίνω — ὀνομάζω, θαυμαίνω — θαυμάζω, λιταίνω — λιτάζω u. a. m. Darauf beruht auch die bildung des hom. ἀεκαζόμενος zu ἀέκων. Die gleichung ἀέκων, ἀέκασσα > ἀεκαζόμενος = θέρμων, θέρμασσα > θερμάσσαιο halte ich für ganz richtig, nur freilich in anderm sinne richtig, als J. Schmidt, a. o., s. 186 wollte.

Es bleiben dann noch ἔντασσι, ποιόντασσιν, πρασσόντασσι und ὑπαρχόντασσιν auf den tafeln von Herakleia. Nach J. Schmidt, G. Meyer, a. o., s. 354 und Brugmann, a. o., s. 375 verdankt πράσσοντασσι seine entstehung einem ausgleich zwischen πράσσοντες und *πράσσασσι, aus °ητ-s°. Zu erweisen ist das wiederum nicht. Der ausgang -ασσι kam sicher zu: 1) den nt-partizipien unthematischer temporà, 2) den μεντstämmen, 3) den ασ-stämmen (hom. δέπασσι). Von einer dieser

„preis"?, der a. a. o. zweimal, s. 149, 378 zur erklärung des vedischen infinitivs stuṣé „zu preisen" dienen muss? Ich kenne staуah- nur in der bedeutung „dicke".

gruppen wird πρασσόντασσι seinen ausgang erhalten haben. Am nächsten gelegen war die erste derselben. Neben ἐρίξαντες stand zunächst *ἐρίξασσι, das dann im anschluss an die übrigen formen zu *ἐριξάντασσι umgestaltet wurde. Man vergleiche dazu ἀβάντασιν bei Hesych und J. Baunack's bemerkungen dazu, rhein. museum XXXVII, s. 474. Von solchen formen aus ging dann -ασσι auf alle übrigen partizipien über, einfach auf dem wege proportionaler angleichung. Dass man nicht auch *πάντασσι bildete, sondern πᾶσι beibehielt, erklärt sich aufs einfachste aus der völlig abliegenden bedeutung des worts. Übrigens beachte man, dass πᾶσι und die vier oben genannten formen auf -ασσι die einzigen σι-lokative sind, die auf den tafeln vorkommen. Möglicher weise wurde der ausgang -ασσι auch noch bei andern stämmen gebraucht; vgl. G. Meyer, a. o., § 376 zu -εσσι. πᾶσι spricht nicht gegen diese anname. Die bildung einer neuen form setzt die alte nicht one weiteres und sofort ausser kurs.

Davon dass den germanischen und slavobaltischen wörtern für „tausend" das femininum eines part. praes. akt. thematischer bildung zu grunde liege, wird sich so leicht niemand überzeugen lassen. Auch J. Schmidt, der a. o., s. 431 die wörter bespricht, stellt das nur als eine entfernte möglichkeit hin. Es ist ja zweifellos, dass dieselben auf eine ablautende flexion hinweisen. Was soll aber aus dem verhältnis von ksl. tysąšta zu got. þūsundi für die partizipien wie φεροντ- gefolgert werden können? So wenig, wie aus der flexion der uant- und ment-stämme und der ent-adjektive; s. oben s. 265.

Ehe ich auf das letzte der J. Schmidt'schen beweismittel eingehe, will ich zuvor noch ein einzelnes wort erledigen, das von Brugmann, a. o., s. 317, 377 den genannten hinzugefügt wird. D. i. got. hulundi „höle"; es soll das feminin eines aktiven partizips sein und eigentlich „die verhüllende, bergende" bedeuten. Gewiss geht hulundi auf *ḱḷṇtī zurück. Ob das aber ein partizip ist, muss doch fraglich bleiben. Vergleiche das vedische vēśanti- (in vēśantjás AV. 1. 3. 7) „teich"; das ist doch gewiss nicht partizipial; zum ablaut s. das zu þūsundi

bemerkte [1]). Aber wenn auch *hulundi* wirklich „die bergende"
wäre, so bliebe noch immer zu zeigen, dass es einem thematischen tempusstamm zugehört. Das germanische hat aus der
wurzel *kel-* „bergen" zwei praesentien: *ḥelu-* in ahd., ags. *ḥëlan*
und *ḥulja-* in got. *ḥuljan.* Zu keinem derselben kann *hulundi*
gezogen werden. Es stünde somit nichts im wege, jenem angeblichen partizip eine unthematische praesens- oder aorist-
bildung zu grunde zu legen, etwa den unthematischen aorist.
Nach J. Schmidt ist ja auch unser *zan* partizipium des
aorists!

Es erübrigt schliesslich noch lat. *ferent-*, das mit ai. *bhárat-*
auf die gleiche grundform zurückgehen soll. J. Schmidt sagt
a. o., s. 423: „Bartholomae sucht dessen anerkenntnis aus
dem wege zu gehen, indem er behauptet, der auslautende vokal
des tempusstamms sei, wenn betont, ursprünglich *e*, sonst *o*
gewesen". Dass diese behauptung rein willkürlich und blos
ad hoc aus der luft gegriffen sei, wird damit doch wol nicht
gesagt sein sollen. Sie stützt sich auf den ja auch sonst oft
genug erweislichen zusammenhang zwischen hochton und *e-*,
nachton und *o*-färbung der *a*-vokale. Die art, wie J. Schmidt,
a. o., s. 115 unten die genetivsuffixe *-os* und *-es* in gr. μητέρος
und ksl. *matere* für die ursprache verteilt sein lässt, stützt sich,
so viel ich sehe, auf die gleiche beobachtung. Zur selben anname wie ich ist inzwischen auch Brugmann gelangt; cf.
a. o., s. 370, anm. 2, wo als indogermanische partizipialstämme
**rud-é-nt-* und **bhéudh-o-nt-* angesetzt werden. — Ich habe
dabei auf das verhältnis von lit. *dúgqs*, praesens, zu *áugsęs*,
futurpartizip, und auf die betonung des futurs im indischen
(*dāsjáti*) hingewiesen. Nun werde ich belehrt, dass *áugsęs* gar
nicht partizip des futurs, sondern des sigmatischen aorists sei.
Das ist möglich, wenn schon mir die art, wie J. Schmidt die
ersetzung von °*sęs*, das für ai. °*sat* in *dáksat* zu erwarten wäre,
durch °*sęs* erklärt, nicht besonders gut scheinen will. Wenn
áugsęs nicht aus °*sjants* (mit konsonantischem *j*) hervorgegangen
sein kann — doch s. Brugmann, a. o. I, s. 132, II, s. 378 —,
so könnte es allenfalls eine kompromissbildung zwischen den

---

[1]) Auch av. *haraiti* ist zu berücksichtigen.

gleichbedeutend gewordenen partizipien *augsię̂s und *áugsĩs darstellen. Das dialektische áugsius aus °onts weicht so wie so ab. — Aber, lassen wir das litauische futurpartizip fallen; ich habe ja schon damals nicht gerade besondern wert darauf gelegt. Also, meine aufstellung hinsichtlich -ónt- und -ént- soll durch áugsęs u. s. w. nicht bewiesen sein. Wenn aber J. Schmidt fortfärt: „Positiv widerlegt wird sie durch das part. aor. der wurzel ĕd- essen, stark indog. ed-ó-nt = aeol. ἔδοντ-, ὀδόντ- . . ., schwach indog. d-e-nt- = . . . lat. dent-is, got. tunþus . .", so kann ich das nicht ebenso zugestehen. Die behauptung, die wörter für zan seien eigentlich partizipien, ist eine ganz willkürliche, wie ich schon oben ausgefürt habe. Übrigens, ist es nicht merkwürdig, dass Brugmann, der lat. dent-, gr. ὀδόντ- u. s. w. ebenfalls für partizipien ausgibt, sie gerade in entgegengesetztem sinn wie J. Schmidt verwertet? A. o. II, s 371 heisst es: „Auf -e-nt- neben -o-nt- und -n̥t- weist namentlich(!) mhd. zint, aisl. tind-r 'zacke, zinke' = *d-e-nt- neben d-o-nt- (ahd. zan, gr. ὀδόντ- u. s. w.) und d-n̥-t- (got. tunþ-)". So viel ist sicher, dass die wörter für zan dem auch von Brugmann befürworteten ansatz bhéront- > u̯idént- durchaus kein hindernis bereiten.

Die differenz, so nam ich an, wurde in allen europäischen sprachen nach der o-seite hin ausgeglichen, ausser im lateinischen, wo die o-formen denen mit e weichen mussten. Letztere hatten im lateinischen, und zwar nur hier, in sämmtlichen formen der unthematischen partizipien hilfstruppen gewonnen, nachdem idg. n̥ und ń̥ mit en gleich geworden waren, was bekanntlich sonst in keiner andern sprache der fall ist. J. Schmidt bestreitet die möglichkeit dieser erklärung abermals. A. o., s. 423 wird geschrieben: „Ich will kein gewicht darauf legen, dass im griechischen die starken formen der 'unthematischen stämme' wie ἔντες = skr. sántas nicht denselben erfolg davon getragen haben". Das ist auch recht gut so. Denn es handelt sich im lateinischen ja nicht blos um die starken formen. Und ferner ist betontes ń̥ im griechischen trotz jener gleichung αν, nicht εν; s. jetzt Brugmann, a. o. II, s. XIV. — Dann heisst es weiter: „Sicher zu ungunsten B.'s entscheidet die 3. pl. praes. des lateinischen, welche unter genau gleichen verhältnissen wie die partizipia die gerade entgegengesetzte ausgleichung vollzogen hat, dividunt, sunt, wie ferunt". Auch hier bin ich wieder anderer ansicht. Zunächst meine ich, die 3. plur. und das partizip sind von einander ganz unabhängig und können sich recht gut in verschiedener weise ausgestalten. Ital. *sent-em* ist im lateinischen geblieben, *sent* (— umbr. *sent*, osk. *set*) dagegen zu *sunt* geworden. Umgekehrt hat sich im griechischen *ἐ-άντι* (— *ἔᾱσι*) erhalten, aber für *ἐ-άντα* hat sich *ἐόντα* eingestellt. Ich meine aber auch, dass die verhältnisse keineswegs genau die gleichen sind. Nach meiner aufstellung ist ital. *ferontem* zu lat. *ferentem* erst dann geworden, als bereits der übergang von *n̥* in *en* vollzogen war. In der 3. plur. kann aber der ausgleich schon viel früher erfolgt sein. Keine einzige sprache weist auf *-enti* als ausgang der 3. plur. thematischer stämme hin. Also wird eben schon die ursprache blos *-onti* gehabt haben. Und noch ein andrer unterschied ist vorhanden. Die partizipialformen waren mit ausname des kaum vorkommenden vokativs stäts betont, die 3. plur. aber in zalreichen fällen tonlos. Wenn die färbung des *a*-vokals sich streng nach der regel: *e* im hochton, *o* im nachton richtete, so wurde im indogermanischen zwar *jói zghént*, aber im hauptsatz *tói zghont* (= gr. *τοί (ἔ)σχον*) gesagt.

Ich glaube jetzt, dass man das lat. *ferent-* noch einfacher und one zuhilfename der partizipien endbetonter thematischer stämme erklären kann. — Das ursprachliche praesensparadigma der gewönlichen *o*-konjugation — erste klasse indischer rechnung — lässt sich mit ziemlicher sicherheit erschliessen; es war für sing. und plur. im aktiv: *bherō*, *bheresi*, *bhereti*, *bheromes*, *bherethe*, *bheronti*. Die formen waren vielfach tonlos. Wo sie aber betont waren, in nebensätzen, am satzanfang u. s. w., da hatten sie one unterschied den akzent auf der wurzelsilbe. Zwar, nach Brugmann's meinung im grundriss I, s. 538 hätte man sich die ursprüngliche flexion mit wechselnder betonung so zurecht zu legen: *u̯értō*, *u̯r̥tési*, *u̯r̥téti*, *u̯értomes*, *u̯r̥téthe*, *u̯érlonti*. Aber diese anname stützt sich einzig und allein auf die oben erwänte hypothese vom zusammenhang des *e* mit dem hoch-, des *o* mit dem nachton. Sehen wir davon ab, so berechtigt uns kein einziger der verwandten dialekte, einen derartigen akzentwechsel in der thematischen konjugation für die ursprache anzunehmen. Auch nicht das litauische und slavische. Das gesteht auch Brugmann selber zu, indem er die flexion *bhérō*, *bhéresi*, *bhéreti*

etc., für eine bereits in der ursprache vollzogene analogische
neuerung erklärt.

Die erwänte aufstellung aber, hinsichtlich der verteilung
von *e* und *o*, ist in jener allgemeinheit nicht richtig. Das kann
insbesondere die 1. sing. perf. akt. aus *e*-wurzeln lehren, welche
in der wurzelsilbe, trotzdem diese sicher betont war, gleichwol
sicher den vokal *o* hatte: ai. *dadárśa* > gr. *δέδορκα* u. s. w.
Es muss also für den wechsel zwischen *e* und *o* noch eine
andre treibende ursache als hoch- und nachtonigkeit gegeben
haben.

Man hat die betonung der indogermanischen ursprache für
eine ausschliesslich musikalische erklärt. Aber dabei bliebe
die ausstossung unbetonter vokale unbegreiflich. Dieselbe setzt
eine exspiratorische betonung voraus. Die indogermanische betonung war aber auch keine ausschliesslich exspiratorische —
eine solche gibt es wol überhaupt nicht —, sondern eine zugleich musikalische und exspiratorische. Auch das ist bereits
anerkannt worden. Aber man hat, wie mir scheint, tonerhöhung
und tonverstärkung als etwas stäts zusammentreffendes angesehen. Hierin steckt der fehler früherer anschauung. Sie gehen
zwar vielfach hand in hand. Aber ihre verbindung war keine
notwendige. Es konnte auch erhöhung des tons one verstärkung
stattfinden und umgekehrt.

Auf dieser gegenseitigen unabhängigkeit von musikalischer
und exspiratorischer betonung beruht der wechsel in der färbung des thematischen vokals. Dieser wechsel aber braucht
nicht auf die formen des verbums finitum beschränkt gewesen
zu sein. Er kann eben so wol in der flexion des partizips
stattgefunden haben. Der nom. plur. z. b. mag *bhérontes*, der
gen. sing. *bhérentos* gelautet haben. Wärend nun aber beim
verbum finitum der wechsel zwischen *e* und *o* im ganzen und
grossen bewart blieb, trat in der partizipialen flexion ein ausgleich der formen ein. Dass in diesem punkt das lateinische
einen andren weg einschlug, als z. b. das griechische, darf
nicht wunder nehmen. *ferentem* verhält sich zu *φέροντα* umgekehrt wie *arātōrem* zu *ἀροτῆρα* u. dgl. m. Und dazu war
oben doch beim partizip, wie sich nicht in abrede stellen lässt,
die *e*-seite durch die formen der unthematischen konjugations-
klassen ganz wesentlich begünstigt. Übrigens sind ja die *o*-
formen doch nicht spurlos untergegangen; cf. Bechstein, Cur-

tius' studien VIII, s. 245 ff. und dazu Brugmann's erklärung
der lat. gerundiva im am. journal of philol., VIII, no. 4.

Ich kann nicht schliessen, one noch auf drei punkte einzugehen, die man ebenfalls verwertet hat, die abstufende flexion
der *nt*-partizipia zu erweisen.

Zunächst die avestischen formen: *frapteregqn, rauaskarqn*
und *hairiqn*, die J. Schmidt, a. o., s. 162 ff. als akk. plur.
ntr. aus *nt*-partizipien erklärt hat. Was *hairiqn* anlangt, das
bei J. Schmidt als singularisch gebrauchte pluralform eines
aktiven partizips aus dem passivstamm (!) fungirt, so verweise ich
auf Bezzenberger's beiträge XV, s. 243. Das wort ist infinitiv.
Die textänderungen, die J. Schmidt mit der metrik begründen
will, haben nicht das mindeste überzeugende, stehen auch mit
einander im widerspruch; vgl. zu j. *9. 4* und jt. *13. 50*; zur
bedeutung und lesung von *giamna*- s. verf., ar. forschungen
III, s. 42 n. — Wegen *frapteregqn* s. verf., beiträge, s. 164,
Bezzenberger's beiträge XV, s. 19 [1]) und XVII. Partizip
kann das wort auf keinen fall sein, denn partizipien werden
eben doch nur von tempusstämmen gebildet; und wie sollte der
wol lauten, oder wie soll man sich dessen formation vorstellen?
Ich bleibe bei dem ansatz eines thema's *frapteregāt*-, d. i. „im
flug sich vorwärts bewegend". In *gāt*- steckt die gleiche wurzel
wie in ai. *patan-gā*- (verf., a. o. XV, s. 34) und wie in *adhra-
gātas, dju-gát*, nämlich ar. *g/gam*- „kommen, gehen". Wegen
der wurzelform siehe *kāiti*, und wegen der durch die komposi-
tion hervorgerufenen verkürzung von **patare* „im flug", wie
es in *pataretaẹibịa* vorliegt, vergleiche *frabdem, ahinūš* u. s. w.
(J. Schmidt, Kuhn's zeitschrift XXV, s. 54 ff.). Es kommt
fraptereg° fünfmal vor. Überall folgt gleich dahinter der selbe
kasus aus *rauaskar°*; nämlich: j. *71. 9* vispqm gqm .. fraptere-
gātqmka rauaskarātqmka, vsp. *1. 1* ratauō °gātqm ratauō °ka-
rātqm, *2. 1* ratauō °gāta āịẹsẹ jẹšti ratauō °karāta āị° j°; jt.
13. 74 urunō jazamaidẹ .. °gātqm jaz° °karātqm jaz°; *8. 48*
jaka °gqn jāka °karqn. Einmal findet sich *rau°*, one dass
frapt° vorhergeht: jt. *8. 36* siždraka °karātō. Überall wo *fr°*
und *rau°* verbunden sind, zeigen sie beide den gleichen aus-

---

[1]) Wo zeile 2 v. u. *gam*- statt *gan*- zu lesen ist.

gang. Das kann darauf beruhen, dass sie auch alleinstehend gleich flektirt wurden, aber es kann auch die formelhafte verbindung der beiden wörter die ausgleichung der ausgänge veranlasst haben; s. z. b. Lanman, journ. of the am. or. soc. X, s. 468. Nach J. Schmidt, der beide wörter für partizipien hält, wäre das erstere zutreffend. Aber die erklärung von *frapt°* als partizip ist, wie wir oben sahen, unmöglich. Also wenn die *qn*-form nur beim partizip entstanden sein kann, so müsste *frapteregqn* nach *rayaskarqn* geformt sein. Der umstand, dass *frapt°* überall voransteht, ist dieser anname nicht besonders günstig; denn es ist immer warscheinlicher, dass von zwei koordinirten wörtern sich das zweite nach dem fertigen ersten richtet, als umgekehrt, es sei denn, dass die zu bildende form des ersten worts eine ganz ungewönliche wäre. Doch will ich hierauf kein besondres gewicht legen. Von belang aber ist ein andres. Die eine stelle, da *rau°* allein vorkommt, hat *rayaskarātō*, d. i. ein nom. plur. mask. Eine solche form aber, mit *-ātō*, ist beim partizip unerhört. *-āt* tritt hier nur in den sogenannten schwachen kasus und im feminin auf, niemals in starken kasus, wie aus meinen zusammenstellungen, beiträge, s. 126 f., 135 zu entnehmen ist. Das ist, wie es scheint, von J. Schmidt übersehen worden. Ich habe danach keinerlei veranlassung, von meinem ansatz eines *āt*-stamms für *rayaskarātō* abzugehen. Neben *karāt*- kommt auch die stammform *karat*- vor, in *frataþ.karatō* jt. *13.* 14, *frātaþ.karataska* j. *68.* 6, jt. *8.* 41. Zwar *°karataska* könnte auch für *°ātaska* stehen; s. verf., handbuch, § 69, anm. 2. Aber zu jt. *13.* 14 haben wir deutlich einen *at*-stamm. Das wort ist epitheton von *apō*, also nom. plur. des feminins. *frataþ.karatō* aus einem *nt*-partizip abzuleiten, wie es bei Justi geschieht, ist ganz unmöglich. Denn die *nt*-partizipien sind ja doch nicht generis communis. Wol aber sind es die adjektiva auf *-t*; vgl. ai. *dúhānāṃ dhēnúm pipjúṣīm asaskátam* RV. 2. 32. 3, *dhārā asaskátaḥ* 9. 57. 1 u. s. w.; s. Lanman, a. o., s. 466 ff., 501 ff.; ebenso im griechischen (s. Kühner, ausf. gramm. d. gr. spr. I. 1², s. 423) und sonst. Leider hat sich J. Schmidt über *frataþ.karatō* nicht ausgelassen, obwol es in meinen beiträgen, s. 164 nicht vergessen ist. *karātō* verhält sich zu *karatō* genau wie gr. ἀργῆτα Θ 133 zu ἀργέτα Φ 127. Die flexion der *t*-stämme war, wie ich schon früher hervorgehoben, ursprünglich eine abstufende;

doch haben sich davon nur mehr wenige spuren erhalten. Das indische hat alle *āt*-formen beseitigt[1]). Daraus folgt aber nichts fürs arische. Man wird sich doch allmälich darein fügen müssen, bei der beurteilung arischer sprachverhältnisse das iranische für einen mit dem indischen gleichberechtigten faktor anzusehen. In gar manchen dingen gewärt das avestische sogar ein sichreres urteil, weil es sprachlich nicht so verschulmeistert worden ist wie das indische.

Also weder *frapterejāt'* noch *rauaskarāt°* können auf einen *nt*-stamm zurückgefürt werden. Wie erklärt sich nun die form des akk. plur. neutr. auf *-qn*: *frapteregqn, rauaskarqn?* Ich sehe, trotz J. Schmidt's energischer einrede (pluralbildungen, s. 170), keinen grund, meine früher, beiträge, s. 164 n. geäusserte ansicht zu widerrufen. Die tatsache, dass jene *t*-stämme mit den *nt*-adjektiven in einzelnen kasusausgängen zusammentrafen, bleibt bestehen; cfr. *dreguātā, dreguāitę* u. s. w. Damit wäre aber one weitres die möglichkeit gegeben, auch andre kasusausgänge auszugleichen, die zuvor verschieden waren; und bei den *nt*-adjektiven geht der akk. plur. neutr. ganz regelrecht auf *-qn* aus.

Sodann zu ai. *sánti* RV. *2. 28.* 1, *8. 8. 23.* Es ist die einzige rgvedische form des akk. plur. neutr. der *nt*-partizipien. Sonst kommen von *nt*-stämmen noch vor: *mahánti*, dreimal, *paśumánti*, zweimal, *ghṛtávanti* und *ijánti*, je einmal. Bei den letztern hat das *ā* nichts auffälliges; s. verf., beiträge, s. 72 f. Anders aber steht es mit dem partizipialen *sánti*. Ich halte es jetzt, zusammen mit allen übrigen partizipialkasus, welche *-āt* zeigen — ausgenommen allein die a. o., s. 136 verzeichneten —, für nachbildungen nach dem muster der *nt*-adjektiva. Av. *haitim* und ai. *sánti* stelle ich somit ihrer entstehung nach auf die gleiche stufe. Ob auch alle übrigen partizipia im akk. plur. neutr. in rgvedischer zeit *-ānti* hatten, können wir nicht wissen. Auf grund des zweimal belegten *sánti* es behaupten, scheint

---

[1]) Wenn wirklich *nápāt* aus *na-pā-t-* entstanden ist, wie Leumann will, festgruss an O. von Böhtlingk, s. 77 f. Es scheint mir das noch ganz und gar nicht ausgemacht zu sein. — Vgl. übrigens das verhältnis von skr. *padātļ* zu ai. *pattļ* und lat. *pedēs*, worauf ich Bezzenberger's beiträge XVII aufmerksam gemacht habe.

mir recht kün. Es ist jedenfalls nicht zu übersehen, dass *sánt*-
neben der bedeutung „seiend" frühzeitig schon eine weitere erhalten hat, die es den *nt*-adjektiven sehr nahe rückte. Im
ältern avesta ist -*āt*- beim partizip ebenfalls nur in formen aus
hant- anzutreffen: *hátąm, haitīm* u. s. w. Ich halte, wie gesagt,
auch -*āt*- für eine entlehnung seitens der *nt*-adjektiva. Über
das verhältnis der dort auftretenden -*at*- aus -*n̥t*- und -*āt*-
aus -*n̥̄t*- zu einander habe ich mich Bezzenberger's beiträge
XVII geäussert; ebenda ist auch J. Schmidt's versuch, das
avestische -*āt*- in *dregu̯atā* u. s. w. als etwas unursprüngliches
zu erweisen, eingehend besprochen worden.

Endlich noch ein par worte über den griechischen nom.
sing. mask. auf -*ων*. Ich habe diesen ausgang seiner zeit mit
dem -*ān* von ai. *mahán* in verbindung gebracht. Brugmann,
Iw. Müller's handbuch II², s. 116 dagegen sieht jetzt in φέρ-ων
vielmehr eine junge neubildung nach der *n*-deklination, welche
durch den zusammenfall des akk. sing. neutr. der *ont*-partizipien
(φέρον aus °*ont*) und der *on*-adjektiva (εὐδαῖμον) hervorgerufen sei. Den anlass zu dieser anname gab die erwägung, dass -*ων* nicht innerhalb des griechischen aus -*ōnt*
hervorgegangen sein könne, da dies nach bekanntem lautgesetz
zunächst hätte zu -*οντ*, dann aber hätte zu -*ον* werden müssen.
Es fragt sich aber doch, ob denn auch wirklich alle ursprach-
lichen -*ōnt*, gleichviel welcher stellung, in gleicher weise diesem
kürzungsgesetz unterworfen waren. Es gehört dasselbe, wie
andre tatsachen dartun, nicht zu den ältesten in der griechischen sonderentwicklung [1]). Ich halte es für recht wol möglich,
dass ein im absoluten auslaut stehendes -*ōnt* zu -*ōn* geworden
ist, noch ehe jenes gesetz in kraft getreten war. So hätte das
indogermanische -*ōnt* im griechischen zunächst zwei formen erhalten: -*ων* und -*ον*. Bei den adjektiven und den sich anschliessenden *nt*-partizipien musste der zweite ausgang dem
ersten, -*ων* weichen. Derselbe war als nominativausgang ja
auch sonst geläufig. Der umstand, dass der neutrale nominativ
ebenfalls auf -*ον* endete, trug auch zur beseitigung des maskulinen -*ον* bei. In umgekehrter richtung vollzog sich der aus-

---

[1]) Vgl. μηνός, μῆννος > lat. *mēnsis* und dazu Brugmann's bemerkung, a. o., s. 47.

gleich bei der 3. plur. auf -ōnt: ἔγνον. Hier wurde -ον durchgeführt, das an der 3. plur. der thematischen praeterita eine
mächtige unterstützung fand. Auch der zusammenfall von
*ἔγνων, 3. plur. mit ἔγνων, 1. sing. mag dabei von einfluss
gewesen sein.

[Eingesant: 5. september 1889.]

Chr. Bartholomae (Münster W.).

Die laute der griechischen sprache. I.

In der nachstehenden reihe von betrachtungen griechischer
laute und lautgruppen, welche sich vielleicht später zu einem
ganzen zusammenschliessen werden, soll der versuch gemacht
werden, die griechischen sprachlaute, so weit es möglich ist,
aus dem Griechischen selbst zu erkennen, indem aus den
wechselgestalten, welche sie in den einzelnen mundarten und
in der verbindung mit anderen lauten annehmen, ihre ursprüngliche natur erschlossen wird. Freilich führt diese betrachtung
nur bis zum Urgriechischen aufwärts, aber der urgriechische
lautstand war ein so alterthümlicher, dass er sich von dem
gemeinsamen lautstande der Westeuropäer nicht sehr wesentlich unterschied, oder doch mit demselben unschwer in übereinstimmung bringen lässt.

Die stummlaute des Griechischen, mit deren betrachtung
ich beginne, scheinen auf den ersten blick sehr verworren zu
sein; wenn man fälle wie kretisch τεῖον, ionisch κοῖον und
attisch ποῖον ins auge fasst, so scheint es ja, als ob τ, κ und
π hier beliebig wechseln konnten. Der scheinbare wirrwarr
entwirrt sich, wenn wir auf den gemeinsam westeuropäischen
lautstand zurückgehen, d. h. denjenigen lautstand, welcher dem
Griechischen, Italischen, Keltischen, Germanischen zu grunde liegt.
Dieser theilt mit Slavoletten und Ariern die *t*- und *p*-reihe, weist
aber statt der *k*- und *ϛ*-reihe dieser sprachen vielmehr *q*- und *k*-
laute auf. Diese *q*- und *k*-laute sind später in allen sprachen des
westens vielfach vermischt, und zwar so, dass der *k*-laut an
stelle des *q*-lauts getreten ist, so dass also ein übergang wie
im ionischen κοῖον aus κϝοιον bei den übrigen westvölkern

viele gegenbilder hat. Ebenso finden wir bei den Italikern, Kelten und Germanen wie bei den Griechen den übergang von *q*- in *p*-laute, so dass z. b. dem attisch-gemeingriechischen ποῖον oskisches *pod* = lat. *quod*, britisches *páp* = irisch *cúc* genau entspricht, wie dem äolischen πέσσυρες gotisches *fidvór*. Dagegen theilen die nächstverwandten nicht den wechsel der *q*-laute mit den *t*-lauten, wenn man von einigen unsicheren fällen im Latein — *tilia* : πτελέα, *dulcis* : γλυκύς, *doleo* : nhd. *quälen* — absieht. Dieser eintritt von *t*-laut für *q*-laut — wie in τεῖον : κοῖον : ποῖον — beruht auf der erhaltung der alten palatale im Griechischen, welche in den übrigen sprachen West-europas — der grund dieser erscheinung wird sich weiter unten ergeben — später erloschen sind. Indem der alte palatal im Griechischen der regel nach als *t*-laut erscheint, ist hier fast jeder stummlaut zweideutig geworden: κ γ χ können aus alten *k*- und *q*-lauten, π und φ aus *p*- und *q*-laut (β nur aus *g*), τ δ ϑ aus *t*- und aus palatalisirten *q*-lauten entstanden sein.

I. Die *T*-palatale.

Ob der griechische τ-laut ursprünglicher dental oder palatal ist, erkennt man aus den entsprechungen dieses lautes in den dialecten und in den ableitungen von demselben stamme. Liegt hier dem τ-laut überall derselbe τ-laut und dessen regelrechte umgestaltung (wie σ aus τ, ζ aus δ) gegenüber, so ist der alte dental erwiesen, entspricht dagegen dem τ-laut vielmehr κ- und π-laut, so ist er ursprünglicher palatal. Wir beginnen mit dem palatalen τ.

T.

Das palatale τ wird als solches an seinen wechselbeziehungen zu κ, π, dem doppellaute πτ und der verdoppelung zu ττ (im Äolischen) erkannt.

Da die palatale ihrer natur nach ursprünglich nur vor hellen vocalen stehen konnten, lassen wir die hellen vocale ε η ι vorangehen. Hierauf folgt *v*, welches zwar ursprünglich dunkel (= *u*) doch dialectisch auch hell (= *ü*) gesprochen wurde, und die dunkeln vocale α und ο machen den beschluss.

τε „und" : καί „und". Wenn τε enklitisch aus τη verkürzt ist, verhält sich τε zu καί, wie ἤ „wenn" zu αἴ „wenn".

τε macht relativ z. b. ἔνϑα „da", ἔνϑα τε „wo" Homer, zeitlich in ὅ-τε, πό-τε = dorisch ὅκα, πόκα; für äolisch ὅτα

auch ὄττα in κάτεροττα Sappho 1, 5 (unrichtig κάτέρωτα geschrieben); die verdopplung im dorisch-dichterischen ὄκκα ist
in diesem dialecte auffallend. Aus der gleichung ὅ-τε — dorisch
ὄκα ergiebt sich, dass die partikel dorisch κα, äolisch κε sich
vom unbestimmten τε nur in der verwendung unterscheidet.

τέο gen. zu τίς : thessalisch κις.

τέωρος · σικοφάντης καὶ τὰ ὅμοια und τεωρεῖς · δραπέται,
κακοῦργοι, ληισταί Hesych: σκευωρός, σκευωρέω gleicher bedeutung. Auf die form σκέωρος weist σκαιωρία bei Hesych,
mit der jüngeren schreibung αι für ε. Das wort gehört zu
σκεῦος, σκευή, heisst aber nicht „gepäckwächter" oder „train-
knecht", sondern ist durch suffixales ωρος abgeleitet wie z. b.
θέωρος, πέλωρος. Gleicher herkunft sind τευμάομαι und τευτάζω w. s.

τεῖον · ποῖον Κρῆτες Hesych, ionisch κοῖον.

τευτάζω „beschäftige mich womit" ist gleichen stammes
mit τέωρος : σκεῦος und τευμάομαι. Die ableitung von τἀυτά
ist absurd. — ποιϝέω gehört zu -ποιός „machend" und dieses
steht für ποϝι-ϝος durch ϝ suffix von ποϝι vgl. an. heyja
(nach Bugge) gebildet; ähnlich steht σκαιϝός — lat. scaevus
(d. i. σκαϝι-ϝος) zu σκεύακας · εὐωνύμοις Hesych. ποϝιϝέω
wird schon homerisch zu ποι-έω, wie ϝέϝιπον zu ϝεῖπον.

τευμάομαι „veranstalte" gehört derselben sippe wie τευτάζω an.

Τευμησσός stadt in Böotien: der einwohner heisst Πευμάτιος Sammlung n. 380, I s. 389.

τέτταρες, ionisch τέσσερες, dorisch τέτορες : böotisch
πέτταρες, äolisch πέσσυρες (πίσυρες).

τέττιξ g. τέττιγος „cicade" : κίξιος · τέττιξ bei Hesych.
τέττιξ ist reduplicirt, stammwort ist ττιγ = s. kṣíj „einen un-
deutlichen laut von sich geben", kṣijana „das pfeifen der hohlen
bambusröhre".

τεπτά · ἑπτά (d. i. ἑφθά) Hesych : ἀρτο-κόπος. Vgl. lit.
kepti „backen".

τέναρος · σικοφάντης, κακοῦργος Hesych: zu πένομαι,
πονηρός vgl. διά-κονος; q'eno ist die basis zu πένθος s. d. f.

Τευθεύς· ὁ Πενθεύς παρὰ Ἑκαταίωι Phot. Da Πενθεύς
(als Μεγα-πένθης) offenbar von πένθος nicht zu trennen ist,
ergiebt sich damit für πένθος παθεῖν πέπονθα die grundform
q'enthó — lit. kentu „leide, dulde".

τένϑης „lecker" vgl. κνήϑω? τένδω „nage" vgl. κναδάλλω κνώδων? κνήϑω und κναδάλλω gehen zunächst auf κνῆν : κναίω.

Τερμησσός — Περμησσός fluss Böotiens; Περμάσιχος heisst ein Böoter (Thespier) Sammlung n. 823.

Τελέϑριον auf Euboä : Πελεϑρόνιον in Thessalien. Daraus scheint die doppelform τέλεϑρον : πλέϑρον zu folgen.

τελέϑω „werde, bin" : ἔπλε ἔπλετο, βου-κόλος : αἰ-πόλος (vgl. s. cárámi).

τέλος „ziel", τελευτή : τῆλε : äol. πήλυι : πάλαι (vgl. s. cirám, caramá).

τέλος „schaar" : ἀπέλλα dor. „versammlung", πτελέον· τὸ συλλέγεσϑαι Hesych. κλό-νος „gedränge".

Im inlaute:

πέντε : πεμπάζω, πεμπώβολον, äol. gen. πίμπων, πέμπτος.

Vor η steht palatales τ in:

δια-ττῆν „sieben", ἀλευρό-τησις „mehlsieb" : πῆν „streuen" πάσσω — lat. quatio, vgl. as. skuddjan nhd. schütten, schütteln. πάσσω = lat. quatio zu πῆν wie lat. patior zu πῆ-μα.

τήνεβλα · τὰ ἐφύμνια ᾀδόμενα τοῖς νικῶσι Hesych. : κόναβος κοναβέω. τήνελλα ist schlechte schreibung.

τῆλε : äolisch πήλυι vgl. πάλαι und τέλος „ende".

τηλία „sieb", τέλμα „sumpf" : πάλλω vgl. s. cálati „er schwankt"; lat. e-rallere.

Vor ι:

τιάρα „tiara" ist wohl lehnwort aus dem Persischen vgl. s. círa „streifen, zeug, lappen", círará „bettlergewand".

τίω τείω „scheue, ehre", τεῖσαι, τετιμένος τιμή. In der bedeutung „ehren" nur τ im anlaute; vgl. ksl. čěna „ehre" s. cáyati „scheut".

τίτανος „kalk" : κίττανος · ἡ κονιακὴ τίτανος Hesych. ι scheint aus ε geschwächt nach τέτανος · κονία. χρίσμα. ἄσβεστος Hesych.

Τιτάνη ort bei Korinth : Πιτάνη äolische stadt in Kleinasien, auch bezirk in Lakonien. Zweifellos nach τίτανος „kalk" benannt, wonach auch Τίτανος in Thessalien: Τιτάνοιό τε λευκὰ κάρηνα Ilias B 735.

τινάσσω „schwinge, schüttle", τιναγμός : ἀκιναγμός Hesych. ἀκίναγμα, κίνυμαι, κίω, κινέω.

τίνω τείσει : kyprisch πείσει, thessalisch ἀππείσει, ποινή.

τιλίαι· αἴγειροι Hesych : epidaurisch πελέα — πτελέα „ulme, schwarzpappel" vgl. ἀπελλόν· αἴγειρος, ὅ ἐστι εἶδος δένδρου Hesych. — Der anklang an lat. tilia „linde" ist wohl zufall.

τίλλω : πτίλος vgl. lat. cillere : pilus?

τίς, τις : thessalisch κίς κε, vgl. τεῖον : ion. κοῖον, ποῖον. Im wortinnern:

ἀματίς· ἅπαξ. Ταραντῖνοι Hesych : ἅμακι· ἅπαξ. Κρῆτες. Damit ist die vergleichung von -κις mit s. -ças wie in pańca-ças abgeschnitten.

τριοττίς — τριοπίς· τριόφθαλμος Hesych. Vgl. ὄσσε (ὄττις d. i. ἴττις· ὄψεις Hesych) ὄπωπα.

Μυτιλήνη : Μυκήνη, Μυκῆναι. Mytilene, sitz der aus Mykene vertriebenen Atriden auf Lesbos ist als „Klein Mykena" benannt; das verkleinernde τλ ist infigirt, und κ davor palatalisirt genau wie in ἀστιλάζει : ἀσπάζει s. u. Ἄμικλαι, die burg der Achäer in Lakonien, ist von demselben stamme benannt vgl. ἀμικαλαί· αἱ ἀκίδες τῶν βελῶν παρὰ τὸ ἀμύσσειν; lat. mucro und μόκρωνα· τὸν ὀξὺν Ἐρυθραῖοι gehört ebenfalls hierher; Μυκάλη ist „die spitze".

Vor υ steht palatales τ in:

τυψέλη· ὁ ἐν τοῖς ὠσὶ ῥύπος Hesych : κυψέλαι καὶ κυψελίδες· ὁ ἐν τοῖς ὠσὶν ῥύπος συνιστάμενος, eigentlich τοῦ ὠτὸς τὸ κοῖλον „höhlung", davon κύψελος „die uferschwalbe", weil sie in erdlöchern lebt; der name Κύψελος ist ursprünglich vogelname wie Πηνελόπη (= πηνέλοψ), Κύκνος, Κῆυξ, Ἰκτῖνος u. s. w.

Im wortinnern:

ἄντυξ „wagenrand" vgl. ἄμπυξ „helmrand" und ἀγκύλος, ἄγκυρα.

κιτύμινα· γλαυκά Hesych vgl. κίκυμος· λαμπτήρ. ἢ γλαυκός. ὁμοίως καὶ κίκυβος. Vgl. τιτυβίζω?

βλέτυγες· φλυαρίαι. οἳ δὲ βλέκυγες. Hesych. Darnach wohl auch βλέτυες· αἱ βδέλλαι Hesych vgl. βου-βίλιξ „heisshunger" zu βελε-, βλε- „schlingen".

Vor α erscheint der palatal τ nur im wortinnern in:

ἀταλός „zart" — ἀκαλο- in ἀκαλα-ῤῥείτης „sanft fliessend", vielleicht ist auch ἀπαλός dasselbe wort. ἀκήν : ἦκα.

äolisch ὅτα vgl. ὅτε. ὅτα ist die jüngere form.

τυτάνη · ὄργανόν τι, ῷ χρῶνται εἰς τὶν ἀλοητὸν τοῦ σίτου „dreschflegel" Hesych. Derselbe heisst sonst τυκάνη. Zu τύπτω?

ϑητ αλά· ϑαυμαστά, ψεύδεσιν ὅμοια Hesych vgl. ϑηπαλέος· βωμολόχος Hesych zu ϑήπω, τέϑηπα — τέτηφα.

Vor o nur in:

τορύνη · σιτῶδές τι Hesych : πορύναν · μαγίδα Hesych vgl. πύρνον Homer und κόρυνϑος· μάζης ψωμός Hesych; zu s. cárvati „er kaut, zerreibt", cûrṇá.

Die gleichsetzung der städtenamen Τολοφών (Lokris) und Κολοφών (Ionien) wäre wohl zu gewagt.

Selten ist palatales τ vor consonanten, und zwar nur vor liquiden.

ἄντρον scheint zu ἄγκος, lat. ancras · convalles zu gehören.

ἄντλον ἀντλέω entspricht dem lat. anclâre, exanclâre.

τέτμω kann man zu τέκμωρ stellen, andere ziehen es zu πότμος, so dass das anlautende τ palatal wäre.

Wenn man das vorkommen des palatals τ überblickt, so sieht man deutlich, dass er ursprünglich nur vor hellen vocalen stand. υ war überall, wo es als ü gesprochen wurde, ebenfalls hell. Das α im äolischen ὅτα ist jünger als ε in ὅτε; in ἀταλός, ϑηταλά, τυτάνη ist das mittlere α ein schwacher vocal, der ebenso wohl hell wie dunkel gewesen sein kann, τορύνη steht wohl für τυρύνη, endlich in ἄντρον, ἄντλον (τέτμω ist ganz unsicher) hat man vor ρ und λ schwache vocale heller farbe anzunehmen,

In der verbindung στ ist τ palatal in:

στέλλω : äol. κασπολέω σπόλεισα, σπόλα =. κατασταλέω σταλεῖσα στολή; äolisch ist auch σπελλάμεναι · στειλάμεναι Hesych.

στειλειή „öhr, loch am axtgriffe" vgl. lit. skylě „spalt, loch" zu lit. skélti „spalten".

μέστε „bis" arkadisch vgl. thessalisch μεσποδί „bis" und homerisches μέσπα in μεσφ' ἠοῦς. μέστε ist μετ — μετά mit τε vgl. ἔσ-τε = ἔν-τε „bis".

στηρίζω „ich stütze" verhält sich zu σκηρίπτομαι „ich stütze mich" wie νίζω „ich wasche" zu νίπτομαι „ich wasche mich". Dazu στῆρα · τὰ λίϑινα πρόϑυρα Hesych, στήριγγες·

ἐρείσματα Hesych, vielleicht auch *σερίζω· στηρίζω, στηρίζομαι* Hesych.

ἀνα-στίδωνος · ἀνατεταμένος Hesych : *σπιδής* ausgebreitet, *σπιδόεν, σπιδνόν, σπίδιον* = *ψίδιον*. Hierher auch *ἀσπίς* d. i. *ἀ-σπιδ-* worin *σπιδ* == *sqid-* ist, wie durch lit. *skýdas* „schild" bewiesen wird. Die schöne gleichung *ἀσπιδ-* : lit. *skýdas* hätte nicht zu gunsten der zerreiche *ἄσπρις : ἄσκρα* aufgegeben werden sollen. Mit *στιδ — σπιδ* ist nun auch *σκιδ-* in *σκίδνημι* identisch, dem praesens zu *σκεδα-* in *σκεδά-σσαι, σκεδάννυμι*; letzteres aus dem aoriste *σκεδασ-* wie *σκεδασ-τός, ἐσκέδασται.*

ἀστιλάζει · συμπεριπατεῖ (ambit) Hesych ist deminutiv zu *ἀσπάζει · συμπεριπατεῖ* Hesych zu *ἀσπάζομαι* „begrüsse" dessen *π* aus *q* entstanden ist, wie aus *Ἀσκασσόδαμος* altböotischer name (Sammlung n. 851) von *ἀσκαστός = ἀσπαστός* erhellt. In *ἀστιλάζει* ist deminutives *ιλ* infigirt, wie in *Μυτιλήνη : Μυκήνη.*

στάδιον lautet argivisch *σπάδιον*. Es ist wohl von der doppelform *στηδ* == *sqʼêd* : *σπαδ — sqad* — auszugehen; man kommt dadurch auf die gleiche basis wie in *σκεδά-σσαι* und *ἀσπάζει : ἀστιλάζει.*

στάφος · σκάφος, λεκάνη Hesych. Dazu auch *στέφειν, ἐπιστέφειν (κρατῆρα)*? Mit *στεφών · ὑψηλός, ἀπόκρημνος* Hesych kann man *Σκέφρος* bruder des *Λείμων* Paus. VIII, 53, 2 vergleichen.

σταλῆναι neben dem äolischen *σπολήμεναι* verdankt seinen anlaut offenbar dem praesens *στέλλω*, wie äolisch *σπελλάμεναι· στειλάμεναι* Hesych durch *σπολήμεναι* beeinflusst ist.

στολή, στόλος, στολμός neben *σπολάς* und äolisch *σπόλα, εὔ-σπολος* sind dem praesens gefolgt.

στόλοχρον bei Hesych „gestutzt" gehört zu *σκολύπτειν* „stutzen" und *σκόλοψ* wie:

στολυξώδης · μικρολόγος Hesych zu *σκολύψαι, ἀποσκολύπτω*. Auch *στέλεχος* „stamm, klotz" kann hierher gehören vgl. *σκόλυφρον = σκόλυθρον* „niedriger sitz".

Diese zusammenstellung der fälle mit *στ = sqʼ* zeigt zur genüge, dass dieser doppellaut, wie er seiner natur nach musste, ursprünglich nur vor hellen vocalen seinen sitz hatte.

Δ.

Das palatale *δ* wird im Griechischen aus seinen wechselbeziehungen zu *γ*, *β* und den doppellauten *γδ* und *βδ* erkannt. Zuweilen entspricht ihm auch mundartlich *ζ*, doch ist der blosse wechsel von *δ* mit *ζ* noch kein vollgültiger beweis für die palatale natur eines *δ*, weil dialectisch (z. b. Eleisch) jedes *δ* als *ζ* gesprochen und geschrieben werden konnte.

Bei der aufzählung der fälle mit palatalem *δ* ist dieselbe folge wie beim gleichartigen *τ* beobachtet.

Lokr. *δείλομαι*, dor. *δήλομαι* „ich will" : thessalisch *βέλλομαι*, böot. *βείλομη*, vgl. *βόλομαι βούλομαι*, *ᾶ βάλε, βάλε δή, βουλή* = äol. *βόλλα*.

ἐπι-δεῦσαι ἐπιστρέψαι und *δεῖν· — καὶ στρέφειν* Hesych : *γύης γαυσός*.

δέπας „becher" eigentlich „vertiefung" : *γύπη· κοίλωμα γῆς, θαλάμη, γωνία* Hesych.

δέρεθρον· λίμνη ἀποχώρησιν ἔχουσα = *βέρεθρον* Hesych vgl. *βάραθρον*. Von *δερ-* = *βερ-* „schlingen" vgl. *βορά, βιβρώσκω* und s. *δέρϝα*.

δερίαι· λοιδορίαι und *δειριᾶν· λοιδορεῖσθαι. Λάκωνες, δειρεῖοι· λοίδοροι· οἱ αὐτοί* Hesych. vgl. *γαρριώμεθα· λοιδορούμεθα* Hesych, dazu lat. *garrio*, lit. *gàrsas* u. s. w.

Πτολέ-δερμα alte stadt der Eutresier in Arkadien. Der name bedeutet „volksthing": *πτολε-* gehört zu *πτελεόν· τὸ συλλέγεσθαι*, dor. *ἀπελλά, πτόλις* = *πόλις : τέλος*; -*δερμα* zu *ἀγείρω, ἀγυρμός* vgl. s. *grâma* „dorf".

δέρρις „decke" wie *δέρτρον* „netzhaut" gehört nicht zu *δέρω*, sondern zu *γέρρα, βύρσα, βιρρόν· δασύ*.

δέρϝα „hals, nacken" äol. *δέρρα* (dazu *δερριστή, -στής* bei Hesych), dorisch *δηρά*, ion. att. *δειρή, δερή; δειράς* = dor. *δηράς*, zu s. *grívâ* „hals", ksl. *griva* „mähne", von *δερ-* (= *g'er*) „schlingen".

δέλεαρ „köder" : *βλῆρ* dass. zu *δελ-* = *βελ-* „schlingen" in *κα-βλέειν, βλωμός*. Aber *δόλος* hat ächtes *δ*.

δέλφαξ „ferkel" vgl. mhd. *chilbere* „lamm" nhd. *kalb*. Gleichen stammes mit *δελφίς*.

Δελφοί = böotisch *Βελφοί*, eigentlich „wölbungen, höhlungen" vgl. *γλάφυ, γλάφω*.

δελφῖνες, äolisch *βέλφινες* sind wohl nicht als „bauchfische" (*δελφύς* heisst nur „mutterschooss"), sondern von ihrem

„gewölbten" rücken benannt: die griechische plastik hebt diese wölbung besonders stark hervor. Vgl. γλάφυ, γλαφιρός.

δελφίς „mutterschooss" ἀδελφέϊος vgl. γλάφυ „höhlung" und γλέφαρον = βλέφαρον eigentlich „augenhöhle"; dazu δέλφαξ δόλφος.

δέλλω, ἐς-δέλλω tegeat. — ἐκβάλλω: ζέλλειν· βάλλειν und κάζελε· κατέβαλε. Ἀρκάδες (?) Hesych: βάλλω βαλεῖν βολή.

δέλλιϑες· σφῆκες ἢ ζῶον ὅμοιον μελίσσηι (Hesych). Vom „stechen" benannt vgl. ὀδελός — ὀβολός und βελόνη „nadel", ὀξυ-βελής „scharfstechend", lit. gélti „stechen".

Im inlaut steht palatales δ in:

ἀϑέλδεται· διηϑεῖται Hesych ist nicht zu trennen von ἀϑελβάζειν· διηϑεῖν Hesych, ἀϑέλγειν· ἀμέλγειν und weiterhin ϑλίβω = φλίβω.

ἰδελός dorisch = ὀβολός, ὀβελός, gehört zu βελόνη, ὀξυ-βελής, lit. gélti „stechen".

Ursprünglich wohl doppelform: δέλο-ς : ὀβλό-ς.

Vor ι steht δ = g′ in:

διερός „lebhaft" scheint zu βίος βιῶναι zu gehören, vgl. s. jíra „lebhaft".

δίψα „durst" wird passend zu s. jeh „wornach schnappen, lechzen" mit h = bh gestellt; dafür spricht πολυ-δίψιον Ἄργος das „vielklaffende, schluchtenreiche", die schlange διψάς „schnappend", deren biss nach der üblichen ableitung „durst erzeugen" soll (!) und διφᾶν?

διφοῦρα· γέφυρα. Λάκωνες Hesych. Vgl. auch βουφάρας· γεφύρας Hesych und thebanisch βλέφυρα = γέφυρα? Zu δίπτω, βιπτάζω (βαφῆναι).

Im inlaute in:

ψάδιον· κάταντες Hesych : ψάγιον· πλάγιον, λοξόν, ἐπι-κεκλιμένον Hesych.

Vor υ:

δύω vgl. ἁλι-βδύω und lat. im-buo?

δύπτοντες· κολυμβῶντες, δίπτης· κολυμβητής Hesych zu βύπτω, βιπτάζω (βαφῆναι).

Im inlaute in:

σκάνδυκες· σκόλοπες, χάρακες Hesych : σκάμβυκες· σκό-λοπες, χάρακες Hesych vgl. σκαμβύς.

Vor α findet sich δ = g′ nur in

att. σάνδαλον = σάμβαλον bei Anakreon und in

σίδαι — σίρδαι, ζίμβαι „granatäpfel"; beide wörter sind dunkel.

Vor o in:

δοῦπος· ἐρί-γδουπος, vielleicht gehört auch κτύπε hierher: *γδεύπω : κτυπεῖν?

δοθιήν und δοθίων gehören zum gleichbedeutenden ahd. chwadilla, niederdeutsch quaddel vgl. ἀ-γαθίς „knäul".

δολέων· ὁ δοθιήν Hesych zu lit. gelù „stachel in einer wunde", gélti „stechen".

δολφός· ἡ μήτρα Hesych. Vgl. δελφύς.

Im inlaute:

ὀδόλυνθοι· ἐρέβινθοι Hesych vgl. γάλινθοι· ἐρέβινθοι Hesych.

ὀδολκαί· ὀβολοί. Κρῆτες Hesych zu ὀδελός = ὀβολός.

Vor ν in:

δνόψ· χιτῶνος εἶδος, βάθος Hesych vgl. γνιφαί· νάπαι Hesych (βύπτω βιπτάζω βαφῆναι).

(δνόφος) δνοφερός, δνόφεος dunkel, ἰο-δνεφής und ἀλιδνε-φεῖ· ἀλουργεῖ Hesych : γνόφος γνόφεος und ζόφος, ζέφυρος.

Wenn κύδνος· κύκνος Hesych wirklich = κύκνος ist, so ist κύδνος zunächst aus κύτνος entstanden und τ hier palatal vor ν oder vielmehr vor einem hellen schwâvocal vgl. s. çakunâ „vogel".

Unsicher ist δεῖπνον : mhd. kiben, kiffen, δεσπότης in seinem verhältnisse zu s. guspita „geflochten", ags. cosp „fessel", lat. vespices, ὑδέω „singe" zu ὕξον· βόησον Hesych und ὕμνος (ὕβνος?).

Regelwidrig ist δεύασθαι· γεύσασθαι Hesych, weil hier ursprüngliches z, westeuropäisches g palatalisirt wäre, da es ja im Zend zuṣ zaoṣa heisst. Aber die Hesychglosse ist ganz unsicher: δεύασθαι ist blosse conjectur, überliefert ist δεύαται; auch kann hier δ jüngere aussprache von ζεύσασθαι· γεύσασθαι (Hesych) sein, worin möglicher weise das ζ liegt, welches im Kyprischen für γ eintritt, wie in ζᾶ = γᾶ, ἀζαθά = ἀγαθά. Auch könnte ja, wenn man hier das palatale δ durchaus er-kennen will, anlautendes g durch einwirkung des folgenden labialen εν zu g′ palatalisirt sein.

Auch in ἔρδει „er thut", wenn dieses mit ϝεργο- in ϝέργον gleich wäre, würde ursprüngliches z palatalisirt sein, denn es heisst zend. *varez;* möglicher weise hat hier das anlautende *ƒ* dahin gewirkt, dass *g* = *z* in *g* überging. Dahin führt auch *ƒϱέζω*, denn nur *gj*, nicht *gj* giebt griechisch *ζ*.

Die hiermit gegebene zusammenstellung des palatals *δ* zeigt auf den ersten blick, dass dieser ursprünglich nur vor hellen stand: *v* ist als *ū*-laut hell und in fällen wie *ὀδολκοί : ὀδελός ὀβολός, δόλφος : δελφύς* hat deutlich eine verschiebung stattgefunden. Für *δνόψ δνόφος : γνύψαι γνόφος* ist ursprüngliche doppelform *δέν(ο)φ- : γνοφ-* anzunehmen.

Θ.

Das palatale *ϑ* wird an seinem wechsel mit *φ*, seltener mit *χ* erkannt. Doch ist nicht jedes *ϑ* schon dieses wechsels wegen palatal, es kann auch ursprüngliches *dhv* — *ϑƒ* in folge einer durchdringung beider laute mundartlich zu *φ* werden; sichere beispiele sind *ϑεός* — *φεός* aus *ϑƒεσος* vgl. lit. *dvěsti* „hauchen" *dvdsė* „geist" und md. *gedicaes* „gespenst", und *ϑολύνω* — *φολύνω* Hesych von *ϑόλος* = *ϑƒολος* vgl. got. *dvals*, nhd. *toll*, wozu *φαλόν· μωρόν, φαλίπτει· μωραίνει* schön in der bedeutung stimmen.

Palatales *ϑ* erscheint in:

ϑείνω ϑενών : ἔπεφνον πέφαται Ἀρηΐ-φατος, φόνος zu s. *hánmi ghnánti jaghána*.

Θετταλός = böot. *Φετταλός* = thessalisch *Πετϑαλός*, grundform *Φεϑϑαλός*. Die form *Θεσσαλός* ist wohl ursprünglich die ionische.

εὔ-ϑενής· εὖ παϑοῦσα, ἰσχυρά Hesych, *εὐϑενεῖν, ἰηϑενέουσα· ἐκπεπληγμένη καὶ ἀπορούσα* Hesych : *ἄφενος, ἀφνειός* und *φόνος* „masse". Vgl. s. *áhanás : ghaná*, nhd. *gan-z* und lit. *ganà*, ksl. *goněti* „genügen". Ursprünglich *ϑένος : ἀφνέος*.

ϑέρομαι ϑέρος ϑερμός : φαρύνει· λαμπρύνει und *φαρυμός· τολμηρός* Hesych (?). Zu lat. *furnus formus*, nhd. *brennen*, s. *háras : ghr̥ná*.

ϑέλω ἐϑέλω ἐϑελῆσαι : φαλίζει· ϑέλει Hesych. Vgl. ksl. *želěti* „begehren". Gehört auch *φίλος* hierher?

ϑέσσομαι (d. i. *ϑεϑjομαι*) *ϑέσσασϑαι : Θιό-φειστος* = *Θεόϑεστος : Φειστίων, πόϑος ποϑέω* vgl. irisch *guidiu* = got. *bidja* „ich bitte".

Das verhältniss von *ϑῆβος· ϑαῦμα* Hesych zu *φάβα· μέγας*

φόβος Hesych, von ϑοίνη zum angeblich äolischen φοίνα, von ϑῶσϑαι „schmausen" zu χωίδα · τροφήν Hesych ist nicht ganz klar. Die grundform ist vielleicht *ghvô-*.

ϑ in ϑήρ = äolisch φήρ, thessalisch φείρ ist palatal zu *gh*, dieses aber ist erst aus *ghv* entstanden, wie ksl. *zvěrĭ* zeigt. Der gang des lautwandels ist also: *zhv*, woraus westeuropäisch *ghv* wird, hieraus urgriechisch *gh*, welches sich dann zu ϑήρ und φήρ auseinanderlegt, jenes durch wirkung des hellen vocals, dieses durch einfluss des dunkeln, dem *gh* inwohnenden *v*-lauts.

Vor liquiden erscheint palatales ϑ in:
ϑρησόμενος · — ϑερμανϑησόμενος und ἐλα-ϑρά · — ἐν ἐλαίωι ἐφϑά Hesych.

Das ϑ ist durch einfluss von ϑέρομαι ϑέρος bewahrt; lautgesetzlich hätte φ eintreten müssen. Ebenso in

Θρινακία die sonneninsel. Die äolische form würde Θρινναχία sein, entsprechend der s. bildung *ghraṁsá* „sonnengluth".

Vor λ findet sich ϑ neben φ in:
ϑλάω = φλάω und ϑλίβω = φλίβω. Zu ϑλίβω : φλίβω gehören ἀϑέλδειν, ἀϑέλγειν, ἀϑελβάζειν ursprünglich „drücken", dann „melken" und „sieben" bedeutend.

Durch nachfolgende aspirate ist palatales ϑ zu τ gewandelt in

τέλϑος · χρέος Hesych. Das wort steht für *gheldhos*, gehört zu ὀφείλω ὀφλεῖν und entspricht genau dem deutschen *gelten*, got. *gildan*. Aber in der bedeutung „ἔϑνος" vgl. τέλϑεα · καὶ ἔϑνη Hesych gehört τέλϑος zu τέλος „schaar".

Lässt sich τέλϑει · ἐν ᾠδῆι τέρπει Hesych mit ϑέλγω zusammenbringen?

Palatal würde auch das τ in Τελχῖνες sein, wenn Prellwitz diesen namen richtig mit χαλκός = lit. *geležl-s* combinirt hat.

Im wortinnern ist ϑ palatal in:
παρϑένος „jungfrau", wenn richtig mit lat. *virgo* zusammengestellt. Die grundform ist *ghṛg'hē'n*, ϑ richtig vor ε palatalisirtes *gh*. So mag auch πτόρϑος zu lat. *virga* gehören.

ἀϑεμβοῦσα (besser vielleicht ἀϑέμβουσα) · ἀκολασταίνουσα Hesych : φάψ g. φαβός „wilde taube" vgl. engl. *to jump*, mhd.

gampel-spil und mit φάψ den vogelnamen nhd. *gimpel* (alt *gümpel*).

Neben ὄρνιϑες liegt dorisch ὄρνιχες. Dadurch ist die natur des ϑ als palatal erwiesen. Auch das deminutive φ in ὀρνύφιον mag verwandt sein.

ψάϑεα· ψωμία „bissen“ Hesych zu ψήχω, ψώχω und s. ψαϑυρός, ψαϑάλλειν.

Neben ἀϑήρ g. ἀϑέρος „hachel, granne“ liegt ἀφρίους· ἀϑέρας Hesych vgl. ἄχωρ „kleiengrind“, ἄχυρα „kleie, spreu“. Sollte auch ἀφρός hierher gehören? Auch ἄχνη bedeutet „spreu“ und „schaum“ (ἁλὸς ἄχνη).

In ψαϑυρός neben ψαφαρός kann υ als heller laut gewirkt haben, vor α steht ϑ-palatal in:

ψαϑαρά· εὔϑλαστα, σαϑρά, ξηρά, ἀσϑενῆ, ψαϑυρά Hesych zu ψήχω σάχνος.

ψαϑάλλειν· κνήϑειν Hesych zu ψήχω ψώχω.

ψοϑάλλειν· ψοφεῖν Hesych vgl. ψόϑος. Hier ist das schwache α als ursprünglich heller schwâlaut zu denken vgl. ψαφερά· ψαϑυρά Hesych und ψάϑεα.

Vor ο ist ϑ palatal in:

ψόϑος· — ϑόρυβος Hesych vgl. ψοϑάλλειν zu ψόφος, ψοφεῖν.

ψόϑος· ψώρα, ἀκαϑαρσία, ψοϑίον αἰϑαλῶδες, ψοϑόν· μέλαν Hesych zu ψέφας „dunkel“, ψίφος· καπνός (vgl. ψοϑίον „russig“). Auch ψομμός· ἀκαϑαρσία, καπνός gehört hierher (ψοφ-μος).

Suffixales μ hat scheinbar palatalisirend gewirkt in: hom. ἴϑματα neben ἴχματα· ἴχνια Hesych.

ὄϑματα· ὄμματα. Αἰολεῖς Hesych und στέϑματα· τὰ στέμματα Hesych von στέφω. Oder ist das ϑ hier zu erklären, wie in ἀριϑμός : mhd. *rîm*, μυκηϑμός neben μύκημα? also ὄϑμα aus ὀφ-ϑ-μα?

Ob auch ρ, vielleicht die liquiden überhaupt, als helle laute wirken konnten? Für ρ scheinen zu sprechen:

ἐλαϑρά· ἐλαφρά Hesych. Vgl. mhd. *lunger*, nhd. *gelingen*.

ὄϑρυν· Κρῆτες τὸ ὄρος Hesych, ὀϑρυόεν· τραχύ. ὑλῶδες. δασύ. κρημνῶδες vgl. ὀφρυόεις „bergig“ Hdt. 5, 92, 2. ὄϑρυς war nicht bloss kretisch, wie der name des gebirges Ὄϑρυς in Südthessalien bezeugt. ὄϑρυς — ὄφρυς „berg“ wird unrichtig

mit ὀφρύς „braue“ zusammen geworfen: *oghru-s* „berg“ : *bhrû*
„braue“.

βλᾶϑρον· φυτὸν πτέρει ὂν ὅμοιον, ὃ περ ἔνιοι βλάχρον
Hesych vgl. βλάχρον· πύα τις Hesych und βλήχων = γλήχων
„Polei“.

σαϑρός „morsch, faul“ vgl. ψαϑιρός: ψαφαρός, σάχνον zu
ψήχω ψώχω σώχω.

σκολύϑρων· ταπεινῶν. ἀπὸ σκολύϑρων δίφρων und σκο-
λύϑρια· ταπεινὰ διφρία. ὑποπόδια Hesych : σκόλοφρον· ϑρα-
νίον Hesych. Zu σκολύπτω.

Die betrachtung der griechischen τ - palatale liefert folgende ergebnisse: Die palatalisirung trifft nie die reinen *k*-laute,
sondern nur die *q*-laute der Westeuropäer. Daraus folgt, dass
die reinen *k*-laute des Westens ursprünglich keine gutturale
waren, denn sonst hätten vielmehr sie palatalisirt werden
müssen, denn der palatal ist nichts anderes als der durch folgenden hellen laut umgestaltete guttural. Und so ist es ja
auch in der that: die reinen *k*-laute der westlichen sprachen
sind die im Westen verschobenen *ç*-laute der Slavoletten und
Arier, welche als solche auch der gemeinsamen grundsprache
eigen waren. Ferner ergiebt sich aus der thatsache, dass die
palatalisirung im Griechischen nur die *q*-laute der Westeuropäer
trifft, dass diese *q*-laute ursprünglich reine gutturale oder *k*-laute
waren, denn nur diese erleiden palatalisirung, während der *q*-
laut seiner natur nach diesen vorgang hemmt, wie man sich
ja aus dem französischen *quinze* neben *cinq* überzeugen kann.
Also haben Arier und Slavoletten den lautstand der ursprache
bewahrt, wenn sie an stelle der westeuropäischen *q*-reihe reine
k-laute aufweisen. Und so liefert der griechische palatal den
beweis, dass der ursprache *ç*- und *k*-laute eigneten und dass
die *k*- und *q*-laute des Westens aus diesen durch eine theilweise
lautverschiebung hervorgegangen sind.

Auf den ersten blick befremdet es, dass der τ-palatal nicht
bloss vor hellen lauten, wohin er seiner natur nach gehört,
sondern auch hier und da vor υ erscheint, wo von einer ver-
werfung nicht die rede sein kann. Dies erklärt sich, wie schon
bemerkt, daraus, dass υ dialectisch als *ü*, also als heller laut
gesprochen wurde. Da nun aber zweifellos der fünfte vocal
ursprünglich, wie auch noch in griechischen dialecten dunkle
farbe hatte, so folgt aus dem auftreten des palatals vor υ, dass

noch in den zeiten mundartlicher besonderung die palatalisirung
als ein naturnothwendiger durch den einfluss heller laute
auf den vorhergehenden guttural bewirkter lautvorgang die
griechische sprache beherrschte.

Aber wie erklären sich denn fälle wie thessalisch κις neben
τις, oder böotisch Πευμάτιος neben Τευμησσός? Hierzu müssen
wir uns die lautliche natur der griechischen τ-palatale verdeut-
lichen. Wenn diese durch die dentale τ δ ϑ bezeichnet werden,
so ist dies nur ein grober ausdruck für eine ursprünglich verschiedene, später allerdings mit den dentalen zusammengefallene
lautreihe. Das erhellt mit voller sicherheit schon aus der verdoppelung, welche nicht bloss ϙ in ὅππως, sondern auch das
palatale τ im Äolischen (auch in der prosa) erleidet, eine verdoppelung, welcher der ächte dental τ nicht fähig ist. Dieser
doppellaut tritt auch im äolischen epos deutlich hervor z. b.
in φώνησέ τε, wo statt des verkehrten φώνησέν τε — die Äolis
kennt kein angehängtes ν vor consonanten — vielmehr φώνησέ ττε zu schreiben und zu lesen ist. Auch in versen
wie z. b.

> ἐκ γὰρ Ὀρέσταο τίσις ἔσσεται Ἀτρεΐδαο

ist die dehnung des schlussvocals von Ὀρέσταο durch den palatalen doppellaut ττ in τίσις bewirkt; es wäre also nach analogie von ὅττι κε ϝείπω zu schreiben: Ὀρέσταο ττίσις. Das
zweite element in ὅττι ττε ττίσις kann nur ursprüngliches υ
gewesen sein, wie ja auch ἔδδεισε δδὲ γέρων und τε δδεινός τε
auf δϝει „fürchten“ im korinthischen Δϝεινία und δϝέ „aber“
(oder = ɡʹe?) beruhen, oder wie μάλα δδήν auf δϝάν vgl. δοάν
„lange“ zurückweist.

Das eindringen eines υ-artigen nachklanges in die palatal-
reihe τ δ ϑ erklärt sich aus der umwandlung der alten k-laute
in ϙ-laute bei den Westeuropäern: als k g gh sich zu ϙ g gh
verschoben, ergriff dieser selbe wandel auch die palatale, welche
ja ganz dieselben laute, nur vor hellen lauten, sind. Aus ɡʹe
ɡʹi oder deutlicher kʹve kʹvi u. s. w. konnte nun sowohl kʹe =
τε wie kve κϝε hervorgehen und kve sich zu πε umgestalten
wie in Πευμάτιος : Τευμησσός, ebenso aus ɡʹis kʹvis : τίς und
thessalisch κίς, aus ɡʹve im anlaut Δελφοί und Βελφοί u. s. w.
Dieses eindringen des der palatalisirung feindlichen υ-artigen
nachklanges in die alten palatale erklärt nun auch, wie es
kam, dass die palatale bei den übrigen Westeuropäern bis auf

schwache und zweifelhafte spuren untergingen: sie wurden eben durch denselben vorgang aufgezehrt, den wir in den griechischen dialecten handgreiflich vor uns sehen.

Wenn wir aber im Griechischen trotz ihrer bedrohung durch den übergang der *k-* in *q-*laute die palatale noch in einem beträchtlichen umfange gewahrt sehen, so dürfen wir hieraus, wie aus anderen momenten den schluss ziehen, dass die Griechen sich zuerst aus der alten volkseinheit der Westeuropäer heraus gelöst haben.

Schliesslich sei noch bemerkt, dass, wenn man das Griechische einmal wissenschaftlich graphisch darstellen wollte, man für die palatale eine bezeichnung wählen müsste, welche sie auch für das auge von den dentalen unterschiede; es liessen sich ja leicht die dentale *τ δ ϑ* mit einem geschmackvollen zeichen der palatalisirung versehen, etwa wie bei den slavischen *č* und *ž*.

A. Fick.

Vocalisches r vor vocalen.

Bekanntlich gibt es im Ṛigveda eine anzahl stellen, in denen postconsonantisches, antevocalisches *r* als silbe gelesen werden muss, um das metrum herzustellen. Beispiele: *pitros* I, 124, 5. 140, 7. II, 17, 7. VI, 7, 4. X, 31, 10. *mātros* III, 2, 2. V, 11, 3. VIII, 49, 15. *svasros* I, 113, 3. *naptrā* VI, 13, 3. *usri* V, 53, 14. *avitri* VII, 96, 2. *catasras, tisras* V, 35, 2. *indra*, in einer ganzen reihe von stellen (s. Grassmann, Wtb.). *avri* IV, 55, 5. *akri* X, 159, 4. 174, 4. Grassmann ersetzt deshalb den consonanten *r* durch die silbe *ar* und liest *pitaros, indara* u. s. w. Dagegen lässt sich einwenden, dass kein grund ersichtlich ist, weshalb die vedadiaskeuasten nicht *pitaros, indara* etc. geschrieben haben sollten, da sie doch *tarasanti*, von der wurzel *tras*, in den text aufnahmen. Bollensen (Or. u. occ. II, 473; ZDMG. 22, 578) schliesst sich Grassmann an, dagegen tritt dieser auflösung auf das heftigste Ludwig (Rigveda VI, 247; Krit. d. Rigv. 22) entgegen und will gestützt auf das singuläre *mātrros* diese form substituiren. Dagegen lässt sich meines erachtens wieder geltend machen,

dass wir kein recht haben solche änderungen an dem überlieferten texte vorzunehmen, und dass für die übrigen fälle ein
solches *ṛv* gewiss nicht wahrscheinlich gemacht werden kann [1]).
Ein dritter vorschlag stammt von Bartholomae, Ar. f. I, 26,
der *piṭros* oder *piṭṛros* herstellen will [2]). Schliesslich ist noch
zu erwähnen, dass Whitney (Gr. § 371) ebenfalls *piṭros*,
uṣṭām — aber warum dann *uṣari* und nicht *uṣṛi?* — lesen will.

Dass nun die zuletzt erwähnte lesung, welche sich mit der
schrift am nächsten deckt, zugleich die meiste wahrscheinlichkeit bietet als historisch älteste gelten zu dürfen, lässt sich
durch eine interessante analogie aus einer modernen sprache
begründen.

Im Serbischen lautet das perfectum von den verben *umri-*
jeti (sterben), *prostrijeti* (ausbreiten), *utrti* (reiben): *umrъo* m.
umrla f.; *prostrъo* m. *prostrla* f.; *utrъo* m. *utrla* f.; das deminutivum zu *grlo* (hals) *grъoce* [3]). Der vocalische werth des *r* der
altslovenischen form оумрълъ blieb also auch nach der im Serbischen erfolgten verwandlung des auslautenden *l* in *o* erhalten.
In der serbischen umgangssprache sagt man freilich nicht
mehr *umṛo, prosṭṛo,* sondern *umro, prostro;* dass jedoch der
von der grammatischen analyse geforderte werth *ṛ* einst lebendig
in der sprache vorhanden war, beweist die metrik der alten
serbischen volkslieder. Man vergleiche:

Úmṛó ti í sam dlajbéže (gestorben ist dir auch Alajbeg
   selbst) Vuk, Nar. pj. I, 212.

Próstṛó je svilom í kadífom (er bedeckte sie mit seide
   und sammt) ib. II, 387.

Dá mu stánem nógom pód gróce (dass ich ihm mit dem
   fusse auf den hals trete) [4]) ib. II, 313.

Das historisch ältere *umṛo* verhält sich also zu dem
modernen *umro,* wie sich im Rigveda *avṛi; akṛi; napṭṛā* VI,

---

[1]) Bezüglich dieser weiterbildung eines *ṛ*-stammes mittelst suffix *u*
macht L. ganz richtig auf *bhrātṛvya, μητρυιά, fratruelis* und die got.
declination dieser stämme aufmerksam. Dazu stelle ich (anders Wacker-
nagel K. Z. 25, 283) z. *cathru-*, l. *quadru-* aus *ketṛ, τετρα-, quater;*
dhruva aus w. *dhṛ.*   [2]) Die zweite auflösung würde nach langer
silbe mit dem von Osthoff M. U. IV, 398 ff. Porf. 421 näher besprochenen
gesetz in einklang gebracht werden können.   [3]) *rъ* ist wie vocalisches
ṛ zu sprechen.   [4]) Nachweise solcher stellen verdanke ich der güte
prof. Jagić' und prof. Joṛjević' in Belgrad.

13, 3 zu *avran* IV, 51, 2; *cakre* III, 27, 9 etc. *naptrā* X,
30, 14 verhalten.

Dass wir nun wirklich das recht haben, die lautfolge r+
vocal im Veda vorauszusetzen, dafür liefert ein sūtra Pāṇini's
den beweis. Nach der ansicht des grammatikus S'ākalya, heisst
es VI, 1, 127, braucht die sonst von der grammatik geforderte
umwandlung des vocalischen r zu dem consonantischen r vor
vocalen (VI, 1, 77) nicht einzutreten. Der commentar gibt
kein beispiel, obgleich er das oben unter VI, 1, 77 gegebene
pitrartham für *pitrartham* hätte wiederholen können. Auch
das vom commentar zu Ṛiktantravyākaraṇam 108 beigebrachte
hotratra ist, wenn überhaupt an dieser stelle berechtigt, nur
ein künstliches beispiel, da der vocal r im Sanskrit nur als
finalbuchstabe von ersten compositionsgliedern auslautet (Vāj.
Prāt. I, 88). Daraus folgt aber, dass die regel S'ākalya's, soweit sie wenigstens das r betrifft, sich nicht auf den äusseren,
sondern den inneren sandhi bezieht, und damit werden wir
nothwendiger weise auf formen wie *pitros* und *avri* geführt, in
denen nach den grammatischen bildungsgesetzen das suffix an
den schwächsten stamm tritt. Mit dieser interpretation stimmt
vortrefflich die angabe, dass S'ākalya der verfasser des pada-
textes des Ṛigveda und der ältesten form des dazu gehörigen
prātisākhya ist (s. Max Müller, Rig. Prät. 3 ff.). Zu seiner
zeit sprach man eben noch *avri* und *pitros*, während die spätere
aussprache daraus *avri* und *pitros* gemacht hatte [1]).

Mit hilfe der vorgetragenen theorie ist es möglich, die ver-
zweifelte form *vavavruṣas* I, 173, 5 in die analogie der übrigen
part. perf. zu bringen. Bollensen (ZDMG. 22, 605) will dafür
vavaruṣas lesen, es genügt jedoch *vavruṣas* zu skandiren,
wodurch wir die regelrechte schwächste form zu *vavrvas* erhalten.

Zum schlusse will ich noch zweier zweifelhaften formen
erwähnung thun. *Nanāndari* X, 85, 46 ist nach dem metrum
unmöglich. Haben wir vielleicht das recht die silbe *na* wie
das anfangende *va* von *vavavruṣas* zu behandeln und *nāndari*
zu lesen? Auch *nāndri*, vgl. *uṣri*, wäre möglich. Die reihen-
folge der corruptionen wäre dann die, dass aus *nāndri* zuerst

---

[1]) Selbstverständlich fallen damit die consequenzen, die man aus dem
angeblichen *pitaros* gezogen hat (Saussure, Syst. 210).

* *nändri* mit consonantischem *r* wurde und dass dann die einen um die fehlende silbe zu gewinnen ein svarabhaktisches *a* zwischen die beiden consonanten schoben, während die andern das wort an *nanä* anlehnend * *nanändri* bildeten. Die contamination beider würde *nanändari* vorstellen (s. Bartholomae, Ar. f. I, 77).

R.V. III, 18, 1 steht der vers: *bhavä no agne sumanä upetau sakheva sakhye pitareva sädhuḥ.* Der pada-text und Sāyaṇa lösen *pitarā iva* auf, ebenso Ludwig. *Sädhu* gehört dann zu *sumanä* und zu ergänzen wäre einerseits daraus ein dual zu *pitarā*, andrerseits ein dativ *puträya*. Zu übersetzen wäre: Nahe uns gnädig (und) wohlgesinnt, Agni, wie der freund dem freunde, wie vater und mutter (dem sohne). Das unbefriedigende einer solchen erklärung springt in die augen. Bollensen (Or. u. occ. II, 472) trennt daher *pitare va;* der sinn wäre dann: Nahe uns freundlich, A., wie der freund dem freunde, wie der gute sohn dem vater. *Pitare* wäre ein dativ wie *nare*, zu dem Bartholomae (Ar. f. I, 64) als conjectur *vidhartare* gesellt. Sollte es zu kühn sein, auch hier *pitṛe zu vermuthen? Die trennung Bollensen's ist so ansprechend und andrerseits ist *pitare* als dativ so isolirt — *nare* erklärt sich wohl am besten durch seine einsilbigkeit —, dass diese frage vielleicht aufgeworfen werden darf.

J. Kirste.

Der einfluss des accents auf die entwicklung des englischen vokalismus.

In anschluss an Scherer's bekannte erörterungen über „tonerhöhung" und „tonerniedrigung" (ZGddS.² s. 55 ff.) ist von Verner[1]), Fick[2]), G. Meyer[3]), H. Möller[4]), Mahlow[5]), Collitz[6]) die Benfey-Holtzmann'sche hypothese erneuert und weiter ausgebildet worden: der idg. ablaut und das idg. vokal-

---

[1]) KZ. XXIII, 133 ff.   [2]) Gött. gel. anz. 1880 s. 422 ff.   [3]) KZ. XXIV, 226 ff.   [4]) Paul-Braune, Beitr. VII, 492.   [5]) Die langen vokale ā, ē, ō s. 161.   [6]) Bezzenberger, Beitr. X s. 34 ff.

system überhaupt sei durch den idg. accent in der weise bedingt, dass in ursprünglich haupttonigen (hochtonigen) silben sich schon in idg. urzeit statt eines *a* ein *e*-vokal entwickelt habe (*a — e, â — ê, ai — ei, au — eu*), in ursprünglich nebentonigen (tieftonigen) statt *a* oder *e* ein *o*-vokal (*a — o, â — ô, ai — oi, au — ou*) eingetreten sei. [Dass in ursprünglich unbetonter silbe schwächung, kürzung, beziehungsweise ausfall des *a*-lautes stattgefunden hat, war schon früher, zuerst wohl von Begemann, dann von Brugmann, Osthoff, Joh. Schmidt erkannt worden.]

Diese theorie ist indessen noch nicht zu allgemeiner anerkennung gelangt oder hat doch nur bedingte zustimmung erfahren (vgl. z. b. Brugmann, Grdr. d. vgl. gr. s. 251). Es ist eingewandt worden (Sievers, Phonetik² s. 201), dass der angenommene zusammenhang von tonhöhe und vokalfärbung sich akustisch oder lautphysiologisch nicht begründen liesse. Und in der tat können ja sehr wohl vokale mit tiefem eigenton in hoher tonlage, solche mit hohem eigenton in tieferer gesprochen, wie gesungen werden, ohne dass die qualität dadurch erheblich beeinflusst wird. Aber es wird andererseits zugegeben werden müssen, dass z. b. ein *a*, in hoher tonlage gesprochen, einem *ä* im klang etwas ähnlich wird, und dass bei ungenauer auffassung und wiedergabe des lauts ein allmählicher übergang von *a* in *ä*, von *ä* in *e* unter der wirkung einer gewohnheitsmässigen aussprache mit hohem stimmton leicht begreiflich ist. Entsprechendes gilt von dem übergang eines tiefen *a* in *o*. Beide lautübergänge lassen sich in neueren sprachen unter dem einfluss höherer oder niederer tonlage der rede häufig beobachten¹). G. Storm macht in der Englischen

---

¹) Menschen, die den höheren gesellschaftsklassen angehören und das gesteigerte selbstgefühl in unbewusster symbolik durch einen „gehobenen" redeton auszudrücken pflegen, gewöhnen sich leicht eine aussprache an, in der *a* fast wie *ä* klingt; leute in untergeordneter lebensstellung, die, besonders wenn eine gewisse unterwürfigkeit, untertänigkeit in ihrem character liegt, wie dies bei vielen slavischen und manchen an sie angrenzenden deutschen stämmen der fall ist, gewöhnlich mit gesenkter, tiefer stimme sprechen, geben dem *a* oft einen *o*-ähnlichen klang. Die *ä*-ähnliche aussprache des *a* gilt daher als aristokratisch, die *o*-ähnliche als vulgär. Als die englische sprache noch die der herrschenden angelsächsischen kaste war, wurde das germ. *a* als *ä* gesprochen. Als aber nach der normannischen eroberung der normannisch-französische dialekt

philol. s. 108 die treffende bemerkung, dass in ein und derselben englischen gesellschaft z. b. das wort *glass* bald mit einem ä-laut, bald mit einem a-laut ausgesprochen würde, und dass man namentlich von damen die aussprache mit *ā* hören könne. M. Trautmann (Sprachlaute s. 148) sagt dazu: „Das ewig weibliche zimpfert überall". Die tatsache erklärt sich sehr einfach aus der höheren tonlage des weiblichen organs. — Eine analoge beobachtung betreffend die aussprache des dänischen *a* in Kopenhagener mundart hat Verner Zschr. f. vgl. sprf. XXIII, 115 mitgeteilt.

Wenn nun, wie es scheint, die tonlage der rede im allgemeinen eine wirkung auf die vokalqualität hat, so ist wenigstens die möglichkeit zuzugeben, dass auch die höhere oder tiefere intonation der einzelnen silbe einen analogen einfluss ausübt. Allerdings würde eine solche einwirkung eine stärkere modulation der rede voraussetzen, als in modernen kultur-sprachen gemeinhin wohl üblich ist. Leider wissen wir über den tonfall der älteren sprachen unseres stammes fast gar nichts; aber manche anzeichen (z. b. das altindische und das griechische accentuationssystem, das gotische vokalische auslautsgesetz) sprechen dafür, dass die „wortmelodie" in den alten sprachen eine grössere bedeutung gehabt hat, als in den modernen (vgl. G. Meyer in Kuhn's Ztschr. XXII, 228; Blass, Ausspr. des Griech. ² s. 106; Corssen, Ausspr. u. s. w. der lat. spr.² II, 797; Brugmann, Vergl. gramm. d. idg. sprachen s. 538).

Eine weitere voraussetzung unserer ablauts-hypothese ist, dass die grösste tonhöhe und die grösste tonstärke („ton" und „treff"; „pitch" und „stress") zusammenfallen. Das ist allerdings nicht notwendig und nicht immer der fall. Es giebt sprachen, in denen die nebentonsilben höher betont sein können als die haupttonigen. Aber das gewöhnliche verhältnis ist doch, dass stärkerer exspirationsdruck stärkere spannung und schnellere schwingungen der stimmbänder, d. h. einen höheren ton, schwächerer exspirationsdruck einen niedrigeren ton zur folge

---

in England die herrschende sprache wurde, das Englische zur sprache der niederen volksklassen herabsank, ging das altenglische *æ* wieder in *a*, das ae. *ā* in *o* über. Um die zeit, als die weltherrschaft Englands begründet wurde (XVI., XVII. jahrh.), begann in der englischen sprache eine neue periode der tonerhöhung von *a* zu *e*, von *e* zu *i*.

hat [1]). Je energischer die accentuation ist, um so mehr wird die ab-
hängigkeit der tonhöhe von der tonstärke hervortreten (vgl. A x e l
K o c k, Språkhistoriska Undersökningar om Svensk Akcent s. 15).
In den meisten germanischen und romanischen sprachen gilt zusammentreffen von tonhöhe und tonstärke als selbstverständlich.

Die H o l t z m a n n-B e n f e y'sche hypothese kann nicht alle
tatsachen des vorauszusetzenden idg. vokalismus mit dem voraus-
gesetzten idg. accent in einklang bringen. Zahlreiche fälle
scheinen ihr zu widersprechen. Allein es ist in betracht zu
ziehen, dass der einfluss des accents durch andere einflüsse gehemmt und aufgehoben sein kann. Ohne zweifel haben die
benachbarten consonanten, vielleicht auch die benachbarten
vokale (umlaut) assimilirend oder dissimilirend eingewirkt. Ana-
logiewirkung und ausgleichung der flexionsformen hat gewiss
schon in jener frühen periode vielfach mitgespielt und mehr
noch in der weiteren entwicklung der einzelsprachen. Endlich
ist zu berücksichtigen, dass nicht bei allen wörtern und wortformen die stelle des idg. accentes sich mit sicherheit ermitteln
lässt. Die mannigfachen differenzen zwischen der betonung des
Griechischen und Sanskrit lassen vielen zweifeln raum. Und
gerade derjenige sprachstamm, welcher unter allen den idg.
ablaut wohl am getreuesten wiederspiegelt, der der germanischen sprachen, ist der idg. betonungsweise am meisten untreu
geworden. Durch das V e r n e r'sche gesetz ist es freilich möglich geworden in vielen, wenn auch nicht in allen fällen einen
urgermanischen accent festzustellen, welcher mit dem idg. noch
meist überein zu stimmen scheint. Dass die urgerm. betonungsweise aber der idg. vollkommen und überall entspräche, ist
keineswegs sicher und auch nach der länge der zwischen beiden
sprachperioden liegenden zeit kaum anzunehmen.

Da nun die laut- und accentverhältnisse der ursprache so
wenig klar liegen, wird sich eine einwirkung des idg. accents
auf den idg. vokalismus nicht eher mit einiger wahrscheinlichkeit erweisen lassen, als bis ein analoger einfluss in jüngeren
sprachen, wo die verhältnisse durchsichtiger sind, gezeigt ist. Es
wird daher nicht wertlos sein, einige bisher wenig beachtete
tatsachen aus der entwicklung der englischen sprache zusammen-

---

[1]) Wie durch stärkeres anblasen bei membranösen zungenpfeifen, und
so auch bei den stimmbändern des kehlkopfs trotz der verlängerung der
membran (stimmbänder) der ton erhöht wird, zeigt G r ü t z n e r, Phys. der
stimme und sprache ss. 82, 34, 82.

zustellen, welche auf eine ähnliche wirkung des accents hinzu-
douten scheinen.

Bekannt ist die neigung der altenglischen (oder vielleicht schon der anglo-friesischen) sprache, „tonerhöhung" von
a zu *œ* (westgerm. *â* zu *ê̂*?) in der haupttonigen silbe eintreten
zu lassen (vgl. Ten Brink Zschr. f. d. a. XIX, 211 ff.). Diese
neigung wird nur gehemmt durch die wirkung eines dunklen
vokals (*a, o, u*) der folgesilbe oder durch den verdumpfenden
einfluss eines unmittelbar folgenden nasals. Sie steht, wie es
scheint, in harmonie mit der allgemeinen tendenz der altengl.
sprache betonte vokale in solche mit höherem eigenton zu
wandeln. Ein westgerm. offenes *ê* ist zu geschlossenem *ê* geworden in *hér (mêd?), cên;* aus *œ, œ̂*, dem *i*-umlaut von *o, ó*,
entwickelt sich *ê; y, ŷ*, die umlaute zu *u, û* werden gegen ausgang der altengl. periode in nördlicheren dialekten zu *i, î*.

Dass der übergang von *a* in *œ* in der tat, wie Schorer
und Ten Brink annahmen, auf der wirkung des accents beruht,
ist schon darum wahrscheinlich, weil dieser lautwandel im allgemeinen auf die haupttonigen silben oder wörter beschränkt ist. Bei einsilbigen wörtern, die im satz gewöhnlich schwachbetont sind, bleibt der *a*-laut entweder
erhalten oder geht in *o* über: *was* neben *wœs, ac, of*, [*ot* neben
œt], *hwâ, swâ* (neben *swœ̂*), *þâ, twâ* [1]). In unbetonten präfixen
ist ursprünglich der *o*-laut statt *a* eingetreten: *of-, ot-, on-,
ond-; œt-* beruht wie es scheint auf dem einfluss der betonten
form des präfixes (vgl. Schipper, Engl. metr. 1 s. 43). Besonders deutlich wird die verschiedene wirkung des accentes
bei ableitungen mit verschiedener betonung z. b. *œf-þunca* neben
of-þýncan (vgl. *œ̂rist* neben *ârî'san, œ̂'bylgð* neben *âbólgen*).
Interessant ist auch, dass im zweiten (nebentonigen?) com-
positionsgliede zuweilen *a* bleibt oder in *o* übergeht [2]): so
in dem compositum *herpað* oder *herpoð* neben regelmässigem
pœð, sidfat neben *fœt;* ferner in namen auf *-wold* und *-bold*
statt *-weald, -beald* z. b. *Ôswold, Æðelwold, Grîmbold;* in *werold,
weorold — ahd. werall;* ebenso erklärt sich auch *hláford* statt
**hláf(w)eard*, **hláfard, erfe-word* neben *erfe-weard, tóword.*
Andere beispiele sind *ânhoga* statt und neben *ânhaga, mânswora*

---

[1]) Vgl. Sweet, History of English sounds [2] p. 122, Paul in PBB.
VI, 191.   [2]) Vgl. Sweet, History of English sounds p. 118.

statt *mánsurara. Solche fälle sind natürlich nur vereinzelt,
da gewöhnlich der zusammenhang des compositum mit dem
simplex in jener zeit noch im bewusstsein lebte und eine abweichung des vokals der stammsilbe im zweiten compositions-
gliede verhinderte.

Viel deutlicher und häufiger tritt die tendenz der lautlichen entwicklung in ableitungs- und flexionssilben
hervor. Wenn dieselben den nebenton tragen, geht ein westgerm. (urgerm.) a im Altengl. regelmässig in o (oder u) über.

Die stelle des nebentons bei mehrsilbigen ags. wörtern ist
nicht mit derselben sicherheit zu bestimmen, wie die des haupt-
tons, über den ja im allgemeinen kein zweifel besteht.

Doch lässt sich derselbe wenigstens indirekt mit einiger
wahrscheinlichkeit ermitteln. Schon im frühesten Altenglisch
sind vielfach vokale minderbetonter silben der schwächung zu
e (a, i), dem ab- und ausfall ausgesetzt, was die tonlosigkeit
der betreffenden silbe verrät. Es ergiebt sich aus der beobachtung dieser fälle zunächst, dass die quantität der haupttonsilbe
einfluss auf die tonstärke der folgenden silben und auf die
stelle des nebentons hatte. Nach einer langen tonsilbe ist
die (ursprünglich) unmittelbar folgende immer unbetont, der
nebenton fällt, wie es scheint, erst auf die eventuell zweit-
nächste silbe. Nach einer kurzen tonsilbe kann die unmittelbar
folgende den nebenton tragen, doch nur dann, wenn auf sie
keine einen vollen vokal (a, o, u) enthaltende folgt (vgl. Paul's
syncopirungsgesetz in PBB. VI, 144, meine bemerkungen in
PBB. IX, 366 und die z. t. darauf gegründeten aufstellungen
in Sievers' Ags. gr.² §§ 130 ff., 144). Dass der vokal der
endsilbe die stelle des nebentons mitbedingt, erhellt aus der
verschiedenen vokalisirung der mittelsilbe in fällen wie heofones
— heofenas, hamores — homera, homerum, lufode — lufedon
(vgl. Sievers' Ags. gr. §§ 129, 412 anm. 1).

Der einfluss des tieftons auf die vokalqualität der ablei-
tungs- und flexionssilben wird sich also nur in verhältnismässig
wenig fällen geltend machen können, und auch da durch die
einflüsse der nachbarlaute, durch analogiewirkungen bisweilen
gestört und gehemmt werden (vgl. PBB. VI, 205). Trotzdem
lässt sich in tieftonigen ableitungssilben die umwandlung
eines urgerm. (westgerm.) a in o (u) mit einer gewissen regelmässigkeit beobachten:

samod (got. *samaþ*), *nacod* (got. *naqaþs*), *hacod?*, *þeowot?*
(vgl. got. *þiwadw*), *ganot?*, *heofon* (altndd. *hebun*), *geofon* (altndd. *gebun*), *eoton?*, *heonon*, *thanon*, *hwanon*, *sadol*, *stadol*, *wu-*
dol, *atol*, *gamol* (wahrscheinl. altnord. lehnworte: *atall*, *gamall*),
sticol, *eofor* (althd. *ebar*), *beofor*, *ceafor*, *hamor*, *sumor*, *þunor*,
eodor?, *feotor?*, *geador?*, *ufor*, *nydor*, *hafoc*, *cranoc?* (vgl. Paul
in PBB. VI, 202 ff.).

Auch bei lehnwörtern aus dem Lateinischen ist der gleiche
lautwandel in germ. tieftoniger silbe nachweisbar: *Breotone*
(*Britanni*), *Eotol* (*Ital[i]a*), *abbod* (*abbatem*), *dinor* (*denarium*),
ceolor (*cellarium*), *solor* (*solarium*), *munuc* (*monachum*).

Dass in solchen fällen der accent, d. h. die quantität
der haupttonsilbe in der tat den vokalklang der ableitungssilbe
bedingt hat, wird klar durch gegenüberstellung von beispielen
wie *atol* — *idel*; *eoton* — *þeoden*; *heofon* — *æfen*; *heonon* —
eastan, *feorran*; *eodor*, *nydor* — *oðer*, *hinder*; *dinor* — *ymnere*
(lat. *hymnarium*); *solor* — *mortere* (lat. *mortarium*).

Natürlich hat die regel keine anwendung auf spätgebildete
svarabhakti-vokale. Solche richten sich in ihrer vokalisation,
wie bekannt, nach der qualität des vorhergehenden hauptton-
vokals: *fugol*, *segel*, *hæg(e)l*, *hlútor*, *cecer*, *weder*, *fæger*, *biter*.

Die ableitungsendung des partc. perf. (got. *-ans*, ahd. *-an*)
erscheint im Altengl. gewöhnlich als *-en*, offenbar durch ausgleichung. Indessen finden sich in altengl. poetischen denkmälern noch nebenformen auf *-on* bei kurzer stammsilbe: *for-*
weorone, *gecorone*, *þurhetone*, *forgetone*, *recon* (Paul in PBB.
VI, 240).

In flexionsendungen wird ebenfalls häufig ein tief-
toniges *a* (— urgerm. *-ô?*) zu *o*, *u*[1]. Besonders tritt dieser
übergang ein im nom. sg. der femin. subst. auf *â*, sowie im
nom. sg. fem. der starken adjectivform z. b. *ceáró*, *ceárù*, *héahdó*,
héahdù (got. *hauhíþa*), *gládù*, *háligù*, *gré'nù* (aus urgerm. **gró'-*
nià); aber *âr* (got. *aiza*), *firèn* (got. *fairina*), *mýcèl* (got. *mi-*
kila); vgl. PBB. IX, 366.

Ein gleiches gilt von der endung des nom. acc. der
neutralen a-stämme z. b. *fátù* *nýtenù*, *hé'afdù*, *ri'c(i)ù*; aber
word (got. *waurda*), *yfel* (got. *ubila*), *cyn(n)* (got. *kunja*).

---

[1] Vgl. H. Möller in PBB. VII, 484.

Der nom. sg. der schwachen (auch der kurzsilbigen) masc. lautet allerdings im Altengl. ebenso auf -a aus wie im Gotischen (Urgermanischen). Das ist aber eine unursprüngliche übereinstimmung. Das Althd. und Altniederd. bieten die endung -o, und wie Sweet wahrscheinlich gemacht hat, galt dieselbe auch für das älteste Ags. [1]). Sie wurde nur nachträglich durch formenausgleichung wieder zu -a. In alten denkmälern findet sich indessen noch *wonu* für *wana* (Sweet OET. p. 230).

In der conjugation ist die endung der 1 sg. praes. ind. in betracht zu ziehen: einem gotischen (urgerm.) -a entspricht regelmässig auch bei kurzsilbigen verben -e, was wiederum durch formenausgleichung zu erklären ist. Die ältesten denkmäler zeigen daneben noch die endung -u, welche, wie es scheint, ursprünglich mehr bei kurzer tonsilbe eintrat z. b. *forgyfu*, *hafu* [2]).

Wenn der gotischen endung -am des dat. plur. im Altengl. durchgängig -um entspricht, so hat hier gewiss weniger der tiefton als der assimilirende einfluss des *m* gewirkt (ebenso wie bei der ableitungsendung -sum — ahd. -sam z. b. *lofsum*).

In fällen wie *hyne*, *þone*, *hwone*, *dyde* ist schon im ältesten Altengl. ein urgerm. auslautendes *a* (*o*?) zu *e* geschwächt worden, trotz der kurzen penultima, vermutlich wegen des geringen satztones dieser wörter.

Die lautentwicklung in minder betonten silben kann natürlich nicht ganz so regelmässig sein, wie die in betonten. Indessen wird durch die vorstehenden ausführungen dargetan sein, dass der regelmässigen altenglischen tonerhöhung von *a* zu *æ* in hochtonigen silben eine fast

---

[1]) Nach meiner vermutung zeigt das altenglische wort *brego*, *bregu* (*breogo*) (nur in poesie üblich) noch einen überrest der alten endung. Ich halte es für identisch mit altnord. (*bragi*), plur. *bragnar* (*e* [*eo*] für *a*, *æ* in der stammsilbe ist im northumbr. dialect ganz gewöhnlich) und glaube, dass sich hier ausnahmsweise die alte endung erhalten hat, weil das wort ungebräuchlich und beim abschreiben alter in northumb. dialect verfasster handschriften unverändert herübergenommen wurde. [2]) Ähnlich scheint tieftonigem got. (urgerm.?) *ô* in ableitungs- und flexionssilben im Altengl. ursprünglich *u* (*o*) zu entsprechen, während unbetontes *ô* zu *e*, *a* geschwächt ist: *wucu* (got. *wikô*) aber *tunge* (got. *tuggô*), *wunude* (got. *wunôda*), aber *wundade* (got. *ga-wundôda*); *weotud* (got. *witôþ*), aber *mônad* (got. *mênôþs*).

ebenso regelmässige tonerniedrigung von *a* zu *o, u*
in tieftonigen gegenübersteht.

Der lautwandel muss also in beiden fällen durch den accent
bedingt sein. Deutlich zeigt sich die wirkung des tieftons auch
in der bildung des diphthongs *éo* aus contrahirtem *e, i + a*:
féond, frêols, nêol (aus *ni-hald*), *frêod* (= got. *frijaþwa*),
hêold, fêoll, géong, séon, thêon, thrêo (vgl. Joh. Schmidt, Vok.
II, 430).

Unter allen germanischen sprachen hatte die altenglische
wohl die schärfste accentuirung [1]). Der rhythmus der alliteri-
renden gedichte verrät dies, mehr noch die frühzeitige schwächung, synkope und apokope unbetonter vokale.

Gegen ausgang der altenglischen zeit (um 1100) sind, wie
es scheint, die meisten vokale der flexionssilben in der aussprache zu tonlosem *e* geworden, wenn auch die schreibung
noch oft die volleren endungen bewahrt; die schwankende orthographie zeigt indessen die undeutliche aussprache der endsilben-
vokale.

In mittelenglischer zeit macht die schwächung der
endsilben-vokale, in südlichen dialekten wenigstens, kaum irgend-
welche fortschritte. Es zeigt sich nur wenig neigung zur apokope und synkope; im gegenteil wird öfters ein tonloses *e* unorganisch ein- oder angefügt [2]). Schon aus dieser tatsache
lässt sich schliessen, dass die sprache in der me. periode die alte
energie des accents eingebüsst hat (vielleicht unter dem einfluss
der weniger scharf accentuirenden französischen sprache?). Der
nebenton gewinnt im Mittelenglischen an bedeutung: ableitungs-
ja sogar flexionssilben können in mittelenglischen versen die

---

[1]) Die scharfe accentuirung steht im einklang mit dem starken exspirationsdruck und der energischen hemmung, welche sich in der altenglischen (westgerm.?) consonantendehnung, in der verwandlung auslautender (und inlautender?) weicher spiranten (und mediae?) in scharfe
(und tenues?), in der affricirung des anlautenden *j* zu *gj* (geschrieben *ge,
gi*), im allgemeinen in der festigkeit des altengl. consonantismus kundgiebt.
[2]) Die aus Chaucer's metrik beobachteten fälle von apokope und synkope (Ten Brink, Chaucer's sprache und verskunst §§ 256 ff.) lassen
sich meist auf die spätere altenglische periode zurückführen. In der
späteren Sachsenchronik aus der ersten hälfte des XII. jahrhunderts finden
sie sich bereits. — Über die anfügung eines unorganischen *e* im ME. ist
zu vergleichen Sachse, Das unorganische *e* im Ormulum (und die bemerkungen in meiner einl. zu Octavian s. XVII).

hebung tragen und mit betonten stammsilben gereimt werden,
was im Altenglischen kaum möglich war (Schipper, Engl.
metr. I, 125, 443; Ten Brink, Chaucer's sprache § 282; Sweet
HES.² s. 165).

Characteristisch ist ferner für die mittelenglische betonungsweise die neigung betonte vokale (besonders in offener
silbe) zu dehnen, eine neigung, die allerdings in ihren ersten
anfängen in die altenglische zeit zurückreicht, aber im ME.
doch erst consequent durchgeführt ist. Diese tendenz verrät,
dass die vokale der tonsilben, statt, wie früher, mit scharfem
accent (acut, udåtta), nunmehr mit weicher, schwerer betonung
(gravis, svarita) ausgesprochen wurden (Sievers, Phonetik²
s. 206).

Während es also in altenglischer aussprache, allem anschein nach, 3 tonstufen gab, unterschied die mittelenglische
wahrscheinlich nur 2: tiefton und tonlosigkeit.

Vollständig im einklang mit diesen voraussetzungen steht
die entwicklung des englischen vokalsystems in me. zeit. Die
tendenz der „tonerhöhung" betonter vokale kommt ins stocken.
Im gegenteil tritt bei betonten vokalen in südlichen dialekten
tonerniedrigung ein: altengl. æ (selten ǽ) wird zu a, altengl. ā
zu o, oo, oa (zunächst offenem, dann wohl geschlossenem), altengl. ō geht gegen ende der me. periode in einen u-ähnlichen
laut über. Bei dieser vokalverschiebung hat vermutlich, wie
oben angedeutet, die tiefere tonlage der rede im Me. mitgewirkt.
Daneben aber gewiss auch die gravis-accentuation der tonsilbe.
Jedenfalls steht die me. tonerniedrigung nicht im widerspruch
mit dem angenommenen einfluss des accents, dient im gegenteil eher zur bestätigung unserer hypothese. Ähnlich hat sich
ja auch in den skandinavischen sprachen tonerniedrigung des
vokals in betonter silbe, á — å, ó — u, unter dem einfluss der
gravis-accentuation geltend gemacht. Die nordenglischen dialekte bewahren mit dem schärferen accent auch den altenglischen lautbestand getreuer.

Im Neuenglischen tritt (nach dem vorgange nordengli-
scher dialekte) der germanische accent wieder scharf und
deutlich hervor. Die lautentwicklung lenkt wieder in die
bahnen des Altenglischen ein. Das tonlose e der me. endungen
fällt gegen ende des XVI. jahrhunderts auch in südlichen dialekten ab und aus. Auch auf lehnwörter wird das germa-

nische accentprincip angewendet, was eine allmähliche trübung,
schwächung der vokale der früher betonten, nun aber tonlos gewordenen endsilben zur folge hat. So ist es denn
nicht zu verwundern, dass im Ne. (zunächst in nördlichen dialekten) auch das streben nach tonerhöhung in betonten silben
wieder kräftig sich geltend macht und zu einer neuen vokalverschiebung in der richtung von *a* zu *e*, *i*, von *u*, *o* zu *ö*, *a*
führt. Wiederum mag hier die höher gewordene tonlage der
rede im allgemeinen mitspielen. Aber auch im Neuenglischen
lässt sich deutlich beobachten, dass der accent, die intonation
der einzelnen silbe bei der „tonerhöhung" das eigentlich bestimmende moment ist. Denn ähnlich wie im Altenglischen
steht auch im Neuenglischen der regelmässigen tonerhöhung
hochtoniger vokale eine allerdings nicht ganz so regelmässige
tonerniedrigung tieftoniger gegenüber. Dieselbe lässt sich nur
in fremdwörtern beobachten; denn in einfachen wörtern germanischen ursprungs gab es ja keinen nebenton mehr, waren
ja alle vokale unbetonter silben zu tonlosem oder stummen *e*
geworden, mit ausnahme des suffixes *-ing* und der präfixe *un-*,
a-, *for-*.

In wörtern romanischer abstammung aber geht ein neben-
toniges *a* fast ebenso regelmässig in *o* über, wie ein haupt-
toniges *a* in der aussprache zu *ā*, *e* wird. Und zwar ist dieser
lautwandel schon zu Shakspere's zeit eingetreten, wie denn
auch die aussprache des hochtonigen *a* als eines *ā*-lautes schon
in jene frühe periode des Neuenglischen zurückreicht. Zeugnis
giebt die schreibung der alten folio- und quarto-ausgaben von
Shakspere's dichtungen bei folgenden wörtern: *stanz o* (ital.
stanza), *gondilo*, *gundello* (ital. *gondola*), *Gonzag o* (ital. *Gon-
zaga*), *armad o* (span. *armada*), *potat o* (span. *batata*), *stoccad o*,
stuccath o (ital. *stoccata*), *barricad o* (ital. *barricata*), *bastinad o*
(span. *bastonada*), *palisad o* (it. *palizzata*), *carbonad o* (it. *car-
bonata*), *strappad o* (it. *strappata*), *cruzad o* (span. *cruzada*),
ambuscad o (span. *emboscada*), *passad o* (it. *passata*). Bei den
meisten der angeführten wörter ist diese volkstümliche aussprache und schreibung später durch eine andere ersetzt worden,
die sich mehr an die buchstaben der fremden wörter anschloss;
nur in *potato* dauert sie bis heute fort.

Auch in anderen fällen hat wenigstens die gegenwärtige
schreibung in endsilben romanischer wörter noch das *o* bewahrt,

welches sich nach der zurückziehung des accents aus tieftonigem *a* entwickelt hat: *cassock* (frz. *casaque*), *hammock* (frz. *hamac*), *saffron* (frz. *safran*), *ribbon* (frz. *ruban*), *almond* (frz. *amande*), *diamond* (frz. *diamant*) vgl. *turbond* statt *turband* (frz. *turban*) bei Shakspere. Einige, freilich vereinzelte, beispiele zeigen denselben lautwandel auch in vortoniger silbe: *potato*, *tobacco*, *Morocco*, *morass*, *chopine* (span. *chapino*, Skeat, Transact. Phil. Soc. 1885—87, p. 79); hier kann indessen auch die vorhergehende oder folgende labialis eingewirkt haben.

In der gegenwärtigen englischen aussprache von lehnwörtern bleibt unbetontes *a* gewöhnlich ziemlich rein (wenn es nicht zu tonlosem *e* geschwächt wird), während betontes langes *a* als ein *e*-diphthong (*ēi*) gesprochen wird z. b. *Asia, China, Leda, Sarah, rajah, sonata, Ada.*

Am consequentesten und entschiedensten ist die tonerhöhung durchgeführt bei dem ursprünglich ungedeckten, gedehnten *a* in der stammsilbe ursprünglich zwei- oder mehrsilbiger wörter; z. b. *graze — grass, brazen — brass, bathe — bath.*

Interessant ist aber die abweichende aussprache der copula *are* (= altengl. *aron, earon*) gegenüber *care, hare, share, dare, fare* u. s. w.; der schwache satzton des wortes hat hier gewiss den reinen, tiefen *a*-laut vor der tonerhöhung geschützt. In dem aus *are not* zusammengezogenen, emphatischen *a'n't* wird dagegen ein *e*-laut gesprochen (vgl. die verschiedene aussprache von *do* und *don't*).

Während ae. *ō*, me. *ō* sich im Neuengl. (oder höchstwahrscheinlich schon im Spätmittelengl.) in einsilbigen wörtern zu einem offenen *u*-laut gewandelt hat, ist häufig in me. zweisilbigen das *ō* der tonsilbe (gleichgiltig, welches ursprungs) zu einem kurzen *ŏ*-laut geworden:

> *other, mother, brother, Monday, done, dove, glove, above, love, honey*

dagegen: *good, mood, brood, moon, do, roof, hoof, aloof* u. s. w. Die verschiedene aussprache von *two — twopence, no — nothing* zeigt deutlich den einfluss des accents.

Aus den angeführten tatsachen scheint mir hervorzugehen, dass die englischen vokalverschiebungen durch den accent wesentlich mit bedingt sind. Es soll nicht behauptet werden, dass sie allein dadurch veranlasst sind. Ein anderes moment kommt offenbar hinzu: das streben nach articulationserleichterung.

Es muss auffallen, dass sowohl tonerhöhung wie tonerniedrigung am meisten gerade den *a*-laut treffen, dass die vokalverschiebungen von diesem laut gleichsam auszugehen scheinen. Das ist aber leicht erklärlich. Der *a*-laut ist als der schallkräftigste derjenige vokal, welcher die meiste articulationskraft des kehlkopfes erfordert. Er ist daher in einer sprache, welche wie die englische, den stimmton vernachlässigt, am ersten der trübung und schwächung ausgesetzt. Sowohl der übergang in einen *e*- wie der in einen *o*-vokal ist als erleichterung der kehlkopfarticulation aufzufassen. Die richtung aber, welche das streben nach articulationserleichterung einschlägt, wird durch den accent bestimmt.

Bisher sind nur diejenigen veränderungen der vokalqualität in betracht gezogen worden, bei welchen die (höhere oder tiefere) intonation der silbe der ausschlag gebende factor war. Es scheint mir aber, dass auch bei anderen arten des vokalwandels das streben nach tonerhöhung hochbetonter (tonerniedrigung tiefbetonter) vokale wenigstens fördernd oder hemmend mitgewirkt hat.

So namentlich beim umlaut. Die 3 arten des umlauts, *i*-, *a*-, *u*-umlaut sind in den germanischen sprachen bekanntlich nicht gleichmässig und nicht in gleicher weise durchgeführt. Am allgemeinsten verbreitet und am consequentesten durchgedrungen ist im Altenglischen sowohl wie in anderen westgerm. sprachen diejenige art des umlauts, welche in ihren wirkungen auf betonte vokale mit dem streben nach tonerhöhung zusammenfällt: der *i*-umlaut. Und zwar haben gerade diejenigen der westgermanischen dialekte, welche die wirkung des hochtons durch tonerhöhung von *a* zu *ä* am deutlichsten verraten, auch den *i*-umlaut am frühesten und umfassendsten zur anwendung gebracht: die anglo-friesischen; und gerade das Ahd., welches nur schwachen hochton zeigt, am spätesten und unregelmässigsten. Der *a*-umlaut bewirkt zwar übergang eines betonten *u* in *o*, aber nicht den eines *i* im *e*: altengl. *boda, geboden* gegen *lida, geliden*; ahd. *kizogan, kipotan* gegen *kastigan, kasnitan*. Im ersteren falle mag die tonerhöhung fördernd, im zweiten hemmend mitgewirkt haben.

Am wenigsten zur geltung gekommen ist in den westgermanischen sprachen der *u*-umlaut, welcher dem streben nach

tonerhöhung widerstreitet. Nur im Altengl. zeigt sich eine spur
davon; aber auch da äussert sich die wirkung, nicht wie sonst
beim umlaut, als assimilation, sondern nur in der einfügung
eines zwischenvokals hinter dem unverändert bleibenden ton-
vokal: *meodu, beadu.*

In den skandinavischen sprachen dagegen, welche ursprünglich einen weniger kräftigen hochton und einen dumpferen klang-
charakter gehabt zu haben scheinen, ist auch der *u*-umlaut regelmässig entwickelt gewesen, wenn auch später meist wieder beseitigt
worden; interessant ist der übergang des durch *u*-umlaut entstandenen *ǫ* in *ō* im Mittelisländischen; liegt hier etwa wieder
concurrenz mit der tonerhöhung vor?

Analoges wie vom umlaut gilt auch von den assimilationen
der vokale an consonanten im Altenglischen. Auch hier zeigt
sich die fördernde oder hemmende mitwirkung des strebens
nach tonerhöhung. Assimilationen an vordergaumenlaute sind
in tonsilben vollständiger, allgemeiner und consequenter durchgeführt als solche an hintergaumenlaute, lippenlaute oder nasale:
niht (aus *neht*, wie es scheint, ohne die zwischenstufe von **neiht*
entwickelt), *miht, gingra, lige* statt *lyge,* aber *feohtan, eahta,
eald* neben *ald, wearm* neben *warm, wucu* neben *wicu, noma*
neben *nama, mon* neben *man.*

In schwachbetonten wörtern erscheint der dumpfe o-laut
vor nasalen regelmässiger als in starkbetonten: *þone, hwone,
þonne, hwonne, (swā) some, on* (praep.): Sievers, Ags. gr. § 65
anm. 2, Sweet, HES.[3] s. 117.

Besonders in betracht zu ziehen ist noch die entwicklung
der german. diphthonge im Altenglischen. Auch hier scheint
einfluss des accents vorzuliegen. Die normale altengl. und wie
es scheint altgerman. betonungsweise der accentsilbe ist bekanntlich die absteigende, in bezug auf tonstärke wie in
bezug auf tonhöhe. Daher werden im allgemeinen diphthonge
mit aufsteigender tonfolge der eigentöne weniger germanischer sprechweise angemessen, leichter der monophthongierung
und assimilation ausgesetzt sein, als solche mit absteigender
tonfolge. Und in der tat zeigt sich im Urgermanischen, wie
in den neueren german. sprachen die neigung, diphthonge,
deren zweiter bestandteil ein *i* ist, zu assimiliren und zu mo-
nophthongiren, während die mit einem *u*-laut schliessenden
mehr intakt bleiben oder sich sogar noch dissimiliren:

Idg. (Europ.?) *ei* — germ. *i*
„ *eu (äu?)* — germ. *eu, iu* (selten *ú*)
„ *oi* — germ. *ai*[1]) [assimilation]
„ *ou* — germ. *au* (selton *ú*) [dissimilation].

Im weiteren verlauf der entwicklung germanischer sprachen (von hochd. mundarten abgesehen) wird *ai* leicht zu *ae, ei* assimilirt oder monophthongirt, während *au* seinen diphthongischen character deutlicher und länger bewahrt. So steht z. b. schon im Altnord. *ei* einem *au* gegenüber, und ebenso ist auch die gewöhnliche hochd. aussprache in Norddeutschland *ae, ei*, aber *au* (neben selteneren *ao, ou*). So erklärt sich denn leicht, dass in der altenglischen sprache, die ja den einflüssen des accentes besonders zugänglich war, der diphthong *ai* oder *ae*, wie wir für die anglo-friesische grundsprache wohl anzusetzen haben, zu *á* monophthongirt wurde, *au* oder *ao* sich dagegen zunächst diphthongisch erhielt und durch tonerhöhung des ersten vokals und assimilation des zweiten zu *æo, ea* wurde. Gegen ausgang der altenglischen zeit wurde dann, unter dem einfluss des scharfen accents, auch *ea*, ebenso wie *eo*, in den meisten englischen dialekten monophthongirt, und zwar wiederum durch assimilation des zweiten componenten an den ersten. — Aus der abneigung der altengl. sprache gegen diphthongirung und der neigung zur monophthongirung lässt sich m. e. schliessen, dass die langen betonten vokale nicht mit circumflectirtem (geschliffenem) accent gesprochen wurden, sondern eher mit scharfem (geschnittenem) ton (acut). Möglicherweise auch mit gestossenem. Wenn wir die analogie der litauischen und lettischen sprache in betracht ziehen (Kurschat, Lit. grammatik §§ 200, 204 ff., Bielenstein, Lettische sprache § 27, Bezzenberger, Beitr. z. gesch. d. litauischen spr. s. 25, Beitr. z. kunde d. idg. spr. IX, 266), so scheint der regelmässige hochton des ersten bestandteils der diphthongen, die unterdrückung des zweiten bestandteils, ferner die entwicklung

---

¹) Bei dem übergang von *oi, ou* in germ. *ai, au* ist die analogie des übergangs von idg. *o* in *a* in anschlag zu bringen; vermutlich liegt allen dreien tonerhöhung des hochtonig gewordenen vokals zu grunde. Wenigstens ist in den seltenen fällen, wo idg. *o* im Germ. tieftonig geblieben ist, dasselbe als *o, u* erhalten (vgl. Paul in PBB. VI, 187):

idg. *seghos* — germ. *sig(h)uz*
„ *sedhos* — „ *siduz*.

der brechungs- oder *u*-umlauts-diphthonge *ea* und *eo*, die vokaldehnung vor liquiden für die annahme zu sprechen, dass auch
im Altengl. (oder im Anglo-Friesischen?) einst gestossene betonung der hochtonigen vokale üblich war. Für das Altnieder-
deutsche hat Bezzenberger bereits gestossene betonung angenommen[1]) und die verschiedenheit in der entwicklung des
altniederd. und althochd. vokalismus auf verschiedene accentua-
tionsweise zurückgeführt.

Im ME. muss die scharfe aussprache der vokale unüblich
geworden sein, entsprechend der im allgemeinen weicheren me.
betonung: die brechungsdiphthonge werden aufgegeben; sonst
aber zeigt sich gegenüber der altengl. neigung zur monophthongirung im Me. eine tendenz, neue diphthonge zu bilden. Auch
diese muss mit der weicheren accentuation zusammenhängen.
Der übergang von spiranten in halbvokale und vokale (z. b.
dæg — day, *plôg — plow, plough* gespr. *plou*) ist jedenfalls auf
schwächung des exspirationsdruckes zurückzuführen, die sich
im Me. ja auch sonst in dem häufigen ab- und ausfall von
konsonanten, in der assimilation von konsonanten an einander
und an benachbarte vokale geltend macht[2]). Die erschlaffung
der konsonantischen artikulation steht im einklang mit der
schwächung des exspirationsdruckes, da ja „ein grundgesetz
aller lautbildung das gleichgewicht von exspirationsdruck und
hemmung ist" (Lenz, Zs. f. vgl. sprf. XXIX, 51).

Ein anderes grundgesetz der lautbildung lässt sich dahin
formuliren, dass die stärke der kehlkopfarticulation
und die energie des für die mundarticulation verwandten exspirationsdruckes bei dem einzelnen laute
sowohl wie bei lautcomplexen in umgekehrtem ver-

---

[1]) Altpreuss. monatsschrift XII, 348: „Wenn im Altniederdeutschen
aus *ai (ei) ê* und aus *au (ou) ô* wird, so setzt dies eine aussprache jener
diphthonge voraus, die wir nach Kurschat's orthographie mit *âi (ôi)*
und *âu (ôu)* bezeichnen würden. Das Ahd. hingegen bewahrt in der
regel diese diphthonge unverändert, ihre betonung wird also von der im
Andd. herrschenden verschieden gewesen sein". Herr professor Bezzenberger war so freundlich, mich auf diese stelle aufmerksam zu machen.
[2]) Es ist gewiss kein zufall, dass gerade in sprachen und sprachperioden,
die einen energischen accent verraten, der consonantismus sich kräftig
entwickelt oder wenigstens fest bleibt; dass dagegen mit schwächerer
accentuation gemeiniglich erschlaffung der consonantischen articulation
verbunden ist.

hältnis zu einander stehen. Mit je kräftigerem nachdruck
die mundarticulation ausgeführt wird, um so schwächer ist gewöhnlich der stimmton, und umgekehrt. Die scharfen, harten
spiranten oder explosivlaute (tenues, fortes) sind immer stimmlos,
die weichen (mediae, lenes) gewöhnlich stimmhaft. Bei dem
übergang von einer harten spirans in eine weiche, von einer
weichen in einen halbvokal, von einen halbvokal in einen vokal
nimmt die tonstärke ungefähr in demselben masse zu, wie die
druckstärke abnimmt.

Was für den einzelnen laut, gilt auch für die silbe. Ge-
dehnter vokal bedingt gewöhnlich kürzung, reduction des in
derselben silbe folgenden consonanten und veranlasst nicht
selten aus-, abfall desselben (die sogenannte ersatzdehnung).
Gedehnte oder mehrfache endconsonanz bedingt kürzung des
vorhergehenden vokals, um so mehr, je stärkeren exspirationsdruck der consonant verlangt, an meisten also bei scharfen
spiranten. Scharfer accent (acut) veranlasst vokalkürzung,
matter (gravis) vokaldehnung. Vokaldehnung tritt ausser im
silbenauslaut am leichtesten vor medien oder weichen spiranten
oder reducirten liquiden ein z. b. in der modernen englischen
aussprache von *bed, dog, was, learn, half*. Consonantendehnung
am leichtesten hinter kurzen, tonschwachen vokalen (vgl. Paul
in PBB. VII, 110; Effer, Konson. im Ormulum s. 37).

Diese tatsachen der phonetik und sprachgeschichte sind
lautphysiologisch leicht zu erklären. Durch die auf die kehlkopfarticulation verwandte kraft verliert der exspirationsstrom
an energie, wird also die mundarticulation beeinträchtigt. Wenn
dagegen der luftstrom die stimmritze ungehemmt durchstreicht,
concentrirt sich die ganze energie des exspirationsdruckes auf
die mundarticulation.

Mit dem gegensatz zwischen den beiden articulationsfactoren
hängt es gewiss auch zusammen, wenn sprachen, die einen
kräftig ausgebildeten vokalismus zeigen (wie z. b. die romanischen), vielfache schwächung des consonantismus aufweisen
(reduction von scharfen zu weichen explosiv- oder dauerlauten,
verwandlung von medien in tönende spiranten, nasalirung,
mouillirung, palatalisirung, vokalisirung). Umgekehrt erleidet
in sprachen, die einen kräftig entwickelten consonantismus besitzen und bewahren, wie die meisten germanischen, der vokalismus vielfache schwächung.

Was von sprachen im allgemeinen, gilt von sprachperioden im besonderen. Consonantenschwächung und vokalverstärkung treten, wie es scheint, immer gleichzeitig auf; und umgekehrt gehen vokalschwächung und verstärkung der consonantischen articulation hand in hand.

Die mittelenglische zeit kann als eine periode der erweichung d. h. der schwächung consonantischer, der verstärkung vokalischer articulation gelten. Beide tendenzen der lautentwicklung werden zusammenhängen mit der angenommenen accentschwächung. So erklärt sich denn auch die bildung neuer diphthonge durch vokalisirung von consonanten ganz ungezwungen.

Ähnlich scheint die entwicklung der spätme. diphthongo (ei) und (ou) [1] aus i und u eine folge des geschwächten accents zu sein. Diese diphthongirung steht vollkommen im einklang mit der vokalisirung der spiranten; sie lässt sich gleichfalls auf den verminderten exspirationsdruck und die dadurch bedingte schlaffere mundarticulation, lockerung, erweiterung der mundenge zurückführen [2]. Ob wegen solcher diphthongirungen geschliffene betonung anzunehmen ist, wie Scherer wollte, ist mir zweifelhaft. Ich glaube, dass sie auch mit der annahme der svarita-betonung vereinbar sind. Der gravis begünstigt eine mittlere tonlage, welcher die vokale a, oᵃ am besten, die extrem hohen oder tiefen vokale i, u aber weniger entsprechen. Die neuentwickelten diphthonge lassen sich als eine wenigstens teilweise anpassung an diese mittlere tonlage auffassen.

Es lässt sich im ME. ebenso wie im Mhd. (Md.) und Mnld.

---

[1] Für den anfang des XVI., ja schon für das ende des XV. jahrhunderts sind die diphthonge sicher bezeugt (Ellis, On Early English Pronunc. ss. 111, 149, 406). Aus spätme. schreibungen wie *high*, *hy* für *heigh*, *ye* für *eye*, *feyre* = ne. *fire*, *seynde* = ne. *find*, *town* für *toun*, *bower* für *bour*, aus reimen wie *by* : *wey*, *syde* : *leyde*, *trow* : *now*, *bowe (boga)* : *now* scheint hervorzugehen, dass die diphthongirung in südenglischen dialekten wenigstens schon ende des XIV. oder anfang des XV. jahrhunderts eingetreten ist (vgl. meine bemerkungen im Litt.-bl. f. germ. und rom. phil. 1884 s. 271; E. Holthaus, Beiträge zur gesch. der engl. vokale, 1885 s. 24 ff.; Knigge, Sprache des dichters von Sir Gawayn, 1885 s. 86; K. Münster, Untersuchungen zu Thomas Chestre's Launfal, 1886 s. 30). [2] Auch im Mhd. und Mnld. tritt die diphthongirung von i und u ungefähr gleichzeitig ein mit der vokalisirung von in- und auslautendem g, j.

(vgl. Franck, Mnld. gr. §§ 70, 75) und im Romanischen,
beobachten, dass mit der dehnung der vokale in offener silbe
eine änderung der qualität verbunden ist. Enge vokale gehen
in weite über.

ĭ-, y- wird zu ē-:

ae.	*pisa*	me.	*pese*	ne.	*pease*
„	*glida*	„	*glede*	„	*gleed*
„	*witan*	„	*wete*	„	*weet* (obs.)
„	*wicu*	„	*weke*	„	*week*
„	*wifel*	„	*wevel*	„	*weevil*
„	*yfel*	„	*evel*	„	*evil*
„	*bydel*	„	*bedil*	„	*beadle*
„	*bysig*	„	*besy*	„	*busy.*

ŭ- wird zu ō-:

ae.	*sunu*	me.	*sone*	ne.	*son*
„	*wudu*	„	*wode*	„	*wood*
„	*lufu*	„	*love*	„	*love*
„	*duru*	„	*dore* ¹)	„	*door*
„	*hnutu*	„	*note*	„	*nut*
„	*guma*	„	*gome*	„	*[bride]-g(r)oom*
„	*sume*	„	*some*	„	*some*
„	*cuman*	„	*come*	„	*come*
„	*wunian*	„	*won(i)e(n)*		
„	*hunig*	' „	*honey*	„	*honey*
„	*munuc*	„	*mon(e)k*	„	*monk.*

Dass in diesen und ähnlichen fällen (im ME. südlicher
dialekte wenigstens) der vokal der tonsilbe in der tat gedehnt
gewesen ist, wird trotz vielfacher ne. kürze durch die me.
schreibung, durch me. reime mit alten längen, wie durch die
analogie sonstiger vokaldehnungen in offener silbe wahrscheinlich (vgl. Ten Brink, Chaucer's sprache § 35 anm. 1; Morsbach, Ursprung der neuengl. schriftsprache s. 21). Im NE.,
möglicherweise schon im Spätme. nördlicher dialekte, kann
wieder kürzung eingetreten sein, z. b. bei *love* aus ae. *lufu*,
me. *löre* ebenso wie bei *dore* aus ae. *dufe*, me. *do(w)ve*, bei

---

¹) Falls nicht, wie Zupitza vermutet, ne. *door* aus ae. *dor* hervorgegangen, was mir aber wegen der me. und ne. schreibung unwahrscheinlich dünkt.

son, ae. *sunu,* me. *sōne* ebenso wie bei *done* aus ae. *gedôn,*
me. *ydoon.* Morsbach's hypothese, dass ae. *ī* und *ŭ* der allgemeinen neigung zur dehnung silbenschliessender vokale allein
widerstanden hätten (Urspr. d. neuengl. schriftspr. ss. 21, 181),
scheint mir nicht annehmbar. Es lässt sich dafür weder ein
lautphysiologischer grund, noch eine analogie aus anderen
sprachen beibringen. Dass bei diesen vokalen die dehnung
nicht durch doppelschreibung angedeutet wird, kann nicht als
grund für die voraussetzung der kürze angeführt werden; denn
auch die anderen von Ten Brink, Morsbach als gedehnt
angenommenen vokale werden ja nur selten durch doppelschreibung als lang bezeichnet. In den meisten der hierher
gehörigen fälle diente wahrscheinlich das tonlose (oder stumme?)
e der endsilbe schon im ME. als dehnungszeichen.

Auch Ten Brink's ansicht, welcher (a. a. o. §§ 35) „schwe-
bende vokale" annimmt, kann ich nicht ganz teilen. In nördlichen und vielleicht auch in mittelländischen dialekten mögen
diese, wie andere silbenschliessende vokale kurz oder halb lang
geblieben sein (vgl. Orrm's schreibungen wie *sŭne, wŭtenn*); in
südlichen dialekten aber nehme ich vollständige dehnung an,
wodurch ae. *ī-* mit *ê, ŭ-* mit *ô* lautlich zusammenfiel.

Die vielfachen reimbindungen der betreffenden laute, wie
die übereinstimmende entwicklung im NE. sprechen für meine
ansicht. Nur vor folgendem *(e)r* oder *(e)n* ist bei den ae.
vokalen *ī* und *ŭ* natürlich ebenso wie bei anderen die dehnung
unterblieben, oder durch eine früh eingetretene kürzung wieder
beseitigt worden: z. b. *riden, hider,* ne. *ridden, hither.*

Die qualitätsänderung der gedehnten *ī* und *ŭ* ist vollkommen
analog demselben lautvorgang im Mnld. und Mndd. (Mhd.?)
und Roman., und lässt sich lautphysiologisch sowohl als erleichterung der mundarticulation (übergang „enger" in „weite"
vokale) wie als wirkung des schweren silbentons (anpassung
an die mittlere tonlage) leicht erklären.

Die vokaldehnung von *i* zu *ei, u* zu *ou* und die diphthongirung von *ī* zu *ei, ū* zu *ou* sind ganz parallele vorgänge.
Nicht bloss im ME. sondern auch im Mnld. und Mhd. (Md.)
treten beide ziemlich gleichzeitig auf. Es liegt also schon
darum nahe beide ursächlich zu verknüpfen.

Die innere harmonie in der entwicklung des me. vokalismus

(südlicher dialekte), der einfluss der gravis-betonung auf dieselbe wird nunmehr genügend klargelegt sein.

Im NE. tritt der veränderten, schärferen accentuations-
weise entsprechend wieder die neigung zur monophthongirung
hervor. Die me. diphthonge *ai, au, ow, ew* werden um 1600
monophthongirt; nur die neugebildeten *ei* — *i* und *ou, ow* und
das romanische *oi* erhalten sich.

Erst in allerneuester zeit macht sich wieder die entgegengesetzte tendenz der diphthongierung geltend: *ē* — *ēi, ō* — *ōu.*

Auch die neuenglische vokalkürzung dürfte auf den
schärferen accent zurückzuführen sein. Die bedingungen derselben sind trotz dem aufsatze von W. Fick (Engl. stud. VIII, 502ff.)
noch nicht sicher ermittelt. Nicht selten scheint die kürzung
durch den schwachen satzton des wortes veranlasst (z. b. *but,
yet, us, one, ten*). Ferner ist nach Fick ein hauptgrund conso-
nantenposition z. b. *wisdom, husband* (hier ist die verkürzung
vielfach schon im AE. eingetreten). Aber auch in ursprünglich einsilbigen, auf einen einfachen consonanten, muta,
spirans oder nasal ausgehenden wörtern ist zuweilen kürzung
eingetreten, ohne dass es möglich wäre einen sicheren grund
anzugeben. Es ist aber wohl mit einiger wahrscheinlichkeit
anzunehmen, dass hier consonantendehnung, die durch den
scharfen accent veranlasst war, vorherging und die vokalkürzung bedingte.

Nicht bloss gedehnte oder mehrfache consonanz hinter,
sondern auch consonantenhäufung vor dem vokal scheint bisweilen vokalkürzung veranlasst zu haben; vgl. z. b. *friend* —
fiend, spread — *speed.*

In allerneuester zeit scheint wieder neigung zur vokaldehnung vorhanden zu sein.

Ich habe im vorstehenden versucht eine innere harmonie
in der lautentwicklung der englischen sprache nachzuweisen
und die veränderungen des vokalismus einheitlich aus dem
accent zu erklären. Es scheint mir, dass das gefundene er-
klärungsprincip sich auch auf andere sprachen anwenden lässt.

Unter den romanischen sprachen ist es die französische,
welche einen besonders energischen accent für die erste (vor-
litterarische) periode ihrer entwicklung voraussetzen lässt. Schon
in jener periode muss die regelmässige tonerhöhung eines betonten, gedehnten *a* zu *e* eingetreten sein (Schwan, Afz. gr.

§ 63). Dass bei dieser vokalwandelung der accent wiederum
das bestimmende moment gewesen ist, wird sofort klar, wenn
wir wörter vergleichen wie *né — naïf, noël*, afz. *fée — faé, nef
— navire, clef — clavier, sève — saveur, grief — aggravé, mer
— marin, sel — salé, cher — charité, assez — rassasier.*

Vortoniges *a* bleibt ja im Afr. regelmässig erhalten, ausser
im hiatus vor *u* und hinter *ch*, wo *e* eintritt (Schwan, Afr.
gr. § 124). Die vereinzelten fälle einer entwicklung von *a* zu
o in vortoniger silbe wie in *noël*, afz. *noër, poéle*, afz. *coment,
orange* (span. *naranjo*), *dommage, orteil, malotru* verraten die
verdumpfende wirkung des tieftons; auch wörter wie afz. *roisin*
(aus *racemus*), afz. *rovoison, oroison, citoyen* (prov. *ciudadan*),
soudoyer, pitoyable dürften sich eher auf diese weise erklären lassen, als nach Förster's auffassung (Zs. f. roman.
phil. V, 96).

Lat. *ō, au* muss im Afr. ebenfalls je nach dem silbenaccent
verschieden entwickelt worden sein, wenngleich die differenzirung
wegen der ungenauen afrz. lautbezeichnung nicht überall zu
constatiren ist und in vielen fällen durch formenausgleichung
wahrscheinlich schon früh aufgehoben wurde. Aber aus fällen
wie *voeu — vouer, noeud — nouer, douleur — douloureux, rigueur
— rigoureux, vigueur — vigoureux, saveur — savouré, queue —
couard* ist sie noch zu erkennen. Lat. *ŏ* ergiebt in betonter
offener silbe afz. *ue*, nfz. *eu*, in vortoniger afz. *o*, nfz. *ou*: *neuf
— nouveau, preuve — prouver, lieu — louer, feu — fouage, jeu
— jouer, coeur — courage.*

Afrz. *ue* kann sich aus gemeinrom. *uo* durch tonerhöhung
entwickelt haben.

Bei lat. *ū* könnte es scheinen, als wenn die gallorom. tonerhöhung zu *ü* überall, ohne rücksicht auf den silbenaccent
eingetreten wäre. Diese uniforme entwicklung wird auf formenausgleichung zurückzuführen sein. Leider unterscheiden die
ältesten afrz. sprachdenkmäler *u* und *ü* in der schrift nicht,
so dass sich das ursprüngliche verhältnis nicht ermitteln lässt.
Aber noch in spätafrz. zeit findet sich z. b. afrz. *ouni* (= *ūni-
tum*) gegenüber *un.* Auch die umwandlung von lat. *ē, ī* in afz.
i, ei (oi) wird ursprünglich auf tonerhöhung beruhen, wenngleich der übergang von *ei* in *oi* spätere gravisbetonung voraussetzt.

Im Afrz. der frühesten periode unterlagen also die betonten
vokale einer ähnlichen verschiebung wie im Altengl. und Neu-

engl., einer verschiebung in der richtung der tonerhöhung.
Allerdings, wie es scheint, nur die langen oder gedehnten
vokale, die kurzen scheinen gar nicht afficirt worden zu sein.
Es lässt sich indessen wahrscheinlich machen, dass auch das
kurze betonte a im Urfrz. zu a gefärbt gewesen sein muss, und
zwar durch eine ähnliche beweisführung, wie sie Joh. Schmidt
für die idg. ursprache in dem aufsatze „Zwei arische a-laute
und die palatalen" (KZ. XXV, 1 ff.) angewendet. Im Afrz.
(vom picardischen und norm. dial. abgesehen) ist palatalisirung
von k (c) zu ch bekanntlich nicht bloss vor langem oder ge-
dehntem, zu e gewandeltem, urspr. a eingetreten, sondern auch
vor scheinbar rein erhaltenem: nicht bloss cher, chien, chef,
chez, sondern auch charme, chant, champ. Da nun die palatale
affection durch ein reines a nicht veranlasst sein kann, setzt
sie eine zeitweilige färbung des hochtonigen a zu ä auch in
geschlossener silbe voraus, die später wieder aufgehoben wurde,
ähnlich wie dies für die arischen sprachen anzunehmen und
für das ME. nachgewiesen ist: chärme, chänt, chämp, ähnlich
wie me. ne. chaff, chafer, chalk ae. ceaf, ceafor, cealc voraussetzen [1]). Es wird gegen diese annahme vielleicht eingewandt
werden, dass der ch-laut ja auch vor vortonigem a, bei welchem
eine trübung zu ä nicht anzunehmen sei, eingetreten ist: char-
mer, chanter, champêtre; hier ist aber wieder die wirkung der
formenausgleichung und des systemzwanges in anschlag zu
bringen. Wenn aber noch im Nfrz. chef — caboche, cabus,
champ — campagne, chien — cagnot, cagnard, chair — carnage,
carogne, chèvre — cabri, cabrer, char — carrière, échelle —
escalier nebeneinander liegen, so glaube ich, dass diese wort-
paare die ursprünglichen lautverhältnisse darstellen und dass
Champagne, charnage, charrière, échelier analogisch gebildete
nebenformen sind (vgl. Groene, C vor a im Französischen,
Strassburg. Diss. 1888 ss. 37 ff.). Im surselvischen und ladini-
schen dialekt ist der übergang des c zu ć noch ganz regelmässig durch den accent bedingt: ćaura — cavál; ćamp —
campáña (Ascoli-Güterbock, Sprachwissenschaftl. briefe
s. 181). Wie weit in afrz. dialekten der eintritt der palatalis
von dem accent abhängt, bleibe der specialforschung zu ermitteln überlassen.

[1]) Vgl. Meyer-Lübke, Rom. grammatik (1890) I, s. 535: „Die be-
dingung für den wandel von k zu k' ist palatales a".

Die angeführten tatsachen aus der geschichte neuerer
sprachen sind geeignet die hypothese von dem einfluss des
accents auf die entstehung des idg. ablauts zu stützen. Auch
die idg. ursprache muss, wie aus der vokalreduction in unbetonten silben hervorgeht, in der letzten periode der sprachgemeinschaft einen besonders energischen accent gehabt haben.
Es scheinen also in jenem entwicklungsstadium der ursprache
ähnliche bedingungen der lautentwicklung vorgelegen zu haben
wie in den besprochenen perioden der neueren sprachen.

Verschärfung des accents lässt sich auf verschiedene
ursachen, physische und psychische, zurückführen:

Die nordischen sprachen des idg. stammes haben im allgemeinen einen kräftigeren accent, als die südlichen; das rauhere,
nordische klima scheint also energischeren exspirationsdruck
beim sprechen, wie überhaupt wohl stärkere respiration zu
bedingen. Es lässt sich ferner beobachten, dass bergvölker
mit schärferem hauch und accent sprechen, als bewohner der
ebene, was wohl mit recht auf die durch bergsteigen gewohnheitsmässig gewordene kräftige respiration zurückgeführt wird
(Victor, Elem. der phonetik s. 189). Die armenisch-ossetische,
die oberdeutsche, die gälische lautverschiebung (mediae zu
tenues, tenues zu aspiraten, affricaten, spiranten) dürfte sich
auf diese weise erklären. Überhaupt scheint eine körperlich
angestrengte lebensweise der sprache einen rauhen, polternden
character zu verleihen, wie sich bei personen, die schwer
arbeiten, beobachten lässt.

Aber auch die energie des willens findet in scharfer
accentuation einen mehr oder weniger bewussten ausdruck,
besonders bei menschen, die gewohnt sind zu befehlen. Die
sprache eines siegenden und erobernden volkes wird daher
immer schärfer sein, als die eines besiegten und unterworfenen.
Wenn die sprache der Franken und der Angelsachsen einen
besonders kräftigen accent verrät, so ist dies wohl zum teil
auf den letzteren völkerpsychologischen grund zurückzuführen.
So wird auch gewiss das idg. urvolk, aus dessen schoosse so
viele welterobernde völker hervorgingen, in der letzten periode
der sprachgemeinschaft ein kräftiges, rauhes kriegervolk gewesen sein; herrisch und scharf wird seine sprache geklungen
haben. — Vielleicht ist auch die spätere erschlaffung des
accents, welche namentlich die asiatischen sprachen unseres

stammes durch ihre rückkehr zur ebeneren modulation verraten, von tieferer, völkerpsychologischer bedeutung.

Jede verschiebung der vokalskala setzt eine vernachlässigung des vokalklangs voraus. Auch dieser umstand scheint
mir psychisch begründet zu sein. Der vokalismus ist, wenn
ich mich so ausdrücken darf, das sensible element der sprache,
wie der konsonantismus gleichsam das motorische element darstellt. Vokalische laute dienen ursprünglich, und in den inter-
jectionen noch heute, als reflex der (passiven) empfindung,
während consonantische laute ursprünglich der ausdruck des
strebens, begehrens gewesen zu sein scheinen, und in inter-
jectionen es noch heute sind. Wenngleich diese ursprüngliche
function der sprachlaute, die für die sprachschöpfung von
grosser bedeutung gewesen sein mag, in der späteren entwicklung mehr und mehr zurücktritt und in den neueren sprachen
kaum mehr zum bewusstsein kommt, so verrät doch noch jetzt
die grössere oder geringere beteiligung des stimmtons bei der
sprachhervorbringung die grössere oder geringere empfindsamkeit des sprechenden.

Unwillkürlich verstärkt sich der stimmton bei lebhafterem
affekt. Die sprache der rührung, des mitleids, der trauer, der
freude, des zorns ist klangreicher als die gleichgültige sprache
des geschäftlichen verkehrs. Bei besonders starkem affekt
steigert sich der stimmton bis zum lauten lachen, singen,
weinen, schreien. Von personen, die gewohnheitsmässig mit
weicher, melodiöser stimme sprechen, lässt sich mit ziemlicher
sicherheit schliessen, dass sie sehr empfindsam sind — oder
empfindsamkeit affectiren (das letztere wohl bei frauen nicht
ganz selten). Kinder, frauen haben meist eine klangreichere
stimme als erwachsene, männer. Der lebhafter empfindende
Südländer (schon der Süddeutsche) spricht mit mehr stimmton
als der kältere, phegmatischere Nordländer, insbesondere der
Nordgermane. Die reinheit und fülle des vokalismus süd-
romanischer sprachen, insbesondere des Italienischen ist wohl
auf den volleren stimmklang zurückzuführen.

So scheint denn die üppige entwicklung des vokalismus,
die sich in vielen sprachen der alten kulturvölker beobachten
lässt, eine zunehmende erweichung und verfeinerung des gefühls-
lebens zu verraten.

Aus der vernachlässigung des vokalklangs dagegen lässt

sich wohl auf eine gewisse gefühlshärte schliessen; wenigstens spricht dafür der character nordischer sprachen.

Vielleicht lässt sich die hier versuchte deutung einiger tendenzen des lautwandels auch an anderen sprachen erproben.

Kiel.　　　　　　　　　　　　　　　　*Gregor Sarrazin.*

Der (lettische) dialekt von Selsau (Livland)[1].

A. Textproben.

Safta Dōäwida dſeefma.

Kōu Dōäwids grākus fūdſ un lūdſas meeſas un dwäfäläs weſülibas.

Dōäwida dſeefma uf öfluxām fligām dſeeduma.

Ak kungs, naſöedij māns föicās dufmās un napārmōäzi māns föwā nыiknumā.

Kungs, ſchālo māns: es jou eſchu naſtыiprыis; kungs, iſdſeedā māni, mūini kouli ir iſbijuſchees.

Un muna dwäfälä ir brīnum ыiſtrūküiſäs. Ak tu kungs, ka tыik ilgi!

Greeſees, kungs, un iſpeſtij munu dwäfälu, pālidſi man föwas ſchāläſtibas dät.

Muirſtot jou teirs naijeedoma; kas ľ teiv ellä teiks pūldees?

Es eſchu tыik noküiſs nopūkſidämces; ыiſu nakti roudot zыifas pūleek no ōfarām flūpas.

Munas meeſas ir iſdädäjuſchas aiſ bādām un ыir palbыkuſchas wazas; ыiſur māni beedä.

Alſkäpeelās no māneem, wiſi lоundäri, las kungs gön dſbыrd munu roudäſchanu.

Tas kungs dſbыrd, kad es ſouzu; winſſch peenem munu lūgſchanu.

---

[1] Selsau liegt in dem kirchspiel Sesswegen, allein seine mundart, welche etwa einen kreis von 10—15 werst im durchmesser einnimmt, ist von der Sesswegenschen in vieler beziehung verschieden. Während man in Selsau *dſērt, āſt, tezät, es, man* spricht, sagt man dafür in Sesswegen *dſart, āſt, tazät, as, mun;* dort heisst es *lоilei lopei,* hier *leelai lapai* u. s. w.

Wifeem m̄uineem naidäneekeem jäpäleek kounâ un ſtipri
jäiſbiſtüs, jägreeſchäs atpökat un nagaidot japüleek kounâ.

Toutas dſeeſmas [1]).

Ai Deewiни, kur es [2]) eeſchu,
Näweens müns naijeerouga [3]).
Pee eglites daſaſtouju [4]),
Ij eglite noſtьı [5]) ſtuim.

Wifi mьına [6]) purwa ſoalu [7]),
Lei tij grьıma dьıbanâ [8]);
Wifi mäni roudanäja [9])
Bŏäreniti däwädämi [10]).

Schьıs bŏärens [11]), tas bŏärens,
Es par teeſu bŏärenite [12]):
Nij man täwa, nij mŏämiнаs [13])
Nij iſtana bŏäläliна [14]).

Aiſ ka man firds ſŏäpäja [15]),
Aiſ ka waigi nobŏäläja [16])?
Sirds ſŏäpäja, mŏätes [17]) ſchäl;
Waigi bŏäl ŏſarâs [18]).

Daſäſädu roudädama [19])
Stroujıipıtes [20]) mäliнâ;
Stroujıipıte tazädama
Aiſnaf munas ŏſaras [21]).

Laiku, laiku zetu greeſchu
Lapnam täwa däliнam,
Lei tas müns naſamьına [22])
ſam kűimeta kŏäjiнäm [23]).

To es teilſchu, toa notьıka [24])
Lapnam täwa däliнam:
ſьırgs [25]) aiſſkräja meſcha zetu,
ſörs no·rŏäwâ [26]) zapuirit.

---

[1]) Vergleichshalber füge ich hinzu die hauptsächlichsten abweichungen des Saussenschen dialekts.   [2]) as.   [3]) neweens muini nejeerauga.
[4]) daſaſtäju.   [5]) noſti.   [6]) mina.   [7]) ſäeli.   [8]) grima dibinâ.
[9]) muini raudinäja.   [10]) bäereniti däwädemi.   [11]) bäerens.   [12]) bäe-
renite.   [13]) mäeminas.   [14]) iſtina bäeleliна.   [15]) aiſ ko mun faēpü-.
[16]) nobäeläja.   [17]) ſärpäja, mäetes.   [18]) bäl aſarâs.   [19]) raud-.
[20]) ſtrauj-.   [21]) aſaras.   [22]) muini naſamina.   [23]) käjiнäm.   [24]) ta
notika.   [25]) ſirgs.   [26]) ſars norāewe.

Es natыizu [1]) jouna puifcha,
Lei tas lidū zour akmāni [2]):
Peeirił munu ouguimiжu,
Noжem munu wainūziж' [3]).

feedi, feedi ōara płȯwa [4])
Es jou [5]) waira nafeedāfchu [6]):
Muini feediж' ej nobыira [7])
Toutu gölda [8]) gāliжā.

Es touteefcha gölıcu loufchu [9])
Kōa [10]) ofola wыirfounūtu [11]),
Kam tas māni [12]) jouнu жāmā,
Kad namōak maldanōt [13])?

Kȯlnā kōāpu roudſitees [14]),
Lejā laifchu gredſūniж' [15]):
Kas panāmā gredſūniжu,
Tas bus muns ōrājiжtfch [16]).

Sūras, fūras fiжepites [17])
Sāfam fыila [18]) mūliжā;
Börga börga mūks mōāfiжa [19]):
Dofam tōāli toutiжās [20]).

Skaifła puke kālniжā
Wāl fkaifłāka lejiжā;
Skaifła ouga mōātās [21]) meiła,
Wāl fkaifłāka kȯlpounilā [22]).

Kōa [23]) war feckſła feekſłu wēlt [24]):
Aebās [25]) gul ūdenec;
Kōa war meiła meiłu pēlt [26]):
Aebās ſiłu waiжakā.

Ruidāns nōāzü [27]) meitinām,
Ruidāns [28]) koka lūpiжām:
Krił lūpiжa greeſdāmees [29]),
Roud mōāfiжa aiſwaduma [30]).

---

[1]) natizu.   [2]) lida zaur akmeni.   [3]) waineziж.   [4]) āra pława.
[5]) jau.   [6]) neſeed-.   [7]) ij nobira.   [8]) tautu galda.   [9]) łau- gałwou
łau-.   [10]) ka.   [11]) wirfūnūti.   [12]) muini.   [13]) namāk maldināt.
[14]) kalnā kāepu rau-.   [15]) gredſeniж'.   [16]) arūjiжtfch.   [17]) fiжepites.
[18]) fāfam fila.   [19]) barga mūs mūefiжa.   [20]) tāeli tau-.   [21]) suga
mūełes.   [22]) kalpoenite.   [23]) ka.   [24]) walt.   [25]) ūbas.   [26]) pałt.
[27]) nāeze.   [28]) ruidens.   [29]) greeſdamās.   [30]) raud mūrf- aiſwa-.

Aiſ ka ¹) ſikas, aiſ ka mōſas ²)
Aiſkujeeſchu dſaltānitäs ³)?
Deenu kunga ttrumä,
Nakti rijas kūlājinas.

Skaiſtas mōarſchas man wedeet,
Skaiſti muini bōälälini ⁴);
Nыknas, börgas ⁵) newedeet,
Aiſſmökuſchas wōloedinas ⁶).

Nem bōälin, nыknu, börgu,
Nanonam natыklas ⁷);
Nыknu, börgu norōaſam ⁸),
Kur lыkſam natыkuſchu ⁹)?

Oābältina deewa lūdſä,
Lei wad märſchu toutinäs:
Sōru ſärin' ej ¹⁰) noelika
Dſipärinus ¹¹) (sing. dſipurs) kältäjot.

Wifeem läbi, wifeem läbi
Muna täwa ſemitä:
ſakam löbs zыlpu mēſt ¹²),
Ruibänam rubanät ¹³).

Jou ſoulite ¹⁴) aiſulaida
Aiſ dewini eſärin' ¹⁵):
Wara ſchkädäs noeſkānäja ¹⁶)
Jārinä eelaiſchortees.

Bыſloeziju ¹⁷) bärſu birſi
Pa weenam ſchögaram ¹⁸);
Bыſmōäziju ¹⁹) toutu dälu
Pa weenam wōärdinam ²⁰).

Peezi, feſchi täwam däli,
Weens pöts ²¹) bärs kuimälintſch ²²);
Ij tēd ſtōaw ²³) ſtata duirws
Ar wakärij' ²⁴) wäruimin'.

---

¹) aiſ ko.   ²) maſas.   ³) dſaltäenites.   ⁴) bäelelini.   ⁵) niknas
bargas.   ⁶) aiſſmakuſchu waloedinu.   ⁷) nanonam -tiklas.   ⁸) norä-
ſam.   ⁹) lik-, -tik-.   ¹⁰) ij.   ¹¹) dſiperinus.   ¹²) lahs zilpu maſt.
¹³) rubinät.   ¹⁴) jau ſau-.   ¹⁵) eſerini.   ¹⁶) küdes noſkünäja.   ¹⁷) iſloe-
ziju.   ¹⁸) ſchag-.   ¹⁹) iſmäeziju.   ²⁰) wäerdinam.   ²¹) puts.
²²) kuimel-.   ²³) tad ſtäw.   ²⁴) wakarij.

Ouklāju [1]) *dālixu,*
Nadŏru [2]) *dārbixa,*
Dārīfchu dārbixu
Ar wedāklixu [3]).

Bārſintfch ouga kālninâ
Ŏpalām [4]) *lāpinām;*
Zeemâ ouga dſaltānitā
Ŏpūleem [5]) *waidſixcem.*

Sūtâ eeſchu, na fatâ:
Na mŏāmixa [6]) *gaiditāja,*
Swefcha mŏūte [7]) *gaiditāja*
Ar bŏrgo wŏloedix' [8]).

Dſeneet, gŏeni [9]) *fātinâ,*
xemeet rungas roezinâ;
Ja ko fŏka faimenizâ [10]),
Dod par pŏfchu ſtrebumo [11]).

Zāfees xāmu ligāwixu [12]),
Wālmeerâ [13]) *fāderāju,*
Uſ Buirtneeku eſārixa [14])
Sāmijām gredſāninus.

Azafāda, azapūtā [15])
Muna waza mŏamutina [16]):
Gŏn [17]) *tu biji peekufuifā* [18])
Māni mŏſu ouklādama.

Ej, Jŏāniti, Peetāriť [19])
Ka nŏāzāt [20]) *weenu weet:*
Nij man [21]) *feets Jŏaxa* [22]) *feers,*
Nij falūgti Jŏaxa bārni.

Gŏn paſbinu fŏw' bŏālixu [23]) ·
Kara wbidô [24]) *ligojam:*
No zapuirās [25]) *gaifma oukfā* [26]),
No ſobana foulā lāzā [27])
No palāka mātālina [28])
Mānāfnizā [29]) *āzpidāja.*

---

[1]) *aukl-.* [2]) *nadaru.* [3]) *wedeklixu.* [4]) *apalām.* [5]) *apīlleem.* [6]) *māem-.* [7]) *mācte.* [8]) *bargo waloedin'.* [9]) *gūni.* [10]) *faka, -nīza.* [11]) *paſchu ſtrebamo.* [12]) *ligew.* [13]) *Walmeerâ.* [14]) *eſerixa.* [15]) *azapūts.* [16]) *māmutina.* [17]) *gan.* [18]) *-fuifs.* [19]) *Jāexiti, Peeteriti.* [20]) *kam nāezāt.* [21]) *mun.* [22]) *Jāxa.* [23]) *gan paſinu faw' bāelixu.* [24]) *widô.* [25]) *zapuires.* [26]) *aufe.* [27]) *faule lāze.* [28]) *mātelifcha.* [29]) *mānefnīza.*

Närej [1]), *fuini, närej, kränzi,*
Nu wad töwu faimānizu [2]),
Lыla rыka [3]) *greefājinu,*
Lыla klaipa zepājin'.

ļouds zālā wōloedinas [4]),
Es pāzelfchu waināzinu;
Zours [5]) *muns waināzintfch,*
бıfʋɪɪs ļoufchu wōloedin's [6]).

Pee afara es ufougu [7]),
Pee uipūlās noeligoj':
Kas kaifch mun nādfiwol [8])
Tir' ūdāna [9]) *mālinā.*

Kam, foulite [10]), *fpodra lāzi,*
Kud tыk [11]) *fpodra nāreetāj'* [12])?
Kam, meitina, fkaifta ougi [13]),
Kad ar godu nādfiwroj' [14]).

Nōaz [15]), *Jōānili, nōakumā* [16]),
Tewis gaida gaidumā [17]):
Goeics gaidu fōta [18]) *krona,*
Meitas fkaiftas ligofchanas.

Sprāfchu, fprāfchu [19]), *fchtūzu, fchtūzu*
Peezi poedi wōkarā [20]);
Ij fafto fafprāftu [21]),
Kou [22]) *gailits nādfeedājs* [23]).

Weenu pālā mōātei meita,
W'ыfa gōda gōūjājina [24]):
Struipi, ruipi lыndrāzini [25]),
Peezi gōedi nāwelāti [26]).

Ziti fōka munu wiru
Omālina namōakot [27]).
Stipas drōāfā [28]), *muzas taifa,*
Māni pōfchu āwālā [29]).

---

[1]) *nerej.*   [2]) *tawu faimen-.*   [3]) *leelas rikas.*   [4]) *ļauds zāle wa-*
ļoed-.   [5]) *zaurs.*   [6]) *iʃbirs ļaufchu waloed-.*   [7]) *as ufaugu.*   [8]) *mun*
nedʃ-.   [9]) *ūdena.*   [10]) *fau.*   [11]) *tik.*   [12]) *nereet-.*   [13]) *augi.*
[14]) *nedʃ-.*   [15]) *nūz.*   [16]) *nākamo.*   [17]) *gaidamo.*   [18]) *futa.*   [19]) *wārpu*
wārpu.   [20]) *wakard.*   [21]) *wāl fawārptu.*   [22]) *kau.*   [23]) *nedʃeed-*
[24]) *wifu gada gājāj-.*   [25]) *lindrez-.*   [26]) *gūdi newel-.*   [27]) *ametina*
namāk-.   [28]) *drāeʃe.*   [29]) *pafchu āweld.*

Kad dſiuroju pee mōдmiнas,
Tēd es [1]) badu naſbiнāju [2]);
Kad ъiſḡōaju touliнâs:
Bādas bầdu gầliнâ.
Tầs man bija pъirmầs [3]) bầdas:
Gäniнtfch prōfa wъilnầniầs [4]);
Tầs man bija otras bầdas:
Puiſchi prōfa palädſiнa [5]);
Tầs man bija trefchầs bầdas:
Kar, touteeti, fchūpoeliti.

   Kur, touteeti, tij wōloda [6]),
Ko mes [7]) pъarn runầjầm?
Tu teizees mäni [8]) нemt,
Pъirkt man [9]) ſulta gredſūniн'.
Nij noнầmu [10]), nij nopъirka [10]):
Schkeẗmam fchkeẗma wōloediн'.

   Pъirmo gōdu toutu dầls [11])
Uſ rokầm guldanāj' [12]),
Otrejầ [13]) un trefchejầ [13])
Noeẉeẗ zъifu [14]) gầliнâ.

   Mōeſi [15]) bằrni fkaiſtu dſeeſmu
Wầrdſanât wầrdſanäja [16]):
Eelъikufchi [17]) wiſiẗầ
Par uſtabu wъiſanāj' [18]).

   Ligoetees ligojầs
Toutu maſta bầrſa laipa;
Metis muns bōälầliнtfch [19]),
Eefchu pōäri [20]) dſeedầdama.

   Es zimdiнa naädiju
Beſ dſaltāna dſipầriнa [21]),
Lei oug muns ōrầjiнtfch [22])
Dſeltầneem [23]) mätiнeem,
Dſeltầneem mätiнeem,
Sōerkäneem [24]) waidſiнeem.

---

[1]) tad as.   [2]) naſin-.   [3]) pirmas.   [4]) praſa wilnaeнites.   [5]) praſa paledſ-.   [6]) waloda.   [7]) mäs.   [8]) muini.   [9]) pirkt mun.   [10]) noнầme — nopirka.   [11]) pirmo gadu taut-.   [12]) guldināj'.   [13]) otrajd — trefchajd.   [14]) zifu.   [15]) mäſi.   [16]) wầrdſinầt wầrdſin-.   [17]) eelik-.   [18]) uſtubu wiſināj.   [19]) bäeleliнtfch.   [20]) päeri.   [21]) dſiperiнa.   [22]) arāj-.   [23]) dſaltäeneem.   [24]) farkeнeem.

Lei es gŏna peekufuifŭ [1]),
Wal tĕd gŏaju [2]) dſeedăduma,
Lei nafŏka [3]) fwefcha mŏăte
Dŏrba [4]) dăt nofkumufchu.

Es ădiju gĕras ſekăs [5])
Dſulſăweefcha [6]) gaididama;
Walns eegradă Peebŏldſănu [7]),
6ıkfu [8]) ſeku wŏlkătaj' [9]).

Es paſınu to meitıxu,
Kas băs brŭkte [10]) fcho ruidăni [11]):
Nij dſeedăja, nij runăja,
Domadama ıcsıu [12]) ſtaigaja.

Părkouxam [13]) peezi dăli
Wifi peezi amătneeki [14]):
Diwi răză [15]), diwi ſpărŭ [16]).
Peekts ar guini ſibanăja [17]).

Ej guilăt, drouga [18]) bărns,
Ij năds wakărixu [19])
ſilă, fchuıbă aiſxafuifŭ [20])
Pagrăbıxa ezlădſıxu [21]).

Gănıxtfch biju, gŏnôs gŏaju [22])
Gŏna drăbăs [23]) mugură:
Ärfchku bikfes, fkuju fwŏărki [24]),
Gĕra tŏafchu [25]) zapuırită.

Lıılu gĕra yŏnu [26]) meita
Beſ dărbixa gŏnôs gŏaja,
Beſ dărbixa gŏnôs gŏaja
Bĕſ [27]) pürixa toutixăs.

Nădſeedi ıcsıs, toutu [28]) meita,
Sirds munas năădăni [29]),
Jou [30]) tu man gŏn [31]) mılăji
Kluifixăm ſtaigădama.

---

[1]) gana, -fuıfe.   [2]) tud găju.   [3]) ſaka.   [4]) darba.   [5]) gŭras
ſekes.   [6]) Dſulſaw-.   [7]) Peebuldſ-.   [8]) ıſu.   [9]) walk-.   [10]) brŭte.
[11]) ruideni.   [12]) ween.   [13]) Părkŭnam.   [14]) ametn-.   [15]) rŭze.
[16]) ſpăre.   [17]) ſibinăˌa.   [18]) gulăt drauga.   [19]) wakerimu.   [20]) ſile
fchuıbe, -fuıfe.   [21]) pagreb-, üzlădſıxu.   [22]) gands găju.   [23]) drăbes.
[24]) fwăerki.   [25]) gŭru tăfchu.   [26]) leela gŭra gana.   [27]) beſ.   [28]) ne-
dſeedi wis tautu.   [29]) neădini.   [30]) jau.   [31]) gan.

Meitix, puifcha nawizāni[1]),
Wöi[2]) gŏajuifä, nagŏajuifä[3]);
Puifils feewas gŏn dwebija[4]),
Tu jou wira näredfäj'[5].

Ŀoujeet man pöfchei wŏlu[6])
Ŏrājina toujälees[7]);
Tas nähija[8]) weenai deenai,
Tas wnfam[9]) müfchixam.

Narŏädees[10]) man, mŏäfix,
Nij murgŏs, fapanŏs[11]);
Es tĕw[12]) zälu psilnu gŏldu[13]),
Psilnu weefu aizanäj'[14].

Rubu rubu, ruibänīti[15]),
fŏla[16]) bärfa wwrfounä[17]),
Gŏn tu rilu rubanäfi[18])
Muna täwa kälitä[19].

Trīs wŏfaras kuimälixu[20])
ftälee lŏbu oudfunäju[21])
Zaturtäi wŏfaräji[22])
Dfelfeem kŏajas kaldanäj'[23])
Peektejä wŏfurä[24])
Ssikfnäm gŏlwu fchudanäj'[25].

feedi, fulta puiränixi[26]),
Ŏwoelixa[27]) lejinä;
Nij radf gŏeni gänidami[28]),
Nij fonlitä luzädama.

Meleea, muns kuimälixis[29]),
Pupu feedu raibumä,
Nu es grxibu[30]) fcho ruidäni[31])
Meitu mŏätu bsildanät[32].

---

[1]) nenizini.   [2]) wai.   [3]) -gäjuifo.   [4]) gan dabija.   [5]) neredfäj.
[6]) ŀauneet mun pafchai wutu.   [7]) aräj- taujäetees.   [8]) nebija.   [9]) wi-
fam.   [10]) -raedees.   [11]) fapinäs.   [12]) tew.   [13]) pilnu galdu.   [14]) ai-
zinäj'.   [15]) ruibenit.   [16]) fatu.   [17]) wirfünä.   [18]) ruibinäefi.
[19]) kuilitä.   [20]) wafaras kuimel-.   [21]) labu audfinäju.   [22]) wafaräji.
[23]) käjas kaldinäj'.   [24]) peektajä wafarä.   [25]) fikfnäm galwou fchudin-.
[26]) puirenin.   [27]) awoet-.   [28]) gälni gänidämi.   [29]) kuimelin.   [30]) as
gribu.   [31]) ruideni.   [32]) mäeti bildinät.

Nu *wereetās, bŏgātee* [1]),
Kur *aiſwedā bŏārānitu* [2])*:*
fimteem dſbɪna goeus, wārfchus [3]),
Pätä [4]) *fad fudrabâ.*

   Weena *pälä toutu meita*
Dſeltäs *plūkzä* [5]) *filinâ;*
Nij *tai bija wɪɪlka breefmu* [6]),
Nij *wŏnagam noeſperuimä* [7]).

   Guilät [8]) *eeſchu, kur guilāſchu?*
Wifi *kŏkti* [9]) *peegulufchi;*
Zɪɪfas [10]) *neſchu foujinâ* [11])
Palädſinu *pŏſuifâ* [12]).

   Gänidama *noſuɪɪāru,*
Kŏa [13]) *är puifchi tirumā:*
Aiſdſan *wŏgu* [14]) *atdſan wŏgu,*
Weräs [15]) *utu zapuirā.*

   Tɪɪmfa, *tɪɪmfa* [16]), *kas par tɪɪmfu,*
Es *par tɪɪmfu nabādāju:*
Wal *munam kuimātam*
ſɪcaigſchnu dekis mugurā.
Es *wārāju tɪɪmfā jŏat* [17]),
Kŏmat *ſŏla* [18]) *gaiſma oukfü* [19])
Kŏmat *ſŏla gaiſma oukfü*
Un *fŏrkana foulā lāzä* [20]).

   Lŏbäk [21]) *munu eefülinu* [22])
Zeema *zūkas apādufchas,*
Nakŏa [23]) *munu ŏlutinu* [24])
Beſ *dſeefmäm nodſärufch'.*

   Ar *tezineem aiſlezāju*
Uſ *fudraba kälājin':*
Munam *dſeefmu pūrinam*
Ezlädſina [25]) *nolūſuiſ'.*

---

[1]) *bagäetee wereetäs.*   [2]) *wede bäereniti.*   [3]) *dſina gowu, wārſchu.*
[4]) *püte.*   [5]) *dſeltes plüze.*   [6]) *wilka breefmi.*   [7]) *wanaga noeſperama.*
[8]) *gulät.*   [9]) *kakti.*   [10]) *zifas.*   [11]) *faujind.*   [12]) *paledſinu paduifâ.*
[13]) *ka.*   [14]) *wagu.*   [15]) *weras.*   [16]) *timfa.*   [17]) *jät.*   [18]) *komat ſata.*
[19]) *aufe.*   [20]) *farkana faule läze.*   [21]) *labäk.*   [22]) *eeſelinu.*   [23]) *naka.*
[24]) *aluitinu.*   [25]) *üzlädſina.*

Diſchans[1]) puiſs, dailu rotu
Iſneſigu wŏloedin
Būs fŏwei loudāwinei[2])
Afärinu dſārājintfch.

Diſchanas rꙑſchanās[3]) (— raſchanās)
Safādufchās rindinâ;
Kur, mammin, es fâdâſchu
Nij diſchana nij rꙑſchana?
Sād, meitin, rindinâ
Pŏſchâ rꙑndas[4]) gūlinâ,
Nŏaks[5]) Laimina, nĕms[6]) no gŏla,
Na no wꙑda[7]) maklādama.

Naſubŏāru, naſakŏwu[8])
Ar kaimina meitinām:
Zꙑta[9]) muna mŏafu[10]) bija,
Zꙑta brŏala loudāwin'[11]).

Es fŏwôs bŏālālinôs[12])
Luiſtilâ wꙑn dſiwoju:
Klātee koklās, nŏmâ[13]) giga,
Mŏltuꙑwâ[14]) ſtabuilitâ.

Bŏālin, lowu[15]) drofu firdi
Tŏwu gudru padoemin':
Dſeedādams noſalaidâ[16])
No rafna oſoelin'.

Jo es bādu badajos,
Jo nalaimū[17]) preezājās;
Jo es bādu nabādāj',
Jo nalaimū gouſchi roud[18]).

Wai munu ligfmu dŏbu[19]);
Te dſeedāju, te roudāju:
Ar loudeem[20]) pādſeedāju,
Mālinâ noroudāj'.

---

[1]) diſchins. [2]) fawai ligewinai. [3]) diſchinās riſchin·. [4]) paſchâ rindas. [5]) nāks. [6]) nams. [7]) wids. [8]) naſabāeru naſakawu. [9]) zita. [10]) māfa. [11]) brāla ligewin'. [12]) as fawôs bāelinôs. [13]) kokles namd. [14]) maltuꙑwâ. [15]) bāelin, tawu. [16]) noſalaide. [17]) nalaime. [18]) -me gauſchi raud. [19]) dabu. [20]) laudeem.

B. Grammatische bemerkungen.

Das Sesswegensche kirchspiel ist das einzige in Livland, in welchem ein *i*-laut, der dem russischen ъ in der aussprache gleich ist, vorkommt. Das kurze *i* wird als ъ ausgesprochen:

1) in einsilbigen wörtern: *wъlks* wolf, *mъrt* sterben, *lъkt* legen, *tъrpt* vortauben, *fъrgs* pferd, *fъlft* schlagen, *fъlft* wird warm, *bъrt* fallen, *dъlt* abnehmen, *mъrkft* weicht, *apnъkt* überdrüssig werden, *pъrz* kaufe (aber *pirts* badstube, s. u.), *mъrs* (fut., aber *mirs* partic. v. *mъrt*), *tъkt* werden, *fchъt* hier, *fchъrbt* ohnmächtig werden, *zъrpt* scheeren, *wъfs* alles (*wintfch* hat reines *i* wegen des folgenden *n*), *lъns* flachs;

2) vor *a, ā*: *bъra* (aber *bija* s. u.), *dfъra* getränk, *zъba* schachtel (aber *ti-ziba* glaube, das lange *i* wird nicht getrübt), *rъba* rippe, *rъpa* rad, *mъra* starb, *mъrkām* wir weichten, *mъfa* schale, *pъrkāt* ihr kauftet, *wъrfa* oberfläche;

3) vor *ō*: *fъrot* betteln, *bъfot* wild umherlaufen, *fъtot* schlagend, *tъzot* er glaube (ein kurzes *o* = dem russ. *o*, entsprechend dem schriftlett. *ā*, kommt nach *i* nicht vor);

4) vor *u, ū*: *ъftrūdājs* morsch *wъfbūls* anemone, *tъkums* tugend, *lъkums* gesetz, *wъfur* überall, *pъrku* ich kaufte.

Als reines *i* wird *ī* ausgesprochen, wenn in der folgenden silbe ein *ā, e, i* oder *t, n, k, j, fch, fch* stehen: *ritāt* schnell drehend sich fortbewegen, *mināt* erwähnen; *bifeneeks* jäger, *bite* biene, *ritens* rad, *wirtenā* reihe; *fiti* du schlugst, *wilki* „wölfe" oder „du zogst"; *witāt* rollen (aber *zъlāt*), *pitu* der tropfen (gen. pl.); *pika* des peches, *ftriku* der stricke, *fwiku* der zupfen (gen. pl.); *winu* ihn, *finu* der nachricht (aber *fъnu* ich weiss); *pliku* der ohrfeigen (*plъku* der nackten); *kuimālinu* der pferde (*lъnu* des flachses); *biju* war, *fijat* sieben, *rijās* in rijen; *difchans* gross; *fiffchana* schlagen, *zirffchana* hacken, *mirfchana* sterben, *birfchu* fut. von *bъrt*.

Elidirtes *i* beeinflusst vorangehendes *i*: *pirts* badstube (nicht *pъrts*, wol aber *pъrz* kaufe), *fits* (partic. von *fъft*), *firds* (: *mъrdf*) herz, *ilkfs* filmerstange (*ъlgs* lang).

Eine eigenthümliche verwandlung des *i* und *ee* in ъ kommt vor in *mъkfts* weich, *fъkfts* zäh, *ъkfs* kurz, *warawъkfna*, *apwъkftit; lъls* gross, *uъn* (neben *weens*) = *ween*.

Das suffix *ināt* kennt der Sels. dialekt nicht; er braucht dafür *anāt*: *daranāt, dāwanāt, afanāt, tuzanāt, wъranāt*.

Hierbei sei erwähnt, dass früher auch in Saussen ein ъi vorgekommen sein muss und zwar genau so, wie herr professor Bezzenberger geschlossen hat (o. XII 223 anm.[1])), in regelrechtem wechsel mit *i* und ohne *i*-umlaut zu wirken. Ich hatte das nicht durchschaut und habe irrthümlicher weise *n*, in *dabija, kapija* das *j* als umlautverhindernd hingestellt. In *awins* lautet das *a* in Saussen nicht um, weil das *i* früher ъi gewesen ist, das jetzt zwar ungetrübt gesprochen wird, jedoch den vorhergehenden vocal umzulauten nicht vermag. Hieraus erklärt sich die ausnahmestellung von: *fapins, fobins, fafiſt, palikt, fabirt, dāicināt, afināt, tazināt, balināt, kuzins, tutins, paſinu* und vielen anderen.

Das schriftlett. *ă* wird in Selsau wie ein *ŏ* gesprochen (— dem deutschen *o* in *lob, rost*):

1) in allen einsilbigen wörtern: *dŏrbs* arbeit, *ſtŏbs* pfosten, *ŏrkls* pflug, *rŏkt* graben, *ſŏgt* stehlen, *kŏlts* meissel, *kŏlps* knecht, *kŏps* grab, *bŏlts* weiss, *ſŏlts* kalt, *lŏbs* gut, *mŏſs* klein, *ŏkls* blind, *mŏſ* wenig, *gŏn* wol, *pŏts* selbst, *ŏr* auch (*ar* mit). Warum hat *war* „kann" kein *ŏ*? Ausnahmen: *pa, tam, tas, ta* (*lĕd* dann);

2) in allen stammsilben mehrsilbiger wörter, wenn kein *i, e, ai* und *i, e* und *i* folgt: *wŏkars* abend (aber *wakār* gestern), *rŏgawas* schlitten, *ſŏrkans* roth, *paſŏka* fabel (aber *pŏgrabs* keller, warum?[2])), *kŏmanas* schlitten, *nŏbags* arm, *rŏgains* gehörnt (*ragains*, subst., — *ragainis*), *lŏkats* tuch (*lakālintſch*), *ŏpals* rund, *ŏwots* quelle. *Wŏla* freiheit, *gŏla* fleisch, aber *dala* theil, *flawa* ruhm; warum?[3])

Folgt dem *a* ein *i*- oder *e*-laut, so geht es ganz wie in der Saussener sprache in ein *ā* über: *paſāzina* kleine fabel, *wāri* kannst, *dāreet* macht, *kāri* kriege, *āzi* das auge.

Das *ŏ* bleibt jedoch in zwei fällen trotz des folgenden *i*:

a) in der deklination der unter 1. angeführten nomina: *dŏrbs dŏerbi dŏerbeem, ſtŏbs ſtŏebi ſtŏebeem, kŏps kŏepi kŏepeem, bŏelti, ſŏelteem, lŏebi*;

b) bei der deminuirung der unter 1. angeführten adjektiva (*bŏellintſch, lŏebintſch, mŏeſintſch*), während die deminuirten formen der substantiva ein *ā* haben (*dārbintſch, ārklintſch, ſtābintſch, kāllintſch*).

---

[1]) [Vgl. Königsberger studien I 186. B.]   [2]) [Weil entlehnt aus russ. *pogrebъ*. B.]   [3]) [*flawa* ist slavisches lehnwort. B.]

In den abgeleiteten verben (iterativa, factitiva) behält die stammsilbe gegen die obige regel ein *a*:

göls — galanât, galanâtees, löbs — labanât, öfs — afanât.

Auch im diphthong *au* geht *a* in *ŏ* über und wird hier durch nachfolgendes *i* oder *e* nicht beeinflusst: *doudf, doudfanât, kouns, koudfe, rougs, droudfe, droudfiha, louki, ouęfls, płouj, fouja.* Der diphthong *oi* kommt, ausser in *woi* ob, *ftoika* „buffet“ nicht vor: *laiks, faime, waina, waimanât, wŏjâdfigs* nothwendig (nicht *woijâdfigs*.)

Statt des schriftlett. *a* steht in vielen fällen ein *e* und *u*: *muns* mein (aber *man* mir, Saussen: *mun*), *gêrs* lang, *âdumejs* schriftl. *ehdamajs, fuitumejs* werkzeug zum schlagen, *radfuma* die sichtbare, *löpei* dem blatt, *lulei* der grossen, *wazei mŏâtei* der grossmutter.

a geht vor folgendem *i*- oder *e*-laut über in *ŏâ* (Saussen *ae*): *mŏâzit* lehren, *brŏâls* bruder, *wuspŏârigs* allgemein, *mŏânit* betrügen, *kŏârkli* weiden, *fŏâli* gras, *mŏâte* mutter, *glŏâfe* glas, *föwŏâdi* anders; doch glaubte ich *Dâäwids* und *bâärens* zu hören. Ohne den *i*-umlaut wird das schriftlett. *a* wie *ŏâ* ausgesprochen: *fŏâgis, gŏâja, nŏâk, fŏânts, kŏâfus, rŏâda.*

Schriftlett. *e, ē* gehen in einsilbigen wörtern in *a, â* über: *rats, dag, naf* er trägt (aber *nef!* trage), *wazs, bat* aber, *mads* honig, *lads* eis, *laz* springt, *lats* billig, *fams* niedrig, *fpôks* kraft; auch in mehrsilbigen: *radfum* wir sehen, *fchâlöbus, maklâdams* (pl. *meklâdümi*), *bâda* sorge, *nafumejs* werkzeug zum tragen. Ausnahmen: *es* ich, *mes* wir, *fche* hier, *te;* dann alle infinitive und imperative: *dfert, fêgt, dêgt, redfât, perât, prezât; ker! wêl! nef! zêl! fedf!* (in Saussen stets *a*) [1]).

In der letzten offenen silbe eines mehrsilbigen wortes wird *e* meist wie *ä* gesprochen: *foulä* sonne, *femä* erde, *dwäfälä* seele, *meitänä* mädchen, *toelä* ungehörnte kuh.

In Selsau kommt ein *e*-laut vor, der sich zum schriftl. *e* ebenso verhält, wie *u* zu *i;* im text ist dieses getrübte (gutturale) *e* durch einen circumflex kenntlich gemacht (*ê*). Die trübung des *e* in *ê* geschieht in eben denselben fällen, wie die des *i* in *u;* namentlich kommt sie im acc. sing. vor: *fwêzu, gêru;* dekl.: *fwoeze, fwezes, fwezei, fwêzu,* pl. *fwezes, fwazu* (cf. acc.), *fwe-*

---

[1]) [Regel und ausnahmen werden durch die regeln über die aussprache des schriftlett. *e* klar. B.]

zām, fwezes; pēlu die maus (*pehu* gen. pl.), *tēlu; zēlt, wēlt, fmēlt* (aber *kert*); *fwēl! zēl!*

Nach dem gestossenen *ū*, zuweilen auch nach *ou* wird in Selsau vor *f* und *fch* ein *k* eingeschaltet: *mūkfa* fliege, *mokfu* unser (auch *mūfu*), *kumūkfs* bissen, *lūkfs* luchs, *eegūkt* erstreben, *eegūkfi* du wirst erstreben, *fchūkfchu* ich werde nähen, *fchoukfchu* ich werde schiessen, *oukfs* ohr, *farūkfijs* verrostet [1]).

Masculina auf *e* gibt es in Selsau nicht (*wagārs, fupurdents*). *koms* „gevatter" und *najays* „dummkopf" sind masculina (nicht gen. commun.).

Die zur reinen *a*-deklin. gehörigen feminina haben im dativ singularis, ebenso wie die contrahirten weibl. *ja*-stämme, statt *ai* ein *ei*: *leepei* der linde, *feemei* dem winter, *lŏpei* dem blatt, *meitei* dem mädchen; *lŏbei* der guten, *wazei* der alten.

Die subst. verbalia reflexiva auf *fchanās* haben ebenso wie in Saussen keinen dativ und lokativ. Formen, wie *kaufchanās, mafgafchanais* sind hier total fremd.

Man sagt hier *wājs* wind, *kārs* krieg (Saussen: *kārs*), *flāps, dums, gērs* lang, aber *zelfch, telfch* (Saussen: *zets, tets*). Die dativendung *im* kommt nicht vor: *brałam* schriftl. auch *brūlim, dadfcham, mānefcham.* Das wort *fupans* (schriftl. *fupnis*) gehört zur *a*-dekl.

In der *e*-dekl. hat der acc. sing. durchgängig ein *u*: *mālu ifkŏārs* die zunge hervorgestreckt, *pukitu plokt* ein blümchen pflücken, *fwēzu apgūft* das licht umwerfen. In der *i*-dekl. dagegen endigt der acc. s. auf *i*.

Die dativendung im sing. ist bei der *i*-dekl. merkwürdiger weise *eem* (schriftl. *ij*): *kas tew kreifei äzeem por wainu* was fehlt deinem linken auge?, *man firdeem nalābi* es ist mir übel, *weenei wälfteem ur par grūti tŏādu twiltu mūrāt* für eine gemeinde ist es zu schwer, solch' eine brücke aufzuführen, *man ifkūpteem foebi par famu* meine sense schneidet zu niedrig. Der dativ plur. ist dem dat. sing. also gleichlautend: *wŏādeem* „der wunde" und „den wunden". — Die *u*-dekl. ist ebenso wie im Saussenschen: Nom. *mads* honig, gen. *mads*, dat. *madam*, acc. *madu*, lok. *madô*. — *Akmens* wird wie folgt deklinirt: N. *akmens*, gen. *akmens*, d. *akmenam*, acc. *akmeni*, lok. *ak-*

---

menee; pl. n. *akmens,* g. *akmanu,* d. *akmeneem,* acc. *akmanus,* lok. *akmanôs.* Nach *akmens* gehen blos *äfmens* „schneide" und *äfens* pl. t. das blut. *Ruidens, adens* u. s. w. haben den regelmässigen plural der unächten *i*-dekl. *Debefs* „die wolke" wird wie *mänefs* „mond" deklinirt, während *debefs* „himmel" ein pl. tant. fem. gen. ist und so flektirt wird: *debefs, dabafu, debefeem, debefs, debefees.* Die schriftlett. wörter auf *-ens, -ena,* wie *gredfens,* haben hier die endung *-ans, -ana,* Saussen: *-ins, -ina: gradfans, fobans, kuzans, dъibans, faldans, nālans.*

Deklination der personalpronomina: N. *es, tu;* g. *mäns, tews, fews;* d. *man, tew, fsw;* acc. *mäni, tewi, fewi;* präpositiv: *mäneem, teweem, feweem;* lok. *mänee, tewee, fewee.* Plural. n. *mes, jūs;* g. *mūkfu, jūkfu;* d. *mums, jums;* acc. *mums, jums;* präpos. *mums, jums.* Lok. fehlt. — *Nаïfmirfti mäns* vergiss mich nicht, *wintfch mäns nakloukfija* er gehorchte mir nicht, *wini tews najeeradf* sie hassen dich.

Präs. von *būt* sein: *es efchu, tu efi, wintfch sir, mes efam, jūs efeet, wini sir.* Statt der futurendungen *fim, fat* gebraucht man hier immer *fam, feet: būfam, būfeet; lūgfam, lūgfeet;* desgl. im präsens und imperativ *eet* statt *at: ädeet, dfereet, nefeet!* Die 2. pers. sing. präs. der verba classe I, II, III, IV, hat wie in Saussen am ende kein *i: tu fsit, noaz, oudf; tu welz, dfēn, zärt; tu roz, feen, oun; tu kul, lūdf, fpeed, zēl,* während die 2. sing. präter. das *i* immer hat: *fpeedi, oudfi.* Konjugation verschiedener verba:

bärt schütten: *es beru, tu bĕr, winfch ber, mes beram, jus bereet.*
dfit treiben: *dfunu, dfēn, dfan, dfanam, dfeneet.*
boart schelten: *bäru, bŏr, bär, bāram, bäreet.*
Imperfekt: *boaru, bäri, boara, boarām, boarāt.*
mŏfgŏütees sich waschen: *mŏfgājos, mŏfgäjees, mŏfgājas, mŏfgājāmās, mofgājeetās.*
Imperfektum: *mŏfgājos, mŏfgājees, mŏfgājās, mŏfgājāmās, mŏfgājātas.*

zeltees sich heben: *zelos, zelees, zelas, zelamās, zeleetās.*
Imperfekt.: *zūtos, zālees, zālās, zālāmās, zāldtās.*
Doebit bekommen: präsens fehlt; imperf. *es dŏebiju, tu dŏebijï, wintfch dŏebija, mes dŏebijām, jūs dŏebijāt.* Fut. *es dŏebifchu.*
Präter.: *dewä, dewäm; nefä* trug; *zālä* hob; *brouzä* fuhr.
Conjunktiv: *būfchks* er werde sein, *būfchkŏete, dofchks* werde geben.

Die steigernden oder die art und weise anzeigenden infinitive (participien?) auf *in* werden in Selsau regelmässig durch solche auf *een* vertreten: *wedeen wēft* (Saussen: *wadin waft*), *wilzeen wvilkt*, *lizeen likt*, *nefeen nēft*.

Schliesslich seien die gesteigerten adjektiva *lvilu lvilejs* (Saussen: *leelum leels*), *wazu wazejs*, *gördu gördejs* hervorgehoben und bemerkt, dass nach *ik* in Selsau stets der gen. sing., in Saussen der gen. pl. steht. Selsau: *vikwökara* jeden abend, *vikgöds* alle jahre, *ikrita* jeden morgen.

J. Kaulin.

Avestica. III.

I. *t'anvan*, etc.

Das letzte heft der Proceedings of the Amer. Or. Society enthält einen kurzen jedoch vortrefflichen beitrag zur erklärung des Avesta, welcher von herrn pr. Jackson herrührt. In der abhandlung behandelt herr J. die wörter: *berezicak'ra*, *garenu*, *t'anvan*, *pat'ām*, *hā*, *qarena*, *vazyaṅstara* und die adj. formen auf *van—vairi*, „loc. sing. in *u*-stems“, und „genitiv plur. of Av. *in*- stems“.

Was *garenu* = *grd'nu*, *pat'ām* (*a*-declin.), *qarena* contrahiert aus *qarenaṅha*, und die sämmtlichen besprochenen formen betrifft, so kann man dem verfasser nur beistimmen. Die erklärung des comparativs *berezicak'ra* ist interessant, wenn auch nicht gänzlich überzeugend. Die der wörter *t'anvan* und *vazyāstara* verursacht mehr schwierigkeiten.

Bekanntlich ist auf avestischem gebiete eine verschiedenheit der ansichten kein beweis eines mangels an gelehrsamkeit oder an genauigkeit auf der einen oder der andern seite, obgleich gewisse herren das monopol der wissenschaft und akribie beanspruchen und mit dem „thatsächlich“ allzu freigebig sind, ungeachtet ihrer wiederholten retractation. Wie im allgemeinen die verschiedenheit die möglichkeit verschiedener erklärungen beweist, so auch in diesem falle. Nun zur sache.

t'anvan könnte für *t'aṅjran*, *t'aṅgvan*, *t'anvan* stehen, wenn dieses wort dem Avestischen allein gehörte; man kann es aber nicht von sskr. *dhanvan* absondern, welches kein *j, g* verloren haben kann.

Vazyāstara kann schwerlich „impatient of the burden" „der last widerstrebig" bedeuten und noch weniger auf die pferde bezogen werden. Der text lautet:

(Yōi) mit'rodrujām vazyāstara (heñti)
taciñtō nōiṭ apayêiñti.
bareñtō nōiṭ frastanvaiñti
vazeñtō nōiṭ framanyêñtê.

Die construction dieses satzes ist folgende:

Von den Mithrabetrügern die . . . .

Das ausgelassene wort bezeichnet zweifellos die Mithra-betrüger, da ja nichts anderes in dem satzgliede bezeichnet ist. Dasselbe wort ist sicherlich auch das subjekt der folgenden verba *taciñtō nōiṭ apayêiñti* etc. Der sinn ist augenscheinlich:

Von den Mithrabetrügern die . . . .
laufend erreichen nicht
reitend können nicht fort
fahrend sind ohne mittel um das ziel zu erreichen, können das fortgehen nicht ermitteln.

Also muss das eigenschaftswort eine bedeutung haben, welche es in opposition mit dem folgenden setzt.

Übrigens ist es klar, dass *vazyāstara* ein comparativ von *vazyañt* ist.

Der sinn muss demnach sein: Von den Mithrabetrügern, die im fahren schnellsten, geschicktsten, laufend erreichen nicht etc.

Die lesart *vazyāstra* hat Jackson zu dieser erklärung geführt. Jedoch ist *vazyāstara* die beste lesart, da sie allein dem rhythmus gemäss ist. *Yōi* und *heñti* sind auszustreichen. Diese lesart allein betont die beabsichtigte opposition zwischen der natürlichen gewandtheit der reiter oder läufer und ihrer sonstigen unfähigkeit.

II. Yaçna 33.

Da man schon seit 8 jahren mit so viel fleiss und aus-dauer daran arbeitet zu einer besseren erklärung des Avesta zu gelangen, so wird es weder ohne interesse noch ohne nutzen sein, einmal einen rückblick zu thun und sorgfältig zu erwägen,

was man bei diesen anstrengungen gewonnen, wie viele schwierigkeiten man beseitigt hat, wo und wie die texterklärungen des
Avesta ernste fortschritte gemacht haben.

Diese revision für den ganzen text zu unternehmen ist in
einer zeitschrift unmöglich und würde einen aufwand von viel
mühe und zeit erheischen. Es ist für jetzt vorzuziehen, bei
einigen speciellen punkten, bei einigen kurzen aber vollstän-
digen stellen, welche als beispiel für andere dienen können,
zu verweilen. Diese aufgabe haben wir uns in dieser kurzen
abhandlung gestellt, und als objekt unserer studien haben wir
Yasna XXXIII gewählt, welches uns material für mehrere
interessante fragen liefern wird.

Da H. Geldner der letzte war, der sich damit beschäftigt
hat (o. XV 248), so nehmen wir hauptsächlich auf ihn rücksicht.

Die 1. strophe dieser hymne lautet so:

*Yat'a āis' it'ā vareshaitê(i) yā dātā aṅhéus' paouruyêhyā
Ratavô (-tūs') skyaot'nā razis'tā dregvataêcā hyaṭrā ashaonê
Yêhyācā hêmyāsaitê mit'ahya yācā hōi a erezvā (ārezvā).*

Die zwei ersten verse geben nur anlass zu unbedeutenden
meinungsverschiedenheiten, gleichwohl ist es nützlich sie anzuführen.

1. Man kann lesen *vareshaitê* oder *vareshaiti* und dieses
verbum als intransitiv oder als transitiv nehmen: „fiet, fit" oder
„faciet, facit".

2. Man kann ebenso lesen *ratūs'* oder *ratavô* und dieses
letzte wort als einen singular, oder als einen plural nehmen
und übersetzen sei es „regeln, gesetze", sei es „führer". — Man
wird so eine der folgenden übersetzungen haben:

a) Fiet (fit) hic sicut (faciendum est) juxta illas quae datae
(sunt) priori aevo leges, modo agendi justissimo erga malum,
sanctumque.

b) Fit hic sicuti agendum est ab illis qui (fuerunt) dati
priori aevo duces etc.

c) Ratus (dux, praepositus) agit hic (sicuti agere debet) etc.

So übersetzt H. Geldner.

Wo ist die genaue wahrheit? Ich unterstehe mich zu
sagen, dass niemand es weiss, nicht einmal behaupten kann es
zu wissen. Wir müssen uns mit dem wahrscheinlicheren begnügen. Die wahl der interpretationen ist an sich indifferent.

Immerhin bietet uns die dritte interpretation folgende beobachtungen dar:

1. Sie giebt dem gâthischen satze eine schwerfälligere und unbefriedigendere wendung; „quae datae sunt priori aevo leges" ist viel normaler als das *ratus* des 2. verses als subjekt auf *vareshaitê* zu beziehen, welches in der mitte des vorhergehenden verses sich befindet.

2. Sie beraubt *âis* seines werthes und seiner besondern natur.

3. Sie macht *ratūs' — ratus'* zum nominativ singular, eine unregelmässigkeit, die sich in den gâthâs nicht gut rechtfertigen lässt. *Ratūs'* XLII. 6 ist wohl ein akkusativ plural. Das *ū* in *ratūm* ist nicht zu vergleichen; es ist das resultat einer zusammenziehung. Cf. *tanvém, daṅhaom, fshaom, nasâum* etc.; jedenfalls keine ursprüngliche form.

Diese umstände scheinen mir den geringeren werth dieser letzten übersetzung zu erweisen.

Der dritte vers bietet mehr schwierigkeiten sowohl was den satzbau, als auch was den gedankengang angeht.

I. II. Bartholmae findet darin den *hamestakân* der Pehlevi-bücher oder den zustand der andern welt, der ein zwischending zwischen himmel und hölle ist. Aber dieser begriff ist dem Avesta fremd, namentlich in den gâthâs. Herr Geldner vermuthet, dass es sich um lebende handle, die gute werke und mängel im gleichen grade besitzen. Man sieht nicht recht, dass dieser gedanke dem Avesta viel mehr eigen ist, als der andere; übrigens, kann man sich fragen, wie wird der irdische *ratus* dieses gleichgewicht der inneren sowohl, als der äusseren mängel bestimmen können?

II. Um zu diesen erklärungen zu gelangen, muss man dem texte gewissermassen gewalt anthun.

a) Der genitiv *mit'ahyā* ist ohne zweifel hinderlich; man verwandelt ihn in *mit'ācā* ohne jegliche handschriftliche autorität. Heisst das nicht die schwierigkeiten verbergen statt sie zu lösen? Und wenn man die wörter und formen, welche hinderlich sind, so ändern kann, was wird denn überhaupt noch hinderlich sein?

b) Man muss das *hōi* des zweiten satzgliedes des zweiten theiles an die spitze des ersten gliedes stellen und construiren:

hõicā yêhyā mit'ācā yaca ārezvā hémyāsaitê
oder:
hõicā yêhyā yacā ārezvā hémyāsaitê mit'ahyā.
Die erste construction ist sehr hart und die zweite verkennt
den parallelismus *yêhyācā, yācā* [1]).

Man muss noch weiter suchen. Gibt es kein mittel, den
text und die construction übereinstimmend mit den ausdrücken
des verses aufrecht zu erhalten und zugleich einen gedanken
zu gewinnen, welcher dem Avesta gar nicht fremd ist? Ich
denke wohl, dass das möglich ist. Man muss nur *mit'ahyā*
als eine attraction von *yêhyā* betrachten, wie dieses im Griechischen häufig vorkommt; oder als einen instrumental von *mit'-
ahya.* Vergl. *stāhya, sairihya.*

Der dritte vers ist eine erweiterung der beiden unmittelbar
vorhergehenden ausdrücke *dregvataêcā ashaonê* .... er bedeutet,
sowohl wegen der falschheit, der man sich ergiebt, als auch
wegen der wahrhaftigkeit, welche jenem eigen ist.

Diese erklärung bringt uns ausserdem auf die spur der
primitiven form des verses (welchem eine silbe fehlt) und der
ursache der abweichenden lesart *hém myāsaitê.* Man las ursprünglich, glaube ich, *hīm* (= skr. *sīm*) *hémyāsaitê.*

Meine übersetzung wäre also:

„Es wird hier in dieser welt gethan, wie es sein muss,
gemäss den gesetzen, welche dem früheren zeitalter gegeben
worden sind, nach einer sehr gerechten weise, sowohl was den
bösen, als was den guten angeht, sowohl kraft der falschheit,
welcher dieser sich ergiebt (einerseits), als auch kraft der wahrhaftigkeit, die jenem eigen ist".

Diese erklärung führt eine vollkommene einheit herbei
zwischen dieser ersten strophe und dem übrigen gesange,
welcher wohl von bösem und gutem spricht, aber keineswegs
von einem zustande einer mittelstufe (gleichheit). Sie bleibt
auch im kreise der avestischen ideen. Beiläufig bemerkt ist
sie die nämliche, welche ich bereits vor neun jahren gegeben
habe. Unsere leser werden dies zu würdigen wissen.

Strophe 2. Die übersetzung von H. Geldner stimmt
vollständig mit der meinigen überein, das wort *asti* ausge-

---

[1]) Übrigens die variante *hémemyāsaitê* setzt einen stamm *myãs* voraus, der im arischen lexikon keine wurzel hat. Im Avestischen würde
es *hémyāsaitê* geben, nicht aber *hémemyāsaitê.*

nommen, welches er durch „anhänger" wiedergiebt, indem er hinzufügt: „Die bedeutung ergibt sich aus unserer stelle zur evidenz". Ich bedauere, dieser ansicht nicht sein zu können. Die bedeutung von „sein", „welt" kann man eben so gut anwenden. Zudem erklärt sie sich sehr gut, während *asti* = „anhänger" etymologisch unerklärlich, ich möchte selbst sagen unmöglich ist. Übrigens gestattet nichts in dem satze, dieses *asti* auf das vorhergehende *dregvañt* zu beziehen. *Vañhau cöit'aitê astim* ist derjenige, welcher die welt im guten durch den unterricht aufrecht erhält. So erhält man den parallel-dualismus des stückes und des ganzen Avesta, welchen die andere übersetzung vernichtet.

Strophe 3. Der einzige streitpunkt liegt im ersten satze: *Yê ashâunê vahis'tô hvaêtū va at va verezényô airyamnā vā.*

Da H. Geldner *hraêtū* für „sippe" nimmt und nicht für „herr", ist er gezwungen so zu construiren: „Sei es mit seiner sippe, sei es als haupt der gemeinde, sei es mit seinem anhang", wo die gedanken ohne zusammenhang auf einander folgen. Ich hatte alles auf *vahis'tô* bezogen und zwar vom gleichen gesichtspunkte, da alles auf's subjekt *vahis'tô hvaêtū* sich bezieht, „der beste durch seine herrschaft, der beste nachbar, der beste bezüglich seiner aufführung als client". *Verezényô* „das haupt der gemeinde" könnte sich schwer rechtfertigen lassen und stützt sich nur auf eine persönliche hypothese. Übrigens trifft in der folgenden strophe der begriff „herr", „stellung als herr" gewiss besser mit seinem zu bestimmenden ausdrucke *taromaitim* „stolz" als mit „sippe" zusammen. „Wende den stolz von den führern ab" ist sicher besser als „wende . . . . . von der sippe ab".

Strophe 4. Übereinstimmung beider übersetzungen mit ausnahme des wortes *hraêtéus'* wovon wir soeben gesprochen.

Zu bemerken ist noch, dass H. G. *airyaman* str. 3 durch „anhang", str. 4 aber durch „freundschaft" wiedergibt. Derselbe sinn ist überall zu behalten.

Strophe 5. Siehe die beiden vorliegenden übersetzungen:

Der ich deinen Sraosha ..   Da ich deinen Sraosha ..
preisen will am ende der reise,   anrufe zur hülfe, gewähre uns
wann ich zum ewigem leben   das ewige leben im reiche etc.
ins reich des guten geistes ....
gelangt bin.

Die erste übersetzung gibt dem satze kein hauptverbum. Zudem heisst *zbayā* (= Skr. *hvayâ*) bestimmt „rufen, anrufen".

Avaṅhānē = *avasānē* „ruheort, ende" ist eine sehr zulässige conjectur. Ist sie besser als die alte? Das ist sache des geschmacks. Bemerken wir jedoch, sie stützt sich auf nichts in dem Avesta, und sie gibt keinen besseren sinn als „hülfe". Zudem bedeutet *avasānam* eher was der mensch zu erlangen wünscht, als den augenblick, da er hülfe bedarf. Übrigens ist es wahrscheinlich, dass die scene plötzlich auf den tod, auf die andere welt übertragen wird, um wieder auf die erde zu kommen? Man braucht die hülfe des Sraosha das ganze leben hindurch, nicht bloss bei diesem letzten übergange. Steht sodann *Sraosha* nicht im absichtlichen gegensatze zu *asrus'ti* des vorhergehenden verses? Das ist höchst wahrscheinlich. Bemerken wir vorübergehend, dass *apanem* Yt. XIX. 44 aller wahrscheinlichkeit nach „wegnehmung", „entfernung" bedeutet, und *apanōtema* „der entfernteste" von allen, von *apa*.

Strophe 6. Hier stimmen die übersetzungen beinah überein.

Strophe 7.

ā ma āidūm vahis'tā a hʾait'yā(cā) Mazda dareshatūcā (shaṭcā) ashā Vohūmananhā yā sruyē parē magāunō.

āvis' nāo aṅtare heṅtū nemahʾaitis' cit'rāo rātayô.

(G.): Kommt herbei zu mir, du bester, und herbei dein gefolge, o Mazda, und es soll mit Asha und dem guten geist zusehen, wie ich vor den bundesgenossen gehör finde! Bekannt soll die sichtbare ehrfurchtsvolle eintracht unter uns werden.	(ich): Kommt herbei zu mir mit dem besten gute, herbei mit dem ihnen eigenen (Mazdā Ashā) (gute) und zeiget (od. es zeige) durch Asha und den guten geist wie ich vor den grossen ruhm erhalte (oder gehör finde). Ersichtlich seien unter uns die andachtsvollen glänzenden gaben.

Man sieht bereits die unterschiede: *vahis'tā* vocativ oder instrumental sing., *hʾait'yā* = „gefolge" oder „eigen", *magavan* = „bundesgenosse" oder „erhaben, mächtig", *rātayô* = „eintracht" — „gaben".

Bemerken wir 1.: Die construction von *hʾait'ya*, wie sie H. G. versteht, ist verworren. Die beispiele die er anführt, sie zu rechtfertigen, sind nicht beweiskräftig.

Im Y. XXIX. 8 *nĕ Mazdā — Ashāica* bezieht sich *Ashāi* auf *nĕ;* in XXXII. 6 rā *Mazdā Ashāica* auf *vĕ.*

Der casus von *Ashāi* ist durch ein anderes wort angezeigt. Hier nichts derartiges. Eine gäthische construction wäre *Mazdā (h·ait'yemca) h·ait'im* wie *Mazdā, Ashemcā* XLIX. 6.

Magavan „bundesgenosse" ist eine freiheit, die ich mir nicht erlauben würde, und, ich gestehe es, ich begreife gar nicht, wie H. Geldner das skr. *moghavan* aufgibt für eine bedeutung, die gar keinen halt hat.

Ebenso steht es um *rāiti* „eintracht". Der sinn „gabe", „opfer" etc. ist gesichert, 1. durch das sanskrit *rāti;* 2. durch das persische *rad;* 3. durch das pehlevi *rātish;* 4. durch das avestische *arāiti;* 5. durch die form *rātayô,* welche plural ist.

Strophe 8. *frō mōi fravōizdūm aret'a* sind die einzigen wörter, die einer beachtung würdig sind.

H. G. „Erhöret meine wünsche". — Meine übersetzung: „Lasse mich die gesetze kennen". Der unterschied ist vom worte *aret'a* abhängig. Auch hier halten wir alles für aufgegeben zu gunsten einer subjektiven erklärung. Skr. *artha,* pehlevi *dina,* Neryos. *nyâya;* entgegengesetzter ausdruck *anaret'a* (= *anartha*), welches ganz bestimmt „ungesetzlich, im widerspruche mit den gesetzen" bedeutet.

Was die stellen anbetrifft, die H. G. anführt um den sinn von „erhöret", den er dem ausdrucke *fravōizdūm* gegeben, zu rechtfertigen, so erklären sich dieselben eben so gut und noch besser auf eine andere weise; zudem kann *fra vid* (finden, erlangen) schwerlich „erhören" bedeuten. Das causativ mit dem sinne von „erlangen lassen" könnte vielleicht gehen, aber das steht hier nicht. Jedenfalls heisst *aret'a* keineswegs „wunsch".

Strophe 9.

Aţ tōi, Mazdā, têm mainyūm ashaok'shayañlayâo sardyâo[1]*),*
hvāt'rā maêt'a mayā vahis'tā baretū manañhā
Ayâo ārōi hākurenem yayâo haciñtĕ urvānō.

Die abweichung besteht in den wörtern: *saredya mayā, maêt'a, ārōi* und *haciñtĕ.*

Indem H. G. den text, wie er ist, beibehält, sieht er in *ash. sared.* einen genitiv dual. Darin hat er vollkommen recht. Aber dass *saredya* „genosse" und nicht „macht", „autorität"

---

[1]) G. *ashaok'shyañtĭo saredyaydo.*

bedeute, begreift man schwerlich. Das hiesse, wie mir scheint, etwas oft das wort „genosse" in dem Avesta finden und diesen sinn sehr vielen verschiedenen wörtern geben.

aröi ist in seinen augen auch ein verbum in der vergangenheit: „habe ich verdient". Wie? könnte ich nicht sagen. Für mich ist es das gewöhnliche wort „vollkommen" und *yayào* bezieht sich nicht auf *Haurvatât* und *Ameretat*, sondern auf *mayā* „weisheit", „kunst".

Maêt'a ist schwerlich „wechsel, umschwung". *mith* bedeutet im Skr. wie im Avestischen „begegnen, sich begegnen, zusammensein, ort wo man sich begegnet, sich findet". *Mael'a* bedeutet hier „begleitet mit". *hacinte urrānô* „die seelen zusammenhalten", dürfte ich keineswegs sagen. Nach meiner ansicht ist „die seelen folgen, nachfolgen" unendlich vorzuziehen, hauptsächlich dem ausdrucke „die seelen Haurvatât's und Ameretât's zusammenhalten". Wo hat man je etwas derartiges gesehen?

Hier übrigens die zwei übersetzungen:

Und von den beiden genossen, die das reich des guten erhöhen, soll diesen deinen geist sammt der seligkeit und dem heil der umschwung mit hülfe des besten geistes herbeibringen; deren beider hülfe habe ich verdient, deren seelen zusammenhalten.	Aber, Mazdā, bringe die glücksvolle weisheit dieser deiner macht (od. mächte), mit dem grössten wohlwollen, diesen deinen geist und die vollkommene mitwirkung (hülfe) dieser weisheit, welche die seelen begehren (welcher sie nachfolgen).

Der leser mag beide beurtheilen.

Die 10. und 11. strophe bieten keine abweichung dar, die sich lohnen würde anzuführen.

Das gleiche gilt von den drei letzten 12, 13 und 14 mit ausnahme des wortes *fseratu* str. 12. 3, für welches ich den sinn „unabhängige, vollkommene macht" annehme (*vaçeratu*), welchen Darmesteter dem worte giebt, und der anderen „erfüllung" vorziehe, die mir nicht vollkommen gerechtfertigt zu sein scheint. Die breiten erklärungen von H. G. zeigen dies besser als jeder andere beweis, denn sie beweisen die schwierigkeit der aufrechthaltung der hypothese.

Strophe 13. *vourucashānê dôis'ī* ist übersetzt:

(G.): weitausschauender versprich.	(ich): zeige im weitanschauen.

Diš heisst „zeigen"; dies ist sein natürlicher sinn, den zu ändern mich nichts verleiten kann. „Versprechen" lässt sich schwerlich rechtfertigen.

Vourucashanê hat ganz das aussehen eines infinitivs und passt gut zu *dôis'i* „zeige", aber nicht zu „versprich". Alsdann kann man nicht einen vocativ masculin auf *ê* voraussetzen.

Dieselbe strophe: *daênâo ashâ fradak'shayâ.*

(G.): Mit Asha belehre die   (ich): Lehre die gesetze, der
seelen.   heiligkeit zufolge.

Der sinn von *fradak'shayâ* ist „in die weite, vorwärts zeigen", der von *daêna* ist gewöhnlich „gesetz". — „Seele" ist sehr zweifelhaft, trotz der grossen mühe, die man sich gegeben hat, um diese übersetzung zu begründen.

Ich lasse auch hierüber die leser urtheilen. Sie werden, nachdem sie die obigen auseinandersetzungen gelesen haben, entscheiden, ob gewisse für neu gehaltene übertragungen nicht neun oder zwölf jahre alt sind, und ob die letzten erklärungen dem studirenden die mühe ersparen, die früheren zu lesen.

Zum schlusse gebe ich meine übersetzung des Y. XXXIII, wie sie immer gelautet hat und noch lauten wird.

I. Es wird hier (in dieser welt) gethan, wie es sein muss gemäss den gesetzen, welche dem früheren zeitalter gegeben worden sind, nach einer sehr gerechten weise, sowohl was den bösen, als was den guten angeht, sowohl kraft der falschheit, welcher dieser sich ergiebt, als auch kraft der wahrhaftigkeit, die jenem eigen ist".

II. Aber wer dem schlechten übles thut mit stimme oder mit gedanken oder mit händen, oder die welt im guten durch den unterricht hält, die machen es seinem wunsche recht, nach dem gefallen des Ahura Mazdā.

III. Wer aber dem gerechten der beste herrscher (durch die herrschaft), der beste nachbar (mitglied der gemeinde), der beste freund (oder client i. e. durch die freundschaft etc.) o Ahura! oder wer mit anstrengung für das vieh schafft, dieser sei (wohne) denn in dem weideplatz des guten geistes.

IV. Der ich durch verehrung von dir, o Mazdā, den ungehorsam und den schlechten sinn abwende, von der herrschaft die hoffart, von dem landbezirke die nachdringende Druj, von dem freunde (oder client) die zänker, von der viehweide die schlechteste besorgung

V. Da ich deinen Sraosha, den allergrössten, zur hülfe anrufe, lasse uns gelangen zum ewigen leben, zum reich des guten
geistes durch Asha, auf die rechten wege wo Ahura Mazdā wohnt.

VI. (Ich) der zaota bin, der frömmigkeit gemäss gerecht
(*erezus'*). Ich begehre diese (güter) des besten geistes (*rahis'-
tahyā*) in derselben gesinnung, in welcher ich lehre [1]) die
triften zu bebauen. Diese güter verlange ich, Ahura, dich zu
sehen und mit dir mich zu unterreden.

VII. Kommt herbei zu mir mit dem besten gute, herbei mit
dem ihnen eigenen (Mazdā, Asha!) und es zeige wie ich durch A.
und V. M. vor den grossen ruhm erhalte (gehör finde). Ersichtlich seien unter uns die andachtsfrüchte glänzende gaben.

VIII. Lasse mich die gerechtigkeit kennen, womit ich
durch V. M. fortschritte mache, ihren cultus, Mazdā, und die
worte ihres lobes. Gebet A. H. ihre opfergaben, welche die
kräfte erhalten.

IX. Und die mit wohlsein begleitete weisheit (geschick-
lichkeit) dieser die heiligkeit befördernden mächte (macht) bringe
deinen geist mit der besten gesinnung und die vollkommene mitwirkung dieser (weisheit), welcher die seelen sich anschliessen.

XIII. Zu meiner freude zeige mir im weitausschauen diese
güter ihres reiches, · Ahura, welche die (früchte der) segnung des
guten geistes sind. Zeige o Spenta Armaiti durch die heiligkeit die guten lehren vor.

XIV. Sieh! Zarathustra opfert eine gabe, das leben seines
leibes und die überfülle der guten gesinnung und diese zwei
dinge: den gehorsam des thuns und des redens dem Asha und
(seine ganze) fähigkeit (mächtigkeit).   *C. de Harlez.*

Berichtigungen und nachträge.

S. 36 z. 18 l. *sinners* für *champions*.
  „ 40 anm z. 1 ist das komma nach *in* zu tilgen.
  „ 43 z. 30 l. *a* für *as*.
  „ 45 „ 29 „ *dorecrubar* für *dorecubar*.
  „ 47 „ 12 „ *gl.* für *yen*.
  „ 238 z. 11 ist hinzuzufügen: (ir. *ainech, enech* „gesicht").
  „ „ „ 24 „ „ „ „ : ir. *bés* „sitte, gewohnheit".
  „ 240 „ 34 „ „ „ „ : (ir. *caill* „wald").
  „ 241 „ 28 l. „*cainge* (heute *caing*)" für *cainge*.
  „ 258 no. 12. Stokes erinnert an ir. *daig*, gen. *daiged*, „feuer", das zu
       daga-z im *g*-laut stimmt. Demnach liegt in diesem falle vielleicht
       ein ebensolches verhältniss vor, wie in dem s 256 no. 9 besprochenen.

----

[1]) „Ein lehrer bin", oder „es will".

Abel Bergaigne.

Abel Bergaigne hatte, als er auf der höhe der kraft und der hoffnungen stehend durch einen unglücksfall am 6. august 1888 den tod fand, sein fünfzigstes jahr fast vollendet. Er war in Vimy (Pas-de-Calais) geboren. Zu Amiens machte er den cursus des dortigen lyceums durch und trat dann, dem vorbilde seines vaters folgend, in die laufbahn eines beamten beim Service de l'Enregistrement ein. Bald aber leiteten ihn seine literarischen und wissenschaftlichen interessen auf einen andern weg. Er siedelte nach Paris über, wo ihn der ausgezeichnete unterricht des jetzt im tode ihm nur um wenige monate vorangegangenen Hauvette-Besnault in das studium des Sanskrit einführte. Schnell wurde der schüler selbst zum lehrer. Von 1867 an war er als repetitor des Sanskrit an der neubegründeten École des hautes études thätig — unterbrochen durch den krieg, der den jungen gelehrten in einen lieutenant der Garde nationale verwandelte —; im jahre 1877 wurde er dann zum *maître de conférences* an der Sorbonne ernannt; in den letzten jahren (seit 1885) bekleidete er an dieser hochschule eine eigens für ihn errichtete professur des Sanskrit und der vergleichenden sprachwissenschaft, welche forschungsgebiete er auch als mitglied der Académie des Inscriptions vertrat. Dem unermüdlichen forscher und lehrer sollte im vorletzten sommer eine reise in die französischen Alpen erholung von seiner allzu angespannten thätigkeit bringen: das nachgeben eines felsstücks, auf das er trat, liess ihn in die tiefe stürzen. Der tod, der dem edlen leben dieses ruhmvollen forschers ein ende machte, muss augenblicklich eingetreten sein. —

Eine aufgabe war es, die im mittelpunct von Bergaigne's denken gestanden hat, von der er sich, wohin ihn auch seine vielseitigen arbeiten führten — linguistische untersuchungen, studien der vergleichenden syntax, forschungen über die indochinesische epigraphik — nie dauernd entfernt hat: die erklärung des grossen ältesten denkmals der indischen literatur, des Ṛgveda. Er fand als grundlage seiner forschungen das monumentale werk vor, das auch heute und noch für lange zeit das fundament aller vedischen studien bildet und bilden wird: den ṛgvedischen theil des Petersburger wörterbuchs. Der kundige weiss, dass beschäftigung mit fragen der vedischen exegese zum grossen theil so viel heisst wie den gedanken Roth's — und, muss man jetzt hinzufügen, Bergaigne's — nachgehen und zu den resultaten Roth's stellung nehmen.

. Bergaigne erkannte rückhaltlos an, was wir alle dem grossen deutschen forscher verdanken: *notre maître à tous* nannte er ihn, und von ihm bekannte er eben die methode empfangen zu haben, mit der er ihn bekämpfte. Denn zu einem kampf gegen das Petersburger wörterbuch gestalteten sich seine forschungen immer mehr und mehr: ein kampf, nicht ohne leidenschaft, aber mit reinster leidenschaft geführt, und von dem auch die lebhaftesten verehrer jenes grossen werks — der

schreiber dieser zeilen glaubt sich zu denselben rechnen zu dürfen —
nicht werden bestreiten können, dass die wissenschaft durch ihn gewonnen hat. Der fundamentale gegensatz, der Bergaigne's untersuchungen vom Petersburger wörterbuch trennt, lässt sich am kürzesten
und schärfsten in seinen eignen worten ausdrücken (Religion védique I
s. IV): Roth — und ebenso ihm folgend Grassmann — zog es vor
das vedische wörterbuch zu compliciren um den sinn der vedischen lieder
zu vereinfachen: Bergaigne war von der überzeugung durchdrungen,
dass die möglichsten vereinfachungen auf dem gebiet des vedischen wort-
schatzes anzustreben seien, ohne dass man durch die complicirtheit, die
paradoxheit des inhalts, zu dem man dann häufig gelangte, sich beirren
lassen dürfte. Das wort, das an der einen stelle des Veda diese bedeutung hat, darf anderswo — so lange nicht zwingende gründe vorliegen
— nicht anders verstanden werden: mit diesem princip trat B. an die
vedische exegese heran, um mit demselben, wie das einmal in der art
seines denkens lag, bis in die äussersten consequenzen ernst zu machen.
Der inhalt des Veda musste nun freilich, wenn der wortlaut des rgvedi-
schen textes auf diese weise betrachtet wurde, ein wesentlich verändertes
bild darbieten. Unendlich vieles, was klar, einfach, zusammenhängend
scheinen konnte, so lange man der bedeutung des einzelnen wortes die
vielfältigkeit zuschrieb, wie das Petersburger wörterbuch sie statuirte,
zeigte sich jetzt als dunkel, künstlich, abgerissen: das räthsel, das para-
doxon, die liturgische, sacrificale technik trat in den vordergrund. Der
Veda büsste von allgemein menschlichem gepräge ein und zeigte dafür
den stempel indischen, gedüftelt priesterlichen wesens. Die erwartung
darf ausgesprochen werden, dass die wendung, welche damit der vedischen forschung gegeben war, in dauernder wirkung ihr recht bewähren
wird. Freilich glaube ich kaum, dass von allem andern, was Bergaigne
in seinem grossen hauptwerk *La religion védique* mit der darlegung der
eben bezeichneten gedanken verwoben hat, dasselbe gesagt werden kann.
Wir dürfen hier auch von dem nicht schweigen, was uns als schwäche
in seinen forschungen erscheint. Indem er sich die grossartige aufgabe
stellte, gewissermassen als gegenstück zu Grassmann's *index verborum*
einen vedischen *index rerum*, ein verzeichniss aller im Rgveda begegnenden
anschauungen und gedanken zu liefern, ordnete sich ihm die unabsehbare
fülle des stoffes in das gefährliche schema eines fachwerks, welches mit
seiner man kann sagen geometrischen symmetrie ihm den schlüssel zum
verständniss der vedischen mythologie zu bieten schien. Ideen, die in
den hymnen gewiss weitverbreitet und vielverzweigt sind, generalisirten
sich für ihn zu grundprincipien des vedischen denkens, auf die sich
alles sollte zurückführen lassen. Die consequenz, mit welcher Bergaigne auch hier die einmal eingeschlagene richtung verfolgte, musste
den principiellen fehler um so deutlicher hervortreten lassen. Ich habe
keine kunde davon, ob ihm der eigne glaube an sein mythologisches
system bis zuletzt unerschüttert geblieben ist; nach dem ganzen character
seiner spätesten arbeiten möchte ich daran zweifeln. Denn in diesen
glaube ich den unermüdlichen forscher in weiterem, glänzendem fort-

schreiten über den in der *Religion védique* eingenommenen standpunkt hinaus anzutreffen. Die kraft seiner kritik wächst; die fundamente, auf denen seine untersuchungen sich aufbauen, dehnen sich immer weiter aus. In den *Recherches sur l'histoire de la Saṃhitâ du Ṛig-Veda* dringt sein kühner scharfsinn, durchdrungen von dem glauben an die gesetzmässigkeit im aufbau der ṛgvedischen hymnensammlung, tief in die geschichte der vorgänge ein, welche dem uns vorliegenden corpus dieser alten priesterlichen dichtungen seine gestalt gegeben haben. Vielleicht noch weitere perspectiven eröffnen die *Recherches sur l'histoire de la liturgie védique*, durch deren veröffentlichung nach Bergaigne's nachgelassenem manuscript herr Sylvain Lévi dem hingeschiedenen eine letzte ehre, der wissenschaft einen wichtigen dienst erwiesen hat. Bergaigne, mit recht ein verächter der commentatoren vom schlage des Sâyaṇa, versucht hier für das verständniss der ṛgvedischen hymnencomposition den grossen commentar fruchtbar zu machen, welchen das vedische zeitalter selbst uns hinterlassen hat — wenn wir nur seine zerstreuten blätter zu sammeln und von allem irreführenden beiwerk zu reinigen wissen —: die Brâhmaṇas und Sûtras mit ihren nachrichten über die rituelle umgebung, in welche die alten opferdichtungen hineingehören. Mit seltener kraft des combinatorischen scharfsinns weiss Bergaigne, den andeutungen dieser texte folgend, die materialien des Ṛgveda in ihren ursprünglichen sacrificalen zusammenhang einzuordnen; im einzelnen möglicherweise allzu kühn, im ganzen durchaus überzeugend legt er die technik dar, mit welcher die liturgischen dichter des Veda gearbeitet haben. Von zielbewussteren, umfassenderen, tieferen forschungen als diesen weiss die kurze und doch so ruhmreiche geschichte der vedischen studien nichts zu melden.

Sein nächster plan war sich an der aufgabe zu versuchen, die in gewissem sinne als die höchste der indologischen wissenschaft bezeichnet werden kann: er wollte eine übersetzung des Ṛgveda geben. Die nächsten zehn jahre, nahm er an, würden dieser arbeit gehören. Es war ihm nicht vergönnt, hand an das grosse werk anzulegen. —

Ich durfte nur von dem forscher sprechen, den wir verloren haben und dessen verlust für jeden aus der kleinen schaar derer, die sich als seine mitarbeiter an gemeinsamem werke betrachten durften, den verlust reichster und, so glaubten wir, sicherster hoffnungen bedeutet. „Sie haben", schrieb mir einer der männer, die ihm am nächsten gestanden, „nur den gelehrten in ihm schätzen können. Hätten Sie den menschen gekannt, hätten Sie ihn noch viel mehr geliebt. Er war die verkörperte güte, sanftheit, energie, würde und einfalt. Alle die, die ihm nur einmal nahe gekommen sind, wurden von ihm unwiderstehlich angezogen und festgehalten". Seit langen jahren lag ein tiefer schmerz über seinem leben: die trauer um die verlorene gattin. Seine freunde hatten, mochte er mit der eifrigsten sorgfalt wissenschaftliche fragen behandeln, das gefühl, dass ein theil seines wesens stets in einer andern welt weile. Der tod hat dies edle herz von dem leid, welches das leben nicht heilen konnte, erlöst. *H. Oldenberg.*

Register.

L. Sachregister.

i, ū 314 f.; debnung der vocale
314 ff.; vocale des Neuengl. 317.
— Auslautende vocale im Lit.

231; v. in lettischen mundarten 334 ff. s. betonung.

II. Wortregister.

Sanskrit.

aknā 194
akṣá 208
úgra 170
agrimá 170
añjana 239
adyā 220. 233
adhvan 266
ánīka 238
aṣṭáú 221
asāú 129
asmatrā 138 f.
asmāka 140
asmākam 139
ahám 126. 129. 139
áhi 254
āt 172
āhanás 289
icchā 170
íd 161
iva 156 n.
īm 128 n. 161 n.
īhate 216
ukṣ 210. 212
udnás 199
ubhnáti 200
upar 130
uṣākala 240
eka 156
ena 153 f.
enā 153 f.
evá 156
kakúd 245
kákṣa 246
kaḍambá 240
kadá 237
kapála 246
kam 190
karkaṭa 245
kárkin 245
karpara 241
kárhi 130
kaláyati 241
kalādhika 240
kalāvika 240
kuli 246
kulmali 251
kāru 245
kāla 246
kāṣṭhā 120

kāsate 237
kiṇa 246
kís 237
kukṣi 196
kúla 245
kṛpátti 245
kṛntámi 246
kṛpáṇa 245
kṛpáṇī 245
kévaṭa 245
kóka 241
kokilá 241
kriṇámi 238
kṣíj 281
kṣíjana 281
gañjana 246
gádhya 243
gurú 245
guṣpita 288
gṛdhyati 243
golā 246
gnā 238
grāma 286
grāvan 239
grīvá 286
ghuná 289
ghasá 209
ghasmará 209
ghā 170
ghṛṇá 289
ghraṇísá 290
ca 237
catvāras 337
candrá 248
cáyate 244
car 120
cárāmi 282
curú 237
cúrvati 284
cúlati 282
cáyati 283
cid 237
ci'ra 282
cívará 282
cūrṇá 284
cṛtáti 245. 248
cétate 237
jútu 245
jartú 248
jináti 243

jira 287
jívd 239
jeh 287
ṭáku 241
tákti 241
támisrā 207
tāt 172
tuṅga 192
te 129
tvád 126
tviṣi 165
dabhnóti 200
dámpatis 229
díáus 222
divātana 152
nanāndari 296
nópāt 238
nas 126
nūnám 146
pakṣá, pákṣas 120
pácāmi 237
páñca 238
pañcaças 283
paṇ 209
pathí 233 n.
patheṣṭhá 232
pánthā 233 n.
púsas 211
pāṇí 120
puṣpá 206
pruṣ 212
plihán 213. 215. 224
brahmán 215
bhṛjjāmi 206
májjāmi 206
mathnámi 200 f.
mád 126
máyi 165
maçáka 120
mām 126
muñcáti 252
mūrdhan 63
yárhi 130
yácate 248
yāt 172
yuvāku 140
yuṣmāka 140
yuṣmākam 139
yéna 154 ff.
yúdhati 217

Druck der Univ.-Buchdruckerei von E. A. Huth in Göttingen.